Hebrew Text and

Lexicon of Genesis

Hebrew Text and Lexicon of Genesis

~~~~~~~~~~~~~~~~~~~~~~~~~~

The Leningrad Hebrew Text of the Book of Genesis with an Alphabetical Lexicon of each Hebrew word of the Text

By: Jeff A. Benner

Cover design by the author

"Hebrew Text and Lexicon of Genesis," by Jeff A. Benner. ISBN 978-1-60264-058-0 (softcover); 978-1-60264-059-7 (hardcover).

Library of Congress Control Number: 2007935503.

Manufactured in the United States of America.

Table of Contents

Contents..1
The Hebrew Text of Genesis.......................................3
Alphabetical Lexicon 65
Index of Hebrew Words 159
Prefixes, Suffixes and Conjugations..................... 221

Contents

The Hebrew Text of Genesis

This is the complete Hebrew text of the Book of Genesis based on the Codex Leningrad. The chapter and verse numbers are written in Hebrew. The first nine letters of the Hebrew alephbet (aleph to tet) represent the numbers 1 through 9. The letter yud represents 10, kaph is 20, etc. The number 11 would be written as יא (10+1) and 23 would be written as כג (20+3). The only exception to this numbering system is the numbers 15 and 16. Because יה (10+5) and יו (10+6) are a close resemblance to the name of God (יהוה), they are not used in Hebrew numbers. Instead, they are replaced with the טו (9+6) and טז (9:7).

Alphabetical Lexicon

Each word in this alphabetical list is written exactly as it appears in the Hebrew text of the Book of Genesis with all prefixes and suffixes attached. The Hebrew word is translated into English by translating all of the prefixes, suffixes, words and conjugations (each being sepearted by a '~') consistently and mechanically, exactly the same way each time they are found within a Hebrew word. Words in the translation that begin with an upper case letter are the base Hebrew words and the lower case words are prefixes or suffixes or identifies the verb's tense, mood or voice. For instance, the first word of Genesis is בְּרֵאשִׁית and is translated as in~Summit. The word "Summit" (רֵאשִׁית) is the base word and "in~" is the prefix (בְּ). The second word in the Hebrew Bible is the verb בָּרָא. This verb is written in the perfect tense (identified by "did~") and identifies the subject of the verb as third person, masculine and

1

singular ("he~"). Definitions contained within quotations, such as "Avraham [Father lifted]", are names.

Index of Hebrew Words

All of the words found in the Alphabetical Lexicon are listed in this section followed by a Hebraic definition for the word, the gender of the word and the *Ancient Hebrew Lexicon of the Bible* index number and the *Strong's Dictionary* index number for further in-depth study of these words and their meanings.

Prefixes, Suffixes and Conjugations

All of the prefixes, suffixes and verb conjugations (verb tense, voice and mood) from the Alphabetical Lexicon of Hebrew words are listed here with their meanings.

The Hebrew Text of Genesis

א

א בְּרֵאשִׁית בָּרָא אֱלֹהִים אֵת הַשָּׁמַיִם וְאֵת הָאָרֶץ: ב וְהָאָרֶץ הָיְתָה תֹהוּ וָבֹהוּ וְחֹשֶׁךְ עַל־פְּנֵי תְהוֹם וְרוּחַ אֱלֹהִים מְרַחֶפֶת עַל־פְּנֵי הַמָּיִם: ג וַיֹּאמֶר אֱלֹהִים יְהִי אוֹר וַיְהִי־אוֹר: ד וַיַּרְא אֱלֹהִים אֶת־הָאוֹר כִּי־טוֹב וַיַּבְדֵּל אֱלֹהִים בֵּין הָאוֹר וּבֵין הַחֹשֶׁךְ: ה וַיִּקְרָא אֱלֹהִים לָאוֹר יוֹם וְלַחֹשֶׁךְ קָרָא לָיְלָה וַיְהִי־עֶרֶב וַיְהִי־בֹקֶר יוֹם אֶחָד:

ו וַיֹּאמֶר אֱלֹהִים יְהִי רָקִיעַ בְּתוֹךְ הַמָּיִם וִיהִי מַבְדִּיל בֵּין מַיִם לָמָיִם: ז וַיַּעַשׂ אֱלֹהִים אֶת־הָרָקִיעַ וַיַּבְדֵּל בֵּין הַמַּיִם אֲשֶׁר מִתַּחַת לָרָקִיעַ וּבֵין הַמַּיִם אֲשֶׁר מֵעַל לָרָקִיעַ וַיְהִי־כֵן: ח וַיִּקְרָא אֱלֹהִים לָרָקִיעַ שָׁמָיִם וַיְהִי־עֶרֶב וַיְהִי־בֹקֶר יוֹם שֵׁנִי:

ט וַיֹּאמֶר אֱלֹהִים יִקָּווּ הַמַּיִם מִתַּחַת הַשָּׁמַיִם אֶל־מָקוֹם אֶחָד וְתֵרָאֶה הַיַּבָּשָׁה וַיְהִי־כֵן: י וַיִּקְרָא אֱלֹהִים לַיַּבָּשָׁה אֶרֶץ וּלְמִקְוֵה הַמַּיִם קָרָא יַמִּים וַיַּרְא אֱלֹהִים כִּי־טוֹב: יא וַיֹּאמֶר אֱלֹהִים תַּדְשֵׁא הָאָרֶץ דֶּשֶׁא עֵשֶׂב מַזְרִיעַ זֶרַע עֵץ פְּרִי עֹשֶׂה פְּרִי לְמִינוֹ אֲשֶׁר זַרְעוֹ־בוֹ עַל־הָאָרֶץ וַיְהִי־כֵן: יב וַתּוֹצֵא הָאָרֶץ דֶּשֶׁא עֵשֶׂב מַזְרִיעַ זֶרַע לְמִינֵהוּ וְעֵץ עֹשֶׂה־פְּרִי אֲשֶׁר זַרְעוֹ־בוֹ לְמִינֵהוּ וַיַּרְא אֱלֹהִים כִּי־טוֹב: יג וַיְהִי־עֶרֶב וַיְהִי־בֹקֶר יוֹם שְׁלִישִׁי:

יד וַיֹּאמֶר אֱלֹהִים יְהִי מְאֹרֹת בִּרְקִיעַ הַשָּׁמַיִם לְהַבְדִּיל בֵּין הַיּוֹם וּבֵין הַלָּיְלָה וְהָיוּ לְאֹתֹת וּלְמוֹעֲדִים וּלְיָמִים וְשָׁנִים: טו וְהָיוּ לִמְאוֹרֹת בִּרְקִיעַ הַשָּׁמַיִם לְהָאִיר עַל־הָאָרֶץ וַיְהִי־כֵן: טז וַיַּעַשׂ אֱלֹהִים אֶת־שְׁנֵי הַמְּאֹרֹת הַגְּדֹלִים אֶת־הַמָּאוֹר הַגָּדֹל לְמֶמְשֶׁלֶת הַיּוֹם וְאֶת־הַמָּאוֹר הַקָּטֹן לְמֶמְשֶׁלֶת הַלַּיְלָה וְאֵת הַכּוֹכָבִים: יז וַיִּתֵּן אֹתָם אֱלֹהִים בִּרְקִיעַ הַשָּׁמָיִם לְהָאִיר עַל־הָאָרֶץ: יח וְלִמְשֹׁל בַּיּוֹם וּבַלַּיְלָה וּלְהַבְדִּיל בֵּין הָאוֹר וּבֵין הַחֹשֶׁךְ וַיַּרְא אֱלֹהִים כִּי־טוֹב: יט וַיְהִי־עֶרֶב וַיְהִי־בֹקֶר יוֹם רְבִיעִי:

כ וַיֹּאמֶר אֱלֹהִים יִשְׁרְצוּ הַמַּיִם שֶׁרֶץ נֶפֶשׁ חַיָּה וְעוֹף יְעוֹפֵף עַל־הָאָרֶץ עַל־פְּנֵי רְקִיעַ הַשָּׁמָיִם: כא וַיִּבְרָא אֱלֹהִים אֶת־הַתַּנִּינִם

הַגְּדֹלִים וְאֵת כָּל־נֶפֶשׁ הַחַיָּה הָרֹמֶשֶׂת אֲשֶׁר שָׁרְצוּ הַמַּיִם לְמִינֵהֶם
וְאֵת כָּל־עוֹף כָּנָף לְמִינֵהוּ וַיַּרְא אֱלֹהִים כִּי־טוֹב: **כב** וַיְבָרֶךְ אֹתָם
אֱלֹהִים לֵאמֹר פְּרוּ וּרְבוּ וּמִלְאוּ אֶת־הַמַּיִם בַּיַּמִּים וְהָעוֹף יִרֶב
בָּאָרֶץ: **כג** וַיְהִי־עֶרֶב וַיְהִי־בֹקֶר יוֹם חֲמִישִׁי:

כד וַיֹּאמֶר אֱלֹהִים תּוֹצֵא הָאָרֶץ נֶפֶשׁ חַיָּה לְמִינָהּ בְּהֵמָה וָרֶמֶשׂ
וְחַיְתוֹ־אֶרֶץ לְמִינָהּ וַיְהִי־כֵן: **כה** וַיַּעַשׂ אֱלֹהִים אֶת־חַיַּת הָאָרֶץ
לְמִינָהּ וְאֶת־הַבְּהֵמָה לְמִינָהּ וְאֵת כָּל־רֶמֶשׂ הָאֲדָמָה לְמִינֵהוּ וַיַּרְא
אֱלֹהִים כִּי־טוֹב: **כו** וַיֹּאמֶר אֱלֹהִים נַעֲשֶׂה אָדָם בְּצַלְמֵנוּ כִּדְמוּתֵנוּ
וְיִרְדּוּ בִדְגַת הַיָּם וּבְעוֹף הַשָּׁמַיִם וּבַבְּהֵמָה וּבְכָל־הָאָרֶץ וּבְכָל־הָרֶמֶשׂ
הָרֹמֵשׂ עַל־הָאָרֶץ: **כז** וַיִּבְרָא אֱלֹהִים אֶת־הָאָדָם בְּצַלְמוֹ בְּצֶלֶם
אֱלֹהִים בָּרָא אֹתוֹ זָכָר וּנְקֵבָה בָּרָא אֹתָם: **כח** וַיְבָרֶךְ אֹתָם
אֱלֹהִים וַיֹּאמֶר לָהֶם אֱלֹהִים פְּרוּ וּרְבוּ וּמִלְאוּ אֶת־הָאָרֶץ וְכִבְשֻׁהָ
וּרְדוּ בִּדְגַת הַיָּם וּבְעוֹף הַשָּׁמַיִם וּבְכָל־חַיָּה הָרֹמֶשֶׂת עַל־הָאָרֶץ:
כט וַיֹּאמֶר אֱלֹהִים הִנֵּה נָתַתִּי לָכֶם אֶת־כָּל־עֵשֶׂב זֹרֵעַ זֶרַע אֲשֶׁר
עַל־פְּנֵי כָל־הָאָרֶץ וְאֶת־כָּל־הָעֵץ אֲשֶׁר־בּוֹ פְרִי־עֵץ זֹרֵעַ זָרַע לָכֶם
יִהְיֶה לְאָכְלָה: **ל** וּלְכָל־חַיַּת הָאָרֶץ וּלְכָל־עוֹף הַשָּׁמַיִם וּלְכֹל רוֹמֵשׂ
עַל־הָאָרֶץ אֲשֶׁר־בּוֹ נֶפֶשׁ חַיָּה אֶת־כָּל־יֶרֶק עֵשֶׂב לְאָכְלָה וַיְהִי־כֵן:
לא וַיַּרְא אֱלֹהִים אֶת־כָּל־אֲשֶׁר עָשָׂה וְהִנֵּה־טוֹב מְאֹד וַיְהִי־עֶרֶב
וַיְהִי־בֹקֶר יוֹם הַשִּׁשִּׁי:

ב

א וַיְכֻלּוּ הַשָּׁמַיִם וְהָאָרֶץ וְכָל־צְבָאָם: **ב** וַיְכַל אֱלֹהִים בַּיּוֹם
הַשְּׁבִיעִי מְלַאכְתּוֹ אֲשֶׁר עָשָׂה וַיִּשְׁבֹּת בַּיּוֹם הַשְּׁבִיעִי מִכָּל־מְלַאכְתּוֹ
אֲשֶׁר עָשָׂה: **ג** וַיְבָרֶךְ אֱלֹהִים אֶת־יוֹם הַשְּׁבִיעִי וַיְקַדֵּשׁ אֹתוֹ כִּי בוֹ
שָׁבַת מִכָּל־מְלַאכְתּוֹ אֲשֶׁר־בָּרָא אֱלֹהִים לַעֲשׂוֹת:

ד אֵלֶּה תוֹלְדוֹת הַשָּׁמַיִם וְהָאָרֶץ בְּהִבָּרְאָם: בְּיוֹם עֲשׂוֹת יְהוָה
אֱלֹהִים־אֶרֶץ וְשָׁמָיִם: **ה** וְכֹל שִׂיחַ הַשָּׂדֶה טֶרֶם יִהְיֶה בָאָרֶץ וְכָל־
עֵשֶׂב הַשָּׂדֶה טֶרֶם יִצְמָח כִּי לֹא הִמְטִיר יְהוָה אֱלֹהִים עַל־הָאָרֶץ
וְאָדָם אַיִן לַעֲבֹד אֶת־הָאֲדָמָה: **ו** וְאֵד יַעֲלֶה מִן־הָאָרֶץ וְהִשְׁקָה
אֶת־כָּל־פְּנֵי הָאֲדָמָה: **ז** וַיִּיצֶר יְהוָה אֱלֹהִים אֶת־הָאָדָם עָפָר מִן־
הָאֲדָמָה וַיִּפַּח בְּאַפָּיו נִשְׁמַת חַיִּים וַיְהִי הָאָדָם לְנֶפֶשׁ חַיָּה: **ח** וַיִּטַּע
יְהוָה אֱלֹהִים גַּן־בְּעֵדֶן־מִקֶּדֶם וַיָּשֶׂם שָׁם אֶת־הָאָדָם אֲשֶׁר יָצָר:
ט וַיַּצְמַח יְהוָה אֱלֹהִים מִן־הָאֲדָמָה כָּל־עֵץ נֶחְמָד לְמַרְאֶה וְטוֹב
לְמַאֲכָל־וְעֵץ הַחַיִּים בְּתוֹךְ הַגָּן וְעֵץ הַדַּעַת טוֹב וָרָע: **י** וְנָהָר יֹצֵא
מֵעֵדֶן לְהַשְׁקוֹת אֶת־הַגָּן וּמִשָּׁם יִפָּרֵד וְהָיָה לְאַרְבָּעָה רָאשִׁים:
יא שֵׁם הָאֶחָד פִּישׁוֹן הוּא הַסֹּבֵב אֵת כָּל־אֶרֶץ הַחֲוִילָה אֲשֶׁר־שָׁם

הַזָּהָב׃ **יב** וּזֲהַב הָאָרֶץ הַהִוא טוֹב שָׁם הַבְּדֹלַח וְאֶבֶן הַשֹּׁהַם׃
יג וְשֵׁם-הַנָּהָר הַשֵּׁנִי גִּיחוֹן-הוּא הַסּוֹבֵב אֵת כָּל-אֶרֶץ כּוּשׁ׃
יד וְשֵׁם הַנָּהָר הַשְּׁלִישִׁי חִדֶּקֶל הוּא הַהֹלֵךְ קִדְמַת אַשּׁוּר וְהַנָּהָר
הָרְבִיעִי הוּא פְרָת׃ **טו** וַיִּקַּח יְהוָה אֱלֹהִים אֶת-הָאָדָם וַיַּנִּחֵהוּ
בְגַן-עֵדֶן לְעָבְדָהּ וּלְשָׁמְרָהּ׃ **טז** וַיְצַו יְהוָה אֱלֹהִים עַל-הָאָדָם
לֵאמֹר: מִכֹּל עֵץ-הַגָּן אָכֹל תֹּאכֵל׃ **יז** וּמֵעֵץ הַדַּעַת טוֹב וָרָע-לֹא
תֹאכַל מִמֶּנּוּ: כִּי בְּיוֹם אֲכָלְךָ מִמֶּנּוּ-מוֹת תָּמוּת׃ **יח** וַיֹּאמֶר יְהוָה
אֱלֹהִים לֹא-טוֹב הֱיוֹת הָאָדָם לְבַדּוֹ אֶעֱשֶׂה-לּוֹ עֵזֶר כְּנֶגְדּוֹ׃
יט וַיִּצֶר יְהוָה אֱלֹהִים מִן-הָאֲדָמָה כָּל-חַיַּת הַשָּׂדֶה וְאֵת כָּל-עוֹף
הַשָּׁמַיִם וַיָּבֵא אֶל-הָאָדָם לִרְאוֹת מַה-יִּקְרָא-לוֹ וְכֹל אֲשֶׁר יִקְרָא-לוֹ
הָאָדָם נֶפֶשׁ חַיָּה הוּא שְׁמוֹ׃ **כ** וַיִּקְרָא הָאָדָם שֵׁמוֹת לְכָל-הַבְּהֵמָה
וּלְעוֹף הַשָּׁמַיִם וּלְכֹל חַיַּת הַשָּׂדֶה וּלְאָדָם לֹא-מָצָא עֵזֶר כְּנֶגְדּוֹ׃
כא וַיַּפֵּל יְהוָה אֱלֹהִים תַּרְדֵּמָה עַל-הָאָדָם וַיִּישָׁן וַיִּקַּח אַחַת
מִצַּלְעֹתָיו וַיִּסְגֹּר בָּשָׂר תַּחְתֶּנָּה׃ **כב** וַיִּבֶן יְהוָה אֱלֹהִים אֶת-הַצֵּלָע
אֲשֶׁר-לָקַח מִן-הָאָדָם לְאִשָּׁה וַיְבִאֶהָ אֶל-הָאָדָם׃ **כג** וַיֹּאמֶר
הָאָדָם זֹאת הַפַּעַם עֶצֶם מֵעֲצָמַי וּבָשָׂר מִבְּשָׂרִי לְזֹאת יִקָּרֵא אִשָּׁה
כִּי מֵאִישׁ לֻקֳחָה-זֹּאת׃ **כד** עַל-כֵּן יַעֲזָב-אִישׁ אֶת-אָבִיו וְאֶת-אִמּוֹ
וְדָבַק בְּאִשְׁתּוֹ וְהָיוּ לְבָשָׂר אֶחָד׃ **כה** וַיִּהְיוּ שְׁנֵיהֶם עֲרוּמִּים הָאָדָם
וְאִשְׁתּוֹ וְלֹא יִתְבֹּשָׁשׁוּ׃

ג

א וְהַנָּחָשׁ הָיָה עָרוּם מִכֹּל חַיַּת הַשָּׂדֶה אֲשֶׁר עָשָׂה יְהוָה אֱלֹהִים
וַיֹּאמֶר אֶל-הָאִשָּׁה אַף כִּי-אָמַר אֱלֹהִים לֹא תֹאכְלוּ מִכֹּל עֵץ הַגָּן׃
ב וַתֹּאמֶר הָאִשָּׁה אֶל-הַנָּחָשׁ: מִפְּרִי עֵץ-הַגָּן נֹאכֵל׃ **ג** וּמִפְּרִי הָעֵץ
אֲשֶׁר בְּתוֹךְ-הַגָּן-אָמַר אֱלֹהִים לֹא תֹאכְלוּ מִמֶּנּוּ וְלֹא תִגְּעוּ בּוֹ: פֶּן-
תְּמֻתוּן׃ **ד** וַיֹּאמֶר הַנָּחָשׁ אֶל-הָאִשָּׁה: לֹא-מוֹת תְּמֻתוּן׃ **ה** כִּי
יֹדֵעַ אֱלֹהִים כִּי בְּיוֹם אֲכָלְכֶם מִמֶּנּוּ וְנִפְקְחוּ עֵינֵיכֶם וִהְיִיתֶם
כֵּאלֹהִים יֹדְעֵי טוֹב וָרָע׃ **ו** וַתֵּרֶא הָאִשָּׁה כִּי טוֹב הָעֵץ לְמַאֲכָל וְכִי
תַאֲוָה-הוּא לָעֵינַיִם וְנֶחְמָד הָעֵץ לְהַשְׂכִּיל וַתִּקַּח מִפִּרְיוֹ וַתֹּאכַל
וַתִּתֵּן גַּם-לְאִישָׁהּ עִמָּהּ וַיֹּאכַל׃ **ז** וַתִּפָּקַחְנָה עֵינֵי שְׁנֵיהֶם וַיֵּדְעוּ כִּי
עֵירֻמִּם הֵם וַיִּתְפְּרוּ עֲלֵה תְאֵנָה וַיַּעֲשׂוּ לָהֶם חֲגֹרֹת׃ **ח** וַיִּשְׁמְעוּ
אֶת-קוֹל יְהוָה אֱלֹהִים מִתְהַלֵּךְ בַּגָּן-לְרוּחַ הַיּוֹם וַיִּתְחַבֵּא הָאָדָם
וְאִשְׁתּוֹ מִפְּנֵי יְהוָה אֱלֹהִים בְּתוֹךְ עֵץ הַגָּן׃ **ט** וַיִּקְרָא יְהוָה אֱלֹהִים
אֶל-הָאָדָם וַיֹּאמֶר לוֹ אַיֶּכָּה׃ **י** וַיֹּאמֶר אֶת-קֹלְךָ שָׁמַעְתִּי בַּגָּן
וָאִירָא כִּי-עֵירֹם אָנֹכִי וָאֵחָבֵא׃ **יא** וַיֹּאמֶר-מִי הִגִּיד לְךָ כִּי עֵירֹם
אָתָּה הֲמִן-הָעֵץ אֲשֶׁר צִוִּיתִיךָ לְבִלְתִּי אֲכָל-מִמֶּנּוּ-אָכָלְתָּ׃
יב וַיֹּאמֶר הָאָדָם: הָאִשָּׁה אֲשֶׁר נָתַתָּה עִמָּדִי הִוא נָתְנָה-לִּי מִן-

הָעֵץ וָאֹכֵל׃ **יג** וַיֹּאמֶר יְהוָה אֱלֹהִים לָאִשָּׁה מַה-זֹּאת עָשִׂית
וַתֹּאמֶר הָאִשָּׁה הַנָּחָשׁ הִשִּׁיאַנִי וָאֹכֵל׃ **יד** וַיֹּאמֶר יְהוָה אֱלֹהִים
אֶל-הַנָּחָשׁ כִּי עָשִׂיתָ זֹּאת אָרוּר אַתָּה מִכָּל-הַבְּהֵמָה וּמִכֹּל חַיַּת
הַשָּׂדֶה עַל-גְּחֹנְךָ תֵלֵךְ וְעָפָר תֹּאכַל כָּל-יְמֵי חַיֶּיךָ׃ **טו** וְאֵיבָה אָשִׁית
בֵּינְךָ וּבֵין הָאִשָּׁה וּבֵין זַרְעֲךָ וּבֵין זַרְעָהּ׃ הוּא יְשׁוּפְךָ רֹאשׁ וְאַתָּה
תְּשׁוּפֶנּוּ עָקֵב׃ **טז** אֶל-הָאִשָּׁה אָמַר
הַרְבָּה אַרְבֶּה עִצְּבוֹנֵךְ וְהֵרֹנֵךְ-בְּעֶצֶב תֵּלְדִי בָנִים וְאֶל-אִישֵׁךְ
תְּשׁוּקָתֵךְ וְהוּא יִמְשָׁל-בָּךְ׃ **יז** וּלְאָדָם
אָמַר כִּי-שָׁמַעְתָּ לְקוֹל אִשְׁתֶּךָ וַתֹּאכַל מִן-הָעֵץ אֲשֶׁר צִוִּיתִיךָ לֵאמֹר
לֹא תֹאכַל מִמֶּנּוּ-אֲרוּרָה הָאֲדָמָה בַּעֲבוּרֶךָ בְּעִצָּבוֹן תֹּאכְלֶנָּה כֹּל יְמֵי
חַיֶּיךָ׃ **יח** וְקוֹץ וְדַרְדַּר תַּצְמִיחַ לָךְ וְאָכַלְתָּ אֶת-עֵשֶׂב הַשָּׂדֶה׃
יט בְּזֵעַת אַפֶּיךָ תֹּאכַל לֶחֶם עַד שׁוּבְךָ אֶל-הָאֲדָמָה כִּי מִמֶּנָּה
לֻקָּחְתָּ׃ כִּי-עָפָר אַתָּה וְאֶל-עָפָר תָּשׁוּב׃ **כ** וַיִּקְרָא הָאָדָם שֵׁם
אִשְׁתּוֹ חַוָּה׃ כִּי הִוא הָיְתָה אֵם כָּל-חָי׃ **כא** וַיַּעַשׂ יְהוָה אֱלֹהִים
לְאָדָם וּלְאִשְׁתּוֹ כָּתְנוֹת עוֹר-וַיַּלְבִּשֵׁם׃

כב וַיֹּאמֶר יְהוָה אֱלֹהִים הֵן הָאָדָם הָיָה כְּאַחַד מִמֶּנּוּ לָדַעַת טוֹב
וָרָע וְעַתָּה פֶּן-יִשְׁלַח יָדוֹ וְלָקַח גַּם מֵעֵץ הַחַיִּים וְאָכַל וָחַי לְעֹלָם׃
כג וַיְשַׁלְּחֵהוּ יְהוָה אֱלֹהִים מִגַּן-עֵדֶן לַעֲבֹד אֶת-הָאֲדָמָה אֲשֶׁר לֻקַּח
מִשָּׁם׃ **כד** וַיְגָרֶשׁ אֶת-הָאָדָם וַיַּשְׁכֵּן מִקֶּדֶם לְגַן-עֵדֶן אֶת-הַכְּרֻבִים
וְאֵת לַהַט הַחֶרֶב הַמִּתְהַפֶּכֶת לִשְׁמֹר אֶת-דֶּרֶךְ עֵץ הַחַיִּים׃

ד

א וְהָאָדָם יָדַע אֶת-חַוָּה אִשְׁתּוֹ וַתַּהַר וַתֵּלֶד אֶת-קַיִן וַתֹּאמֶר
קָנִיתִי אִישׁ אֶת-יְהוָה׃ **ב** וַתֹּסֶף לָלֶדֶת אֶת-אָחִיו אֶת-הָבֶל וַיְהִי-
הֶבֶל רֹעֵה צֹאן וְקַיִן הָיָה עֹבֵד אֲדָמָה׃ **ג** וַיְהִי מִקֵּץ יָמִים וַיָּבֵא קַיִן
מִפְּרִי הָאֲדָמָה מִנְחָה-לַיהוָה׃ **ד** וְהֶבֶל הֵבִיא גַם-הוּא מִבְּכֹרוֹת
צֹאנוֹ וּמֵחֶלְבֵהֶן וַיִּשַׁע יְהוָה אֶל-הֶבֶל וְאֶל-מִנְחָתוֹ׃ **ה** וְאֶל-קַיִן
וְאֶל-מִנְחָתוֹ לֹא שָׁעָה וַיִּחַר לְקַיִן מְאֹד וַיִּפְּלוּ פָּנָיו׃ **ו** וַיֹּאמֶר יְהוָה
אֶל-קָיִן׃ לָמָּה חָרָה לָךְ וְלָמָּה נָפְלוּ פָנֶיךָ׃ **ז** הֲלוֹא אִם-תֵּיטִיב
שְׂאֵת וְאִם לֹא תֵיטִיב לַפֶּתַח חַטָּאת רֹבֵץ וְאֵלֶיךָ תְּשׁוּקָתוֹ וְאַתָּה
תִּמְשָׁל-בּוֹ׃ **ח** וַיֹּאמֶר קַיִן אֶל-הֶבֶל אָחִיו וַיְהִי בִּהְיוֹתָם בַּשָּׂדֶה
וַיָּקָם קַיִן אֶל-הֶבֶל אָחִיו וַיַּהַרְגֵהוּ׃ **ט** וַיֹּאמֶר יְהוָה אֶל-קַיִן אֵי
הֶבֶל אָחִיךָ וַיֹּאמֶר לֹא יָדַעְתִּי הֲשֹׁמֵר אָחִי אָנֹכִי׃ **י** וַיֹּאמֶר מֶה
עָשִׂיתָ קוֹל דְּמֵי אָחִיךָ צֹעֲקִים אֵלַי מִן-הָאֲדָמָה׃ **יא** וְעַתָּה אָרוּר
אָתָּה מִן-הָאֲדָמָה אֲשֶׁר פָּצְתָה אֶת-פִּיהָ לָקַחַת אֶת-דְּמֵי אָחִיךָ
מִיָּדֶךָ׃ **יב** כִּי תַעֲבֹד אֶת-הָאֲדָמָה לֹא-תֹסֵף תֵּת-כֹּחָהּ לָךְ נָע וָנָד

תִּהְיֶה בָאָרֶץ: **יג** וַיֹּאמֶר קַיִן אֶל-יְהוָה: גָּדוֹל עֲוֺנִי מִנְּשֹׂא: **יד** הֵן
גֵּרַשְׁתָּ אֹתִי הַיּוֹם מֵעַל פְּנֵי הָאֲדָמָה וּמִפָּנֶיךָ אֶסָּתֵר וְהָיִיתִי נָע וָנָד
בָּאָרֶץ וְהָיָה כָל-מֹצְאִי יַהַרְגֵנִי: **טו** וַיֹּאמֶר לוֹ יְהוָה לָכֵן כָּל-הֹרֵג
קַיִן שִׁבְעָתַיִם יֻקָּם וַיָּשֶׂם יְהוָה לְקַיִן אוֹת לְבִלְתִּי הַכּוֹת-אֹתוֹ כָּל-
מֹצְאוֹ: **טז** וַיֵּצֵא קַיִן מִלִּפְנֵי יְהוָה וַיֵּשֶׁב בְּאֶרֶץ-נוֹד קִדְמַת-עֵדֶן:
יז וַיֵּדַע קַיִן אֶת-אִשְׁתּוֹ וַתַּהַר וַתֵּלֶד אֶת-חֲנוֹךְ וַיְהִי בֹּנֶה עִיר
וַיִּקְרָא שֵׁם הָעִיר כְּשֵׁם בְּנוֹ חֲנוֹךְ: **יח** וַיִּוָּלֵד לַחֲנוֹךְ אֶת-עִירָד וְעִירָד
יָלַד אֶת-מְחוּיָאֵל וּמְחִיָּיאֵל יָלַד אֶת-מְתוּשָׁאֵל וּמְתוּשָׁאֵל יָלַד אֶת-
לָמֶךְ: **יט** וַיִּקַּח-לוֹ לֶמֶךְ שְׁתֵּי נָשִׁים: שֵׁם הָאַחַת עָדָה וְשֵׁם הַשֵּׁנִית
צִלָּה: **כ** וַתֵּלֶד עָדָה אֶת-יָבָל: הוּא הָיָה אֲבִי יֹשֵׁב אֹהֶל וּמִקְנֶה:
כא וְשֵׁם אָחִיו יוּבָל: הוּא הָיָה אֲבִי כָּל-תֹּפֵשׂ כִּנּוֹר וְעוּגָב:
כב וְצִלָּה גַם-הִוא יָלְדָה אֶת-תּוּבַל קַיִן-לֹטֵשׁ כָּל-חֹרֵשׁ נְחֹשֶׁת
וּבַרְזֶל וַאֲחוֹת תּוּבַל-קַיִן נַעֲמָה: **כג** וַיֹּאמֶר לֶמֶךְ לְנָשָׁיו עָדָה וְצִלָּה
שְׁמַעַן קוֹלִי-נְשֵׁי לֶמֶךְ הַאְזֵנָּה אִמְרָתִי: כִּי אִישׁ הָרַגְתִּי לְפִצְעִי וְיֶלֶד
לְחַבֻּרָתִי: **כד** כִּי שִׁבְעָתַיִם יֻקַּם-קָיִן וְלֶמֶךְ שִׁבְעִים וְשִׁבְעָה:
כה וַיֵּדַע אָדָם עוֹד אֶת-אִשְׁתּוֹ וַתֵּלֶד בֵּן וַתִּקְרָא אֶת-שְׁמוֹ שֵׁת: כִּי
שָׁת-לִי אֱלֹהִים זֶרַע אַחֵר-תַּחַת הֶבֶל כִּי הֲרָגוֹ קָיִן: **כו** וּלְשֵׁת גַּם-
הוּא יֻלַּד-בֵּן וַיִּקְרָא אֶת-שְׁמוֹ אֱנוֹשׁ אָז הוּחַל לִקְרֹא בְּשֵׁם יְהוָה:

ה

א זֶה סֵפֶר תּוֹלְדֹת אָדָם: בְּיוֹם בְּרֹא אֱלֹהִים אָדָם בִּדְמוּת אֱלֹהִים
עָשָׂה אֹתוֹ: **ב** זָכָר וּנְקֵבָה בְּרָאָם וַיְבָרֶךְ אֹתָם וַיִּקְרָא אֶת-שְׁמָם
אָדָם בְּיוֹם הִבָּרְאָם: **ג** וַיְחִי אָדָם שְׁלֹשִׁים וּמְאַת שָׁנָה וַיּוֹלֶד
בִּדְמוּתוֹ כְּצַלְמוֹ וַיִּקְרָא אֶת-שְׁמוֹ שֵׁת: **ד** וַיִּהְיוּ יְמֵי-אָדָם אַחֲרֵי
הוֹלִידוֹ אֶת-שֵׁת שְׁמֹנֶה מֵאֹת שָׁנָה וַיּוֹלֶד בָּנִים וּבָנוֹת: **ה** וַיִּהְיוּ כָּל-
יְמֵי אָדָם אֲשֶׁר-חַי תְּשַׁע מֵאוֹת שָׁנָה וּשְׁלֹשִׁים שָׁנָה וַיָּמֹת:
ו וַיְחִי-שֵׁת חָמֵשׁ שָׁנִים וּמְאַת שָׁנָה
וַיּוֹלֶד אֶת-אֱנוֹשׁ: **ז** וַיְחִי-שֵׁת אַחֲרֵי הוֹלִידוֹ אֶת-אֱנוֹשׁ שֶׁבַע שָׁנִים
וּשְׁמֹנֶה מֵאוֹת שָׁנָה וַיּוֹלֶד בָּנִים וּבָנוֹת: **ח** וַיִּהְיוּ כָּל-יְמֵי-שֵׁת שְׁתֵּים
עֶשְׂרֵה שָׁנָה וּתְשַׁע מֵאוֹת שָׁנָה וַיָּמֹת:
ט וַיְחִי אֱנוֹשׁ תִּשְׁעִים שָׁנָה וַיּוֹלֶד אֶת-קֵינָן: **י** וַיְחִי אֱנוֹשׁ אַחֲרֵי
הוֹלִידוֹ אֶת-קֵינָן חֲמֵשׁ עֶשְׂרֵה שָׁנָה וּשְׁמֹנֶה מֵאוֹת שָׁנָה וַיּוֹלֶד בָּנִים
וּבָנוֹת: **יא** וַיִּהְיוּ כָּל-יְמֵי אֱנוֹשׁ חָמֵשׁ שָׁנִים וּתְשַׁע מֵאוֹת שָׁנָה
וַיָּמֹת: **יב** וַיְחִי קֵינָן שִׁבְעִים שָׁנָה וַיּוֹלֶד
אֶת-מַהֲלַלְאֵל: **יג** וַיְחִי קֵינָן אַחֲרֵי הוֹלִידוֹ אֶת-מַהֲלַלְאֵל אַרְבָּעִים
שָׁנָה וּשְׁמֹנֶה מֵאוֹת שָׁנָה וַיּוֹלֶד בָּנִים וּבָנוֹת: **יד** וַיִּהְיוּ כָּל-יְמֵי קֵינָן
עֶשֶׂר שָׁנִים וּתְשַׁע מֵאוֹת שָׁנָה וַיָּמֹת:

טו וַיְחִי מַהֲלַלְאֵל חָמֵשׁ שָׁנִים וְשִׁשִּׁים שָׁנָה וַיּוֹלֶד אֶת־יָרֶד:
טז וַיְחִי מַהֲלַלְאֵל אַחֲרֵי הוֹלִידוֹ אֶת־יֶרֶד שְׁלֹשִׁים שָׁנָה וּשְׁמֹנֶה מֵאוֹת שָׁנָה וַיּוֹלֶד בָּנִים וּבָנוֹת: יז וַיִּהְיוּ כָּל־יְמֵי מַהֲלַלְאֵל חָמֵשׁ וְתִשְׁעִים שָׁנָה וּשְׁמֹנֶה מֵאוֹת שָׁנָה וַיָּמֹת:
יח וַיְחִי־יֶרֶד שְׁתַּיִם וְשִׁשִּׁים שָׁנָה וּמְאַת שָׁנָה וַיּוֹלֶד אֶת־חֲנוֹךְ:
יט וַיְחִי־יֶרֶד אַחֲרֵי הוֹלִידוֹ אֶת־חֲנוֹךְ שְׁמֹנֶה מֵאוֹת שָׁנָה וַיּוֹלֶד בָּנִים וּבָנוֹת: כ וַיִּהְיוּ כָּל־יְמֵי־יֶרֶד שְׁתַּיִם וְשִׁשִּׁים שָׁנָה וּתְשַׁע מֵאוֹת שָׁנָה וַיָּמֹת: כא וַיְחִי חֲנוֹךְ חָמֵשׁ וְשִׁשִּׁים שָׁנָה וַיּוֹלֶד אֶת־מְתוּשָׁלַח: כב וַיִּתְהַלֵּךְ חֲנוֹךְ אֶת־הָאֱלֹהִים אַחֲרֵי הוֹלִידוֹ אֶת־מְתוּשֶׁלַח שְׁלֹשׁ מֵאוֹת שָׁנָה וַיּוֹלֶד בָּנִים וּבָנוֹת:
כג וַיְהִי כָּל־יְמֵי חֲנוֹךְ חָמֵשׁ וְשִׁשִּׁים שָׁנָה וּשְׁלֹשׁ מֵאוֹת שָׁנָה:
כד וַיִּתְהַלֵּךְ חֲנוֹךְ אֶת־הָאֱלֹהִים וְאֵינֶנּוּ כִּי־לָקַח אֹתוֹ אֱלֹהִים:
כה וַיְחִי מְתוּשֶׁלַח שֶׁבַע וּשְׁמֹנִים שָׁנָה וּמְאַת שָׁנָה וַיּוֹלֶד אֶת־לָמֶךְ: כו וַיְחִי מְתוּשֶׁלַח אַחֲרֵי הוֹלִידוֹ אֶת־לֶמֶךְ שְׁתַּיִם וּשְׁמוֹנִים שָׁנָה וּשְׁבַע מֵאוֹת שָׁנָה וַיּוֹלֶד בָּנִים וּבָנוֹת:
כז וַיִּהְיוּ כָּל־יְמֵי מְתוּשֶׁלַח תֵּשַׁע וְשִׁשִּׁים שָׁנָה וּתְשַׁע מֵאוֹת שָׁנָה וַיָּמֹת: כח וַיְחִי־לֶמֶךְ שְׁתַּיִם וּשְׁמֹנִים שָׁנָה וּמְאַת שָׁנָה וַיּוֹלֶד בֵּן: כט וַיִּקְרָא אֶת־שְׁמוֹ נֹחַ לֵאמֹר זֶה יְנַחֲמֵנוּ מִמַּעֲשֵׂנוּ וּמֵעִצְּבוֹן יָדֵינוּ מִן־הָאֲדָמָה אֲשֶׁר אֵרְרָהּ יְהוָה:
ל וַיְחִי־לֶמֶךְ אַחֲרֵי הוֹלִידוֹ אֶת־נֹחַ חָמֵשׁ וְתִשְׁעִים שָׁנָה וַחֲמֵשׁ מֵאֹת שָׁנָה וַיּוֹלֶד בָּנִים וּבָנוֹת: לא וַיְהִי כָּל־יְמֵי־לֶמֶךְ שֶׁבַע וְשִׁבְעִים שָׁנָה וּשְׁבַע מֵאוֹת שָׁנָה וַיָּמֹת: לב וַיְהִי־
נֹחַ בֶּן־חֲמֵשׁ מֵאוֹת שָׁנָה וַיּוֹלֶד נֹחַ אֶת־שֵׁם אֶת־חָם וְאֶת־יָפֶת:

ו

א וַיְהִי כִּי־הֵחֵל הָאָדָם לָרֹב עַל־פְּנֵי הָאֲדָמָה וּבָנוֹת יֻלְּדוּ לָהֶם:
ב וַיִּרְאוּ בְנֵי־הָאֱלֹהִים אֶת־בְּנוֹת הָאָדָם כִּי טֹבֹת הֵנָּה וַיִּקְחוּ לָהֶם נָשִׁים מִכֹּל אֲשֶׁר בָּחָרוּ: ג וַיֹּאמֶר יְהוָה לֹא־יָדוֹן רוּחִי בָאָדָם לְעֹלָם בְּשַׁגַּם הוּא בָשָׂר וְהָיוּ יָמָיו מֵאָה וְעֶשְׂרִים שָׁנָה: ד הַנְּפִלִים הָיוּ בָאָרֶץ בַּיָּמִים הָהֵם וְגַם אַחֲרֵי־כֵן אֲשֶׁר יָבֹאוּ בְּנֵי הָאֱלֹהִים אֶל־בְּנוֹת הָאָדָם וְיָלְדוּ לָהֶם הֵמָּה הַגִּבֹּרִים אֲשֶׁר מֵעוֹלָם אַנְשֵׁי הַשֵּׁם:

ה וַיַּרְא יְהוָה כִּי רַבָּה רָעַת הָאָדָם בָּאָרֶץ וְכָל־יֵצֶר מַחְשְׁבֹת לִבּוֹ רַק רַע כָּל־הַיּוֹם: ו וַיִּנָּחֶם יְהוָה כִּי־עָשָׂה אֶת־הָאָדָם בָּאָרֶץ וַיִּתְעַצֵּב אֶל־לִבּוֹ: ז וַיֹּאמֶר יְהוָה אֶמְחֶה אֶת־הָאָדָם אֲשֶׁר־בָּרָאתִי מֵעַל פְּנֵי הָאֲדָמָה מֵאָדָם עַד־בְּהֵמָה עַד־רֶמֶשׂ וְעַד־עוֹף הַשָּׁמָיִם כִּי נִחַמְתִּי כִּי עֲשִׂיתִם: ח וְנֹחַ מָצָא חֵן בְּעֵינֵי יְהוָה:

ט אֵלֶּה תּוֹלְדֹת נֹחַ-נֹחַ אִישׁ צַדִּיק תָּמִים הָיָה בְּדֹרֹתָיו: אֶת-
הָאֱלֹהִים הִתְהַלֶּךְ-נֹחַ: י וַיּוֹלֶד נֹחַ שְׁלֹשָׁה בָנִים-אֶת-שֵׁם אֶת-חָם
וְאֶת-יָפֶת: יא וַתִּשָּׁחֵת הָאָרֶץ לִפְנֵי הָאֱלֹהִים וַתִּמָּלֵא הָאָרֶץ חָמָס:
יב וַיַּרְא אֱלֹהִים אֶת-הָאָרֶץ וְהִנֵּה נִשְׁחָתָה: כִּי-הִשְׁחִית כָּל-בָּשָׂר
אֶת-דַּרְכּוֹ עַל-הָאָרֶץ: יג וַיֹּאמֶר אֱלֹהִים
לְנֹחַ קֵץ כָּל-בָּשָׂר בָּא לְפָנַי-כִּי-מָלְאָה הָאָרֶץ חָמָס מִפְּנֵיהֶם וְהִנְנִי
מַשְׁחִיתָם אֶת-הָאָרֶץ: יד עֲשֵׂה לְךָ תֵּבַת עֲצֵי-גֹפֶר קִנִּים תַּעֲשֶׂה
אֶת-הַתֵּבָה וְכָפַרְתָּ אֹתָהּ מִבַּיִת וּמִחוּץ בַּכֹּפֶר: טו וְזֶה אֲשֶׁר תַּעֲשֶׂה
אֹתָהּ: שְׁלֹשׁ מֵאוֹת אַמָּה אֹרֶךְ הַתֵּבָה חֲמִשִּׁים אַמָּה רָחְבָּהּ
וּשְׁלֹשִׁים אַמָּה קוֹמָתָהּ: טז צֹהַר תַּעֲשֶׂה לַתֵּבָה וְאֶל-אַמָּה תְּכַלֶּנָּה
מִלְמַעְלָה וּפֶתַח הַתֵּבָה בְּצִדָּהּ תָּשִׂים תַּחְתִּיִּם שְׁנִיִּם וּשְׁלִשִׁים
תַּעֲשֶׂהָ: יז וַאֲנִי הִנְנִי מֵבִיא אֶת-הַמַּבּוּל מַיִם עַל-הָאָרֶץ לְשַׁחֵת כָּל-
בָּשָׂר אֲשֶׁר-בּוֹ רוּחַ חַיִּים מִתַּחַת הַשָּׁמָיִם: כֹּל אֲשֶׁר-בָּאָרֶץ יִגְוָע:
יח וַהֲקִמֹתִי אֶת-בְּרִיתִי אִתָּךְ וּבָאתָ אֶל-הַתֵּבָה-אַתָּה וּבָנֶיךָ
וְאִשְׁתְּךָ וּנְשֵׁי-בָנֶיךָ אִתָּךְ: יט וּמִכָּל-הָחַי מִכָּל-בָּשָׂר שְׁנַיִם מִכֹּל
תָּבִיא אֶל-הַתֵּבָה-לְהַחֲיֹת אִתָּךְ: זָכָר וּנְקֵבָה יִהְיוּ: כ מֵהָעוֹף
לְמִינֵהוּ וּמִן-הַבְּהֵמָה לְמִינָהּ מִכֹּל רֶמֶשׂ הָאֲדָמָה לְמִינֵהוּ-שְׁנַיִם
מִכֹּל יָבֹאוּ אֵלֶיךָ לְהַחֲיוֹת: כא וְאַתָּה קַח-לְךָ מִכָּל-מַאֲכָל אֲשֶׁר
יֵאָכֵל וְאָסַפְתָּ אֵלֶיךָ וְהָיָה לְךָ וְלָהֶם לְאָכְלָה: כב וַיַּעַשׂ נֹחַ: כְּכֹל
אֲשֶׁר צִוָּה אֹתוֹ אֱלֹהִים-כֵּן עָשָׂה:

ז

א וַיֹּאמֶר יְהוָה לְנֹחַ בֹּא-אַתָּה וְכָל-בֵּיתְךָ אֶל-הַתֵּבָה: כִּי-אֹתְךָ
רָאִיתִי צַדִּיק לְפָנַי בַּדּוֹר הַזֶּה: ב מִכֹּל הַבְּהֵמָה הַטְּהוֹרָה תִּקַּח-לְךָ
שִׁבְעָה שִׁבְעָה אִישׁ-וְאִשְׁתּוֹ וּמִן-הַבְּהֵמָה אֲשֶׁר לֹא טְהֹרָה הִוא
שְׁנַיִם-אִישׁ וְאִשְׁתּוֹ: ג גַּם מֵעוֹף הַשָּׁמַיִם שִׁבְעָה שִׁבְעָה זָכָר וּנְקֵבָה
לְחַיּוֹת זֶרַע עַל-פְּנֵי כָל-הָאָרֶץ: ד כִּי לְיָמִים עוֹד שִׁבְעָה אָנֹכִי
מַמְטִיר עַל-הָאָרֶץ אַרְבָּעִים יוֹם וְאַרְבָּעִים לָיְלָה וּמָחִיתִי אֶת-כָּל-
הַיְקוּם אֲשֶׁר עָשִׂיתִי מֵעַל פְּנֵי הָאֲדָמָה: ה וַיַּעַשׂ נֹחַ כְּכֹל אֲשֶׁר-
צִוָּהוּ יְהוָה: ו וְנֹחַ בֶּן-שֵׁשׁ מֵאוֹת שָׁנָה וְהַמַּבּוּל הָיָה מַיִם עַל-
הָאָרֶץ: ז וַיָּבֹא נֹחַ וּבָנָיו וְאִשְׁתּוֹ וּנְשֵׁי-בָנָיו אִתּוֹ-אֶל-הַתֵּבָה: מִפְּנֵי
מֵי הַמַּבּוּל: ח מִן-הַבְּהֵמָה הַטְּהוֹרָה וּמִן-הַבְּהֵמָה אֲשֶׁר אֵינֶנָּה
טְהֹרָה וּמִן-הָעוֹף-וְכֹל אֲשֶׁר-רֹמֵשׂ עַל-הָאֲדָמָה: ט שְׁנַיִם שְׁנַיִם
בָּאוּ אֶל-נֹחַ אֶל-הַתֵּבָה-זָכָר וּנְקֵבָה: כַּאֲשֶׁר צִוָּה אֱלֹהִים אֶת-נֹחַ:
י וַיְהִי לְשִׁבְעַת הַיָּמִים וּמֵי הַמַּבּוּל הָיוּ עַל-הָאָרֶץ: יא בִּשְׁנַת שֵׁשׁ-
מֵאוֹת שָׁנָה לְחַיֵּי-נֹחַ בַּחֹדֶשׁ הַשֵּׁנִי בְּשִׁבְעָה-עָשָׂר יוֹם לַחֹדֶשׁ-בַּיּוֹם
הַזֶּה נִבְקְעוּ כָּל-מַעְיְנֹת תְּהוֹם רַבָּה וַאֲרֻבֹּת הַשָּׁמַיִם נִפְתָּחוּ:

יב וַיְהִי הַגֶּשֶׁם עַל-הָאָרֶץ אַרְבָּעִים יוֹם וְאַרְבָּעִים לָיְלָה: יג בְּעֶצֶם
הַיּוֹם הַזֶּה בָּא נֹחַ וְשֵׁם-וְחָם וָיֶפֶת בְּנֵי-נֹחַ וְאֵשֶׁת נֹחַ וּשְׁלֹשֶׁת נְשֵׁי-
בָנָיו אִתָּם אֶל-הַתֵּבָה: יד הֵמָּה וְכָל-הַחַיָּה לְמִינָהּ וְכָל-הַבְּהֵמָה
לְמִינָהּ וְכָל-הָרֶמֶשׂ הָרֹמֵשׂ עַל-הָאָרֶץ לְמִינֵהוּ וְכָל-הָעוֹף לְמִינֵהוּ כֹּל
צִפּוֹר כָּל-כָּנָף: טו וַיָּבֹאוּ אֶל-נֹחַ אֶל-הַתֵּבָה שְׁנַיִם שְׁנַיִם מִכָּל-
הַבָּשָׂר אֲשֶׁר-בּוֹ רוּחַ חַיִּים: טז וְהַבָּאִים זָכָר וּנְקֵבָה מִכָּל-בָּשָׂר
בָּאוּ כַּאֲשֶׁר צִוָּה אֹתוֹ אֱלֹהִים וַיִּסְגֹּר יְהוָה בַּעֲדוֹ: יז וַיְהִי הַמַּבּוּל
אַרְבָּעִים יוֹם עַל-הָאָרֶץ וַיִּרְבּוּ הַמַּיִם וַיִּשְׂאוּ אֶת-הַתֵּבָה וַתָּרָם מֵעַל
הָאָרֶץ: יח וַיִּגְבְּרוּ הַמַּיִם וַיִּרְבּוּ מְאֹד עַל-הָאָרֶץ וַתֵּלֶךְ הַתֵּבָה עַל-
פְּנֵי הַמָּיִם: יט וְהַמַּיִם גָּבְרוּ מְאֹד מְאֹד עַל-הָאָרֶץ וַיְכֻסּוּ כָּל-
הֶהָרִים הַגְּבֹהִים אֲשֶׁר-תַּחַת כָּל-הַשָּׁמָיִם: כ חֲמֵשׁ עֶשְׂרֵה אַמָּה
מִלְמַעְלָה גָּבְרוּ הַמָּיִם וַיְכֻסּוּ הֶהָרִים: כא וַיִּגְוַע כָּל-בָּשָׂר הָרֹמֵשׂ
עַל-הָאָרֶץ בָּעוֹף וּבַבְּהֵמָה וּבַחַיָּה וּבְכָל-הַשֶּׁרֶץ הַשֹּׁרֵץ עַל-הָאָרֶץ וְכֹל
הָאָדָם: כב כֹּל אֲשֶׁר נִשְׁמַת-רוּחַ חַיִּים בְּאַפָּיו מִכֹּל אֲשֶׁר בֶּחָרָבָה
מֵתוּ: כג וַיִּמַח אֶת-כָּל-הַיְקוּם אֲשֶׁר עַל-פְּנֵי הָאֲדָמָה מֵאָדָם עַד-
בְּהֵמָה עַד-רֶמֶשׂ וְעַד-עוֹף הַשָּׁמַיִם וַיִּמָּחוּ מִן-הָאָרֶץ וַיִּשָּׁאֶר אַךְ-נֹחַ
וַאֲשֶׁר אִתּוֹ בַּתֵּבָה: כד וַיִּגְבְּרוּ הַמַּיִם עַל-הָאָרֶץ חֲמִשִּׁים וּמְאַת
יוֹם:

ח

א וַיִּזְכֹּר אֱלֹהִים אֶת-נֹחַ וְאֵת כָּל-הַחַיָּה וְאֶת-כָּל-הַבְּהֵמָה אֲשֶׁר
אִתּוֹ בַּתֵּבָה וַיַּעֲבֵר אֱלֹהִים רוּחַ עַל-הָאָרֶץ וַיָּשֹׁכּוּ הַמָּיִם: ב וַיִּסָּכְרוּ
מַעְיְנֹת תְּהוֹם וַאֲרֻבֹּת הַשָּׁמָיִם וַיִּכָּלֵא הַגֶּשֶׁם מִן-הַשָּׁמָיִם: ג וַיָּשֻׁבוּ
הַמַּיִם מֵעַל הָאָרֶץ הָלוֹךְ וָשׁוֹב וַיַּחְסְרוּ הַמַּיִם-מִקְצֵה חֲמִשִּׁים וּמְאַת
יוֹם: ד וַתָּנַח הַתֵּבָה בַּחֹדֶשׁ הַשְּׁבִיעִי בְּשִׁבְעָה-עָשָׂר יוֹם לַחֹדֶשׁ עַל
הָרֵי אֲרָרָט: ה וְהַמַּיִם הָיוּ הָלוֹךְ וְחָסוֹר עַד הַחֹדֶשׁ הָעֲשִׂירִי
בָּעֲשִׂירִי בְּאֶחָד לַחֹדֶשׁ נִרְאוּ רָאשֵׁי הֶהָרִים: ו וַיְהִי מִקֵּץ אַרְבָּעִים
יוֹם וַיִּפְתַּח נֹחַ אֶת-חַלּוֹן הַתֵּבָה אֲשֶׁר עָשָׂה: ז וַיְשַׁלַּח אֶת-הָעֹרֵב
וַיֵּצֵא יָצוֹא וָשׁוֹב עַד-יְבֹשֶׁת הַמַּיִם מֵעַל הָאָרֶץ: ח וַיְשַׁלַּח אֶת-
הַיּוֹנָה מֵאִתּוֹ לִרְאוֹת הֲקַלּוּ הַמַּיִם מֵעַל פְּנֵי הָאֲדָמָה: ט וְלֹא-
מָצְאָה הַיּוֹנָה מָנוֹחַ לְכַף-רַגְלָהּ וַתָּשָׁב אֵלָיו אֶל-הַתֵּבָה כִּי-מַיִם עַל-
פְּנֵי כָל-הָאָרֶץ וַיִּשְׁלַח יָדוֹ וַיִּקָּחֶהָ וַיָּבֵא אֹתָהּ אֵלָיו אֶל-הַתֵּבָה:
י וַיָּחֶל עוֹד שִׁבְעַת יָמִים אֲחֵרִים וַיֹּסֶף שַׁלַּח אֶת-הַיּוֹנָה מִן-הַתֵּבָה:
יא וַתָּבֹא אֵלָיו הַיּוֹנָה לְעֵת עֶרֶב וְהִנֵּה עֲלֵה-זַיִת טָרָף בְּפִיהָ וַיֵּדַע
נֹחַ כִּי-קַלּוּ הַמַּיִם מֵעַל הָאָרֶץ: יב וַיִּיָּחֶל עוֹד שִׁבְעַת יָמִים אֲחֵרִים
וַיְשַׁלַּח אֶת-הַיּוֹנָה וְלֹא-יָסְפָה שׁוּב-אֵלָיו עוֹד: יג וַיְהִי בְּאַחַת
וְשֵׁשׁ-מֵאוֹת שָׁנָה בָּרִאשׁוֹן בְּאֶחָד לַחֹדֶשׁ חָרְבוּ הַמַּיִם מֵעַל הָאָרֶץ

וַיָּסַר נֹחַ אֶת-מִכְסֵה הַתֵּבָה וַיַּרְא וְהִנֵּה חָרְבוּ פְּנֵי הָאֲדָמָה:
יד וּבַחֹדֶשׁ הַשֵּׁנִי בְּשִׁבְעָה וְעֶשְׂרִים יוֹם לַחֹדֶשׁ-יָבְשָׁה הָאָרֶץ:
טו וַיְדַבֵּר אֱלֹהִים אֶל-נֹחַ לֵאמֹר:
טז צֵא מִן-הַתֵּבָה-אַתָּה וְאִשְׁתְּךָ וּבָנֶיךָ וּנְשֵׁי-בָנֶיךָ אִתָּךְ: **יז** כָּל-
הַחַיָּה אֲשֶׁר-אִתְּךָ מִכָּל-בָּשָׂר בָּעוֹף וּבַבְּהֵמָה וּבְכָל-הָרֶמֶשׂ הָרֹמֵשׂ
עַל-הָאָרֶץ-הוצא (הַיְצֵא) אִתָּךְ וְשָׁרְצוּ בָאָרֶץ וּפָרוּ וְרָבוּ עַל-הָאָרֶץ:
יח וַיֵּצֵא-נֹחַ וּבָנָיו וְאִשְׁתּוֹ וּנְשֵׁי-בָנָיו אִתּוֹ: **יט** כָּל-הַחַיָּה כָּל-
הָרֶמֶשׂ וְכָל-הָעוֹף כֹּל רוֹמֵשׂ עַל-הָאָרֶץ-לְמִשְׁפְּחֹתֵיהֶם יָצְאוּ מִן-
הַתֵּבָה: **כ** וַיִּבֶן נֹחַ מִזְבֵּחַ לַיהוָה וַיִּקַּח מִכֹּל הַבְּהֵמָה הַטְּהֹרָה
וּמִכֹּל הָעוֹף הַטָּהוֹר וַיַּעַל עֹלֹת בַּמִּזְבֵּחַ: **כא** וַיָּרַח יְהוָה אֶת-רֵיחַ
הַנִּיחֹחַ וַיֹּאמֶר יְהוָה אֶל-לִבּוֹ לֹא-אֹסִף לְקַלֵּל עוֹד אֶת-הָאֲדָמָה
בַּעֲבוּר הָאָדָם כִּי יֵצֶר לֵב הָאָדָם רַע מִנְּעֻרָיו וְלֹא-אֹסִף עוֹד לְהַכּוֹת
אֶת-כָּל-חַי כַּאֲשֶׁר עָשִׂיתִי: **כב** עֹד כָּל-יְמֵי הָאָרֶץ: זֶרַע וְקָצִיר וְקֹר
וָחֹם וְקַיִץ וָחֹרֶף וְיוֹם וָלַיְלָה-לֹא יִשְׁבֹּתוּ:

ט

א וַיְבָרֶךְ אֱלֹהִים אֶת-נֹחַ וְאֶת-בָּנָיו וַיֹּאמֶר לָהֶם פְּרוּ וּרְבוּ וּמִלְאוּ
אֶת-הָאָרֶץ: **ב** וּמוֹרַאֲכֶם וְחִתְּכֶם יִהְיֶה עַל כָּל-חַיַּת הָאָרֶץ וְעַל כָּל-
עוֹף הַשָּׁמָיִם בְּכֹל אֲשֶׁר תִּרְמֹשׂ הָאֲדָמָה וּבְכָל-דְּגֵי הַיָּם בְּיֶדְכֶם
נִתָּנוּ: **ג** כָּל-רֶמֶשׂ אֲשֶׁר הוּא-חַי לָכֶם יִהְיֶה לְאָכְלָה: כְּיֶרֶק עֵשֶׂב
נָתַתִּי לָכֶם אֶת-כֹּל: **ד** אַךְ-בָּשָׂר בְּנַפְשׁוֹ דָמוֹ לֹא תֹאכֵלוּ: **ה** וְאַךְ
אֶת-דִּמְכֶם לְנַפְשֹׁתֵיכֶם אֶדְרֹשׁ מִיַּד כָּל-חַיָּה אֶדְרְשֶׁנּוּ וּמִיַּד הָאָדָם
מִיַּד אִישׁ אָחִיו-אֶדְרֹשׁ אֶת-נֶפֶשׁ הָאָדָם: **ו** שֹׁפֵךְ דַּם הָאָדָם בָּאָדָם
דָּמוֹ יִשָּׁפֵךְ: כִּי בְּצֶלֶם אֱלֹהִים עָשָׂה אֶת-הָאָדָם: **ז** וְאַתֶּם פְּרוּ וּרְבוּ
שִׁרְצוּ בָאָרֶץ וּרְבוּ-בָהּ: **ח** וַיֹּאמֶר
אֱלֹהִים אֶל-נֹחַ וְאֶל-בָּנָיו אִתּוֹ לֵאמֹר: **ט** וַאֲנִי הִנְנִי מֵקִים אֶת-
בְּרִיתִי אִתְּכֶם וְאֶת-זַרְעֲכֶם אַחֲרֵיכֶם: **י** וְאֵת כָּל-נֶפֶשׁ הַחַיָּה אֲשֶׁר
אִתְּכֶם בָּעוֹף בַּבְּהֵמָה וּבְכָל-חַיַּת הָאָרֶץ אִתְּכֶם מִכֹּל יֹצְאֵי הַתֵּבָה
לְכֹל חַיַּת הָאָרֶץ: **יא** וַהֲקִמֹתִי אֶת-בְּרִיתִי אִתְּכֶם וְלֹא-יִכָּרֵת כָּל-
בָּשָׂר עוֹד מִמֵּי הַמַּבּוּל וְלֹא-יִהְיֶה עוֹד מַבּוּל לְשַׁחֵת הָאָרֶץ:
יב וַיֹּאמֶר אֱלֹהִים זֹאת אוֹת-הַבְּרִית אֲשֶׁר-אֲנִי נֹתֵן בֵּינִי וּבֵינֵיכֶם
וּבֵין כָּל-נֶפֶשׁ חַיָּה אֲשֶׁר אִתְּכֶם-לְדֹרֹת עוֹלָם: **יג** אֶת-קַשְׁתִּי נָתַתִּי
בֶּעָנָן וְהָיְתָה לְאוֹת בְּרִית בֵּינִי וּבֵין הָאָרֶץ: **יד** וְהָיָה בְּעַנְנִי עָנָן עַל-
הָאָרֶץ וְנִרְאֲתָה הַקֶּשֶׁת בֶּעָנָן: **טו** וְזָכַרְתִּי אֶת-בְּרִיתִי אֲשֶׁר בֵּינִי
וּבֵינֵיכֶם וּבֵין כָּל-נֶפֶשׁ חַיָּה בְּכָל-בָּשָׂר וְלֹא-יִהְיֶה עוֹד הַמַּיִם לְמַבּוּל
לְשַׁחֵת כָּל-בָּשָׂר: **טז** וְהָיְתָה הַקֶּשֶׁת בֶּעָנָן וּרְאִיתִיהָ לִזְכֹּר בְּרִית
עוֹלָם בֵּין אֱלֹהִים וּבֵין כָּל-נֶפֶשׁ חַיָּה בְּכָל-בָּשָׂר אֲשֶׁר עַל-הָאָרֶץ:

יז וַיֹּאמֶר אֱלֹהִים אֶל-נֹחַ: זֹאת אוֹת-הַבְּרִית אֲשֶׁר הֲקִמֹתִי בֵּינִי
וּבֵין כָּל-בָּשָׂר אֲשֶׁר עַל-הָאָרֶץ:

יח וַיִּהְיוּ בְנֵי-נֹחַ הַיֹּצְאִים מִן-הַתֵּבָה-שֵׁם וְחָם וָיָפֶת וְחָם הוּא אֲבִי
כְנָעַן: **יט** שְׁלֹשָׁה אֵלֶּה בְּנֵי-נֹחַ וּמֵאֵלֶּה נָפְצָה כָל-הָאָרֶץ: **כ** וַיָּחֶל
נֹחַ אִישׁ הָאֲדָמָה וַיִּטַּע כָּרֶם: **כא** וַיֵּשְׁתְּ מִן-הַיַּיִן וַיִּשְׁכָּר וַיִּתְגַּל
בְּתוֹךְ אָהֳלֹה: **כב** וַיַּרְא חָם אֲבִי כְנַעַן אֵת עֶרְוַת אָבִיו וַיַּגֵּד לִשְׁנֵי-
אֶחָיו בַּחוּץ: **כג** וַיִּקַּח שֵׁם וָיֶפֶת אֶת-הַשִּׂמְלָה וַיָּשִׂימוּ עַל-שְׁכֶם
שְׁנֵיהֶם וַיֵּלְכוּ אֲחֹרַנִּית וַיְכַסּוּ אֵת עֶרְוַת אֲבִיהֶם וּפְנֵיהֶם אֲחֹרַנִּית
וְעֶרְוַת אֲבִיהֶם לֹא רָאוּ: **כד** וַיִּיקֶץ נֹחַ מִיֵּינוֹ וַיֵּדַע אֵת אֲשֶׁר-עָשָׂה
לוֹ בְּנוֹ הַקָּטָן: **כה** וַיֹּאמֶר אָרוּר כְּנָעַן: עֶבֶד עֲבָדִים יִהְיֶה לְאֶחָיו:
כו וַיֹּאמֶר בָּרוּךְ יְהוָה אֱלֹהֵי שֵׁם וִיהִי כְנַעַן עֶבֶד לָמוֹ: **כז** יַפְתְּ
אֱלֹהִים לְיֶפֶת וְיִשְׁכֹּן בְּאָהֳלֵי-שֵׁם וִיהִי כְנַעַן עֶבֶד לָמוֹ: **כח** וַיְחִי-נֹחַ
אַחַר הַמַּבּוּל שְׁלֹשׁ מֵאוֹת שָׁנָה וַחֲמִשִּׁים שָׁנָה: **כט** וַיִּהְיוּ כָּל-יְמֵי-
נֹחַ תְּשַׁע מֵאוֹת שָׁנָה וַחֲמִשִּׁים שָׁנָה וַיָּמֹת:

י

א וְאֵלֶּה תּוֹלְדֹת בְּנֵי-נֹחַ שֵׁם חָם וָיָפֶת וַיִּוָּלְדוּ לָהֶם בָּנִים אַחַר
הַמַּבּוּל: **ב** בְּנֵי יֶפֶת-גֹּמֶר וּמָגוֹג וּמָדַי וְיָוָן וְתֻבָל וּמֶשֶׁךְ וְתִירָס:
ג וּבְנֵי גֹּמֶר-אַשְׁכְּנַז וְרִיפַת וְתֹגַרְמָה: **ד** וּבְנֵי יָוָן אֱלִישָׁה וְתַרְשִׁישׁ
כִּתִּים וְדֹדָנִים: **ה** מֵאֵלֶּה נִפְרְדוּ אִיֵּי הַגּוֹיִם בְּאַרְצֹתָם אִישׁ לִלְשֹׁנוֹ-
לְמִשְׁפְּחֹתָם בְּגוֹיֵהֶם: **ו** וּבְנֵי חָם-כּוּשׁ וּמִצְרַיִם וּפוּט וּכְנָעַן:
ז וּבְנֵי כוּשׁ-סְבָא וַחֲוִילָה וְסַבְתָּה וְרַעְמָה וְסַבְתְּכָא וּבְנֵי רַעְמָה
שְׁבָא וּדְדָן: **ח** וְכוּשׁ יָלַד אֶת-נִמְרֹד הוּא הֵחֵל לִהְיוֹת גִּבֹּר בָּאָרֶץ:
ט הוּא-הָיָה גִבֹּר-צַיִד לִפְנֵי יְהוָה עַל-כֵּן יֵאָמַר כְּנִמְרֹד גִּבּוֹר צַיִד
לִפְנֵי יְהוָה: **י** וַתְּהִי רֵאשִׁית מַמְלַכְתּוֹ בָּבֶל וְאֶרֶךְ וְאַכַּד וְכַלְנֵה
בְּאֶרֶץ שִׁנְעָר: **יא** מִן-הָאָרֶץ הַהִוא יָצָא אַשּׁוּר וַיִּבֶן אֶת-נִינְוֵה וְאֶת-
רְחֹבֹת עִיר וְאֶת-כָּלַח: **יב** וְאֶת-רֶסֶן בֵּין נִינְוֵה וּבֵין כָּלַח-הִוא
הָעִיר הַגְּדֹלָה: **יג** וּמִצְרַיִם יָלַד אֶת-לוּדִים וְאֶת-עֲנָמִים וְאֶת-
לְהָבִים-וְאֶת-נַפְתֻּחִים: **יד** וְאֶת-פַּתְרֻסִים וְאֶת-כַּסְלֻחִים אֲשֶׁר
יָצְאוּ מִשָּׁם פְּלִשְׁתִּים-וְאֶת-כַּפְתֹּרִים:
טו וּכְנַעַן יָלַד אֶת-צִידֹן בְּכֹרוֹ-וְאֶת-חֵת: **טז** וְאֶת-הַיְבוּסִי וְאֶת-
הָאֱמֹרִי וְאֵת הַגִּרְגָּשִׁי: **יז** וְאֶת-הַחִוִּי וְאֶת-הַעַרְקִי וְאֶת-הַסִּינִי:
יח וְאֶת-הָאַרְוָדִי וְאֶת-הַצְּמָרִי וְאֶת-הַחֲמָתִי וְאַחַר נָפֹצוּ מִשְׁפְּחוֹת
הַכְּנַעֲנִי: **יט** וַיְהִי גְּבוּל הַכְּנַעֲנִי מִצִּידֹן-בֹּאֲכָה גְרָרָה עַד-עַזָּה:
בֹּאֲכָה סְדֹמָה וַעֲמֹרָה וְאַדְמָה וּצְבֹיִם-עַד-לָשַׁע: **כ** אֵלֶּה בְנֵי-חָם
לְמִשְׁפְּחֹתָם לִלְשֹׁנֹתָם בְּאַרְצֹתָם בְּגוֹיֵהֶם:
כא וּלְשֵׁם יֻלַּד גַּם-הוּא: אֲבִי כָּל-בְּנֵי-

עֵבֶר-אֲחִי יֶפֶת הַגָּדוֹל: **כב** בְּנֵי שֵׁם עֵילָם וְאַשּׁוּר וְאַרְפַּכְשַׁד וְלוּד
וַאֲרָם: **כג** וּבְנֵי אֲרָם-עוּץ וְחוּל וְגֶתֶר וָמַשׁ: **כד** וְאַרְפַּכְשַׁד יָלַד
אֶת-שָׁלַח וְשֶׁלַח יָלַד אֶת-עֵבֶר: **כה** וּלְעֵבֶר יֻלַּד שְׁנֵי בָנִים: שֵׁם
הָאֶחָד פֶּלֶג כִּי בְיָמָיו נִפְלְגָה הָאָרֶץ וְשֵׁם אָחִיו יָקְטָן: **כו** וְיָקְטָן יָלַד
אֶת-אַלְמוֹדָד וְאֶת-שָׁלֶף וְאֶת-חֲצַרְמָוֶת וְאֶת-יָרַח: **כז** וְאֶת-הֲדוֹרָם
וְאֶת-אוּזָל וְאֶת-דִּקְלָה: **כח** וְאֶת-עוֹבָל וְאֶת-אֲבִימָאֵל וְאֶת-שְׁבָא:
כט וְאֶת-אוֹפִר וְאֶת-חֲוִילָה וְאֶת-יוֹבָב כָּל-אֵלֶּה בְּנֵי יָקְטָן: **ל** וַיְהִי
מוֹשָׁבָם מִמֵּשָׁא בֹּאֲכָה סְפָרָה הַר הַקֶּדֶם: **לא** אֵלֶּה בְנֵי-שֵׁם
לְמִשְׁפְּחֹתָם לִלְשֹׁנֹתָם בְּאַרְצֹתָם לְגוֹיֵהֶם: **לב** אֵלֶּה מִשְׁפְּחֹת בְּנֵי-
נֹחַ לְתוֹלְדֹתָם בְּגוֹיֵהֶם וּמֵאֵלֶּה נִפְרְדוּ הַגּוֹיִם בָּאָרֶץ-אַחַר הַמַּבּוּל:

יא

א וַיְהִי כָל-הָאָרֶץ שָׂפָה אֶחָת וּדְבָרִים אֲחָדִים: **ב** וַיְהִי בְּנָסְעָם
מִקֶּדֶם וַיִּמְצְאוּ בִקְעָה בְּאֶרֶץ שִׁנְעָר וַיֵּשְׁבוּ שָׁם: **ג** וַיֹּאמְרוּ אִישׁ
אֶל-רֵעֵהוּ הָבָה נִלְבְּנָה לְבֵנִים וְנִשְׂרְפָה לִשְׂרֵפָה וַתְּהִי לָהֶם הַלְּבֵנָה
לְאָבֶן וְהַחֵמָר הָיָה לָהֶם לַחֹמֶר: **ד** וַיֹּאמְרוּ הָבָה נִבְנֶה-לָּנוּ עִיר
וּמִגְדָּל וְרֹאשׁוֹ בַשָּׁמַיִם וְנַעֲשֶׂה-לָּנוּ שֵׁם: פֶּן-נָפוּץ עַל-פְּנֵי כָל-הָאָרֶץ:
ה וַיֵּרֶד יְהוָה לִרְאֹת אֶת-הָעִיר וְאֶת-הַמִּגְדָּל אֲשֶׁר בָּנוּ בְּנֵי הָאָדָם:
ו וַיֹּאמֶר יְהוָה הֵן עַם אֶחָד וְשָׂפָה אַחַת לְכֻלָּם וְזֶה הַחִלָּם לַעֲשׂוֹת
וְעַתָּה לֹא-יִבָּצֵר מֵהֶם כֹּל אֲשֶׁר יָזְמוּ לַעֲשׂוֹת: **ז** הָבָה נֵרְדָה וְנָבְלָה
שָׁם שְׂפָתָם-אֲשֶׁר לֹא יִשְׁמְעוּ אִישׁ שְׂפַת רֵעֵהוּ: **ח** וַיָּפֶץ יְהוָה אֹתָם
מִשָּׁם עַל-פְּנֵי כָל-הָאָרֶץ וַיַּחְדְּלוּ לִבְנֹת הָעִיר: **ט** עַל-כֵּן קָרָא שְׁמָהּ
בָּבֶל כִּי-שָׁם בָּלַל יְהוָה שְׂפַת כָּל-הָאָרֶץ וּמִשָּׁם הֱפִיצָם יְהוָה עַל-פְּנֵי
כָּל-הָאָרֶץ:

י אֵלֶּה תּוֹלְדֹת שֵׁם-שֵׁם בֶּן-מְאַת שָׁנָה וַיּוֹלֶד אֶת-אַרְפַּכְשָׁד:
שְׁנָתַיִם אַחַר הַמַּבּוּל: **יא** וַיְחִי-שֵׁם אַחֲרֵי הוֹלִידוֹ אֶת-אַרְפַּכְשָׁד
חֲמֵשׁ מֵאוֹת שָׁנָה וַיּוֹלֶד בָּנִים וּבָנוֹת:
יב וְאַרְפַּכְשַׁד חַי חָמֵשׁ וּשְׁלֹשִׁים שָׁנָה וַיּוֹלֶד אֶת-שָׁלַח: **יג** וַיְחִי
אַרְפַּכְשַׁד אַחֲרֵי הוֹלִידוֹ אֶת-שֶׁלַח שָׁלֹשׁ שָׁנִים וְאַרְבַּע מֵאוֹת שָׁנָה
וַיּוֹלֶד בָּנִים וּבָנוֹת: **יד** וְשֶׁלַח חַי שְׁלֹשִׁים
שָׁנָה וַיּוֹלֶד אֶת-עֵבֶר: **טו** וַיְחִי-שֶׁלַח אַחֲרֵי הוֹלִידוֹ אֶת-עֵבֶר שָׁלֹשׁ
שָׁנִים וְאַרְבַּע מֵאוֹת שָׁנָה וַיּוֹלֶד בָּנִים וּבָנוֹת:
טז וַיְחִי-עֵבֶר אַרְבַּע וּשְׁלֹשִׁים שָׁנָה וַיּוֹלֶד
אֶת-פָּלֶג: **יז** וַיְחִי-עֵבֶר אַחֲרֵי הוֹלִידוֹ אֶת-פֶּלֶג שְׁלֹשִׁים שָׁנָה וְאַרְבַּע
מֵאוֹת שָׁנָה וַיּוֹלֶד בָּנִים וּבָנוֹת: **יח** וַיְחִי-
פֶלֶג שְׁלֹשִׁים שָׁנָה וַיּוֹלֶד אֶת-רְעוּ: **יט** וַיְחִי-פֶלֶג אַחֲרֵי הוֹלִידוֹ אֶת-
רְעוּ תֵּשַׁע שָׁנִים וּמָאתַיִם שָׁנָה וַיּוֹלֶד בָּנִים וּבָנוֹת:

כ וַיְחִי רְעוּ שְׁתַּיִם וּשְׁלֹשִׁים שָׁנָה וַיּוֹלֶד
אֶת-שְׂרוּג: **כא** וַיְחִי רְעוּ אַחֲרֵי הוֹלִידוֹ אֶת-שְׂרוּג שֶׁבַע שָׁנִים
וּמָאתַיִם שָׁנָה וַיּוֹלֶד בָּנִים וּבָנוֹת:
כב וַיְחִי שְׂרוּג שְׁלֹשִׁים שָׁנָה וַיּוֹלֶד אֶת-נָחוֹר: **כג** וַיְחִי שְׂרוּג אַחֲרֵי
הוֹלִידוֹ אֶת-נָחוֹר-מָאתַיִם שָׁנָה וַיּוֹלֶד בָּנִים וּבָנוֹת:
כד וַיְחִי נָחוֹר תֵּשַׁע וְעֶשְׂרִים שָׁנָה וַיּוֹלֶד
אֶת-תָּרַח: **כה** וַיְחִי נָחוֹר אַחֲרֵי הוֹלִידוֹ אֶת-תֶּרַח תְּשַׁע-עֶשְׂרֵה
שָׁנָה וּמְאַת שָׁנָה וַיּוֹלֶד בָּנִים וּבָנוֹת:
כו וַיְחִי-תֶרַח שִׁבְעִים שָׁנָה וַיּוֹלֶד אֶת-אַבְרָם אֶת-נָחוֹר וְאֶת-הָרָן:
כז וְאֵלֶּה תּוֹלְדֹת תֶּרַח-תֶּרַח הוֹלִיד אֶת-אַבְרָם אֶת-נָחוֹר וְאֶת-הָרָן
וְהָרָן הוֹלִיד אֶת-לוֹט: **כח** וַיָּמָת הָרָן עַל-פְּנֵי תֶּרַח אָבִיו בְּאֶרֶץ
מוֹלַדְתּוֹ בְּאוּר כַּשְׂדִּים: **כט** וַיִּקַּח אַבְרָם וְנָחוֹר לָהֶם נָשִׁים: שֵׁם
אֵשֶׁת-אַבְרָם שָׂרָי וְשֵׁם אֵשֶׁת-נָחוֹר מִלְכָּה בַּת-הָרָן אֲבִי-מִלְכָּה וַאֲבִי
יִסְכָּה: **ל** וַתְּהִי שָׂרַי עֲקָרָה: אֵין לָהּ וָלָד: **לא** וַיִּקַּח תֶּרַח אֶת-
אַבְרָם בְּנוֹ וְאֶת-לוֹט בֶּן-הָרָן בֶּן-בְּנוֹ וְאֵת שָׂרַי כַּלָּתוֹ אֵשֶׁת אַבְרָם
בְּנוֹ וַיֵּצְאוּ אִתָּם מֵאוּר כַּשְׂדִּים לָלֶכֶת אַרְצָה כְּנַעַן וַיָּבֹאוּ עַד-חָרָן
וַיֵּשְׁבוּ שָׁם: **לב** וַיִּהְיוּ יְמֵי-תֶרַח חָמֵשׁ שָׁנִים וּמָאתַיִם שָׁנָה וַיָּמָת
תֶּרַח בְּחָרָן:

יב

א וַיֹּאמֶר יְהוָה אֶל-אַבְרָם לֶךְ-לְךָ מֵאַרְצְךָ וּמִמּוֹלַדְתְּךָ וּמִבֵּית
אָבִיךָ אֶל-הָאָרֶץ אֲשֶׁר אַרְאֶךָּ: **ב** וְאֶעֶשְׂךָ לְגוֹי גָּדוֹל וַאֲבָרֶכְךָ
וַאֲגַדְּלָה שְׁמֶךָ וֶהְיֵה בְּרָכָה: **ג** וַאֲבָרְכָה מְבָרְכֶיךָ וּמְקַלֶּלְךָ אָאֹר
וְנִבְרְכוּ בְךָ כֹּל מִשְׁפְּחֹת הָאֲדָמָה: **ד** וַיֵּלֶךְ אַבְרָם כַּאֲשֶׁר דִּבֶּר אֵלָיו
יְהוָה וַיֵּלֶךְ אִתּוֹ לוֹט וְאַבְרָם בֶּן-חָמֵשׁ שָׁנִים וְשִׁבְעִים שָׁנָה בְּצֵאתוֹ
מֵחָרָן: **ה** וַיִּקַּח אַבְרָם אֶת-שָׂרַי אִשְׁתּוֹ וְאֶת-לוֹט בֶּן-אָחִיו וְאֶת-
כָּל-רְכוּשָׁם אֲשֶׁר רָכָשׁוּ וְאֶת-הַנֶּפֶשׁ אֲשֶׁר-עָשׂוּ בְחָרָן וַיֵּצְאוּ לָלֶכֶת
אַרְצָה כְּנַעַן וַיָּבֹאוּ אַרְצָה כְּנָעַן: **ו** וַיַּעֲבֹר אַבְרָם בָּאָרֶץ עַד מְקוֹם
שְׁכֶם עַד אֵלוֹן מוֹרֶה וְהַכְּנַעֲנִי אָז בָּאָרֶץ: **ז** וַיֵּרָא יְהוָה אֶל-אַבְרָם
וַיֹּאמֶר לְזַרְעֲךָ אֶתֵּן אֶת-הָאָרֶץ הַזֹּאת וַיִּבֶן שָׁם מִזְבֵּחַ לַיהוָה
הַנִּרְאֶה אֵלָיו: **ח** וַיַּעְתֵּק מִשָּׁם הָהָרָה מִקֶּדֶם לְבֵית-אֵל וַיֵּט אָהֳלֹה
בֵּית-אֵל מִיָּם וְהָעַי מִקֶּדֶם וַיִּבֶן-שָׁם מִזְבֵּחַ לַיהוָה וַיִּקְרָא בְּשֵׁם
יְהוָה: **ט** וַיִּסַּע אַבְרָם הָלוֹךְ וְנָסוֹעַ הַנֶּגְבָּה:

י וַיְהִי רָעָב בָּאָרֶץ וַיֵּרֶד אַבְרָם מִצְרַיְמָה לָגוּר שָׁם כִּי-כָבֵד הָרָעָב
בָּאָרֶץ: **יא** וַיְהִי כַּאֲשֶׁר הִקְרִיב לָבוֹא מִצְרָיְמָה וַיֹּאמֶר אֶל-שָׂרַי
אִשְׁתּוֹ הִנֵּה-נָא יָדַעְתִּי כִּי אִשָּׁה יְפַת-מַרְאֶה אָתְּ: **יב** וְהָיָה כִּי-יִרְאוּ
אֹתָךְ הַמִּצְרִים וְאָמְרוּ אִשְׁתּוֹ זֹאת וְהָרְגוּ אֹתִי וְאֹתָךְ יְחַיּוּ:

יג אִמְרִי-נָא אֲחֹתִי אָתְּ-לְמַעַן יִיטַב-לִי בַעֲבוּרֵךְ וְחָיְתָה נַפְשִׁי
בִּגְלָלֵךְ: **יד** וַיְהִי כְּבוֹא אַבְרָם מִצְרָיְמָה וַיִּרְאוּ הַמִּצְרִים אֶת-
הָאִשָּׁה כִּי-יָפָה הִוא מְאֹד: **טו** וַיִּרְאוּ אֹתָהּ שָׂרֵי פַרְעֹה וַיְהַלְלוּ
אֹתָהּ אֶל-פַּרְעֹה וַתֻּקַּח הָאִשָּׁה בֵּית פַּרְעֹה: **טז** וּלְאַבְרָם הֵיטִיב
בַּעֲבוּרָהּ וַיְהִי-לוֹ צֹאן-וּבָקָר וַחֲמֹרִים וַעֲבָדִים וּשְׁפָחֹת וַאֲתֹנֹת
וּגְמַלִּים: **יז** וַיְנַגַּע יְהוָה אֶת-פַּרְעֹה נְגָעִים גְּדֹלִים וְאֶת-בֵּיתוֹ עַל-
דְּבַר שָׂרַי אֵשֶׁת אַבְרָם: **יח** וַיִּקְרָא פַרְעֹה לְאַבְרָם וַיֹּאמֶר מַה-זֹּאת
עָשִׂיתָ לִּי לָמָּה לֹא-הִגַּדְתָּ לִּי כִּי אִשְׁתְּךָ הִוא: **יט** לָמָה אָמַרְתָּ
אֲחֹתִי הִוא וָאֶקַּח אֹתָהּ לִי לְאִשָּׁה וְעַתָּה הִנֵּה אִשְׁתְּךָ קַח וָלֵךְ:
כ וַיְצַו עָלָיו פַּרְעֹה אֲנָשִׁים וַיְשַׁלְּחוּ אֹתוֹ וְאֶת-אִשְׁתּוֹ וְאֶת-כָּל-
אֲשֶׁר-לוֹ:

יג

א וַיַּעַל אַבְרָם מִמִּצְרַיִם הוּא וְאִשְׁתּוֹ וְכָל-אֲשֶׁר-לוֹ וְלוֹט עִמּוֹ-
הַנֶּגְבָּה: **ב** וְאַבְרָם כָּבֵד מְאֹד בַּמִּקְנֶה בַּכֶּסֶף וּבַזָּהָב: **ג** וַיֵּלֶךְ
לְמַסָּעָיו מִנֶּגֶב וְעַד-בֵּית-אֵל עַד-הַמָּקוֹם אֲשֶׁר-הָיָה שָׁם אָהֳלֹה
בַּתְּחִלָּה בֵּין בֵּית-אֵל וּבֵין הָעָי: **ד** אֶל-מְקוֹם הַמִּזְבֵּחַ אֲשֶׁר-עָשָׂה
שָׁם בָּרִאשֹׁנָה וַיִּקְרָא שָׁם אַבְרָם בְּשֵׁם יְהוָה: **ה** וְגַם-לְלוֹט-הַהֹלֵךְ
אֶת-אַבְרָם: הָיָה צֹאן-וּבָקָר וְאֹהָלִים: **ו** וְלֹא-נָשָׂא אֹתָם הָאָרֶץ
לָשֶׁבֶת יַחְדָּו: כִּי-הָיָה רְכוּשָׁם רָב וְלֹא יָכְלוּ לָשֶׁבֶת יַחְדָּו: **ז** וַיְהִי-
רִיב בֵּין רֹעֵי מִקְנֵה-אַבְרָם וּבֵין רֹעֵי מִקְנֵה-לוֹט וְהַכְּנַעֲנִי וְהַפְּרִזִּי אָז
יֹשֵׁב בָּאָרֶץ: **ח** וַיֹּאמֶר אַבְרָם אֶל-לוֹט אַל-נָא תְהִי מְרִיבָה בֵּינִי
וּבֵינֶךָ וּבֵין רֹעַי וּבֵין רֹעֶיךָ: כִּי-אֲנָשִׁים אַחִים אֲנָחְנוּ: **ט** הֲלֹא כָל-
הָאָרֶץ לְפָנֶיךָ הִפָּרֶד נָא מֵעָלָי: אִם-הַשְּׂמֹאל וְאֵימִנָה וְאִם-הַיָּמִין
וְאַשְׂמְאִילָה: **י** וַיִּשָּׂא-לוֹט אֶת-עֵינָיו וַיַּרְא אֶת-כָּל-כִּכַּר הַיַּרְדֵּן כִּי
כֻלָּהּ מַשְׁקֶה-לִפְנֵי שַׁחֵת יְהוָה אֶת-סְדֹם וְאֶת-עֲמֹרָה כְּגַן-יְהוָה
כְּאֶרֶץ מִצְרַיִם בֹּאֲכָה צֹעַר: **יא** וַיִּבְחַר-לוֹ לוֹט אֵת כָּל-כִּכַּר הַיַּרְדֵּן
וַיִּסַּע לוֹט מִקֶּדֶם וַיִּפָּרְדוּ אִישׁ מֵעַל אָחִיו: **יב** אַבְרָם יָשַׁב בְּאֶרֶץ-
כְּנָעַן וְלוֹט יָשַׁב בְּעָרֵי הַכִּכָּר וַיֶּאֱהַל עַד-סְדֹם: **יג** וְאַנְשֵׁי סְדֹם
רָעִים וְחַטָּאִים לַיהוָה מְאֹד: **יד** וַיהוָה אָמַר אֶל-אַבְרָם אַחֲרֵי
הִפָּרֶד-לוֹט מֵעִמּוֹ שָׂא נָא עֵינֶיךָ וּרְאֵה מִן-הַמָּקוֹם אֲשֶׁר-אַתָּה שָׁם-
צָפֹנָה וָנֶגְבָּה וָקֵדְמָה וָיָמָּה: **טו** כִּי אֶת-כָּל-הָאָרֶץ אֲשֶׁר-אַתָּה רֹאֶה
לְךָ אֶתְּנֶנָּה וּלְזַרְעֲךָ עַד-עוֹלָם: **טז** וְשַׂמְתִּי אֶת-זַרְעֲךָ כַּעֲפַר הָאָרֶץ:
אֲשֶׁר אִם-יוּכַל אִישׁ לִמְנוֹת אֶת-עֲפַר הָאָרֶץ-גַּם-זַרְעֲךָ יִמָּנֶה:
יז קוּם הִתְהַלֵּךְ בָּאָרֶץ לְאָרְכָּהּ וּלְרָחְבָּהּ: כִּי לְךָ אֶתְּנֶנָּה:
יח וַיֶּאֱהַל אַבְרָם וַיָּבֹא וַיֵּשֶׁב בְּאֵלֹנֵי מַמְרֵא-אֲשֶׁר בְּחֶבְרוֹן וַיִּבֶן-
שָׁם מִזְבֵּחַ לַיהוָה:

יד

א וַיְהִי בִּימֵי אַמְרָפֶל מֶלֶךְ-שִׁנְעָר אַרְיוֹךְ מֶלֶךְ אֶלָּסָר כְּדָרְלָעֹמֶר
מֶלֶךְ עֵילָם וְתִדְעָל מֶלֶךְ גּוֹיִם: ב עָשׂוּ מִלְחָמָה אֶת-בֶּרַע מֶלֶךְ סְדֹם
וְאֶת-בִּרְשַׁע מֶלֶךְ עֲמֹרָה שִׁנְאָב מֶלֶךְ אַדְמָה וְשֶׁמְאֵבֶר מֶלֶךְ צְבֹיִים
וּמֶלֶךְ בֶּלַע הִיא-צֹעַר: ג כָּל-אֵלֶּה חָבְרוּ אֶל-עֵמֶק הַשִּׂדִּים: הוּא יָם
הַמֶּלַח: ד שְׁתֵּים עֶשְׂרֵה שָׁנָה עָבְדוּ אֶת-כְּדָרְלָעֹמֶר וּשְׁלֹשׁ-עֶשְׂרֵה
שָׁנָה מָרָדוּ: ה וּבְאַרְבַּע עֶשְׂרֵה שָׁנָה בָּא כְדָרְלָעֹמֶר וְהַמְּלָכִים אֲשֶׁר
אִתּוֹ וַיַּכּוּ אֶת-רְפָאִים בְּעַשְׁתְּרֹת קַרְנַיִם וְאֶת-הַזּוּזִים בְּהָם וְאֵת
הָאֵימִים בְּשָׁוֵה קִרְיָתָיִם: ו וְאֶת-הַחֹרִי בְּהַרְרָם שֵׂעִיר עַד אֵיל
פָּארָן אֲשֶׁר עַל-הַמִּדְבָּר: ז וַיָּשֻׁבוּ וַיָּבֹאוּ אֶל-עֵין מִשְׁפָּט הִוא קָדֵשׁ
וַיַּכּוּ אֶת-כָּל-שְׂדֵה הָעֲמָלֵקִי-וְגַם אֶת-הָאֱמֹרִי הַיֹּשֵׁב בְּחַצְצֹן תָּמָר:
ח וַיֵּצֵא מֶלֶךְ-סְדֹם וּמֶלֶךְ עֲמֹרָה וּמֶלֶךְ אַדְמָה וּמֶלֶךְ צְבֹיִים וּמֶלֶךְ
בֶּלַע הִוא-צֹעַר וַיַּעַרְכוּ אִתָּם מִלְחָמָה בְּעֵמֶק הַשִּׂדִּים: ט אֵת
כְּדָרְלָעֹמֶר מֶלֶךְ עֵילָם וְתִדְעָל מֶלֶךְ גּוֹיִם וְאַמְרָפֶל מֶלֶךְ שִׁנְעָר וְאַרְיוֹךְ
מֶלֶךְ אֶלָּסָר-אַרְבָּעָה מְלָכִים אֶת-הַחֲמִשָּׁה: י וְעֵמֶק הַשִּׂדִּים בֶּאֱרֹת
בֶּאֱרֹת חֵמָר וַיָּנֻסוּ מֶלֶךְ-סְדֹם וַעֲמֹרָה וַיִּפְּלוּ-שָׁמָּה וְהַנִּשְׁאָרִים הֶרָה
נָּסוּ: יא וַיִּקְחוּ אֶת-כָּל-רְכֻשׁ סְדֹם וַעֲמֹרָה וְאֶת-כָּל-אָכְלָם-וַיֵּלֵכוּ:
יב וַיִּקְחוּ אֶת-לוֹט וְאֶת-רְכֻשׁוֹ בֶּן-אֲחִי אַבְרָם וַיֵּלֵכוּ וְהוּא יֹשֵׁב
בִּסְדֹם: יג וַיָּבֹא הַפָּלִיט וַיַּגֵּד לְאַבְרָם הָעִבְרִי וְהוּא שֹׁכֵן בְּאֵלֹנֵי
מַמְרֵא הָאֱמֹרִי אֲחִי אֶשְׁכֹּל וַאֲחִי עָנֵר וְהֵם בַּעֲלֵי בְרִית-אַבְרָם:
יד וַיִּשְׁמַע אַבְרָם כִּי נִשְׁבָּה אָחִיו וַיָּרֶק אֶת-חֲנִיכָיו יְלִידֵי בֵיתוֹ
שְׁמֹנָה עָשָׂר וּשְׁלֹשׁ מֵאוֹת וַיִּרְדֹּף עַד-דָּן: טו וַיֵּחָלֵק עֲלֵיהֶם לַיְלָה
הוּא וַעֲבָדָיו וַיַּכֵּם וַיִּרְדְּפֵם עַד-חוֹבָה אֲשֶׁר מִשְּׂמֹאל לְדַמָּשֶׂק:
טז וַיָּשֶׁב אֵת כָּל-הָרְכֻשׁ וְגַם אֶת-לוֹט אָחִיו וּרְכֻשׁוֹ הֵשִׁיב וְגַם אֶת-
הַנָּשִׁים וְאֶת-הָעָם: יז וַיֵּצֵא מֶלֶךְ-סְדֹם לִקְרָאתוֹ אַחֲרֵי שׁוּבוֹ
מֵהַכּוֹת אֶת-כְּדָרְלָעֹמֶר וְאֶת-הַמְּלָכִים אֲשֶׁר אִתּוֹ-אֶל-עֵמֶק שָׁוֵה
הוּא עֵמֶק הַמֶּלֶךְ: יח וּמַלְכִּי-צֶדֶק מֶלֶךְ שָׁלֵם הוֹצִיא לֶחֶם וָיָיִן
וְהוּא כֹהֵן לְאֵל עֶלְיוֹן: יט וַיְבָרְכֵהוּ וַיֹּאמַר: בָּרוּךְ אַבְרָם לְאֵל
עֶלְיוֹן קֹנֵה שָׁמַיִם וָאָרֶץ: כ וּבָרוּךְ אֵל עֶלְיוֹן אֲשֶׁר-מִגֵּן צָרֶיךָ בְּיָדֶךָ
וַיִּתֶּן-לוֹ מַעֲשֵׂר מִכֹּל: כא וַיֹּאמֶר מֶלֶךְ-סְדֹם אֶל-אַבְרָם: תֶּן-לִי
הַנֶּפֶשׁ וְהָרְכֻשׁ קַח-לָךְ: כב וַיֹּאמֶר אַבְרָם אֶל-מֶלֶךְ סְדֹם: הֲרִמֹתִי
יָדִי אֶל-יְהוָה אֵל עֶלְיוֹן קֹנֵה שָׁמַיִם וָאָרֶץ: כג אִם-מִחוּט וְעַד
שְׂרוֹךְ-נַעַל וְאִם-אֶקַּח מִכָּל-אֲשֶׁר-לָךְ וְלֹא תֹאמַר אֲנִי הֶעֱשַׁרְתִּי אֶת-
אַבְרָם: כד בִּלְעָדַי רַק אֲשֶׁר אָכְלוּ הַנְּעָרִים וְחֵלֶק הָאֲנָשִׁים אֲשֶׁר
הָלְכוּ אִתִּי: עָנֵר אֶשְׁכֹּל וּמַמְרֵא הֵם יִקְחוּ חֶלְקָם:

טו

א אַחַר הַדְּבָרִים הָאֵלֶּה הָיָה דְבַר-יְהוָה אֶל-אַבְרָם בַּמַּחֲזֶה
לֵאמֹר: אַל-תִּירָא אַבְרָם אָנֹכִי מָגֵן לָךְ-שְׂכָרְךָ הַרְבֵּה מְאֹד:
ב וַיֹּאמֶר אַבְרָם אֲדֹנָי יְהוִה מַה-תִּתֶּן-לִי וְאָנֹכִי הוֹלֵךְ עֲרִירִי וּבֶן-
מֶשֶׁק בֵּיתִי הוּא דַּמֶּשֶׂק אֱלִיעֶזֶר: ג וַיֹּאמֶר אַבְרָם-הֵן לִי לֹא נָתַתָּה
זָרַע וְהִנֵּה בֶן-בֵּיתִי יוֹרֵשׁ אֹתִי: ד וְהִנֵּה דְבַר-יְהוָה אֵלָיו לֵאמֹר לֹא
יִירָשְׁךָ זֶה: כִּי-אִם אֲשֶׁר יֵצֵא מִמֵּעֶיךָ הוּא יִירָשֶׁךָ: ה וַיּוֹצֵא אֹתוֹ
הַחוּצָה וַיֹּאמֶר הַבֶּט-נָא הַשָּׁמַיְמָה וּסְפֹר הַכּוֹכָבִים אִם-תּוּכַל
לִסְפֹּר אֹתָם וַיֹּאמֶר לוֹ כֹּה יִהְיֶה זַרְעֶךָ: ו וְהֶאֱמִן בַּיהוָה וַיַּחְשְׁבֶהָ
לּוֹ צְדָקָה: ז וַיֹּאמֶר אֵלָיו: אֲנִי יְהוָה אֲשֶׁר הוֹצֵאתִיךָ מֵאוּר
כַּשְׂדִּים-לָתֶת לְךָ אֶת-הָאָרֶץ הַזֹּאת לְרִשְׁתָּהּ: ח וַיֹּאמַר: אֲדֹנָי
יְהוִה בַּמָּה אֵדַע כִּי אִירָשֶׁנָּה: ט וַיֹּאמֶר אֵלָיו קְחָה לִי עֶגְלָה
מְשֻׁלֶּשֶׁת וְעֵז מְשֻׁלֶּשֶׁת וְאַיִל מְשֻׁלָּשׁ וְתֹר וְגוֹזָל: י וַיִּקַּח-לוֹ אֶת-כָּל-
אֵלֶּה וַיְבַתֵּר אֹתָם בַּתָּוֶךְ וַיִּתֵּן אִישׁ-בִּתְרוֹ לִקְרַאת רֵעֵהוּ וְאֶת-הַצִּפֹּר
לֹא בָתָר: יא וַיֵּרֶד הָעַיִט עַל-הַפְּגָרִים וַיַּשֵּׁב אֹתָם אַבְרָם:
יב וַיְהִי הַשֶּׁמֶשׁ לָבוֹא וְתַרְדֵּמָה נָפְלָה עַל-אַבְרָם וְהִנֵּה אֵימָה
חֲשֵׁכָה גְדֹלָה נֹפֶלֶת עָלָיו: יג וַיֹּאמֶר לְאַבְרָם יָדֹעַ תֵּדַע כִּי-גֵר יִהְיֶה
זַרְעֲךָ בְּאֶרֶץ לֹא לָהֶם וַעֲבָדוּם וְעִנּוּ אֹתָם-אַרְבַּע מֵאוֹת שָׁנָה:
יד וְגַם אֶת-הַגּוֹי אֲשֶׁר יַעֲבֹדוּ דָּן אָנֹכִי וְאַחֲרֵי-כֵן יֵצְאוּ בִּרְכֻשׁ
גָּדוֹל: טו וְאַתָּה תָּבוֹא אֶל-אֲבֹתֶיךָ בְּשָׁלוֹם: תִּקָּבֵר בְּשֵׂיבָה טוֹבָה:
טז וְדוֹר רְבִיעִי יָשׁוּבוּ הֵנָּה: כִּי לֹא-שָׁלֵם עֲוֺן הָאֱמֹרִי עַד-הֵנָּה:
יז וַיְהִי הַשֶּׁמֶשׁ בָּאָה וַעֲלָטָה הָיָה וְהִנֵּה תַנּוּר עָשָׁן וְלַפִּיד אֵשׁ אֲשֶׁר
עָבַר בֵּין הַגְּזָרִים הָאֵלֶּה: יח בַּיּוֹם הַהוּא כָּרַת יְהוָה אֶת-אַבְרָם-
בְּרִית לֵאמֹר: לְזַרְעֲךָ נָתַתִּי אֶת-הָאָרֶץ הַזֹּאת מִנְּהַר מִצְרַיִם עַד-
הַנָּהָר הַגָּדֹל נְהַר-פְּרָת: יט אֶת-הַקֵּינִי וְאֶת-הַקְּנִזִּי וְאֵת הַקַּדְמֹנִי:
כ וְאֶת-הַחִתִּי וְאֶת-הַפְּרִזִּי וְאֶת-הָרְפָאִים: כא וְאֶת-הָאֱמֹרִי
וְאֶת-הַכְּנַעֲנִי וְאֶת-הַגִּרְגָּשִׁי וְאֶת-הַיְבוּסִי:

טז

א וְשָׂרַי אֵשֶׁת אַבְרָם לֹא יָלְדָה לוֹ וְלָהּ שִׁפְחָה מִצְרִית וּשְׁמָהּ הָגָר:
ב וַתֹּאמֶר שָׂרַי אֶל-אַבְרָם הִנֵּה-נָא עֲצָרַנִי יְהוָה מִלֶּדֶת-בֹּא-נָא אֶל-
שִׁפְחָתִי אוּלַי אִבָּנֶה מִמֶּנָּה וַיִּשְׁמַע אַבְרָם לְקוֹל שָׂרָי: ג וַתִּקַּח שָׂרַי
אֵשֶׁת-אַבְרָם אֶת-הָגָר הַמִּצְרִית שִׁפְחָתָהּ מִקֵּץ עֶשֶׂר שָׁנִים לְשֶׁבֶת
אַבְרָם בְּאֶרֶץ כְּנָעַן וַתִּתֵּן אֹתָהּ לְאַבְרָם אִישָׁהּ לוֹ לְאִשָּׁה: ד וַיָּבֹא
אֶל-הָגָר וַתַּהַר וַתֵּרֶא כִּי הָרָתָה וַתֵּקַל גְּבִרְתָּהּ בְּעֵינֶיהָ: ה וַתֹּאמֶר
שָׂרַי אֶל-אַבְרָם חֲמָסִי עָלֶיךָ-אָנֹכִי נָתַתִּי שִׁפְחָתִי בְּחֵיקֶךָ וַתֵּרֶא כִּי

הָרָתָה וָאֵקַל בְּעֵינֶיהָ יִשְׁפֹּט יְהוָה בֵּינִי וּבֵינֶיךָ: **ו** וַיֹּאמֶר אַבְרָם
אֶל-שָׂרַי הִנֵּה שִׁפְחָתֵךְ בְּיָדֵךְ-עֲשִׂי-לָהּ הַטּוֹב בְּעֵינָיִךְ וַתְּעַנֶּהָ שָׂרַי
וַתִּבְרַח מִפָּנֶיהָ: **ז** וַיִּמְצָאָהּ מַלְאַךְ יְהוָה עַל-עֵין הַמַּיִם-בַּמִּדְבָּר:
עַל-הָעַיִן בְּדֶרֶךְ שׁוּר: **ח** וַיֹּאמַר הָגָר שִׁפְחַת שָׂרַי אֵי-מִזֶּה בָאת-
וְאָנָה תֵלֵכִי וַתֹּאמֶר-מִפְּנֵי שָׂרַי גְּבִרְתִּי אָנֹכִי בֹּרַחַת: **ט** וַיֹּאמֶר לָהּ
מַלְאַךְ יְהוָה שׁוּבִי אֶל-גְּבִרְתֵּךְ וְהִתְעַנִּי תַּחַת יָדֶיהָ: **י** וַיֹּאמֶר לָהּ
מַלְאַךְ יְהוָה הַרְבָּה אַרְבֶּה אֶת-זַרְעֵךְ וְלֹא יִסָּפֵר מֵרֹב: **יא** וַיֹּאמֶר
לָהּ מַלְאַךְ יְהוָה הִנָּךְ הָרָה וְיֹלַדְתְּ בֵּן וְקָרָאת שְׁמוֹ יִשְׁמָעֵאל כִּי-שָׁמַע
יְהוָה אֶל-עָנְיֵךְ: **יב** וְהוּא יִהְיֶה פֶּרֶא אָדָם-יָדוֹ בַכֹּל וְיַד כֹּל בּוֹ וְעַל-
פְּנֵי כָל-אֶחָיו יִשְׁכֹּן: **יג** וַתִּקְרָא שֵׁם-יְהוָה הַדֹּבֵר אֵלֶיהָ אַתָּה אֵל
רֳאִי: כִּי אָמְרָה הֲגַם הֲלֹם רָאִיתִי-אַחֲרֵי רֹאִי: **יד** עַל-כֵּן קָרָא
לַבְּאֵר בְּאֵר לַחַי רֹאִי-הִנֵּה בֵין-קָדֵשׁ וּבֵין בָּרֶד: **טו** וַתֵּלֶד הָגָר
לְאַבְרָם בֵּן וַיִּקְרָא אַבְרָם שֶׁם-בְּנוֹ אֲשֶׁר-יָלְדָה הָגָר יִשְׁמָעֵאל:
טז וְאַבְרָם בֶּן-שְׁמֹנִים שָׁנָה וְשֵׁשׁ שָׁנִים בְּלֶדֶת-הָגָר אֶת-יִשְׁמָעֵאל
לְאַבְרָם:

יז

א וַיְהִי אַבְרָם בֶּן-תִּשְׁעִים שָׁנָה וְתֵשַׁע שָׁנִים וַיֵּרָא יְהוָה אֶל-אַבְרָם
וַיֹּאמֶר אֵלָיו אֲנִי-אֵל שַׁדַּי-הִתְהַלֵּךְ לְפָנַי וֶהְיֵה תָמִים: **ב** וְאֶתְּנָה
בְרִיתִי בֵּינִי וּבֵינֶךָ וְאַרְבֶּה אוֹתְךָ בִּמְאֹד מְאֹד: **ג** וַיִּפֹּל אַבְרָם עַל-
פָּנָיו וַיְדַבֵּר אִתּוֹ אֱלֹהִים לֵאמֹר: **ד** אֲנִי הִנֵּה בְרִיתִי אִתָּךְ וְהָיִיתָ
לְאַב הֲמוֹן גּוֹיִם: **ה** וְלֹא-יִקָּרֵא עוֹד אֶת-שִׁמְךָ אַבְרָם וְהָיָה שִׁמְךָ
אַבְרָהָם כִּי אַב-הֲמוֹן גּוֹיִם נְתַתִּיךָ: **ו** וְהִפְרֵתִי אֹתְךָ בִּמְאֹד מְאֹד
וּנְתַתִּיךָ לְגוֹיִם וּמְלָכִים מִמְּךָ יֵצֵאוּ: **ז** וַהֲקִמֹתִי אֶת-בְּרִיתִי בֵּינִי
וּבֵינֶךָ וּבֵין זַרְעֲךָ אַחֲרֶיךָ לְדֹרֹתָם-לִבְרִית עוֹלָם: לִהְיוֹת לְךָ
לֵאלֹהִים וּלְזַרְעֲךָ אַחֲרֶיךָ: **ח** וְנָתַתִּי לְךָ וּלְזַרְעֲךָ אַחֲרֶיךָ אֵת אֶרֶץ
מְגֻרֶיךָ אֵת כָּל-אֶרֶץ כְּנַעַן לַאֲחֻזַּת עוֹלָם וְהָיִיתִי לָהֶם לֵאלֹהִים:
ט וַיֹּאמֶר אֱלֹהִים אֶל-אַבְרָהָם וְאַתָּה אֶת-בְּרִיתִי תִשְׁמֹר-אַתָּה
וְזַרְעֲךָ אַחֲרֶיךָ לְדֹרֹתָם: **י** זֹאת בְּרִיתִי אֲשֶׁר תִּשְׁמְרוּ בֵּינִי וּבֵינֵיכֶם
וּבֵין זַרְעֲךָ אַחֲרֶיךָ: הִמּוֹל לָכֶם כָּל-זָכָר: **יא** וּנְמַלְתֶּם אֵת בְּשַׂר
עָרְלַתְכֶם וְהָיָה לְאוֹת בְּרִית בֵּינִי וּבֵינֵיכֶם: **יב** וּבֶן-שְׁמֹנַת יָמִים
יִמּוֹל לָכֶם כָּל-זָכָר-לְדֹרֹתֵיכֶם: יְלִיד בָּיִת-וּמִקְנַת-כֶּסֶף מִכֹּל בֶּן-נֵכָר
אֲשֶׁר לֹא מִזַּרְעֲךָ הוּא: **יג** הִמּוֹל יִמּוֹל יְלִיד בֵּיתְךָ וּמִקְנַת כַּסְפֶּךָ
וְהָיְתָה בְרִיתִי בִּבְשַׂרְכֶם לִבְרִית עוֹלָם: **יד** וְעָרֵל זָכָר אֲשֶׁר לֹא-
יִמּוֹל אֶת-בְּשַׂר עָרְלָתוֹ-וְנִכְרְתָה הַנֶּפֶשׁ הַהִוא מֵעַמֶּיהָ: אֶת-בְּרִיתִי
הֵפַר: **טו** וַיֹּאמֶר אֱלֹהִים אֶל-אַבְרָהָם
שָׂרַי אִשְׁתְּךָ לֹא-תִקְרָא אֶת-שְׁמָהּ שָׂרָי: כִּי שָׂרָה שְׁמָהּ:

טז וּבֵרַכְתִּי אֹתָהּ וְגַם נָתַתִּי מִמֶּנָּה לְךָ בֵּן וּבֵרַכְתִּיהָ וְהָיְתָה לְגוֹיִם מַלְכֵי עַמִּים מִמֶּנָּה יִהְיוּ: יז וַיִּפֹּל אַבְרָהָם עַל־פָּנָיו וַיִּצְחָק וַיֹּאמֶר בְּלִבּוֹ הַלְּבֶן מֵאָה־שָׁנָה יִוָּלֵד וְאִם־שָׂרָה הֲבַת־תִּשְׁעִים שָׁנָה תֵּלֵד: יח וַיֹּאמֶר אַבְרָהָם אֶל־הָאֱלֹהִים לוּ יִשְׁמָעֵאל יִחְיֶה לְפָנֶיךָ: יט וַיֹּאמֶר אֱלֹהִים אֲבָל שָׂרָה אִשְׁתְּךָ יֹלֶדֶת לְךָ בֵּן וְקָרָאתָ אֶת־ שְׁמוֹ יִצְחָק וַהֲקִמֹתִי אֶת־בְּרִיתִי אִתּוֹ לִבְרִית עוֹלָם לְזַרְעוֹ אַחֲרָיו: כ וּלְיִשְׁמָעֵאל שְׁמַעְתִּיךָ הִנֵּה בֵּרַכְתִּי אֹתוֹ וְהִפְרֵיתִי אֹתוֹ וְהִרְבֵּיתִי אֹתוֹ בִּמְאֹד מְאֹד שְׁנֵים־עָשָׂר נְשִׂיאִם יוֹלִיד וּנְתַתִּיו לְגוֹי גָּדוֹל: כא וְאֶת־בְּרִיתִי אָקִים אֶת־יִצְחָק אֲשֶׁר תֵּלֵד לְךָ שָׂרָה לַמּוֹעֵד הַזֶּה בַּשָּׁנָה הָאַחֶרֶת: כב וַיְכַל לְדַבֵּר אִתּוֹ וַיַּעַל אֱלֹהִים מֵעַל אַבְרָהָם: כג וַיִּקַּח אַבְרָהָם אֶת־יִשְׁמָעֵאל בְּנוֹ וְאֵת כָּל־יְלִידֵי בֵיתוֹ וְאֵת כָּל־ מִקְנַת כַּסְפּוֹ כָּל־זָכָר בְּאַנְשֵׁי בֵּית אַבְרָהָם וַיָּמָל אֶת־בְּשַׂר עָרְלָתָם בְּעֶצֶם הַיּוֹם הַזֶּה כַּאֲשֶׁר דִּבֶּר אִתּוֹ אֱלֹהִים: כד וְאַבְרָהָם־בֶּן־ תִּשְׁעִים וָתֵשַׁע שָׁנָה בְּהִמֹּלוֹ בְּשַׂר עָרְלָתוֹ: כה וְיִשְׁמָעֵאל בְּנוֹ בֶּן־ שְׁלֹשׁ עֶשְׂרֵה שָׁנָה בְּהִמֹּלוֹ אֵת בְּשַׂר עָרְלָתוֹ: כו בְּעֶצֶם הַיּוֹם הַזֶּה נִמּוֹל אַבְרָהָם וְיִשְׁמָעֵאל בְּנוֹ: כז וְכָל־אַנְשֵׁי בֵיתוֹ יְלִיד בָּיִת וּמִקְנַת־כֶּסֶף מֵאֵת בֶּן־נֵכָר נִמֹּלוּ אִתּוֹ:

יח

א וַיֵּרָא אֵלָיו יְהוָה בְּאֵלֹנֵי מַמְרֵא וְהוּא יֹשֵׁב פֶּתַח־הָאֹהֶל כְּחֹם הַיּוֹם: ב וַיִּשָּׂא עֵינָיו וַיַּרְא וְהִנֵּה שְׁלֹשָׁה אֲנָשִׁים נִצָּבִים עָלָיו וַיַּרְא וַיָּרָץ לִקְרָאתָם מִפֶּתַח הָאֹהֶל וַיִּשְׁתַּחוּ אָרְצָה: ג וַיֹּאמַר אֲדֹנָי אִם־נָא מָצָאתִי חֵן בְּעֵינֶיךָ אַל־נָא תַעֲבֹר מֵעַל עַבְדֶּךָ: ד יֻקַּח־נָא מְעַט־מַיִם וְרַחֲצוּ רַגְלֵיכֶם וְהִשָּׁעֲנוּ תַּחַת הָעֵץ: ה וְאֶקְחָה פַת־לֶחֶם וְסַעֲדוּ לִבְּכֶם אַחַר תַּעֲבֹרוּ כִּי־עַל־כֵּן עֲבַרְתֶּם עַל־עַבְדְּכֶם וַיֹּאמְרוּ כֵּן תַּעֲשֶׂה כַּאֲשֶׁר דִּבַּרְתָּ: ו וַיְמַהֵר אַבְרָהָם הָאֹהֱלָה אֶל־שָׂרָה וַיֹּאמֶר מַהֲרִי שְׁלֹשׁ סְאִים קֶמַח סֹלֶת לוּשִׁי וַעֲשִׂי עֻגוֹת: ז וְאֶל־ הַבָּקָר רָץ אַבְרָהָם וַיִּקַּח בֶּן־בָּקָר רַךְ וָטוֹב וַיִּתֵּן אֶל־הַנַּעַר וַיְמַהֵר לַעֲשׂוֹת אֹתוֹ: ח וַיִּקַּח חֶמְאָה וְחָלָב וּבֶן־הַבָּקָר אֲשֶׁר עָשָׂה וַיִּתֵּן לִפְנֵיהֶם וְהוּא־עֹמֵד עֲלֵיהֶם תַּחַת הָעֵץ וַיֹּאכֵלוּ: ט וַיֹּאמְרוּ אֵלָיו אַיֵּה שָׂרָה אִשְׁתֶּךָ וַיֹּאמֶר הִנֵּה בָאֹהֶל: י וַיֹּאמֶר שׁוֹב אָשׁוּב אֵלֶיךָ כָּעֵת חַיָּה וְהִנֵּה־בֵן לְשָׂרָה אִשְׁתֶּךָ וְשָׂרָה שֹׁמַעַת פֶּתַח הָאֹהֶל וְהוּא אַחֲרָיו: יא וְאַבְרָהָם וְשָׂרָה זְקֵנִים בָּאִים בַּיָּמִים חָדַל לִהְיוֹת לְשָׂרָה אֹרַח כַּנָּשִׁים: יב וַתִּצְחַק שָׂרָה בְּקִרְבָּהּ לֵאמֹר אַחֲרֵי בְלֹתִי הָיְתָה־לִּי עֶדְנָה וַאדֹנִי זָקֵן: יג וַיֹּאמֶר יְהוָה אֶל־אַבְרָהָם לָמָּה זֶּה צָחֲקָה שָׂרָה לֵאמֹר הַאַף אֻמְנָם אֵלֵד וַאֲנִי זָקַנְתִּי: יד הֲיִפָּלֵא מֵיְהוָה דָּבָר לַמּוֹעֵד אָשׁוּב אֵלֶיךָ כָּעֵת חַיָּה וּלְשָׂרָה בֵן:

19

טו וַתְּכַחֵשׁ שָׂרָה לֵאמֹר לֹא צָחַקְתִּי כִּי יָרֵאָה וַיֹּאמֶר לֹא כִּי
צָחָקְתְּ׃ **טז** וַיָּקֻמוּ מִשָּׁם הָאֲנָשִׁים וַיַּשְׁקִפוּ עַל-פְּנֵי סְדֹם וְאַבְרָהָם-
הֹלֵךְ עִמָּם לְשַׁלְּחָם׃ **יז** וַיהוָה אָמָר הַמְכַסֶּה אֲנִי מֵאַבְרָהָם אֲשֶׁר
אֲנִי עֹשֶׂה׃ **יח** וְאַבְרָהָם-הָיוֹ יִהְיֶה לְגוֹי גָּדוֹל וְעָצוּם וְנִבְרְכוּ-בוֹ-כֹּל
גּוֹיֵי הָאָרֶץ׃ **יט** כִּי יְדַעְתִּיו לְמַעַן אֲשֶׁר יְצַוֶּה אֶת-בָּנָיו וְאֶת-בֵּיתוֹ
אַחֲרָיו וְשָׁמְרוּ דֶּרֶךְ יְהוָה לַעֲשׂוֹת צְדָקָה וּמִשְׁפָּט-לְמַעַן הָבִיא יְהוָה
עַל-אַבְרָהָם אֵת אֲשֶׁר-דִּבֶּר עָלָיו׃ **כ** וַיֹּאמֶר יְהוָה זַעֲקַת סְדֹם
וַעֲמֹרָה כִּי-רָבָּה וְחַטָּאתָם-כִּי כָבְדָה מְאֹד׃ **כא** אֵרְדָה-נָּא וְאֶרְאֶה
הַכְּצַעֲקָתָהּ הַבָּאָה אֵלַי עָשׂוּ כָּלָה וְאִם-לֹא אֵדָעָה׃ **כב** וַיִּפְנוּ מִשָּׁם
הָאֲנָשִׁים וַיֵּלְכוּ סְדֹמָה וְאַבְרָהָם-עוֹדֶנּוּ עֹמֵד לִפְנֵי יְהוָה׃ **כג** וַיִּגַּשׁ
אַבְרָהָם וַיֹּאמַר הַאַף תִּסְפֶּה צַדִּיק עִם-רָשָׁע׃ **כד** אוּלַי יֵשׁ
חֲמִשִּׁים צַדִּיקִם בְּתוֹךְ הָעִיר הַאַף תִּסְפֶּה וְלֹא-תִשָּׂא לַמָּקוֹם לְמַעַן
חֲמִשִּׁים הַצַּדִּיקִם אֲשֶׁר בְּקִרְבָּהּ׃ **כה** חָלִלָה לְּךָ מֵעֲשֹׂת כַּדָּבָר הַזֶּה
לְהָמִית צַדִּיק עִם-רָשָׁע וְהָיָה כַצַּדִּיק כָּרָשָׁע חָלִלָה לָּךְ-הֲשֹׁפֵט כָּל-
הָאָרֶץ לֹא יַעֲשֶׂה מִשְׁפָּט׃ **כו** וַיֹּאמֶר יְהוָה אִם-אֶמְצָא בִסְדֹם
חֲמִשִּׁים צַדִּיקִם בְּתוֹךְ הָעִיר-וְנָשָׂאתִי לְכָל-הַמָּקוֹם בַּעֲבוּרָם׃
כז וַיַּעַן אַבְרָהָם וַיֹּאמַר הִנֵּה-נָא הוֹאַלְתִּי לְדַבֵּר אֶל-אֲדֹנָי וְאָנֹכִי
עָפָר וָאֵפֶר׃ **כח** אוּלַי יַחְסְרוּן חֲמִשִּׁים הַצַּדִּיקִם חֲמִשָּׁה-הֲתַשְׁחִית
בַּחֲמִשָּׁה אֶת-כָּל-הָעִיר וַיֹּאמֶר לֹא אַשְׁחִית אִם-אֶמְצָא שָׁם
אַרְבָּעִים וַחֲמִשָּׁה׃ **כט** וַיֹּסֶף עוֹד לְדַבֵּר אֵלָיו וַיֹּאמַר אוּלַי יִמָּצְאוּן
שָׁם אַרְבָּעִים וַיֹּאמֶר לֹא אֶעֱשֶׂה בַּעֲבוּר הָאַרְבָּעִים׃ **ל** וַיֹּאמֶר אַל-
נָא יִחַר לַאדֹנָי וַאֲדַבֵּרָה-אוּלַי יִמָּצְאוּן שָׁם שְׁלֹשִׁים וַיֹּאמֶר לֹא
אֶעֱשֶׂה אִם-אֶמְצָא שָׁם שְׁלֹשִׁים׃ **לא** וַיֹּאמֶר הִנֵּה-נָא הוֹאַלְתִּי
לְדַבֵּר אֶל-אֲדֹנָי-אוּלַי יִמָּצְאוּן שָׁם עֶשְׂרִים וַיֹּאמֶר לֹא אַשְׁחִית
בַּעֲבוּר הָעֶשְׂרִים׃ **לב** וַיֹּאמֶר אַל-נָא יִחַר לַאדֹנָי וַאֲדַבְּרָה אַךְ-
הַפַּעַם-אוּלַי יִמָּצְאוּן שָׁם עֲשָׂרָה וַיֹּאמֶר לֹא אַשְׁחִית בַּעֲבוּר
הָעֲשָׂרָה׃ **לג** וַיֵּלֶךְ יְהוָה-כַּאֲשֶׁר כִּלָּה לְדַבֵּר אֶל-אַבְרָהָם וְאַבְרָהָם
שָׁב לִמְקֹמוֹ׃

יט

א וַיָּבֹאוּ שְׁנֵי הַמַּלְאָכִים סְדֹמָה בָּעֶרֶב וְלוֹט יֹשֵׁב בְּשַׁעַר-סְדֹם
וַיַּרְא-לוֹט וַיָּקָם לִקְרָאתָם וַיִּשְׁתַּחוּ אַפַּיִם אָרְצָה׃ **ב** וַיֹּאמֶר הִנֶּה
נָּא-אֲדֹנַי סוּרוּ נָא אֶל-בֵּית עַבְדְּכֶם וְלִינוּ וְרַחֲצוּ רַגְלֵיכֶם וְהִשְׁכַּמְתֶּם
וַהֲלַכְתֶּם לְדַרְכְּכֶם וַיֹּאמְרוּ לֹּא כִּי בָרְחוֹב נָלִין׃ **ג** וַיִּפְצַר-בָּם
מְאֹד-וַיָּסֻרוּ אֵלָיו וַיָּבֹאוּ אֶל-בֵּיתוֹ וַיַּעַשׂ לָהֶם מִשְׁתֶּה וּמַצּוֹת אָפָה
וַיֹּאכֵלוּ׃ **ד** טֶרֶם יִשְׁכָּבוּ וְאַנְשֵׁי הָעִיר אַנְשֵׁי סְדֹם נָסַבּוּ עַל-הַבַּיִת
מִנַּעַר וְעַד-זָקֵן כָּל-הָעָם מִקָּצֶה׃ **ה** וַיִּקְרְאוּ אֶל-לוֹט וַיֹּאמְרוּ לוֹ

אַיֵּה הָאֲנָשִׁים אֲשֶׁר־בָּאוּ אֵלֶיךָ הַלָּיְלָה הוֹצִיאֵם אֵלֵינוּ וְנֵדְעָה
אֹתָם: **ו** וַיֵּצֵא אֲלֵהֶם לוֹט הַפֶּתְחָה וְהַדֶּלֶת סָגַר אַחֲרָיו:
ז וַיֹּאמַר: אַל־נָא אַחַי תָּרֵעוּ: **ח** הִנֵּה־נָא לִי שְׁתֵּי בָנוֹת אֲשֶׁר לֹא־
יָדְעוּ אִישׁ־אוֹצִיאָה־נָּא אֶתְהֶן אֲלֵיכֶם וַעֲשׂוּ לָהֶן כַּטּוֹב בְּעֵינֵיכֶם רַק
לָאֲנָשִׁים הָאֵל אַל־תַּעֲשׂוּ דָבָר כִּי־עַל־כֵּן בָּאוּ בְּצֵל קֹרָתִי:
ט וַיֹּאמְרוּ גֶּשׁ־הָלְאָה וַיֹּאמְרוּ הָאֶחָד בָּא־לָגוּר וַיִּשְׁפֹּט שָׁפוֹט־עַתָּה
נָרַע לְךָ מֵהֶם וַיִּפְצְרוּ בָאִישׁ בְּלוֹט מְאֹד וַיִּגְּשׁוּ לִשְׁבֹּר הַדָּלֶת:
י וַיִּשְׁלְחוּ הָאֲנָשִׁים אֶת־יָדָם וַיָּבִיאוּ אֶת־לוֹט אֲלֵיהֶם הַבָּיְתָה
וְאֶת־הַדֶּלֶת סָגָרוּ: **יא** וְאֶת־הָאֲנָשִׁים אֲשֶׁר־פֶּתַח הַבַּיִת הִכּוּ
בַּסַּנְוֵרִים מִקָּטֹן וְעַד־גָּדוֹל וַיִּלְאוּ לִמְצֹא הַפָּתַח: **יב** וַיֹּאמְרוּ
הָאֲנָשִׁים אֶל־לוֹט עֹד מִי־לְךָ פֹה חָתָן וּבָנֶיךָ וּבְנֹתֶיךָ וְכֹל אֲשֶׁר־לְךָ
בָּעִיר: הוֹצֵא מִן־הַמָּקוֹם: **יג** כִּי־מַשְׁחִתִים אֲנַחְנוּ אֶת־הַמָּקוֹם
הַזֶּה כִּי־גָדְלָה צַעֲקָתָם אֶת־פְּנֵי יְהוָה וַיְשַׁלְּחֵנוּ יְהוָה לְשַׁחֲתָהּ:
יד וַיֵּצֵא לוֹט וַיְדַבֵּר אֶל־חֲתָנָיו לֹקְחֵי בְנֹתָיו וַיֹּאמֶר קוּמוּ צְּאוּ מִן־
הַמָּקוֹם הַזֶּה כִּי־מַשְׁחִית יְהוָה אֶת־הָעִיר וַיְהִי כִמְצַחֵק בְּעֵינֵי
חֲתָנָיו: **טו** וּכְמוֹ הַשַּׁחַר עָלָה וַיָּאִיצוּ הַמַּלְאָכִים בְּלוֹט לֵאמֹר:
קוּם קַח אֶת־אִשְׁתְּךָ וְאֶת־שְׁתֵּי בְנֹתֶיךָ הַנִּמְצָאֹת־פֶּן־תִּסָּפֶה בַּעֲוֹן
הָעִיר: **טז** וַיִּתְמַהְמָהּ־וַיַּחֲזִיקוּ הָאֲנָשִׁים בְּיָדוֹ וּבְיַד־אִשְׁתּוֹ וּבְיַד
שְׁתֵּי בְנֹתָיו בְּחֶמְלַת יְהוָה עָלָיו וַיֹּצִאֻהוּ וַיַּנִּחֻהוּ מִחוּץ לָעִיר:
יז וַיְהִי כְהוֹצִיאָם אֹתָם הַחוּצָה וַיֹּאמֶר הִמָּלֵט עַל־נַפְשֶׁךָ־אַל־
תַּבִּיט אַחֲרֶיךָ וְאַל־תַּעֲמֹד בְּכָל־הַכִּכָּר: הָהָרָה הִמָּלֵט פֶּן־תִּסָּפֶה:
יח וַיֹּאמֶר לוֹט אֲלֵהֶם: אַל־נָא אֲדֹנָי: **יט** הִנֵּה־נָא מָצָא עַבְדְּךָ חֵן
בְּעֵינֶיךָ וַתַּגְדֵּל חַסְדְּךָ אֲשֶׁר עָשִׂיתָ עִמָּדִי לְהַחֲיוֹת אֶת־נַפְשִׁי וְאָנֹכִי
לֹא אוּכַל לְהִמָּלֵט הָהָרָה פֶּן־תִּדְבָּקַנִי הָרָעָה וָמַתִּי: **כ** הִנֵּה־נָא
הָעִיר הַזֹּאת קְרֹבָה לָנוּס שָׁמָּה־וְהִוא מִצְעָר אִמָּלְטָה נָּא שָׁמָּה הֲלֹא
מִצְעָר הִוא־וּתְחִי נַפְשִׁי: **כא** וַיֹּאמֶר אֵלָיו־הִנֵּה נָשָׂאתִי פָנֶיךָ גַּם
לַדָּבָר הַזֶּה: לְבִלְתִּי הָפְכִּי אֶת־הָעִיר אֲשֶׁר דִּבַּרְתָּ: **כב** מַהֵר הִמָּלֵט
שָׁמָּה כִּי לֹא אוּכַל לַעֲשׂוֹת דָּבָר עַד־בֹּאֲךָ שָׁמָּה עַל־כֵּן קָרָא שֵׁם־
הָעִיר צוֹעַר: **כג** הַשֶּׁמֶשׁ יָצָא עַל־הָאָרֶץ וְלוֹט בָּא צֹעֲרָה:
כד וַיהוָה הִמְטִיר עַל־סְדֹם וְעַל־עֲמֹרָה־גָּפְרִית וָאֵשׁ: מֵאֵת יְהוָה
מִן־הַשָּׁמָיִם: **כה** וַיַּהֲפֹךְ אֶת־הֶעָרִים הָאֵל וְאֵת כָּל־הַכִּכָּר וְאֵת כָּל־
יֹשְׁבֵי הֶעָרִים וְצֶמַח הָאֲדָמָה: **כו** וַתַּבֵּט אִשְׁתּוֹ מֵאַחֲרָיו וַתְּהִי נְצִיב
מֶלַח: **כז** וַיַּשְׁכֵּם אַבְרָהָם בַּבֹּקֶר: אֶל־הַמָּקוֹם־אֲשֶׁר־עָמַד שָׁם
אֶת־פְּנֵי יְהוָה: **כח** וַיַּשְׁקֵף עַל־פְּנֵי סְדֹם וַעֲמֹרָה וְעַל־כָּל־פְּנֵי אֶרֶץ
הַכִּכָּר וַיַּרְא וְהִנֵּה עָלָה קִיטֹר הָאָרֶץ כְּקִיטֹר הַכִּבְשָׁן: **כט** וַיְהִי
בְּשַׁחֵת אֱלֹהִים אֶת־עָרֵי הַכִּכָּר וַיִּזְכֹּר אֱלֹהִים אֶת־אַבְרָהָם וַיְשַׁלַּח
אֶת־לוֹט מִתּוֹךְ הַהֲפֵכָה בַּהֲפֹךְ אֶת־הֶעָרִים אֲשֶׁר־יָשַׁב בָּהֵן לוֹט:

21

ל וַיַּעַל לוֹט מִצּוֹעַר וַיֵּשֶׁב בָּהָר וּשְׁתֵּי בְנֹתָיו עִמּוֹ כִּי יָרֵא לָשֶׁבֶת
בְּצוֹעַר וַיֵּשֶׁב בַּמְּעָרָה-הוּא וּשְׁתֵּי בְנֹתָיו: **לא** וַתֹּאמֶר הַבְּכִירָה אֶל-
הַצְּעִירָה אָבִינוּ זָקֵן וְאִישׁ אֵין בָּאָרֶץ לָבוֹא עָלֵינוּ כְּדֶרֶךְ כָּל-הָאָרֶץ:
לב לְכָה נַשְׁקֶה אֶת-אָבִינוּ יַיִן וְנִשְׁכְּבָה עִמּוֹ וּנְחַיֶּה מֵאָבִינוּ זָרַע:
לג וַתַּשְׁקֶיןָ אֶת-אֲבִיהֶן יַיִן בַּלַּיְלָה הוּא וַתָּבֹא הַבְּכִירָה וַתִּשְׁכַּב
אֶת-אָבִיהָ וְלֹא-יָדַע בְּשִׁכְבָהּ וּבְקוּמָהּ: **לד** וַיְהִי מִמָּחֳרָת וַתֹּאמֶר
הַבְּכִירָה אֶל-הַצְּעִירָה הֵן-שָׁכַבְתִּי אֶמֶשׁ אֶת-אָבִי נַשְׁקֶנּוּ יַיִן גַּם-
הַלַּיְלָה וּבֹאִי שִׁכְבִי עִמּוֹ וּנְחַיֶּה מֵאָבִינוּ זָרַע: **לה** וַתַּשְׁקֶיןָ גַּם
בַּלַּיְלָה הַהוּא אֶת-אֲבִיהֶן יָיִן וַתָּקָם הַצְּעִירָה וַתִּשְׁכַּב עִמּוֹ וְלֹא-יָדַע
בְּשִׁכְבָהּ וּבְקֻמָהּ: **לו** וַתַּהֲרֶיןָ שְׁתֵּי בְנוֹת-לוֹט מֵאֲבִיהֶן: **לז** וַתֵּלֶד
הַבְּכִירָה בֵּן וַתִּקְרָא שְׁמוֹ מוֹאָב: הוּא אֲבִי-מוֹאָב עַד-הַיּוֹם:
לח וְהַצְּעִירָה גַם-הִוא יָלְדָה בֵּן וַתִּקְרָא שְׁמוֹ בֶּן-עַמִּי: הוּא אֲבִי
בְנֵי-עַמּוֹן עַד-הַיּוֹם:

כ

א וַיִּסַּע מִשָּׁם אַבְרָהָם אַרְצָה הַנֶּגֶב וַיֵּשֶׁב בֵּין-קָדֵשׁ וּבֵין שׁוּר וַיָּגָר
בִּגְרָר: **ב** וַיֹּאמֶר אַבְרָהָם אֶל-שָׂרָה אִשְׁתּוֹ אֲחֹתִי הִוא וַיִּשְׁלַח
אֲבִימֶלֶךְ מֶלֶךְ גְּרָר וַיִּקַּח אֶת-שָׂרָה: **ג** וַיָּבֹא אֱלֹהִים אֶל-אֲבִימֶלֶךְ
בַּחֲלוֹם הַלָּיְלָה וַיֹּאמֶר לוֹ הִנְּךָ מֵת עַל-הָאִשָּׁה אֲשֶׁר-לָקַחְתָּ וְהִוא
בְּעֻלַת בָּעַל: **ד** וַאֲבִימֶלֶךְ לֹא קָרַב אֵלֶיהָ וַיֹּאמַר-אֲדֹנָי הֲגוֹי גַּם-
צַדִּיק תַּהֲרֹג: **ה** הֲלֹא הוּא אָמַר-לִי אֲחֹתִי הִוא וְהִיא-גַם-הִוא
אָמְרָה אָחִי הוּא בְּתָם-לְבָבִי וּבְנִקְיֹן כַּפַּי עָשִׂיתִי זֹאת: **ו** וַיֹּאמֶר
אֵלָיו הָאֱלֹהִים בַּחֲלֹם גַּם אָנֹכִי יָדַעְתִּי כִּי בְתָם-לְבָבְךָ עָשִׂיתָ זֹּאת
וָאֶחְשֹׂךְ גַּם-אָנֹכִי אוֹתְךָ מֵחֲטוֹ-לִי עַל-כֵּן לֹא-נְתַתִּיךָ לִנְגֹּעַ אֵלֶיהָ:
ז וְעַתָּה הָשֵׁב אֵשֶׁת-הָאִישׁ כִּי-נָבִיא הוּא וְיִתְפַּלֵּל בַּעַדְךָ וֶחְיֵה וְאִם-
אֵינְךָ מֵשִׁיב דַּע כִּי-מוֹת תָּמוּת אַתָּה וְכָל-אֲשֶׁר-לָךְ: **ח** וַיַּשְׁכֵּם
אֲבִימֶלֶךְ בַּבֹּקֶר וַיִּקְרָא לְכָל-עֲבָדָיו וַיְדַבֵּר אֶת-כָּל-הַדְּבָרִים הָאֵלֶּה
בְּאָזְנֵיהֶם וַיִּירְאוּ הָאֲנָשִׁים מְאֹד: **ט** וַיִּקְרָא אֲבִימֶלֶךְ לְאַבְרָהָם
וַיֹּאמֶר לוֹ מֶה-עָשִׂיתָ לָּנוּ וּמֶה-חָטָאתִי לָךְ כִּי-הֵבֵאתָ עָלַי וְעַל-
מַמְלַכְתִּי חֲטָאָה גְדֹלָה: מַעֲשִׂים אֲשֶׁר לֹא-יֵעָשׂוּ עָשִׂיתָ עִמָּדִי:
י וַיֹּאמֶר אֲבִימֶלֶךְ אֶל-אַבְרָהָם: מָה רָאִיתָ כִּי עָשִׂיתָ אֶת-הַדָּבָר
הַזֶּה: **יא** וַיֹּאמֶר אַבְרָהָם כִּי אָמַרְתִּי רַק אֵין-יִרְאַת אֱלֹהִים
בַּמָּקוֹם הַזֶּה וַהֲרָגוּנִי עַל-דְּבַר אִשְׁתִּי: **יב** וְגַם-אָמְנָה אֲחֹתִי בַת-
אָבִי הִוא-אַךְ לֹא בַת-אִמִּי וַתְּהִי-לִי לְאִשָּׁה: **יג** וַיְהִי כַּאֲשֶׁר הִתְעוּ
אֹתִי אֱלֹהִים מִבֵּית אָבִי וָאֹמַר לָהּ זֶה חַסְדֵּךְ אֲשֶׁר תַּעֲשִׂי עִמָּדִי: אֶל
כָּל-הַמָּקוֹם אֲשֶׁר נָבוֹא שָׁמָּה אִמְרִי-לִי אָחִי הוּא: **יד** וַיִּקַּח
אֲבִימֶלֶךְ צֹאן וּבָקָר וַעֲבָדִים וּשְׁפָחֹת וַיִּתֵּן לְאַבְרָהָם וַיָּשֶׁב לוֹ אֵת

שָׂרָה אִשְׁתּוֹ: **טו** וַיֹּאמֶר אֲבִימֶלֶךְ הִנֵּה אַרְצִי לְפָנֶיךָ בַּטּוֹב בְּעֵינֶיךָ
שֵׁב: **טז** וּלְשָׂרָה אָמַר הִנֵּה נָתַתִּי אֶלֶף כֶּסֶף לְאָחִיךְ הִנֵּה הוּא־לָךְ
כְּסוּת עֵינַיִם לְכֹל אֲשֶׁר אִתָּךְ וְאֵת כֹּל וְנֹכָחַת: **יז** וַיִּתְפַּלֵּל אַבְרָהָם
אֶל־הָאֱלֹהִים וַיִּרְפָּא אֱלֹהִים אֶת־אֲבִימֶלֶךְ וְאֶת־אִשְׁתּוֹ וְאַמְהֹתָיו
וַיֵּלֵדוּ: **יח** כִּי־עָצֹר עָצַר יְהוָה בְּעַד כָּל־רֶחֶם לְבֵית אֲבִימֶלֶךְ עַל־
דְּבַר שָׂרָה אֵשֶׁת אַבְרָהָם:

כא

א וַיהוָה פָּקַד אֶת־שָׂרָה כַּאֲשֶׁר אָמָר וַיַּעַשׂ יְהוָה לְשָׂרָה כַּאֲשֶׁר
דִּבֵּר: **ב** וַתַּהַר וַתֵּלֶד שָׂרָה לְאַבְרָהָם בֵּן לִזְקֻנָיו לַמּוֹעֵד אֲשֶׁר־דִּבֶּר
אֹתוֹ אֱלֹהִים: **ג** וַיִּקְרָא אַבְרָהָם אֶת־שֶׁם־בְּנוֹ הַנּוֹלַד־לוֹ אֲשֶׁר־
יָלְדָה־לּוֹ שָׂרָה־יִצְחָק: **ד** וַיָּמָל אַבְרָהָם אֶת־יִצְחָק בְּנוֹ בֶּן־שְׁמֹנַת
יָמִים כַּאֲשֶׁר צִוָּה אֹתוֹ אֱלֹהִים: **ה** וְאַבְרָהָם בֶּן־מְאַת שָׁנָה בְּהִוָּלֶד
לוֹ אֵת יִצְחָק בְּנוֹ: **ו** וַתֹּאמֶר שָׂרָה־צְחֹק עָשָׂה לִי אֱלֹהִים כָּל־
הַשֹּׁמֵעַ יִצְחַק־לִי: **ז** וַתֹּאמֶר מִי מִלֵּל לְאַבְרָהָם הֵינִיקָה בָנִים
שָׂרָה: כִּי־יָלַדְתִּי בֵן לִזְקֻנָיו: **ח** וַיִּגְדַּל הַיֶּלֶד וַיִּגָּמַל וַיַּעַשׂ אַבְרָהָם
מִשְׁתֶּה גָדוֹל בְּיוֹם הִגָּמֵל אֶת־יִצְחָק: **ט** וַתֵּרֶא שָׂרָה אֶת־בֶּן־הָגָר
הַמִּצְרִית אֲשֶׁר־יָלְדָה לְאַבְרָהָם מְצַחֵק: **י** וַתֹּאמֶר לְאַבְרָהָם גָּרֵשׁ
הָאָמָה הַזֹּאת וְאֶת־בְּנָהּ: כִּי לֹא יִירַשׁ בֶּן־הָאָמָה הַזֹּאת עִם־בְּנִי
עִם־יִצְחָק: **יא** וַיֵּרַע הַדָּבָר מְאֹד בְּעֵינֵי אַבְרָהָם עַל אוֹדֹת בְּנוֹ:
יב וַיֹּאמֶר אֱלֹהִים אֶל־אַבְרָהָם אַל־יֵרַע בְּעֵינֶיךָ עַל־הַנַּעַר וְעַל־
אֲמָתֶךָ־כֹּל אֲשֶׁר תֹּאמַר אֵלֶיךָ שָׂרָה שְׁמַע בְּקֹלָהּ: כִּי בְיִצְחָק יִקָּרֵא
לְךָ זָרַע: **יג** וְגַם אֶת־בֶּן־הָאָמָה לְגוֹי אֲשִׂימֶנּוּ: כִּי זַרְעֲךָ הוּא:
יד וַיַּשְׁכֵּם אַבְרָהָם בַּבֹּקֶר וַיִּקַּח־לֶחֶם וְחֵמַת מַיִם וַיִּתֵּן אֶל־הָגָר
שָׂם עַל־שִׁכְמָהּ וְאֶת־הַיֶּלֶד וַיְשַׁלְּחֶהָ וַתֵּלֶךְ וַתֵּתַע בְּמִדְבַּר בְּאֵר שָׁבַע:
טו וַיִּכְלוּ הַמַּיִם מִן־הַחֵמֶת וַתַּשְׁלֵךְ אֶת־הַיֶּלֶד תַּחַת אַחַד הַשִּׂיחִם:
טז וַתֵּלֶךְ וַתֵּשֶׁב לָהּ מִנֶּגֶד הַרְחֵק כִּמְטַחֲוֵי קֶשֶׁת כִּי אָמְרָה אַל־
אֶרְאֶה בְּמוֹת הַיָּלֶד וַתֵּשֶׁב מִנֶּגֶד וַתִּשָּׂא אֶת־קֹלָהּ וַתֵּבְךְּ: **יז** וַיִּשְׁמַע
אֱלֹהִים אֶת־קוֹל הַנַּעַר וַיִּקְרָא מַלְאַךְ אֱלֹהִים אֶל־הָגָר מִן־הַשָּׁמַיִם
וַיֹּאמֶר לָהּ מַה־לָּךְ הָגָר אַל־תִּירְאִי כִּי־שָׁמַע אֱלֹהִים אֶל־קוֹל הַנַּעַר
בַּאֲשֶׁר הוּא־שָׁם: **יח** קוּמִי שְׂאִי אֶת־הַנַּעַר וְהַחֲזִיקִי אֶת־יָדֵךְ בּוֹ
כִּי־לְגוֹי גָּדוֹל אֲשִׂימֶנּוּ: **יט** וַיִּפְקַח אֱלֹהִים אֶת־עֵינֶיהָ וַתֵּרֶא בְּאֵר
מָיִם וַתֵּלֶךְ וַתְּמַלֵּא אֶת־הַחֵמֶת מַיִם וַתַּשְׁקְ אֶת־הַנָּעַר: **כ** וַיְהִי
אֱלֹהִים אֶת־הַנַּעַר וַיִּגְדָּל וַיֵּשֶׁב בַּמִּדְבָּר וַיְהִי רֹבֶה קַשָּׁת: **כא** וַיֵּשֶׁב
בְּמִדְבַּר פָּארָן וַתִּקַּח־לוֹ אִמּוֹ אִשָּׁה מֵאֶרֶץ מִצְרָיִם:

כב וַיְהִי בָּעֵת הַהִוא וַיֹּאמֶר אֲבִימֶלֶךְ וּפִיכֹל שַׂר־צְבָאוֹ אֶל־אַבְרָהָם
לֵאמֹר אֱלֹהִים עִמְּךָ בְּכֹל אֲשֶׁר־אַתָּה עֹשֶׂה: **כג** וְעַתָּה הִשָּׁבְעָה לִּי

בֵּאלֹהִים הֵנָּה אִם-תִּשְׁקֹר לִי וּלְנִינִי וּלְנֶכְדִּי כַּחֶסֶד אֲשֶׁר-עָשִׂיתִי
עִמְּךָ תַּעֲשֶׂה עִמָּדִי וְעִם-הָאָרֶץ אֲשֶׁר-גַּרְתָּה בָּהּ: **כד** וַיֹּאמֶר
אַבְרָהָם אָנֹכִי אִשָּׁבֵעַ: **כה** וְהוֹכִחַ אַבְרָהָם אֶת-אֲבִימֶלֶךְ עַל-אֹדוֹת
בְּאֵר הַמַּיִם אֲשֶׁר גָּזְלוּ עַבְדֵי אֲבִימֶלֶךְ: **כו** וַיֹּאמֶר אֲבִימֶלֶךְ-לֹא
יָדַעְתִּי מִי עָשָׂה אֶת-הַדָּבָר הַזֶּה וְגַם-אַתָּה לֹא-הִגַּדְתָּ לִּי וְגַם אָנֹכִי
לֹא שָׁמַעְתִּי-בִּלְתִּי הַיּוֹם: **כז** וַיִּקַּח אַבְרָהָם צֹאן וּבָקָר וַיִּתֵּן
לַאֲבִימֶלֶךְ וַיִּכְרְתוּ שְׁנֵיהֶם בְּרִית: **כח** וַיַּצֵּב אַבְרָהָם אֶת-שֶׁבַע
כִּבְשֹׂת הַצֹּאן-לְבַדְּהֶן: **כט** וַיֹּאמֶר אֲבִימֶלֶךְ אֶל-אַבְרָהָם: מָה הֵנָּה
שֶׁבַע כְּבָשֹׂת הָאֵלֶּה אֲשֶׁר הִצַּבְתָּ לְבַדָּנָה: **ל** וַיֹּאמֶר-כִּי אֶת-שֶׁבַע
כְּבָשֹׂת תִּקַּח מִיָּדִי: בַּעֲבוּר תִּהְיֶה-לִּי לְעֵדָה כִּי חָפַרְתִּי אֶת-הַבְּאֵר
הַזֹּאת: **לא** עַל-כֵּן קָרָא לַמָּקוֹם הַהוּא-בְּאֵר שָׁבַע: כִּי שָׁם נִשְׁבְּעוּ
שְׁנֵיהֶם: **לב** וַיִּכְרְתוּ בְרִית בִּבְאֵר שָׁבַע וַיָּקָם אֲבִימֶלֶךְ וּפִיכֹל שַׂר-
צְבָאוֹ וַיָּשֻׁבוּ אֶל-אֶרֶץ פְּלִשְׁתִּים: **לג** וַיִּטַּע אֶשֶׁל בִּבְאֵר שָׁבַע
וַיִּקְרָא-שָׁם-בְּשֵׁם יְהוָה אֵל עוֹלָם: **לד** וַיָּגָר אַבְרָהָם בְּאֶרֶץ
פְּלִשְׁתִּים יָמִים רַבִּים:

כב

א וַיְהִי אַחַר הַדְּבָרִים הָאֵלֶּה וְהָאֱלֹהִים נִסָּה אֶת-אַבְרָהָם וַיֹּאמֶר
אֵלָיו אַבְרָהָם וַיֹּאמֶר הִנֵּנִי: **ב** וַיֹּאמֶר קַח-נָא אֶת-בִּנְךָ אֶת-יְחִידְךָ
אֲשֶׁר-אָהַבְתָּ אֶת-יִצְחָק וְלֶךְ-לְךָ אֶל-אֶרֶץ הַמֹּרִיָּה וְהַעֲלֵהוּ שָׁם
לְעֹלָה עַל אַחַד הֶהָרִים אֲשֶׁר אֹמַר אֵלֶיךָ: **ג** וַיַּשְׁכֵּם אַבְרָהָם בַּבֹּקֶר
וַיַּחֲבֹשׁ אֶת-חֲמֹרוֹ וַיִּקַּח אֶת-שְׁנֵי נְעָרָיו אִתּוֹ וְאֵת יִצְחָק בְּנוֹ וַיְבַקַּע
עֲצֵי עֹלָה וַיָּקָם וַיֵּלֶךְ אֶל-הַמָּקוֹם אֲשֶׁר-אָמַר-לוֹ הָאֱלֹהִים:
ד בַּיּוֹם הַשְּׁלִישִׁי וַיִּשָּׂא אַבְרָהָם אֶת-עֵינָיו וַיַּרְא אֶת-הַמָּקוֹם-
מֵרָחֹק: **ה** וַיֹּאמֶר אַבְרָהָם אֶל-נְעָרָיו שְׁבוּ-לָכֶם פֹּה עִם-הַחֲמוֹר
וַאֲנִי וְהַנַּעַר נֵלְכָה עַד-כֹּה וְנִשְׁתַּחֲוֶה וְנָשׁוּבָה אֲלֵיכֶם: **ו** וַיִּקַּח
אַבְרָהָם אֶת-עֲצֵי הָעֹלָה וַיָּשֶׂם עַל-יִצְחָק בְּנוֹ וַיִּקַּח בְּיָדוֹ אֶת-הָאֵשׁ
וְאֶת-הַמַּאֲכֶלֶת וַיֵּלְכוּ שְׁנֵיהֶם יַחְדָּו: **ז** וַיֹּאמֶר יִצְחָק אֶל-אַבְרָהָם
אָבִיו וַיֹּאמֶר אָבִי וַיֹּאמֶר הִנֶּנִּי בְנִי וַיֹּאמֶר הִנֵּה הָאֵשׁ וְהָעֵצִים וְאַיֵּה
הַשֶּׂה לְעֹלָה: **ח** וַיֹּאמֶר אַבְרָהָם אֱלֹהִים יִרְאֶה-לּוֹ הַשֶּׂה לְעֹלָה בְּנִי
וַיֵּלְכוּ שְׁנֵיהֶם יַחְדָּו: **ט** וַיָּבֹאוּ אֶל-הַמָּקוֹם אֲשֶׁר אָמַר-לוֹ הָאֱלֹהִים
וַיִּבֶן שָׁם אַבְרָהָם אֶת-הַמִּזְבֵּחַ וַיַּעֲרֹךְ אֶת-הָעֵצִים וַיַּעֲקֹד אֶת-יִצְחָק
בְּנוֹ וַיָּשֶׂם אֹתוֹ עַל-הַמִּזְבֵּחַ מִמַּעַל לָעֵצִים: **י** וַיִּשְׁלַח אַבְרָהָם אֶת-
יָדוֹ וַיִּקַּח אֶת-הַמַּאֲכֶלֶת לִשְׁחֹט אֶת-בְּנוֹ: **יא** וַיִּקְרָא אֵלָיו מַלְאַךְ
יְהוָה מִן-הַשָּׁמַיִם וַיֹּאמֶר אַבְרָהָם אַבְרָהָם וַיֹּאמֶר הִנֵּנִי:
יב וַיֹּאמֶר אַל-תִּשְׁלַח יָדְךָ אֶל-הַנַּעַר וְאַל-תַּעַשׂ לוֹ מְאוּמָה: כִּי
עַתָּה יָדַעְתִּי כִּי-יְרֵא אֱלֹהִים אַתָּה וְלֹא חָשַׂכְתָּ אֶת-בִּנְךָ אֶת-יְחִידְךָ

מִמֶּנִּי׃ **יג** וַיִּשָּׂא אַבְרָהָם אֶת־עֵינָיו וַיַּרְא וְהִנֵּה־אַיִל אַחַר נֶאֱחַז
בַּסְּבַךְ בְּקַרְנָיו וַיֵּלֶךְ אַבְרָהָם וַיִּקַּח אֶת־הָאַיִל וַיַּעֲלֵהוּ לְעֹלָה תַּחַת
בְּנוֹ׃ **יד** וַיִּקְרָא אַבְרָהָם שֵׁם־הַמָּקוֹם הַהוּא יְהוָה יִרְאֶה אֲשֶׁר
יֵאָמֵר הַיּוֹם בְּהַר יְהוָה יֵרָאֶה׃ **טו** וַיִּקְרָא מַלְאַךְ יְהוָה אֶל־אַבְרָהָם
שֵׁנִית מִן־הַשָּׁמָיִם׃ **טז** וַיֹּאמֶר בִּי נִשְׁבַּעְתִּי נְאֻם־יְהוָה: כִּי יַעַן
אֲשֶׁר עָשִׂיתָ אֶת־הַדָּבָר הַזֶּה וְלֹא חָשַׂכְתָּ אֶת־בִּנְךָ אֶת־יְחִידֶךָ׃
יז כִּי־בָרֵךְ אֲבָרֶכְךָ וְהַרְבָּה אַרְבֶּה אֶת־זַרְעֲךָ כְּכוֹכְבֵי הַשָּׁמַיִם
וְכַחוֹל אֲשֶׁר עַל־שְׂפַת הַיָּם וְיִרַשׁ זַרְעֲךָ אֵת שַׁעַר אֹיְבָיו׃
יח וְהִתְבָּרְכוּ בְזַרְעֲךָ כֹּל גּוֹיֵי הָאָרֶץ עֵקֶב אֲשֶׁר שָׁמַעְתָּ בְּקֹלִי׃
יט וַיָּשָׁב אַבְרָהָם אֶל־נְעָרָיו וַיָּקֻמוּ וַיֵּלְכוּ יַחְדָּו אֶל־בְּאֵר שָׁבַע וַיֵּשֶׁב
אַבְרָהָם בִּבְאֵר שָׁבַע׃

כ וַיְהִי אַחֲרֵי הַדְּבָרִים הָאֵלֶּה וַיֻּגַּד לְאַבְרָהָם לֵאמֹר: הִנֵּה יָלְדָה
מִלְכָּה גַם־הִוא בָּנִים לְנָחוֹר אָחִיךָ׃ **כא** אֶת־עוּץ בְּכֹרוֹ וְאֶת־בּוּז
אָחִיו וְאֶת־קְמוּאֵל אֲבִי אֲרָם׃ **כב** וְאֶת־כֶּשֶׂד וְאֶת־חֲזוֹ וְאֶת־פִּלְדָּשׁ
וְאֶת־יִדְלָף וְאֵת בְּתוּאֵל׃ **כג** וּבְתוּאֵל יָלַד אֶת־רִבְקָה שְׁמֹנָה אֵלֶּה
יָלְדָה מִלְכָּה לְנָחוֹר אֲחִי אַבְרָהָם׃ **כד** וּפִילַגְשׁוֹ וּשְׁמָהּ רְאוּמָה
וַתֵּלֶד גַּם־הִוא אֶת־טֶבַח וְאֶת־גַּחַם וְאֶת־תַּחַשׁ וְאֶת־מַעֲכָה׃

כג

א וַיִּהְיוּ חַיֵּי שָׂרָה מֵאָה שָׁנָה וְעֶשְׂרִים שָׁנָה וְשֶׁבַע שָׁנִים־שְׁנֵי חַיֵּי
שָׂרָה׃ **ב** וַתָּמָת שָׂרָה בְּקִרְיַת אַרְבַּע הִוא חֶבְרוֹן־בְּאֶרֶץ כְּנָעַן וַיָּבֹא
אַבְרָהָם לִסְפֹּד לְשָׂרָה וְלִבְכֹּתָהּ׃ **ג** וַיָּקָם אַבְרָהָם מֵעַל פְּנֵי מֵתוֹ
וַיְדַבֵּר אֶל־בְּנֵי־חֵת לֵאמֹר׃ **ד** גֵּר־וְתוֹשָׁב אָנֹכִי עִמָּכֶם תְּנוּ לִי
אֲחֻזַּת־קֶבֶר עִמָּכֶם וְאֶקְבְּרָה מֵתִי מִלְּפָנָי׃ **ה** וַיַּעֲנוּ בְנֵי־חֵת אֶת־
אַבְרָהָם לֵאמֹר לוֹ׃ **ו** שְׁמָעֵנוּ אֲדֹנִי נְשִׂיא אֱלֹהִים אַתָּה בְּתוֹכֵנוּ־
בְּמִבְחַר קְבָרֵינוּ קְבֹר אֶת־מֵתֶךָ אִישׁ מִמֶּנּוּ אֶת־קִבְרוֹ לֹא־יִכְלֶה
מִמְּךָ מִקְּבֹר מֵתֶךָ׃ **ז** וַיָּקָם אַבְרָהָם וַיִּשְׁתַּחוּ לְעַם־הָאָרֶץ לִבְנֵי־
חֵת׃ **ח** וַיְדַבֵּר אִתָּם לֵאמֹר: אִם־יֵשׁ אֶת־נַפְשְׁכֶם לִקְבֹּר אֶת־מֵתִי
מִלְּפָנַי־שְׁמָעוּנִי וּפִגְעוּ־לִי בְּעֶפְרוֹן בֶּן־צֹחַר׃ **ט** וְיִתֶּן־לִי אֶת־מְעָרַת
הַמַּכְפֵּלָה אֲשֶׁר־לוֹ אֲשֶׁר בִּקְצֵה שָׂדֵהוּ: בְּכֶסֶף מָלֵא יִתְּנֶנָּה לִּי
בְּתוֹכְכֶם לַאֲחֻזַּת־קָבֶר׃ **י** וְעֶפְרוֹן יֹשֵׁב בְּתוֹךְ בְּנֵי־חֵת וַיַּעַן עֶפְרוֹן
הַחִתִּי אֶת־אַבְרָהָם בְּאָזְנֵי בְנֵי־חֵת לְכֹל בָּאֵי שַׁעַר־עִירוֹ לֵאמֹר׃
יא לֹא־אֲדֹנִי שְׁמָעֵנִי־הַשָּׂדֶה נָתַתִּי לָךְ וְהַמְּעָרָה אֲשֶׁר־בּוֹ לְךָ נְתַתִּיהָ
לְעֵינֵי בְנֵי־עַמִּי נְתַתִּיהָ לָּךְ קְבֹר מֵתֶךָ׃ **יב** וַיִּשְׁתַּחוּ אַבְרָהָם לִפְנֵי
עַם הָאָרֶץ׃ **יג** וַיְדַבֵּר אֶל־עֶפְרוֹן בְּאָזְנֵי עַם־הָאָרֶץ לֵאמֹר אַךְ אִם־
אַתָּה לוּ שְׁמָעֵנִי: נָתַתִּי כֶּסֶף הַשָּׂדֶה קַח מִמֶּנִּי וְאֶקְבְּרָה אֶת־מֵתִי
שָׁמָּה׃ **יד** וַיַּעַן עֶפְרוֹן אֶת־אַבְרָהָם לֵאמֹר לוֹ׃ **טו** אֲדֹנִי שְׁמָעֵנִי

אֶרֶץ אַרְבַּע מֵאֹת שֶׁקֶל־כֶּסֶף בֵּינִי וּבֵינְךָ מַה־הִוא וְאֶת־מֵתְךָ קְבֹר׃

טז וַיִּשְׁמַע אַבְרָהָם אֶל־עֶפְרוֹן וַיִּשְׁקֹל אַבְרָהָם לְעֶפְרֹן אֶת־הַכֶּסֶף אֲשֶׁר דִּבֶּר בְּאָזְנֵי בְנֵי־חֵת אַרְבַּע מֵאוֹת שֶׁקֶל כֶּסֶף עֹבֵר לַסֹּחֵר׃

יז וַיָּקָם שְׂדֵה עֶפְרוֹן אֲשֶׁר בַּמַּכְפֵּלָה אֲשֶׁר לִפְנֵי מַמְרֵא הַשָּׂדֶה וְהַמְּעָרָה אֲשֶׁר־בּוֹ וְכָל־הָעֵץ אֲשֶׁר בַּשָּׂדֶה אֲשֶׁר בְּכָל־גְּבֻלוֹ סָבִיב׃ **יח** לְאַבְרָהָם לְמִקְנָה לְעֵינֵי בְנֵי־חֵת בְּכֹל בָּאֵי שַׁעַר־עִירוֹ׃ **יט** וְאַחֲרֵי־כֵן קָבַר אַבְרָהָם אֶת־שָׂרָה אִשְׁתּוֹ אֶל־מְעָרַת שְׂדֵה הַמַּכְפֵּלָה עַל־פְּנֵי מַמְרֵא הִוא חֶבְרוֹן בְּאֶרֶץ כְּנָעַן׃ **כ** וַיָּקָם הַשָּׂדֶה וְהַמְּעָרָה אֲשֶׁר־בּוֹ לְאַבְרָהָם לַאֲחֻזַּת־קָבֶר מֵאֵת בְּנֵי־חֵת׃

כד

א וְאַבְרָהָם זָקֵן בָּא בַּיָּמִים וַיהוָה בֵּרַךְ אֶת־אַבְרָהָם בַּכֹּל׃ **ב** וַיֹּאמֶר אַבְרָהָם אֶל־עַבְדּוֹ זְקַן בֵּיתוֹ הַמֹּשֵׁל בְּכָל־אֲשֶׁר־לוֹ שִׂים־נָא יָדְךָ תַּחַת יְרֵכִי׃ **ג** וְאַשְׁבִּיעֲךָ־בַּיהוָה אֱלֹהֵי הַשָּׁמַיִם וֵאלֹהֵי הָאָרֶץ אֲשֶׁר לֹא־תִקַּח אִשָּׁה לִבְנִי מִבְּנוֹת הַכְּנַעֲנִי אֲשֶׁר אָנֹכִי יוֹשֵׁב בְּקִרְבּוֹ׃ **ד** כִּי אֶל־אַרְצִי וְאֶל־מוֹלַדְתִּי תֵּלֵךְ וְלָקַחְתָּ אִשָּׁה לִבְנִי לְיִצְחָק׃ **ה** וַיֹּאמֶר אֵלָיו הָעֶבֶד אוּלַי לֹא־תֹאבֶה הָאִשָּׁה לָלֶכֶת אַחֲרַי אֶל־הָאָרֶץ הַזֹּאת הֶהָשֵׁב אָשִׁיב אֶת־בִּנְךָ אֶל־הָאָרֶץ אֲשֶׁר־יָצָאתָ מִשָּׁם׃ **ו** וַיֹּאמֶר אֵלָיו אַבְרָהָם הִשָּׁמֶר לְךָ פֶּן־תָּשִׁיב אֶת־בְּנִי שָׁמָּה׃ **ז** יְהוָה אֱלֹהֵי הַשָּׁמַיִם אֲשֶׁר לְקָחַנִי מִבֵּית אָבִי וּמֵאֶרֶץ מוֹלַדְתִּי וַאֲשֶׁר דִּבֶּר־לִי וַאֲשֶׁר נִשְׁבַּע־לִי לֵאמֹר לְזַרְעֲךָ אֶתֵּן אֶת־הָאָרֶץ הַזֹּאת־הוּא יִשְׁלַח מַלְאָכוֹ לְפָנֶיךָ וְלָקַחְתָּ אִשָּׁה לִבְנִי מִשָּׁם׃ **ח** וְאִם־לֹא תֹאבֶה הָאִשָּׁה לָלֶכֶת אַחֲרֶיךָ־וְנִקִּיתָ מִשְּׁבֻעָתִי זֹאת רַק אֶת־בְּנִי לֹא תָשֵׁב שָׁמָּה׃ **ט** וַיָּשֶׂם הָעֶבֶד אֶת־יָדוֹ תַּחַת יֶרֶךְ אַבְרָהָם אֲדֹנָיו וַיִּשָּׁבַע לוֹ עַל־הַדָּבָר הַזֶּה׃ **י** וַיִּקַּח הָעֶבֶד עֲשָׂרָה גְמַלִּים מִגְּמַלֵּי אֲדֹנָיו וַיֵּלֶךְ וְכָל־טוּב אֲדֹנָיו בְּיָדוֹ וַיָּקָם וַיֵּלֶךְ אֶל־אֲרַם נַהֲרַיִם־אֶל־עִיר נָחוֹר׃ **יא** וַיַּבְרֵךְ הַגְּמַלִּים מִחוּץ לָעִיר אֶל־בְּאֵר הַמָּיִם לְעֵת עֶרֶב לְעֵת צֵאת הַשֹּׁאֲבֹת׃

יב וַיֹּאמַר־יְהוָה אֱלֹהֵי אֲדֹנִי אַבְרָהָם הַקְרֵה־נָא לְפָנַי הַיּוֹם וַעֲשֵׂה־חֶסֶד עִם אֲדֹנִי אַבְרָהָם׃ **יג** הִנֵּה אָנֹכִי נִצָּב עַל־עֵין הַמָּיִם וּבְנוֹת אַנְשֵׁי הָעִיר יֹצְאֹת לִשְׁאֹב מָיִם׃ **יד** וְהָיָה הַנַּעֲרָ אֲשֶׁר אֹמַר אֵלֶיהָ הַטִּי־נָא כַדֵּךְ וְאֶשְׁתֶּה

וְאָמְרָה שְׁתֵה וְגַם-גְּמַלֶּיךָ אַשְׁקֶה-אֹתָהּ הֹכַחְתָּ לְעַבְדְּךָ
לְיִצְחָק וּבָהּ אֵדַע כִּי-עָשִׂיתָ חֶסֶד עִם-אֲדֹנִי: **טו** וַיְהִי-הוּא
טֶרֶם כִּלָּה לְדַבֵּר וְהִנֵּה רִבְקָה יֹצֵאת אֲשֶׁר יֻלְּדָה לִבְתוּאֵל
בֶּן-מִלְכָּה אֵשֶׁת נָחוֹר אֲחִי אַבְרָהָם וְכַדָּהּ עַל-שִׁכְמָהּ:
טז וְהַנַּעֲרָ טֹבַת מַרְאֶה מְאֹד-בְּתוּלָה וְאִישׁ לֹא יְדָעָהּ
וַתֵּרֶד הָעַיְנָה וַתְּמַלֵּא כַדָּהּ וַתָּעַל: **יז** וַיָּרָץ הָעֶבֶד לִקְרָאתָהּ
וַיֹּאמֶר הַגְמִיאִינִי נָא מְעַט-מַיִם מִכַּדֵּךְ: **יח** וַתֹּאמֶר שְׁתֵה
אֲדֹנִי וַתְּמַהֵר וַתֹּרֶד כַּדָּהּ עַל-יָדָהּ וַתַּשְׁקֵהוּ: **יט** וַתְּכַל
לְהַשְׁקֹתוֹ וַתֹּאמֶר גַּם לִגְמַלֶּיךָ אֶשְׁאָב עַד אִם-כִּלּוּ לִשְׁתֹּת:
כ וַתְּמַהֵר וַתְּעַר כַּדָּהּ אֶל-הַשֹּׁקֶת וַתָּרָץ עוֹד אֶל-הַבְּאֵר
לִשְׁאֹב וַתִּשְׁאַב לְכָל-גְּמַלָּיו: **כא** וְהָאִישׁ מִשְׁתָּאֵה לָהּ
מַחֲרִישׁ-לָדַעַת הַהִצְלִיחַ יְהוָה דַּרְכּוֹ אִם-לֹא: **כב** וַיְהִי
כַּאֲשֶׁר כִּלּוּ הַגְּמַלִּים לִשְׁתּוֹת וַיִּקַּח הָאִישׁ נֶזֶם זָהָב בֶּקַע
מִשְׁקָלוֹ-וּשְׁנֵי צְמִידִים עַל-יָדֶיהָ עֲשָׂרָה זָהָב מִשְׁקָלָם:
כג וַיֹּאמֶר בַּת-מִי אַתְּ הַגִּידִי נָא לִי הֲיֵשׁ בֵּית-אָבִיךְ מָקוֹם
לָנוּ לָלִין: **כד** וַתֹּאמֶר אֵלָיו בַּת-בְּתוּאֵל אָנֹכִי-בֶּן-מִלְכָּה
אֲשֶׁר יָלְדָה לְנָחוֹר: **כה** וַתֹּאמֶר אֵלָיו גַּם-תֶּבֶן גַּם-מִסְפּוֹא
רַב עִמָּנוּ-גַּם-מָקוֹם לָלוּן: **כו** וַיִּקֹּד הָאִישׁ וַיִּשְׁתַּחוּ
לַיהוָה: **כז** וַיֹּאמֶר בָּרוּךְ יְהוָה אֱלֹהֵי אֲדֹנִי אַבְרָהָם אֲשֶׁר
לֹא-עָזַב חַסְדּוֹ וַאֲמִתּוֹ מֵעִם אֲדֹנִי אָנֹכִי בַּדֶּרֶךְ נָחַנִי יְהוָה
בֵּית אֲחֵי אֲדֹנִי: **כח** וַתָּרָץ הַנַּעֲרָ וַתַּגֵּד לְבֵית אִמָּהּ-
כַּדְּבָרִים הָאֵלֶּה: **כט** וּלְרִבְקָה אָח וּשְׁמוֹ לָבָן וַיָּרָץ לָבָן
אֶל-הָאִישׁ הַחוּצָה אֶל-הָעָיִן: **ל** וַיְהִי כִּרְאֹת אֶת-הַנֶּזֶם
וְאֶת-הַצְּמִדִים עַל-יְדֵי אֲחֹתוֹ וּכְשָׁמְעוֹ אֶת-דִּבְרֵי רִבְקָה
אֲחֹתוֹ לֵאמֹר כֹּה-דִבֶּר אֵלַי הָאִישׁ וַיָּבֹא אֶל-הָאִישׁ וְהִנֵּה
עֹמֵד עַל-הַגְּמַלִּים עַל-הָעָיִן: **לא** וַיֹּאמֶר בּוֹא בְּרוּךְ יְהוָה
לָמָּה תַעֲמֹד בַּחוּץ וְאָנֹכִי פִּנִּיתִי הַבַּיִת וּמָקוֹם לַגְּמַלִּים:
לב וַיָּבֹא הָאִישׁ הַבַּיְתָה וַיְפַתַּח הַגְּמַלִּים וַיִּתֵּן תֶּבֶן
וּמִסְפּוֹא לַגְּמַלִּים וּמַיִם לִרְחֹץ רַגְלָיו וְרַגְלֵי הָאֲנָשִׁים אֲשֶׁר
אִתּוֹ: **לג** ויישם (וַיּוּשַׂם) לְפָנָיו לֶאֱכֹל וַיֹּאמֶר לֹא אֹכַל עַד
אִם-דִּבַּרְתִּי דְּבָרָי וַיֹּאמֶר דַּבֵּר: **לד** וַיֹּאמַר: עֶבֶד אַבְרָהָם
אָנֹכִי: **לה** וַיהוָה בֵּרַךְ אֶת-אֲדֹנִי מְאֹד-וַיִּגְדָּל וַיִּתֶּן-לוֹ צֹאן
וּבָקָר וְכֶסֶף וְזָהָב וַעֲבָדִם וּשְׁפָחֹת וּגְמַלִּים וַחֲמֹרִים:

לו וַתֵּלֶד שָׂרָה אֵשֶׁת אֲדֹנִי בֵן לַאדֹנִי אַחֲרֵי זִקְנָתָהּ וַיִּתֶּן-
לוֹ אֶת-כָּל-אֲשֶׁר-לוֹ: **לז** וַיַּשְׁבִּעֵנִי אֲדֹנִי לֵאמֹר: לֹא-תִקַּח
אִשָּׁה לִבְנִי מִבְּנוֹת הַכְּנַעֲנִי אֲשֶׁר אָנֹכִי יֹשֵׁב בְּאַרְצוֹ:
לח אִם-לֹא אֶל-בֵּית-אָבִי תֵּלֵךְ וְאֶל-מִשְׁפַּחְתִּי וְלָקַחְתָּ
אִשָּׁה לִבְנִי: **לט** וָאֹמַר אֶל-אֲדֹנִי: אֻלַי לֹא-תֵלֵךְ הָאִשָּׁה
אַחֲרָי: **מ** וַיֹּאמֶר אֵלָי: יְהוָה אֲשֶׁר-הִתְהַלַּכְתִּי לְפָנָיו
יִשְׁלַח מַלְאָכוֹ אִתָּךְ וְהִצְלִיחַ דַּרְכֶּךָ וְלָקַחְתָּ אִשָּׁה לִבְנִי
מִמִּשְׁפַּחְתִּי וּמִבֵּית אָבִי: **מא** אָז תִּנָּקֶה מֵאָלָתִי כִּי תָבוֹא
אֶל-מִשְׁפַּחְתִּי וְאִם-לֹא יִתְּנוּ לָךְ וְהָיִיתָ נָקִי מֵאָלָתִי:
מב וָאָבֹא הַיּוֹם אֶל-הָעָיִן וָאֹמַר יְהוָה אֱלֹהֵי אֲדֹנִי
אַבְרָהָם אִם-יֶשְׁךָ-נָּא מַצְלִיחַ דַּרְכִּי אֲשֶׁר אָנֹכִי הֹלֵךְ עָלֶיהָ:
מג הִנֵּה אָנֹכִי נִצָּב עַל-עֵין הַמָּיִם וְהָיָה הָעַלְמָה הַיֹּצֵאת
לִשְׁאֹב וְאָמַרְתִּי אֵלֶיהָ הַשְׁקִינִי-נָא מְעַט-מַיִם מִכַּדֵּךְ:
מד וְאָמְרָה אֵלַי גַּם-אַתָּה שְׁתֵה וְגַם לִגְמַלֶּיךָ אֶשְׁאָב-הִוא
הָאִשָּׁה אֲשֶׁר-הֹכִיחַ יְהוָה לְבֶן-אֲדֹנִי: **מה** אֲנִי טֶרֶם אֲכַלֶּה
לְדַבֵּר אֶל-לִבִּי וְהִנֵּה רִבְקָה יֹצֵאת וְכַדָּהּ עַל-שִׁכְמָהּ וַתֵּרֶד
הָעַיְנָה וַתִּשְׁאָב וָאֹמַר אֵלֶיהָ הַשְׁקִינִי נָא: **מו** וַתְּמַהֵר
וַתּוֹרֶד כַּדָּהּ מֵעָלֶיהָ וַתֹּאמֶר שְׁתֵה וְגַם-גְּמַלֶּיךָ אַשְׁקֶה
וָאֵשְׁתְּ וְגַם הַגְּמַלִּים הִשְׁקָתָה: **מז** וָאֶשְׁאַל אֹתָהּ וָאֹמַר
בַּת-מִי אַתְּ וַתֹּאמֶר בַּת-בְּתוּאֵל בֶּן-נָחוֹר אֲשֶׁר יָלְדָה-לּוֹ
מִלְכָּה וָאָשִׂם הַנֶּזֶם עַל-אַפָּהּ וְהַצְּמִידִים עַל-יָדֶיהָ:
מח וָאֶקֹּד וָאֶשְׁתַּחֲוֶה לַיהוָה וָאֲבָרֵךְ אֶת-יְהוָה אֱלֹהֵי
אֲדֹנִי אַבְרָהָם אֲשֶׁר הִנְחַנִי בְּדֶרֶךְ אֱמֶת לָקַחַת אֶת-בַּת-אֲחִי
אֲדֹנִי לִבְנוֹ: **מט** וְעַתָּה אִם-יֶשְׁכֶם עֹשִׂים חֶסֶד וֶאֱמֶת אֶת-
אֲדֹנִי-הַגִּידוּ לִי וְאִם-לֹא-הַגִּידוּ לִי וְאֶפְנֶה עַל-יָמִין אוֹ עַל-
שְׂמֹאל: **נ** וַיַּעַן לָבָן וּבְתוּאֵל וַיֹּאמְרוּ מֵיְהוָה יָצָא הַדָּבָר
לֹא נוּכַל דַּבֵּר אֵלֶיךָ רַע אוֹ-טוֹב: **נא** הִנֵּה-רִבְקָה לְפָנֶיךָ
קַח וָלֵךְ וּתְהִי אִשָּׁה לְבֶן-אֲדֹנֶיךָ כַּאֲשֶׁר דִּבֶּר יְהוָה:
נב וַיְהִי כַּאֲשֶׁר שָׁמַע עֶבֶד אַבְרָהָם אֶת-דִּבְרֵיהֶם וַיִּשְׁתַּחוּ
אַרְצָה לַיהוָה: **נג** וַיּוֹצֵא הָעֶבֶד כְּלֵי-כֶסֶף וּכְלֵי זָהָב
וּבְגָדִים וַיִּתֵּן לְרִבְקָה וּמִגְדָּנֹת נָתַן לְאָחִיהָ וּלְאִמָּהּ:
נד וַיֹּאכְלוּ וַיִּשְׁתּוּ הוּא וְהָאֲנָשִׁים אֲשֶׁר-עִמּוֹ וַיָּלִינוּ
וַיָּקוּמוּ בַבֹּקֶר וַיֹּאמֶר שַׁלְּחֻנִי לַאדֹנִי: **נה** וַיֹּאמֶר אָחִיהָ

28

וְאִמָּהּ תֵּשֵׁב הַנַּעֲרָ אִתָּנוּ יָמִים אוֹ עָשׂוֹר אַחַר תֵּלֵךְ׃
נו וַיֹּאמֶר אֲלֵהֶם אַל-תְּאַחֲרוּ אֹתִי וַיהוָה הִצְלִיחַ דַּרְכִּי
שַׁלְּחוּנִי וְאֵלְכָה לַאדֹנִי׃ **נז** וַיֹּאמְרוּ נִקְרָא לַנַּעֲרָ וְנִשְׁאֲלָה
אֶת-פִּיהָ׃ **נח** וַיִּקְרְאוּ לְרִבְקָה וַיֹּאמְרוּ אֵלֶיהָ הֲתֵלְכִי עִם-
הָאִישׁ הַזֶּה וַתֹּאמֶר אֵלֵךְ׃ **נט** וַיְשַׁלְּחוּ אֶת-רִבְקָה אֲחֹתָם
וְאֶת-מֵנִקְתָּהּ וְאֶת-עֶבֶד אַבְרָהָם וְאֶת-אֲנָשָׁיו׃ **ס** וַיְבָרְכוּ
אֶת-רִבְקָה וַיֹּאמְרוּ לָהּ-אֲחֹתֵנוּ אַתְּ הֲיִי לְאַלְפֵי רְבָבָה
וְיִירַשׁ זַרְעֵךְ אֵת שַׁעַר שֹׂנְאָיו׃ **סא** וַתָּקָם רִבְקָה וְנַעֲרֹתֶיהָ
וַתִּרְכַּבְנָה עַל-הַגְּמַלִּים וַתֵּלַכְנָה אַחֲרֵי הָאִישׁ וַיִּקַּח הָעֶבֶד
אֶת-רִבְקָה וַיֵּלַךְ׃ **סב** וְיִצְחָק בָּא מִבּוֹא בְּאֵר לַחַי רֹאִי
וְהוּא יוֹשֵׁב בְּאֶרֶץ הַנֶּגֶב׃ **סג** וַיֵּצֵא יִצְחָק לָשׂוּחַ בַּשָּׂדֶה
לִפְנוֹת עָרֶב וַיִּשָּׂא עֵינָיו וַיַּרְא וְהִנֵּה גְמַלִּים בָּאִים׃
סד וַתִּשָּׂא רִבְקָה אֶת-עֵינֶיהָ וַתֵּרֶא אֶת-יִצְחָק וַתִּפֹּל מֵעַל
הַגָּמָל׃ **סה** וַתֹּאמֶר אֶל-הָעֶבֶד מִי-הָאִישׁ הַלָּזֶה הַהֹלֵךְ
בַּשָּׂדֶה לִקְרָאתֵנוּ וַיֹּאמֶר הָעֶבֶד הוּא אֲדֹנִי וַתִּקַּח הַצָּעִיף
וַתִּתְכָּס׃ **סו** וַיְסַפֵּר הָעֶבֶד לְיִצְחָק אֵת כָּל-הַדְּבָרִים אֲשֶׁר
עָשָׂה׃ **סז** וַיְבִאֶהָ יִצְחָק הָאֹהֱלָה שָׂרָה אִמּוֹ וַיִּקַּח אֶת-
רִבְקָה וַתְּהִי-לוֹ לְאִשָּׁה וַיֶּאֱהָבֶהָ וַיִּנָּחֵם יִצְחָק אַחֲרֵי אִמּוֹ׃

כה

א וַיֹּסֶף אַבְרָהָם וַיִּקַּח אִשָּׁה וּשְׁמָהּ קְטוּרָה׃ **ב** וַתֵּלֶד לוֹ אֶת-
זִמְרָן וְאֶת-יָקְשָׁן וְאֶת-מְדָן וְאֶת-מִדְיָן-וְאֶת-יִשְׁבָּק וְאֶת-שׁוּחַ׃
ג וְיָקְשָׁן יָלַד אֶת-שְׁבָא וְאֶת-דְּדָן וּבְנֵי דְדָן הָיוּ אַשּׁוּרִם וּלְטוּשִׁם
וּלְאֻמִּים׃ **ד** וּבְנֵי מִדְיָן עֵיפָה וָעֵפֶר וַחֲנֹךְ וַאֲבִידָע וְאֶלְדָּעָה כָּל-אֵלֶּה
בְּנֵי קְטוּרָה׃ **ה** וַיִּתֵּן אַבְרָהָם אֶת-כָּל-אֲשֶׁר-לוֹ לְיִצְחָק׃ **ו** וְלִבְנֵי
הַפִּילַגְשִׁים אֲשֶׁר לְאַבְרָהָם נָתַן אַבְרָהָם מַתָּנֹת וַיְשַׁלְּחֵם מֵעַל יִצְחָק
בְּנוֹ בְּעוֹדֶנּוּ חַי קֵדְמָה אֶל-אֶרֶץ קֶדֶם׃ **ז** וְאֵלֶּה יְמֵי שְׁנֵי-חַיֵּי
אַבְרָהָם-אֲשֶׁר-חָי׃ מְאַת שָׁנָה וְשִׁבְעִים שָׁנָה וְחָמֵשׁ שָׁנִים׃ **ח** וַיִּגְוַע
וַיָּמָת אַבְרָהָם בְּשֵׂיבָה טוֹבָה זָקֵן וְשָׂבֵעַ וַיֵּאָסֶף אֶל-עַמָּיו׃
ט וַיִּקְבְּרוּ אֹתוֹ יִצְחָק וְיִשְׁמָעֵאל בָּנָיו אֶל-מְעָרַת הַמַּכְפֵּלָה׃ אֶל-
שְׂדֵה עֶפְרֹן בֶּן-צֹחַר הַחִתִּי אֲשֶׁר עַל-פְּנֵי מַמְרֵא׃ **י** הַשָּׂדֶה אֲשֶׁר-
קָנָה אַבְרָהָם מֵאֵת בְּנֵי-חֵת-שָׁמָּה קֻבַּר אַבְרָהָם וְשָׂרָה אִשְׁתּוֹ׃
יא וַיְהִי אַחֲרֵי מוֹת אַבְרָהָם וַיְבָרֶךְ אֱלֹהִים אֶת-יִצְחָק בְּנוֹ וַיֵּשֶׁב
יִצְחָק עִם-בְּאֵר לַחַי רֹאִי׃

יב וְאֵלֶּה תֹּלְדֹת יִשְׁמָעֵאל בֶּן-אַבְרָהָם: אֲשֶׁר יָלְדָה הָגָר הַמִּצְרִית
שִׁפְחַת שָׂרָה-לְאַבְרָהָם: **יג** וְאֵלֶּה שְׁמוֹת בְּנֵי יִשְׁמָעֵאל בִּשְׁמֹתָם
לְתוֹלְדֹתָם: בְּכֹר יִשְׁמָעֵאל נְבָיֹת וְקֵדָר וְאַדְבְּאֵל וּמִבְשָׂם:
יד וּמִשְׁמָע וְדוּמָה וּמַשָּׂא: **טו** חֲדַד וְתֵימָא יְטוּר נָפִישׁ וָקֵדְמָה:
טז אֵלֶּה הֵם בְּנֵי יִשְׁמָעֵאל וְאֵלֶּה שְׁמֹתָם בְּחַצְרֵיהֶם וּבְטִירֹתָם-
שְׁנֵים-עָשָׂר נְשִׂיאִם לְאֻמֹּתָם: **יז** וְאֵלֶּה שְׁנֵי חַיֵּי יִשְׁמָעֵאל-מְאַת
שָׁנָה וּשְׁלֹשִׁים שָׁנָה וְשֶׁבַע שָׁנִים וַיִּגְוַע וַיָּמָת וַיֵּאָסֶף אֶל-עַמָּיו:
יח וַיִּשְׁכְּנוּ מֵחֲוִילָה עַד-שׁוּר אֲשֶׁר עַל-פְּנֵי מִצְרַיִם בֹּאֲכָה אַשּׁוּרָה
עַל-פְּנֵי כָל-אֶחָיו נָפָל:

יט וְאֵלֶּה תּוֹלְדֹת יִצְחָק בֶּן-אַבְרָהָם: אַבְרָהָם הוֹלִיד אֶת-יִצְחָק:
כ וַיְהִי יִצְחָק בֶּן-אַרְבָּעִים שָׁנָה בְּקַחְתּוֹ אֶת-רִבְקָה בַּת-בְּתוּאֵל
הָאֲרַמִּי מִפַּדַּן אֲרָם-אֲחוֹת לָבָן הָאֲרַמִּי לוֹ לְאִשָּׁה: **כא** וַיֶּעְתַּר
יִצְחָק לַיהוָה לְנֹכַח אִשְׁתּוֹ כִּי עֲקָרָה הִוא וַיֵּעָתֶר לוֹ יְהוָה וַתַּהַר
רִבְקָה אִשְׁתּוֹ: **כב** וַיִּתְרֹצְצוּ הַבָּנִים בְּקִרְבָּהּ וַתֹּאמֶר אִם-כֵּן לָמָּה
זֶּה אָנֹכִי וַתֵּלֶךְ לִדְרֹשׁ אֶת-יְהוָה: **כג** וַיֹּאמֶר יְהוָה לָהּ שְׁנֵי גֹיִים
בְּבִטְנֵךְ וּשְׁנֵי לְאֻמִּים מִמֵּעַיִךְ יִפָּרֵדוּ וּלְאֹם מִלְאֹם יֶאֱמָץ וְרַב יַעֲבֹד
צָעִיר: **כד** וַיִּמְלְאוּ יָמֶיהָ לָלֶדֶת וְהִנֵּה תוֹמִם בְּבִטְנָהּ: **כה** וַיֵּצֵא
הָרִאשׁוֹן אַדְמוֹנִי כֻּלּוֹ כְּאַדֶּרֶת שֵׂעָר וַיִּקְרְאוּ שְׁמוֹ עֵשָׂו: **כו** וְאַחֲרֵי-
כֵן יָצָא אָחִיו וְיָדוֹ אֹחֶזֶת בַּעֲקֵב עֵשָׂו וַיִּקְרָא שְׁמוֹ יַעֲקֹב וְיִצְחָק בֶּן-
שִׁשִּׁים שָׁנָה בְּלֶדֶת אֹתָם: **כז** וַיִּגְדְּלוּ הַנְּעָרִים וַיְהִי עֵשָׂו אִישׁ יֹדֵעַ
צַיִד אִישׁ שָׂדֶה וְיַעֲקֹב אִישׁ תָּם יֹשֵׁב אֹהָלִים: **כח** וַיֶּאֱהַב יִצְחָק
אֶת-עֵשָׂו כִּי-צַיִד בְּפִיו וְרִבְקָה אֹהֶבֶת אֶת-יַעֲקֹב: **כט** וַיָּזֶד יַעֲקֹב
נָזִיד וַיָּבֹא עֵשָׂו מִן-הַשָּׂדֶה וְהוּא עָיֵף: **ל** וַיֹּאמֶר עֵשָׂו אֶל-יַעֲקֹב
הַלְעִיטֵנִי נָא מִן-הָאָדֹם הָאָדֹם הַזֶּה-כִּי עָיֵף אָנֹכִי עַל-כֵּן קָרָא-שְׁמוֹ
אֱדוֹם: **לא** וַיֹּאמֶר יַעֲקֹב: מִכְרָה כַיּוֹם אֶת-בְּכֹרָתְךָ לִי:
לב וַיֹּאמֶר עֵשָׂו הִנֵּה אָנֹכִי הוֹלֵךְ לָמוּת וְלָמָּה-זֶּה לִי בְּכֹרָה:
לג וַיֹּאמֶר יַעֲקֹב הִשָּׁבְעָה לִּי כַּיּוֹם וַיִּשָּׁבַע לוֹ וַיִּמְכֹּר אֶת-בְּכֹרָתוֹ
לְיַעֲקֹב: **לד** וְיַעֲקֹב נָתַן לְעֵשָׂו לֶחֶם וּנְזִיד עֲדָשִׁים וַיֹּאכַל וַיֵּשְׁתְּ
וַיָּקָם וַיֵּלַךְ וַיִּבֶז עֵשָׂו אֶת-הַבְּכֹרָה:

כו

א וַיְהִי רָעָב בָּאָרֶץ מִלְּבַד הָרָעָב הָרִאשׁוֹן אֲשֶׁר הָיָה בִּימֵי אַבְרָהָם
וַיֵּלֶךְ יִצְחָק אֶל-אֲבִימֶלֶךְ מֶלֶךְ-פְּלִשְׁתִּים גְּרָרָה: **ב** וַיֵּרָא אֵלָיו יְהוָה
וַיֹּאמֶר אַל-תֵּרֵד מִצְרָיְמָה: שְׁכֹן בָּאָרֶץ אֲשֶׁר אֹמַר אֵלֶיךָ: **ג** גּוּר
בָּאָרֶץ הַזֹּאת וְאֶהְיֶה עִמְּךָ וַאֲבָרְכֶךָּ: כִּי-לְךָ וּלְזַרְעֲךָ אֶתֵּן אֶת-כָּל-
הָאֲרָצֹת הָאֵל וַהֲקִמֹתִי אֶת-הַשְּׁבֻעָה אֲשֶׁר נִשְׁבַּעְתִּי לְאַבְרָהָם
אָבִיךָ: **ד** וְהִרְבֵּיתִי אֶת-זַרְעֲךָ כְּכוֹכְבֵי הַשָּׁמַיִם וְנָתַתִּי לְזַרְעֲךָ אֵת

כָּל-הָאֲרָצֹת הָאֵל וְהִתְבָּרְכוּ בְזַרְעֲךָ כֹּל גּוֹיֵי הָאָרֶץ: **ה** עֵקֶב אֲשֶׁר-
שָׁמַע אַבְרָהָם בְּקֹלִי וַיִּשְׁמֹר מִשְׁמַרְתִּי מִצְוֹתַי חֻקּוֹתַי וְתוֹרֹתָי:
ו וַיֵּשֶׁב יִצְחָק בִּגְרָר: **ז** וַיִּשְׁאֲלוּ אַנְשֵׁי הַמָּקוֹם לְאִשְׁתּוֹ וַיֹּאמֶר
אֲחֹתִי הִוא: כִּי יָרֵא לֵאמֹר אִשְׁתִּי פֶּן-יַהַרְגֻנִי אַנְשֵׁי הַמָּקוֹם עַל-
רִבְקָה כִּי-טוֹבַת מַרְאֶה הִוא: **ח** וַיְהִי כִּי אָרְכוּ-לוֹ שָׁם הַיָּמִים
וַיַּשְׁקֵף אֲבִימֶלֶךְ מֶלֶךְ פְּלִשְׁתִּים בְּעַד הַחַלּוֹן וַיַּרְא וְהִנֵּה יִצְחָק
מְצַחֵק אֵת רִבְקָה אִשְׁתּוֹ: **ט** וַיִּקְרָא אֲבִימֶלֶךְ לְיִצְחָק וַיֹּאמֶר אַךְ
הִנֵּה אִשְׁתְּךָ הִוא וְאֵיךְ אָמַרְתָּ אֲחֹתִי הִוא וַיֹּאמֶר אֵלָיו יִצְחָק כִּי
אָמַרְתִּי פֶּן-אָמוּת עָלֶיהָ: **י** וַיֹּאמֶר אֲבִימֶלֶךְ מַה-זֹּאת עָשִׂיתָ לָּנוּ
כִּמְעַט שָׁכַב אַחַד הָעָם אֶת-אִשְׁתֶּךָ וְהֵבֵאתָ עָלֵינוּ אָשָׁם: **יא** וַיְצַו
אֲבִימֶלֶךְ אֶת-כָּל-הָעָם לֵאמֹר: הַנֹּגֵעַ בָּאִישׁ הַזֶּה וּבְאִשְׁתּוֹ-מוֹת
יוּמָת: **יב** וַיִּזְרַע יִצְחָק בָּאָרֶץ הַהִוא וַיִּמְצָא בַּשָּׁנָה הַהִוא מֵאָה
שְׁעָרִים וַיְבָרְכֵהוּ יְהוָה: **יג** וַיִּגְדַּל הָאִישׁ וַיֵּלֶךְ הָלוֹךְ וְגָדֵל עַד כִּי-
גָדַל מְאֹד: **יד** וַיְהִי-לוֹ מִקְנֵה-צֹאן וּמִקְנֵה בָקָר וַעֲבֻדָּה רַבָּה
וַיְקַנְאוּ אֹתוֹ פְּלִשְׁתִּים: **טו** וְכָל-הַבְּאֵרֹת אֲשֶׁר חָפְרוּ עַבְדֵי אָבִיו
בִּימֵי אַבְרָהָם אָבִיו-סִתְּמוּם פְּלִשְׁתִּים וַיְמַלְאוּם עָפָר: **טז** וַיֹּאמֶר
אֲבִימֶלֶךְ אֶל-יִצְחָק: לֵךְ מֵעִמָּנוּ כִּי-עָצַמְתָּ מִמֶּנּוּ מְאֹד: **יז** וַיֵּלֶךְ
מִשָּׁם יִצְחָק וַיִּחַן בְּנַחַל-גְּרָר וַיֵּשֶׁב שָׁם: **יח** וַיָּשָׁב יִצְחָק וַיַּחְפֹּר
אֶת-בְּאֵרֹת הַמַּיִם אֲשֶׁר חָפְרוּ בִּימֵי אַבְרָהָם אָבִיו וַיְסַתְּמוּם
פְלִשְׁתִּים אַחֲרֵי מוֹת אַבְרָהָם וַיִּקְרָא לָהֶן שֵׁמוֹת כַּשֵּׁמֹת אֲשֶׁר-קָרָא
לָהֶן אָבִיו: **יט** וַיַּחְפְּרוּ עַבְדֵי-יִצְחָק בַּנָּחַל וַיִּמְצְאוּ-שָׁם-בְּאֵר מַיִם
חַיִּים: **כ** וַיָּרִיבוּ רֹעֵי גְרָר עִם-רֹעֵי יִצְחָק לֵאמֹר-לָנוּ הַמָּיִם וַיִּקְרָא
שֵׁם-הַבְּאֵר עֵשֶׂק כִּי הִתְעַשְּׂקוּ עִמּוֹ: **כא** וַיַּחְפְּרוּ בְּאֵר אַחֶרֶת וַיָּרִיבוּ
גַּם-עָלֶיהָ וַיִּקְרָא שְׁמָהּ שִׂטְנָה: **כב** וַיַּעְתֵּק מִשָּׁם וַיַּחְפֹּר בְּאֵר
אַחֶרֶת וְלֹא רָבוּ עָלֶיהָ וַיִּקְרָא שְׁמָהּ רְחֹבוֹת וַיֹּאמֶר כִּי-עַתָּה הִרְחִיב
יְהוָה לָנוּ וּפָרִינוּ בָאָרֶץ: **כג** וַיַּעַל מִשָּׁם בְּאֵר שָׁבַע: **כד** וַיֵּרָא אֵלָיו
יְהוָה בַּלַּיְלָה הַהוּא וַיֹּאמֶר אָנֹכִי אֱלֹהֵי אַבְרָהָם אָבִיךָ אַל-תִּירָא
כִּי-אִתְּךָ אָנֹכִי וּבֵרַכְתִּיךָ וְהִרְבֵּיתִי אֶת-זַרְעֲךָ בַּעֲבוּר אַבְרָהָם עַבְדִּי:
כה וַיִּבֶן שָׁם מִזְבֵּחַ וַיִּקְרָא בְּשֵׁם יְהוָה וַיֶּט-שָׁם אָהֳלוֹ וַיִּכְרוּ-שָׁם
עַבְדֵי-יִצְחָק בְּאֵר: **כו** וַאֲבִימֶלֶךְ הָלַךְ אֵלָיו מִגְּרָר וַאֲחֻזַּת מֵרֵעֵהוּ
וּפִיכֹל שַׂר-צְבָאוֹ: **כז** וַיֹּאמֶר אֲלֵהֶם יִצְחָק מַדּוּעַ בָּאתֶם אֵלָי
וְאַתֶּם שְׂנֵאתֶם אֹתִי וַתְּשַׁלְּחוּנִי מֵאִתְּכֶם: **כח** וַיֹּאמְרוּ רָאוֹ רָאִינוּ
כִּי-הָיָה יְהוָה עִמָּךְ וַנֹּאמֶר תְּהִי נָא אָלָה בֵּינוֹתֵינוּ בֵּינֵינוּ וּבֵינֶךָ
וְנִכְרְתָה בְרִית עִמָּךְ: **כט** אִם-תַּעֲשֵׂה עִמָּנוּ רָעָה כַּאֲשֶׁר לֹא נְגַעֲנוּךָ
וְכַאֲשֶׁר עָשִׂינוּ עִמְּךָ רַק-טוֹב וַנְּשַׁלֵּחֲךָ בְּשָׁלוֹם אַתָּה עַתָּה בְּרוּךְ
יְהוָה: **ל** וַיַּעַשׂ לָהֶם מִשְׁתֶּה וַיֹּאכְלוּ וַיִּשְׁתּוּ: **לא** וַיַּשְׁכִּימוּ בַבֹּקֶר
וַיִּשָּׁבְעוּ אִישׁ לְאָחִיו וַיְשַׁלְּחֵם יִצְחָק וַיֵּלְכוּ מֵאִתּוֹ בְּשָׁלוֹם: **לב** וַיְהִי

בַּיּוֹם הַהוּא וַיָּבֹאוּ עַבְדֵי יִצְחָק וַיַּגִּדוּ לוֹ עַל־אֹדוֹת הַבְּאֵר אֲשֶׁר
חָפָרוּ וַיֹּאמְרוּ לוֹ מָצָאנוּ מָיִם: **לג** וַיִּקְרָא אֹתָהּ שִׁבְעָה עַל־כֵּן שֵׁם־
הָעִיר בְּאֵר שֶׁבַע עַד הַיּוֹם הַזֶּה: **לד** וַיְהִי
עֵשָׂו בֶּן־אַרְבָּעִים שָׁנָה וַיִּקַּח אִשָּׁה אֶת־יְהוּדִית בַּת־בְּאֵרִי הַחִתִּי
וְאֶת־בָּשְׂמַת בַּת־אֵילֹן הַחִתִּי: **לה** וַתִּהְיֶיןָ מֹרַת רוּחַ לְיִצְחָק
וּלְרִבְקָה:

כז

א וַיְהִי כִּי־זָקֵן יִצְחָק וַתִּכְהֶיןָ עֵינָיו מֵרְאֹת וַיִּקְרָא אֶת־עֵשָׂו בְּנוֹ
הַגָּדֹל וַיֹּאמֶר אֵלָיו בְּנִי וַיֹּאמֶר אֵלָיו הִנֵּנִי: **ב** וַיֹּאמֶר הִנֵּה־נָא
זָקַנְתִּי לֹא יָדַעְתִּי יוֹם מוֹתִי: **ג** וְעַתָּה שָׂא־נָא כֵלֶיךָ תֶּלְיְךָ וְקַשְׁתֶּךָ
וְצֵא הַשָּׂדֶה וְצוּדָה לִּי צידה (צָיִד): **ד** וַעֲשֵׂה־לִי מַטְעַמִּים כַּאֲשֶׁר
אָהַבְתִּי וְהָבִיאָה לִּי וְאֹכֵלָה: בַּעֲבוּר תְּבָרֶכְךָ נַפְשִׁי בְּטֶרֶם אָמוּת:
ה וְרִבְקָה שֹׁמַעַת בְּדַבֵּר יִצְחָק אֶל־עֵשָׂו בְּנוֹ וַיֵּלֶךְ עֵשָׂו הַשָּׂדֶה לָצוּד
צַיִד לְהָבִיא: **ו** וְרִבְקָה אָמְרָה אֶל־יַעֲקֹב בְּנָהּ לֵאמֹר: הִנֵּה שָׁמַעְתִּי
אֶת־אָבִיךָ מְדַבֵּר אֶל־עֵשָׂו אָחִיךָ לֵאמֹר: **ז** הָבִיאָה לִּי צַיִד וַעֲשֵׂה־
לִי מַטְעַמִּים וְאֹכֵלָה וַאֲבָרֶכְכָה לִפְנֵי יְהוָה לִפְנֵי מוֹתִי: **ח** וְעַתָּה בְנִי
שְׁמַע בְּקֹלִי לַאֲשֶׁר אֲנִי מְצַוָּה אֹתָךְ: **ט** לֶךְ־נָא אֶל־הַצֹּאן וְקַח־לִי
מִשָּׁם שְׁנֵי גְּדָיֵי עִזִּים טֹבִים וְאֶעֱשֶׂה אֹתָם מַטְעַמִּים לְאָבִיךָ כַּאֲשֶׁר
אָהֵב: **י** וְהֵבֵאתָ לְאָבִיךָ וְאָכָל בַּעֲבֻר אֲשֶׁר יְבָרֶכְךָ לִפְנֵי מוֹתוֹ:
יא וַיֹּאמֶר יַעֲקֹב אֶל־רִבְקָה אִמּוֹ: הֵן עֵשָׂו אָחִי אִישׁ שָׂעִר וְאָנֹכִי
אִישׁ חָלָק: **יב** אוּלַי יְמֻשֵּׁנִי אָבִי וְהָיִיתִי בְעֵינָיו כִּמְתַעְתֵּעַ וְהֵבֵאתִי
עָלַי קְלָלָה וְלֹא בְרָכָה: **יג** וַתֹּאמֶר לוֹ אִמּוֹ עָלַי קִלְלָתְךָ בְּנִי אַךְ
שְׁמַע בְּקֹלִי וְלֵךְ קַח־לִי: **יד** וַיֵּלֶךְ וַיִּקַּח וַיָּבֵא לְאִמּוֹ וַתַּעַשׂ אִמּוֹ
מַטְעַמִּים כַּאֲשֶׁר אָהֵב אָבִיו: **טו** וַתִּקַּח רִבְקָה אֶת־בִּגְדֵי עֵשָׂו בְּנָהּ
הַגָּדֹל הַחֲמֻדֹת אֲשֶׁר אִתָּהּ בַּבָּיִת וַתַּלְבֵּשׁ אֶת־יַעֲקֹב בְּנָהּ הַקָּטָן:
טז וְאֵת עֹרֹת גְּדָיֵי הָעִזִּים הִלְבִּישָׁה עַל־יָדָיו וְעַל חֶלְקַת צַוָּארָיו:
יז וַתִּתֵּן אֶת־הַמַּטְעַמִּים וְאֶת־הַלֶּחֶם אֲשֶׁר עָשָׂתָה בְּיַד יַעֲקֹב בְּנָהּ:
יח וַיָּבֹא אֶל־אָבִיו וַיֹּאמֶר אָבִי וַיֹּאמֶר הִנֶּנִּי מִי אַתָּה בְּנִי:
יט וַיֹּאמֶר יַעֲקֹב אֶל־אָבִיו אָנֹכִי עֵשָׂו בְּכֹרֶךָ עָשִׂיתִי כַּאֲשֶׁר דִּבַּרְתָּ
אֵלָי קוּם־נָא שְׁבָה וְאָכְלָה מִצֵּידִי בַּעֲבוּר תְּבָרְכַנִּי נַפְשֶׁךָ: **כ** וַיֹּאמֶר
יִצְחָק אֶל־בְּנוֹ מַה־זֶּה מִהַרְתָּ לִמְצֹא בְּנִי וַיֹּאמֶר כִּי הִקְרָה יְהוָה
אֱלֹהֶיךָ לְפָנָי: **כא** וַיֹּאמֶר יִצְחָק אֶל־יַעֲקֹב גְּשָׁה־נָּא וַאֲמֻשְׁךָ בְּנִי
הַאַתָּה זֶה בְּנִי עֵשָׂו אִם־לֹא: **כב** וַיִּגַּשׁ יַעֲקֹב אֶל־יִצְחָק אָבִיו
וַיְמֻשֵּׁהוּ וַיֹּאמֶר הַקֹּל קוֹל יַעֲקֹב וְהַיָּדַיִם יְדֵי עֵשָׂו: **כג** וְלֹא הִכִּירוֹ־
כִּי־הָיוּ יָדָיו כִּידֵי עֵשָׂו אָחִיו שְׂעִרֹת וַיְבָרְכֵהוּ: **כד** וַיֹּאמֶר אַתָּה זֶה
בְּנִי עֵשָׂו וַיֹּאמֶר אָנִי: **כה** וַיֹּאמֶר הַגִּשָׁה לִּי וְאֹכְלָה מִצֵּיד בְּנִי לְמַעַן

תְּבָרֶכְךָ נַפְשִׁי וַיַּגֶּשׁ-לוֹ וַיֹּאכַל וַיָּבֵא לוֹ יַיִן וַיֵּשְׁתְּ: **כו** וַיֹּאמֶר אֵלָיו
יִצְחָק אָבִיו: גְּשָׁה-נָּא וּשְׁקָה-לִּי בְּנִי: **כז** וַיִּגַּשׁ וַיִּשַּׁק-לוֹ וַיָּרַח אֶת-
רֵיחַ בְּגָדָיו וַיְבָרְכֵהוּ וַיֹּאמֶר רְאֵה רֵיחַ בְּנִי כְּרֵיחַ שָׂדֶה אֲשֶׁר בֵּרְכוֹ
יְהוָה: **כח** וְיִתֶּן-לְךָ הָאֱלֹהִים מִטַּל הַשָּׁמַיִם וּמִשְׁמַנֵּי הָאָרֶץ-וְרֹב
דָּגָן וְתִירֹשׁ: **כט** יַעַבְדוּךָ עַמִּים וישתחו (וְיִשְׁתַּחֲווּ) לְךָ לְאֻמִּים-
הֱוֵה גְבִיר לְאַחֶיךָ וְיִשְׁתַּחֲווּ לְךָ בְּנֵי אִמֶּךָ אֹרְרֶיךָ אָרוּר וּמְבָרְכֶיךָ
בָּרוּךְ: **ל** וַיְהִי כַּאֲשֶׁר כִּלָּה יִצְחָק לְבָרֵךְ אֶת-יַעֲקֹב וַיְהִי אַךְ יָצֹא
יָצָא יַעֲקֹב מֵאֵת פְּנֵי יִצְחָק אָבִיו וְעֵשָׂו אָחִיו בָּא מִצֵּידוֹ: **לא** וַיַּעַשׂ
גַּם-הוּא מַטְעַמִּים וַיָּבֵא לְאָבִיו וַיֹּאמֶר לְאָבִיו יָקֻם אָבִי וְיֹאכַל
מִצֵּיד בְּנוֹ-בַּעֲבֻר תְּבָרְכַנִּי נַפְשֶׁךָ: **לב** וַיֹּאמֶר לוֹ יִצְחָק אָבִיו מִי-
אָתָּה וַיֹּאמֶר אֲנִי בִּנְךָ בְכֹרְךָ עֵשָׂו: **לג** וַיֶּחֱרַד יִצְחָק חֲרָדָה גְּדֹלָה
עַד-מְאֹד וַיֹּאמֶר מִי-אֵפוֹא הוּא הַצָּד-צַיִד וַיָּבֵא לִי וָאֹכַל מִכֹּל
בְּטֶרֶם תָּבוֹא וָאֲבָרְכֵהוּ גַּם-בָּרוּךְ יִהְיֶה: **לד** כִּשְׁמֹעַ עֵשָׂו אֶת-דִּבְרֵי
אָבִיו וַיִּצְעַק צְעָקָה גְּדֹלָה וּמָרָה עַד-מְאֹד וַיֹּאמֶר לְאָבִיו בָּרְכֵנִי גַם-
אָנִי אָבִי: **לה** וַיֹּאמֶר בָּא אָחִיךָ בְּמִרְמָה וַיִּקַּח בִּרְכָתֶךָ: **לו** וַיֹּאמֶר
הֲכִי קָרָא שְׁמוֹ יַעֲקֹב וַיַּעְקְבֵנִי זֶה פַעֲמַיִם-אֶת-בְּכֹרָתִי לָקָח וְהִנֵּה
עַתָּה לָקַח בִּרְכָתִי וַיֹּאמַר הֲלֹא-אָצַלְתָּ לִּי בְּרָכָה: **לז** וַיַּעַן יִצְחָק
וַיֹּאמֶר לְעֵשָׂו הֵן גְּבִיר שַׂמְתִּיו לָךְ וְאֶת-כָּל-אֶחָיו נָתַתִּי לוֹ לַעֲבָדִים
וְדָגָן וְתִירֹשׁ סְמַכְתִּיו וּלְכָה אֵפוֹא מָה אֶעֱשֶׂה בְּנִי: **לח** וַיֹּאמֶר עֵשָׂו
אֶל-אָבִיו הַבְרָכָה אַחַת הִוא-לְךָ אָבִי-בָּרְכֵנִי גַם-אָנִי אָבִי וַיִּשָּׂא עֵשָׂו
קֹלוֹ וַיֵּבְךְּ: **לט** וַיַּעַן יִצְחָק אָבִיו וַיֹּאמֶר אֵלָיו: הִנֵּה מִשְׁמַנֵּי הָאָרֶץ
יִהְיֶה מוֹשָׁבֶךָ וּמִטַּל הַשָּׁמַיִם מֵעָל: **מ** וְעַל-חַרְבְּךָ תִחְיֶה וְאֶת-אָחִיךָ
תַּעֲבֹד וְהָיָה כַּאֲשֶׁר תָּרִיד וּפָרַקְתָּ עֻלּוֹ מֵעַל צַוָּארֶךָ: **מא** וַיִּשְׂטֹם
עֵשָׂו אֶת-יַעֲקֹב עַל-הַבְּרָכָה אֲשֶׁר בֵּרְכוֹ אָבִיו וַיֹּאמֶר עֵשָׂו בְּלִבּוֹ
יִקְרְבוּ יְמֵי אֵבֶל אָבִי וְאַהַרְגָה אֶת-יַעֲקֹב אָחִי: **מב** וַיֻּגַּד לְרִבְקָה
אֶת-דִּבְרֵי עֵשָׂו בְּנָהּ הַגָּדֹל וַתִּשְׁלַח וַתִּקְרָא לְיַעֲקֹב בְּנָהּ הַקָּטָן
וַתֹּאמֶר אֵלָיו הִנֵּה עֵשָׂו אָחִיךָ מִתְנַחֵם לְךָ לְהָרְגֶךָ: **מג** וְעַתָּה בְנִי
שְׁמַע בְּקֹלִי וְקוּם בְּרַח-לְךָ אֶל-לָבָן אָחִי חָרָנָה: **מד** וְיָשַׁבְתָּ עִמּוֹ
יָמִים אֲחָדִים-עַד אֲשֶׁר-תָּשׁוּב חֲמַת אָחִיךָ: **מה** עַד-שׁוּב אַף-אָחִיךָ
מִמְּךָ וְשָׁכַח אֵת אֲשֶׁר-עָשִׂיתָ לּוֹ וְשָׁלַחְתִּי וּלְקַחְתִּיךָ מִשָּׁם לָמָה
אֶשְׁכַּל גַּם-שְׁנֵיכֶם יוֹם אֶחָד: **מו** וַתֹּאמֶר רִבְקָה אֶל-יִצְחָק קַצְתִּי
בְחַיַּי מִפְּנֵי בְּנוֹת חֵת אִם-לֹקֵחַ יַעֲקֹב אִשָּׁה מִבְּנוֹת-חֵת כָּאֵלֶּה
מִבְּנוֹת הָאָרֶץ-לָמָּה לִּי חַיִּים:

כח

א וַיִּקְרָא יִצְחָק אֶל-יַעֲקֹב וַיְבָרֶךְ אֹתוֹ וַיְצַוֵּהוּ וַיֹּאמֶר לוֹ לֹא-תִקַּח
אִשָּׁה מִבְּנוֹת כְּנָעַן: **ב** קוּם לֵךְ פַּדֶּנָה אֲרָם בֵּיתָה בְתוּאֵל אֲבִי אִמֶּךָ

וְקַח-לְךָ מִשָּׁם אִשָּׁה מִבְּנוֹת לָבָן אֲחִי אִמֶּךָ׃ **ג** וְאֵל שַׁדַּי יְבָרֵךְ אֹתְךָ
וְיַפְרְךָ וְיַרְבֶּךָ וְהָיִיתָ לִקְהַל עַמִּים׃ **ד** וְיִתֶּן-לְךָ אֶת-בִּרְכַּת אַבְרָהָם
לְךָ וּלְזַרְעֲךָ אִתָּךְ לְרִשְׁתְּךָ אֶת-אֶרֶץ מְגֻרֶיךָ אֲשֶׁר-נָתַן אֱלֹהִים
לְאַבְרָהָם׃ **ה** וַיִּשְׁלַח יִצְחָק אֶת-יַעֲקֹב וַיֵּלֶךְ פַּדֶּנָה אֲרָם אֶל-לָבָן
בֶּן-בְּתוּאֵל הָאֲרַמִּי אֲחִי רִבְקָה אֵם יַעֲקֹב וְעֵשָׂו׃ **ו** וַיַּרְא עֵשָׂו כִּי-
בֵרַךְ יִצְחָק אֶת-יַעֲקֹב וְשִׁלַּח אֹתוֹ פַּדֶּנָה אֲרָם לָקַחַת-לוֹ מִשָּׁם
אִשָּׁה בְּבָרֲכוֹ אֹתוֹ וַיְצַו עָלָיו לֵאמֹר לֹא-תִקַּח אִשָּׁה מִבְּנוֹת כְּנָעַן׃
ז וַיִּשְׁמַע יַעֲקֹב אֶל-אָבִיו וְאֶל-אִמּוֹ וַיֵּלֶךְ פַּדֶּנָה אֲרָם׃ **ח** וַיַּרְא עֵשָׂו
כִּי רָעוֹת בְּנוֹת כְּנָעַן בְּעֵינֵי יִצְחָק אָבִיו׃ **ט** וַיֵּלֶךְ עֵשָׂו אֶל-יִשְׁמָעֵאל
וַיִּקַּח אֶת-מָחֲלַת בַּת-יִשְׁמָעֵאל בֶּן-אַבְרָהָם אֲחוֹת נְבָיוֹת עַל-נָשָׁיו-
לוֹ לְאִשָּׁה׃ **י** וַיֵּצֵא יַעֲקֹב מִבְּאֵר שָׁבַע
וַיֵּלֶךְ חָרָנָה׃ **יא** וַיִּפְגַּע בַּמָּקוֹם וַיָּלֶן שָׁם כִּי-בָא הַשֶּׁמֶשׁ וַיִּקַּח
מֵאַבְנֵי הַמָּקוֹם וַיָּשֶׂם מְרַאֲשֹׁתָיו וַיִּשְׁכַּב בַּמָּקוֹם הַהוּא׃ **יב** וַיַּחֲלֹם
וְהִנֵּה סֻלָּם מֻצָּב אַרְצָה וְרֹאשׁוֹ מַגִּיעַ הַשָּׁמָיְמָה וְהִנֵּה מַלְאֲכֵי
אֱלֹהִים עֹלִים וְיֹרְדִים בּוֹ׃ **יג** וְהִנֵּה יְהוָה נִצָּב עָלָיו וַיֹּאמַר אֲנִי
יְהוָה אֱלֹהֵי אַבְרָהָם אָבִיךָ וֵאלֹהֵי יִצְחָק הָאָרֶץ אֲשֶׁר אַתָּה שֹׁכֵב
עָלֶיהָ-לְךָ אֶתְּנֶנָּה וּלְזַרְעֶךָ׃ **יד** וְהָיָה זַרְעֲךָ כַּעֲפַר הָאָרֶץ וּפָרַצְתָּ יָמָּה
וָקֵדְמָה וְצָפֹנָה וָנֶגְבָּה וְנִבְרְכוּ בְךָ כָּל-מִשְׁפְּחֹת הָאֲדָמָה וּבְזַרְעֶךָ׃
טו וְהִנֵּה אָנֹכִי עִמָּךְ וּשְׁמַרְתִּיךָ בְּכֹל אֲשֶׁר-תֵּלֵךְ וַהֲשִׁבֹתִיךָ אֶל-
הָאֲדָמָה הַזֹּאת כִּי לֹא אֶעֱזָבְךָ עַד אֲשֶׁר אִם-עָשִׂיתִי אֵת אֲשֶׁר-
דִּבַּרְתִּי לָךְ׃ **טז** וַיִּיקַץ יַעֲקֹב מִשְּׁנָתוֹ וַיֹּאמֶר אָכֵן יֵשׁ יְהוָה בַּמָּקוֹם
הַזֶּה וְאָנֹכִי לֹא יָדָעְתִּי׃ **יז** וַיִּירָא וַיֹּאמַר מַה-נּוֹרָא הַמָּקוֹם הַזֶּה׃
אֵין זֶה כִּי אִם-בֵּית אֱלֹהִים וְזֶה שַׁעַר הַשָּׁמָיִם׃ **יח** וַיַּשְׁכֵּם יַעֲקֹב
בַּבֹּקֶר וַיִּקַּח אֶת-הָאֶבֶן אֲשֶׁר-שָׂם מְרַאֲשֹׁתָיו וַיָּשֶׂם אֹתָהּ מַצֵּבָה
וַיִּצֹק שֶׁמֶן עַל-רֹאשָׁהּ׃ **יט** וַיִּקְרָא אֶת-שֵׁם-הַמָּקוֹם הַהוּא בֵּית-
אֵל וְאוּלָם לוּז שֵׁם-הָעִיר לָרִאשֹׁנָה׃ **כ** וַיִּדַּר יַעֲקֹב נֶדֶר לֵאמֹר׃
אִם-יִהְיֶה אֱלֹהִים עִמָּדִי וּשְׁמָרַנִי בַּדֶּרֶךְ הַזֶּה אֲשֶׁר אָנֹכִי הוֹלֵךְ וְנָתַן-
לִי לֶחֶם לֶאֱכֹל וּבֶגֶד לִלְבֹּשׁ׃ **כא** וְשַׁבְתִּי בְשָׁלוֹם אֶל-בֵּית אָבִי וְהָיָה
יְהוָה לִי לֵאלֹהִים׃ **כב** וְהָאֶבֶן הַזֹּאת אֲשֶׁר-שַׂמְתִּי מַצֵּבָה יִהְיֶה
בֵּית אֱלֹהִים וְכֹל אֲשֶׁר תִּתֶּן-לִי עַשֵּׂר אֲעַשְּׂרֶנּוּ לָךְ׃

כט

א וַיִּשָּׂא יַעֲקֹב רַגְלָיו וַיֵּלֶךְ אַרְצָה בְנֵי-קֶדֶם׃ **ב** וַיַּרְא וְהִנֵּה בְאֵר
בַּשָּׂדֶה וְהִנֵּה-שָׁם שְׁלֹשָׁה עֶדְרֵי-צֹאן רֹבְצִים עָלֶיהָ-כִּי מִן-הַבְּאֵר
הַהִוא יַשְׁקוּ הָעֲדָרִים וְהָאֶבֶן גְּדֹלָה עַל-פִּי הַבְּאֵר׃ **ג** וְנֶאֶסְפוּ-שָׁמָּה
כָל-הָעֲדָרִים וְגָלֲלוּ אֶת-הָאֶבֶן מֵעַל פִּי הַבְּאֵר וְהִשְׁקוּ אֶת-הַצֹּאן
וְהֵשִׁיבוּ אֶת-הָאֶבֶן עַל-פִּי הַבְּאֵר לִמְקֹמָהּ׃ **ד** וַיֹּאמֶר לָהֶם יַעֲקֹב

אַחַי מֵאַיִן אַתֶּם וַיֹּאמְרוּ מֵחָרָן אֲנָחְנוּ׃ **ה** וַיֹּאמֶר לָהֶם הַיְדַעְתֶּם
אֶת-לָבָן בֶּן-נָחוֹר וַיֹּאמְרוּ יָדָעְנוּ׃ **ו** וַיֹּאמֶר לָהֶם הֲשָׁלוֹם לוֹ
וַיֹּאמְרוּ שָׁלוֹם-וְהִנֵּה רָחֵל בִּתּוֹ בָּאָה עִם-הַצֹּאן׃ **ז** וַיֹּאמֶר הֵן עוֹד
הַיּוֹם גָּדוֹל-לֹא-עֵת הֵאָסֵף הַמִּקְנֶה הַשְׁקוּ הַצֹּאן וּלְכוּ רְעוּ׃
ח וַיֹּאמְרוּ לֹא נוּכַל עַד אֲשֶׁר יֵאָסְפוּ כָּל-הָעֲדָרִים וְגָלְלוּ אֶת-הָאֶבֶן
מֵעַל פִּי הַבְּאֵר וְהִשְׁקִינוּ הַצֹּאן׃ **ט** עוֹדֶנּוּ מְדַבֵּר עִמָּם וְרָחֵל בָּאָה
עִם-הַצֹּאן אֲשֶׁר לְאָבִיהָ-כִּי רֹעָה הִוא׃ **י** וַיְהִי כַּאֲשֶׁר רָאָה יַעֲקֹב
אֶת-רָחֵל בַּת-לָבָן אֲחִי אִמּוֹ וְאֶת-צֹאן לָבָן אֲחִי אִמּוֹ וַיִּגַּשׁ יַעֲקֹב
וַיָּגֶל אֶת-הָאֶבֶן מֵעַל פִּי הַבְּאֵר וַיַּשְׁקְ אֶת-צֹאן לָבָן אֲחִי אִמּוֹ׃
יא וַיִּשַּׁק יַעֲקֹב לְרָחֵל וַיִּשָּׂא אֶת-קֹלוֹ וַיֵּבְךְּ׃ **יב** וַיַּגֵּד יַעֲקֹב לְרָחֵל
כִּי אֲחִי אָבִיהָ הוּא וְכִי בֶן-רִבְקָה הוּא וַתָּרָץ וַתַּגֵּד לְאָבִיהָ׃ **יג** וַיְהִי
כִשְׁמֹעַ לָבָן אֶת-שֵׁמַע יַעֲקֹב בֶּן-אֲחֹתוֹ וַיָּרָץ לִקְרָאתוֹ וַיְחַבֶּק-לוֹ
וַיְנַשֶּׁק-לוֹ וַיְבִיאֵהוּ אֶל-בֵּיתוֹ וַיְסַפֵּר לְלָבָן אֵת כָּל-הַדְּבָרִים הָאֵלֶּה׃
יד וַיֹּאמֶר לוֹ לָבָן אַךְ עַצְמִי וּבְשָׂרִי אָתָּה וַיֵּשֶׁב עִמּוֹ חֹדֶשׁ יָמִים׃
טו וַיֹּאמֶר לָבָן לְיַעֲקֹב הֲכִי-אָחִי אַתָּה וַעֲבַדְתַּנִי חִנָּם הַגִּידָה לִּי
מַה-מַּשְׂכֻּרְתֶּךָ׃ **טז** וּלְלָבָן שְׁתֵּי בָנוֹת׃ שֵׁם הַגְּדֹלָה לֵאָה וְשֵׁם
הַקְּטַנָּה רָחֵל׃ **יז** וְעֵינֵי לֵאָה רַכּוֹת וְרָחֵל הָיְתָה יְפַת-תֹּאַר וִיפַת
מַרְאֶה׃ **יח** וַיֶּאֱהַב יַעֲקֹב אֶת-רָחֵל וַיֹּאמֶר אֶעֱבָדְךָ שֶׁבַע שָׁנִים
בְּרָחֵל בִּתְּךָ הַקְּטַנָּה׃ **יט** וַיֹּאמֶר לָבָן טוֹב תִּתִּי אֹתָהּ לָךְ מִתִּתִּי
אֹתָהּ לְאִישׁ אַחֵר שְׁבָה עִמָּדִי׃ **כ** וַיַּעֲבֹד יַעֲקֹב בְּרָחֵל שֶׁבַע שָׁנִים
וַיִּהְיוּ בְעֵינָיו כְּיָמִים אֲחָדִים בְּאַהֲבָתוֹ אֹתָהּ׃ **כא** וַיֹּאמֶר יַעֲקֹב
אֶל-לָבָן הָבָה אֶת-אִשְׁתִּי כִּי מָלְאוּ יָמָי וְאָבוֹאָה אֵלֶיהָ׃ **כב** וַיֶּאֱסֹף
לָבָן אֶת-כָּל-אַנְשֵׁי הַמָּקוֹם וַיַּעַשׂ מִשְׁתֶּה׃ **כג** וַיְהִי בָעֶרֶב-וַיִּקַּח
אֶת-לֵאָה בִתּוֹ וַיָּבֵא אֹתָהּ אֵלָיו וַיָּבֹא אֵלֶיהָ׃ **כד** וַיִּתֵּן לָבָן לָהּ אֶת-
זִלְפָּה שִׁפְחָתוֹ-לְלֵאָה בִתּוֹ שִׁפְחָה׃ **כה** וַיְהִי בַבֹּקֶר וְהִנֵּה-הִוא לֵאָה
וַיֹּאמֶר אֶל-לָבָן מַה-זֹּאת עָשִׂיתָ לִּי-הֲלֹא בְרָחֵל עָבַדְתִּי עִמָּךְ וְלָמָּה
רִמִּיתָנִי׃ **כו** וַיֹּאמֶר לָבָן לֹא-יֵעָשֶׂה כֵן בִּמְקוֹמֵנוּ-לָתֵת הַצְּעִירָה
לִפְנֵי הַבְּכִירָה׃ **כז** מַלֵּא שְׁבֻעַ זֹאת וְנִתְּנָה לְךָ גַּם-אֶת-זֹאת בַּעֲבֹדָה
אֲשֶׁר תַּעֲבֹד עִמָּדִי עוֹד שֶׁבַע-שָׁנִים אֲחֵרוֹת׃ **כח** וַיַּעַשׂ יַעֲקֹב כֵּן
וַיְמַלֵּא שְׁבֻעַ זֹאת וַיִּתֶּן-לוֹ אֶת-רָחֵל בִּתּוֹ לוֹ לְאִשָּׁה׃ **כט** וַיִּתֵּן לָבָן
לְרָחֵל בִּתּוֹ אֶת-בִּלְהָה שִׁפְחָתוֹ-לָהּ לְשִׁפְחָה׃ **ל** וַיָּבֹא גַּם אֶל-רָחֵל
וַיֶּאֱהַב גַּם-אֶת-רָחֵל מִלֵּאָה וַיַּעֲבֹד עִמּוֹ עוֹד שֶׁבַע-שָׁנִים אֲחֵרוֹת׃
לא וַיַּרְא יְהוָה כִּי-שְׂנוּאָה לֵאָה וַיִּפְתַּח אֶת-רַחְמָהּ וְרָחֵל עֲקָרָה׃
לב וַתַּהַר לֵאָה וַתֵּלֶד בֵּן וַתִּקְרָא שְׁמוֹ רְאוּבֵן׃ כִּי אָמְרָה כִּי-רָאָה
יְהוָה בְּעָנְיִי-כִּי עַתָּה יֶאֱהָבַנִי אִישִׁי׃ **לג** וַתַּהַר עוֹד וַתֵּלֶד בֵּן
וַתֹּאמֶר כִּי-שָׁמַע יְהוָה כִּי-שְׂנוּאָה אָנֹכִי וַיִּתֶּן-לִי גַּם-אֶת-זֶה וַתִּקְרָא
שְׁמוֹ שִׁמְעוֹן׃ **לד** וַתַּהַר עוֹד וַתֵּלֶד בֵּן וַתֹּאמֶר עַתָּה הַפַּעַם יִלָּוֶה
אִישִׁי אֵלַי כִּי-יָלַדְתִּי לוֹ שְׁלֹשָׁה בָנִים עַל-כֵּן קָרָא-שְׁמוֹ לֵוִי׃

לה וַתַּהַר עוֹד וַתֵּלֶד בֵּן וַתֹּאמֶר הַפַּעַם אוֹדֶה אֶת־יְהוָה עַל־כֵּן
קָרְאָה שְׁמוֹ יְהוּדָה וַתַּעֲמֹד מִלֶּדֶת׃

ל

א וַתֵּרֶא רָחֵל כִּי לֹא יָלְדָה לְיַעֲקֹב וַתְּקַנֵּא רָחֵל בַּאֲחֹתָהּ וַתֹּאמֶר
אֶל־יַעֲקֹב הָבָה־לִּי בָנִים וְאִם־אַיִן מֵתָה אָנֹכִי׃ **ב** וַיִּחַר־אַף יַעֲקֹב
בְּרָחֵל וַיֹּאמֶר הֲתַחַת אֱלֹהִים אָנֹכִי אֲשֶׁר־מָנַע מִמֵּךְ פְּרִי־בָטֶן׃
ג וַתֹּאמֶר הִנֵּה אֲמָתִי בִלְהָה בֹּא אֵלֶיהָ וְתֵלֵד עַל־בִּרְכַּי וְאִבָּנֶה גַם־
אָנֹכִי מִמֶּנָּה׃ **ד** וַתִּתֶּן־לוֹ אֶת־בִּלְהָה שִׁפְחָתָהּ לְאִשָּׁה וַיָּבֹא אֵלֶיהָ
יַעֲקֹב׃ **ה** וַתַּהַר בִּלְהָה וַתֵּלֶד לְיַעֲקֹב בֵּן׃ **ו** וַתֹּאמֶר רָחֵל דָּנַנִּי
אֱלֹהִים וְגַם שָׁמַע בְּקֹלִי וַיִּתֶּן־לִי בֵּן עַל־כֵּן קָרְאָה שְׁמוֹ דָּן׃
ז וַתַּהַר עוֹד־וַתֵּלֶד בִּלְהָה שִׁפְחַת רָחֵל ׃ בֵּן שֵׁנִי לְיַעֲקֹב׃ **ח** וַתֹּאמֶר
רָחֵל נַפְתּוּלֵי אֱלֹהִים נִפְתַּלְתִּי עִם־אֲחֹתִי גַּם־יָכֹלְתִּי וַתִּקְרָא שְׁמוֹ
נַפְתָּלִי׃ **ט** וַתֵּרֶא לֵאָה כִּי עָמְדָה מִלֶּדֶת וַתִּקַּח אֶת־זִלְפָּה שִׁפְחָתָהּ
וַתִּתֵּן אֹתָהּ לְיַעֲקֹב לְאִשָּׁה׃ **י** וַתֵּלֶד זִלְפָּה שִׁפְחַת לֵאָה לְיַעֲקֹב בֵּן׃
יא וַתֹּאמֶר לֵאָה בגד (בָּא גָד) וַתִּקְרָא אֶת־שְׁמוֹ גָּד׃ **יב** וַתֵּלֶד
זִלְפָּה שִׁפְחַת לֵאָה בֵּן שֵׁנִי לְיַעֲקֹב׃ **יג** וַתֹּאמֶר לֵאָה בְּאָשְׁרִי כִּי
אִשְּׁרוּנִי בָּנוֹת וַתִּקְרָא אֶת־שְׁמוֹ אָשֵׁר׃ **יד** וַיֵּלֶךְ רְאוּבֵן בִּימֵי קְצִיר־
חִטִּים וַיִּמְצָא דוּדָאִים בַּשָּׂדֶה וַיָּבֵא אֹתָם אֶל־לֵאָה אִמּוֹ וַתֹּאמֶר
רָחֵל אֶל־לֵאָה תְּנִי־נָא לִי מִדּוּדָאֵי בְּנֵךְ׃ **טו** וַתֹּאמֶר לָהּ הַמְעַט
קַחְתֵּךְ אֶת־אִישִׁי וְלָקַחַת גַּם אֶת־דּוּדָאֵי בְּנִי וַתֹּאמֶר רָחֵל לָכֵן
יִשְׁכַּב עִמָּךְ הַלַּיְלָה תַּחַת דּוּדָאֵי בְנֵךְ׃ **טז** וַיָּבֹא יַעֲקֹב מִן־הַשָּׂדֶה
בָּעֶרֶב וַתֵּצֵא לֵאָה לִקְרָאתוֹ וַתֹּאמֶר אֵלַי תָּבוֹא כִּי שָׂכֹר שְׂכַרְתִּיךָ
בְּדוּדָאֵי בְּנִי וַיִּשְׁכַּב עִמָּהּ בַּלַּיְלָה הוּא׃ **יז** וַיִּשְׁמַע אֱלֹהִים אֶל־לֵאָה
וַתַּהַר וַתֵּלֶד לְיַעֲקֹב בֵּן חֲמִישִׁי׃ **יח** וַתֹּאמֶר לֵאָה נָתַן אֱלֹהִים
שְׂכָרִי אֲשֶׁר־נָתַתִּי שִׁפְחָתִי לְאִישִׁי וַתִּקְרָא שְׁמוֹ יִשָּׂשכָר׃ **יט** וַתַּהַר
עוֹד לֵאָה וַתֵּלֶד בֵּן־שִׁשִּׁי לְיַעֲקֹב׃ **כ** וַתֹּאמֶר לֵאָה זְבָדַנִי אֱלֹהִים
אֹתִי זֵבֶד טוֹב־הַפַּעַם יִזְבְּלֵנִי אִישִׁי כִּי־יָלַדְתִּי לוֹ שִׁשָּׁה בָנִים וַתִּקְרָא
אֶת־שְׁמוֹ זְבֻלוּן׃ **כא** וְאַחַר יָלְדָה בַּת וַתִּקְרָא אֶת־שְׁמָהּ דִּינָה׃
כב וַיִּזְכֹּר אֱלֹהִים אֶת־רָחֵל וַיִּשְׁמַע אֵלֶיהָ אֱלֹהִים וַיִּפְתַּח אֶת־
רַחְמָהּ׃ **כג** וַתַּהַר וַתֵּלֶד בֵּן וַתֹּאמֶר אָסַף אֱלֹהִים אֶת־חֶרְפָּתִי׃
כד וַתִּקְרָא אֶת־שְׁמוֹ יוֹסֵף לֵאמֹר ׃ יֹסֵף יְהוָה לִי בֵּן אַחֵר׃
כה וַיְהִי כַּאֲשֶׁר יָלְדָה רָחֵל אֶת־יוֹסֵף וַיֹּאמֶר יַעֲקֹב אֶל־לָבָן שַׁלְּחֵנִי
וְאֵלְכָה אֶל־מְקוֹמִי וּלְאַרְצִי׃ **כו** תְּנָה אֶת־נָשַׁי וְאֶת־יְלָדַי אֲשֶׁר
עָבַדְתִּי אֹתְךָ בָּהֵן־וְאֵלֵכָה ׃ כִּי אַתָּה יָדַעְתָּ אֶת־עֲבֹדָתִי אֲשֶׁר
עֲבַדְתִּיךָ׃ **כז** וַיֹּאמֶר אֵלָיו לָבָן אִם־נָא מָצָאתִי חֵן בְּעֵינֶיךָ נִחַשְׁתִּי
וַיְבָרְכֵנִי יְהוָה בִּגְלָלֶךָ׃ **כח** וַיֹּאמַר ׃ נָקְבָה שְׂכָרְךָ עָלַי וְאֶתֵּנָה׃

כט וַיֹּאמֶר אֵלָיו-אַתָּה יָדַעְתָּ אֵת אֲשֶׁר עֲבַדְתִּיךָ וְאֵת אֲשֶׁר-הָיָה
מִקְנְךָ אִתִּי: **ל** כִּי מְעַט אֲשֶׁר-הָיָה לְךָ לְפָנַי וַיִּפְרֹץ לָרֹב וַיְבָרֶךְ יְהוָה
אֹתְךָ לְרַגְלִי וְעַתָּה מָתַי אֶעֱשֶׂה גַם-אָנֹכִי לְבֵיתִי: **לא** וַיֹּאמֶר מָה
אֶתֶּן-לָךְ וַיֹּאמֶר יַעֲקֹב לֹא-תִתֶּן-לִי מְאוּמָה-אִם-תַּעֲשֶׂה-לִּי הַדָּבָר
הַזֶּה אָשׁוּבָה אֶרְעֶה צֹאנְךָ אֶשְׁמֹר: **לב** אֶעֱבֹר בְּכָל-צֹאנְךָ הַיּוֹם
הָסֵר מִשָּׁם כָּל-שֶׂה נָקֹד וְטָלוּא וְכָל-שֶׂה-חוּם בַּכְּשָׂבִים וְטָלוּא וְנָקֹד
בָּעִזִּים וְהָיָה שְׂכָרִי: **לג** וְעָנְתָה-בִּי צִדְקָתִי בְּיוֹם מָחָר כִּי-תָבוֹא
עַל-שְׂכָרִי לְפָנֶיךָ: כֹּל אֲשֶׁר-אֵינֶנּוּ נָקֹד וְטָלוּא בָּעִזִּים וְחוּם
בַּכְּשָׂבִים-גָּנוּב הוּא אִתִּי: **לד** וַיֹּאמֶר לָבָן הֵן: לוּ יְהִי כִדְבָרֶךָ:
לה וַיָּסַר בַּיּוֹם הַהוּא אֶת-הַתְּיָשִׁים הָעֲקֻדִּים וְהַטְּלֻאִים וְאֵת כָּל-
הָעִזִּים הַנְּקֻדּוֹת וְהַטְּלֻאֹת כֹּל אֲשֶׁר-לָבָן בּוֹ וְכָל-חוּם בַּכְּשָׂבִים וַיִּתֵּן
בְּיַד-בָּנָיו: **לו** וַיָּשֶׂם דֶּרֶךְ שְׁלֹשֶׁת יָמִים בֵּינוֹ וּבֵין יַעֲקֹב וְיַעֲקֹב רֹעֶה
אֶת-צֹאן לָבָן-הַנּוֹתָרֹת: **לז** וַיִּקַּח-לוֹ יַעֲקֹב מַקַּל לִבְנֶה לַח-וְלוּז
וְעַרְמוֹן וַיְפַצֵּל בָּהֵן פְּצָלוֹת לְבָנוֹת-מַחְשֹׂף הַלָּבָן אֲשֶׁר עַל-הַמַּקְלוֹת:
לח וַיַּצֵּג אֶת-הַמַּקְלוֹת אֲשֶׁר פִּצֵּל בָּרְהָטִים בְּשִׁקְתוֹת הַמָּיִם-אֲשֶׁר
תָּבֹאןָ הַצֹּאן לִשְׁתּוֹת לְנֹכַח הַצֹּאן וַיֵּחַמְנָה בְּבֹאָן לִשְׁתּוֹת:
לט וַיֶּחֱמוּ הַצֹּאן אֶל-הַמַּקְלוֹת וַתֵּלַדְןָ הַצֹּאן עֲקֻדִּים נְקֻדִּים
וּטְלֻאִים: **מ** וְהַכְּשָׂבִים הִפְרִיד יַעֲקֹב וַיִּתֵּן פְּנֵי הַצֹּאן אֶל-עָקֹד
וְכָל-חוּם בְּצֹאן לָבָן וַיָּשֶׁת-לוֹ עֲדָרִים לְבַדּוֹ וְלֹא שָׁתָם עַל-צֹאן לָבָן:
מא וְהָיָה בְּכָל-יַחֵם הַצֹּאן הַמְקֻשָּׁרוֹת וְשָׂם יַעֲקֹב אֶת-הַמַּקְלוֹת
לְעֵינֵי הַצֹּאן בָּרְהָטִים-לְיַחְמֵנָּה בַּמַּקְלוֹת: **מב** וּבְהַעֲטִיף הַצֹּאן לֹא
יָשִׂים וְהָיָה הָעֲטֻפִים לְלָבָן וְהַקְּשֻׁרִים לְיַעֲקֹב: **מג** וַיִּפְרֹץ הָאִישׁ
מְאֹד מְאֹד וַיְהִי-לוֹ צֹאן רַבּוֹת וּשְׁפָחוֹת וַעֲבָדִים וּגְמַלִּים וַחֲמֹרִים:

לא

א וַיִּשְׁמַע אֶת-דִּבְרֵי בְנֵי-לָבָן לֵאמֹר לָקַח יַעֲקֹב אֵת כָּל-אֲשֶׁר
לְאָבִינוּ וּמֵאֲשֶׁר לְאָבִינוּ-עָשָׂה אֵת כָּל-הַכָּבֹד הַזֶּה: **ב** וַיַּרְא יַעֲקֹב
אֶת-פְּנֵי לָבָן וְהִנֵּה אֵינֶנּוּ עִמּוֹ כִּתְמוֹל שִׁלְשׁוֹם: **ג** וַיֹּאמֶר יְהוָה אֶל-
יַעֲקֹב שׁוּב אֶל-אֶרֶץ אֲבוֹתֶיךָ וּלְמוֹלַדְתֶּךָ וְאֶהְיֶה עִמָּךְ: **ד** וַיִּשְׁלַח
יַעֲקֹב וַיִּקְרָא לְרָחֵל וּלְלֵאָה הַשָּׂדֶה אֶל-צֹאנוֹ: **ה** וַיֹּאמֶר לָהֶן רֹאֶה
אָנֹכִי אֶת-פְּנֵי אֲבִיכֶן כִּי-אֵינֶנּוּ אֵלַי כִּתְמֹל שִׁלְשֹׁם וֵאלֹהֵי אָבִי הָיָה
עִמָּדִי: **ו** וְאַתֵּנָה יְדַעְתֶּן: כִּי בְּכָל-כֹּחִי עָבַדְתִּי אֶת-אֲבִיכֶן:
ז וַאֲבִיכֶן הֵתֶל בִּי וְהֶחֱלִף אֶת-מַשְׂכֻּרְתִּי עֲשֶׂרֶת מֹנִים וְלֹא-נְתָנוֹ
אֱלֹהִים לְהָרַע עִמָּדִי: **ח** אִם-כֹּה יֹאמַר נְקֻדִּים יִהְיֶה שְׂכָרֶךָ-וְיָלְדוּ
כָל-הַצֹּאן נְקֻדִּים וְאִם-כֹּה יֹאמַר עֲקֻדִּים יִהְיֶה שְׂכָרֶךָ-וְיָלְדוּ כָל-
הַצֹּאן עֲקֻדִּים: **ט** וַיַּצֵּל אֱלֹהִים אֶת-מִקְנֵה אֲבִיכֶם וַיִּתֶּן-לִי:
י וַיְהִי בְּעֵת יַחֵם הַצֹּאן וָאֶשָּׂא עֵינַי וָאֵרֶא בַּחֲלוֹם וְהִנֵּה הָעֲתֻדִים

הָעֹלִים עַל-הַצֹּאן עֲקֻדִּים נְקֻדִּים וּבְרֻדִּים: **יא** וַיֹּאמֶר אֵלַי מַלְאַךְ
הָאֱלֹהִים בַּחֲלוֹם-יַעֲקֹב וָאֹמַר הִנֵּנִי: **יב** וַיֹּאמֶר שָׂא-נָא עֵינֶיךָ
וּרְאֵה כָּל-הָעַתֻּדִים הָעֹלִים עַל-הַצֹּאן עֲקֻדִּים נְקֻדִּים וּבְרֻדִּים: כִּי
רָאִיתִי אֵת כָּל-אֲשֶׁר לָבָן עֹשֶׂה לָּךְ: **יג** אָנֹכִי הָאֵל בֵּית-אֵל אֲשֶׁר
מָשַׁחְתָּ שָּׁם מַצֵּבָה אֲשֶׁר נָדַרְתָּ לִּי שָׁם נֶדֶר עַתָּה קוּם צֵא מִן-הָאָרֶץ
הַזֹּאת וְשׁוּב אֶל-אֶרֶץ מוֹלַדְתֶּךָ: **יד** וַתַּעַן רָחֵל וְלֵאָה וַתֹּאמַרְנָה
לוֹ: הַעוֹד לָנוּ חֵלֶק וְנַחֲלָה בְּבֵית אָבִינוּ: **טו** הֲלוֹא נָכְרִיּוֹת נֶחְשַׁבְנוּ
לוֹ כִּי מְכָרָנוּ וַיֹּאכַל גַּם-אָכוֹל אֶת-כַּסְפֵּנוּ: **טז** כִּי כָל-הָעֹשֶׁר אֲשֶׁר
הִצִּיל אֱלֹהִים מֵאָבִינוּ-לָנוּ הוּא וּלְבָנֵינוּ וְעַתָּה כֹּל אֲשֶׁר אָמַר
אֱלֹהִים אֵלֶיךָ-עֲשֵׂה: **יז** וַיָּקָם יַעֲקֹב וַיִּשָּׂא אֶת-בָּנָיו וְאֶת-נָשָׁיו עַל-
הַגְּמַלִּים: **יח** וַיִּנְהַג אֶת-כָּל-מִקְנֵהוּ וְאֶת-כָּל-רְכֻשׁוֹ אֲשֶׁר רָכָשׁ
מִקְנֵה קִנְיָנוֹ אֲשֶׁר רָכַשׁ בְּפַדַּן אֲרָם לָבוֹא אֶל-יִצְחָק אָבִיו אַרְצָה
כְּנָעַן: **יט** וְלָבָן הָלַךְ לִגְזֹז אֶת-צֹאנוֹ וַתִּגְנֹב רָחֵל אֶת-הַתְּרָפִים
אֲשֶׁר לְאָבִיהָ: **כ** וַיִּגְנֹב יַעֲקֹב אֶת-לֵב לָבָן הָאֲרַמִּי-עַל-בְּלִי הִגִּיד לוֹ
כִּי בֹרֵחַ הוּא: **כא** וַיִּבְרַח הוּא וְכָל-אֲשֶׁר-לוֹ וַיָּקָם וַיַּעֲבֹר אֶת-
הַנָּהָר וַיָּשֶׂם אֶת-פָּנָיו הַר הַגִּלְעָד: **כב** וַיֻּגַּד לְלָבָן בַּיּוֹם הַשְּׁלִישִׁי: כִּי
בָרַח יַעֲקֹב: **כג** וַיִּקַּח אֶת-אֶחָיו עִמּוֹ וַיִּרְדֹּף אַחֲרָיו דֶּרֶךְ שִׁבְעַת
יָמִים וַיַּדְבֵּק אֹתוֹ בְּהַר הַגִּלְעָד: **כד** וַיָּבֹא אֱלֹהִים אֶל-לָבָן הָאֲרַמִּי
בַּחֲלֹם הַלָּיְלָה וַיֹּאמֶר לוֹ הִשָּׁמֶר לְךָ פֶּן-תְּדַבֵּר עִם-יַעֲקֹב-מִטּוֹב עַד-
רָע: **כה** וַיַּשֵּׂג לָבָן אֶת-יַעֲקֹב וְיַעֲקֹב תָּקַע אֶת-אָהֳלוֹ בָּהָר וְלָבָן
תָּקַע אֶת-אֶחָיו בְּהַר הַגִּלְעָד: **כו** וַיֹּאמֶר לָבָן לְיַעֲקֹב מֶה עָשִׂיתָ
וַתִּגְנֹב אֶת-לְבָבִי וַתְּנַהֵג אֶת-בְּנֹתַי כִּשְׁבֻיוֹת חָרֶב: **כז** לָמָּה נַחְבֵּאתָ
לִבְרֹחַ וַתִּגְנֹב אֹתִי וְלֹא-הִגַּדְתָּ לִּי וָאֲשַׁלֵּחֲךָ בְּשִׂמְחָה וּבְשִׁרִים בְּתֹף
וּבְכִנּוֹר: **כח** וְלֹא נְטַשְׁתַּנִי לְנַשֵּׁק לְבָנַי וְלִבְנֹתָי עַתָּה הִסְכַּלְתָּ עֲשׂוֹ:
כט יֶשׁ-לְאֵל יָדִי לַעֲשׂוֹת עִמָּכֶם רָע וֵאלֹהֵי אֲבִיכֶם אֶמֶשׁ אָמַר אֵלַי
לֵאמֹר הִשָּׁמֶר לְךָ מִדַּבֵּר עִם-יַעֲקֹב-מִטּוֹב עַד-רָע: **ל** וְעַתָּה הָלֹךְ
הָלַכְתָּ כִּי-נִכְסֹף נִכְסַפְתָּה לְבֵית אָבִיךָ לָמָּה גָנַבְתָּ אֶת-אֱלֹהָי:
לא וַיַּעַן יַעֲקֹב וַיֹּאמֶר לְלָבָן: כִּי יָרֵאתִי-כִּי אָמַרְתִּי פֶּן-תִּגְזֹל אֶת-
בְּנוֹתֶיךָ מֵעִמִּי: **לב** עִם אֲשֶׁר תִּמְצָא אֶת-אֱלֹהֶיךָ לֹא יִחְיֶה-נֶגֶד
אַחֵינוּ הַכֶּר-לְךָ מָה עִמָּדִי וְקַח-לָךְ וְלֹא-יָדַע יַעֲקֹב כִּי רָחֵל גְּנָבָתַם:
לג וַיָּבֹא לָבָן בְּאֹהֶל יַעֲקֹב וּבְאֹהֶל לֵאָה וּבְאֹהֶל שְׁתֵּי הָאֲמָהֹת
וְלֹא מָצָא וַיֵּצֵא מֵאֹהֶל לֵאָה וַיָּבֹא בְּאֹהֶל רָחֵל: **לד** וְרָחֵל לָקְחָה
אֶת-הַתְּרָפִים וַתְּשִׂמֵם בְּכַר הַגָּמָל וַתֵּשֶׁב עֲלֵיהֶם וַיְמַשֵּׁשׁ לָבָן אֶת-
כָּל-הָאֹהֶל וְלֹא מָצָא: **לה** וַתֹּאמֶר אֶל-אָבִיהָ אַל-יִחַר בְּעֵינֵי אֲדֹנִי
כִּי לוֹא אוּכַל לָקוּם מִפָּנֶיךָ כִּי-דֶרֶךְ נָשִׁים לִי וַיְחַפֵּשׂ וְלֹא מָצָא אֶת-
הַתְּרָפִים: **לו** וַיִּחַר לְיַעֲקֹב וַיָּרֶב בְּלָבָן וַיַּעַן יַעֲקֹב וַיֹּאמֶר לְלָבָן מַה-
פִּשְׁעִי מַה חַטָּאתִי כִּי דָלַקְתָּ אַחֲרָי: **לז** כִּי-מִשַּׁשְׁתָּ אֶת-כָּל-כֵּלַי
מַה-מָּצָאתָ מִכֹּל כְּלֵי-בֵיתֶךָ-שִׂים כֹּה נֶגֶד אַחַי וְאַחֶיךָ וְיוֹכִיחוּ בֵּין

שְׁנֵינוּ: **לח** זֶה עֶשְׂרִים שָׁנָה אָנֹכִי עִמָּךְ רְחֵלֶיךָ וְעִזֶּיךָ לֹא שִׁכֵּלוּ
וְאֵילֵי צֹאנְךָ לֹא אָכָלְתִּי: **לט** טְרֵפָה לֹא־הֵבֵאתִי אֵלֶיךָ־אָנֹכִי
אֲחַטֶּנָּה מִיָּדִי תְּבַקְשֶׁנָּה גְּנֻבְתִי יוֹם וּגְנֻבְתִי לָיְלָה: **מ** הָיִיתִי בַיּוֹם
אֲכָלַנִי חֹרֶב וְקֶרַח בַּלָּיְלָה וַתִּדַּד שְׁנָתִי מֵעֵינָי: **מא** זֶה־לִּי עֶשְׂרִים
שָׁנָה בְּבֵיתֶךָ עֲבַדְתִּיךָ אַרְבַּע־עֶשְׂרֵה שָׁנָה בִּשְׁתֵּי בְנֹתֶיךָ וְשֵׁשׁ שָׁנִים
בְּצֹאנֶךָ וַתַּחֲלֵף אֶת־מַשְׂכֻּרְתִּי עֲשֶׂרֶת מֹנִים: **מב** לוּלֵי אֱלֹהֵי אָבִי
אֱלֹהֵי אַבְרָהָם וּפַחַד יִצְחָק הָיָה לִי־כִּי עַתָּה רֵיקָם שִׁלַּחְתָּנִי אֶת־
עָנְיִי וְאֶת־יְגִיעַ כַּפַּי רָאָה אֱלֹהִים־וַיּוֹכַח אָמֶשׁ: **מג** וַיַּעַן לָבָן וַיֹּאמֶר
אֶל־יַעֲקֹב הַבָּנוֹת בְּנֹתַי וְהַבָּנִים בָּנַי וְהַצֹּאן צֹאנִי וְכֹל אֲשֶׁר־אַתָּה
רֹאֶה לִי־הוּא וְלִבְנֹתַי מָה־אֶעֱשֶׂה לָאֵלֶּה הַיּוֹם אוֹ לִבְנֵיהֶן אֲשֶׁר
יָלָדוּ: **מד** וְעַתָּה לְכָה נִכְרְתָה בְרִית־אֲנִי וָאָתָּה וְהָיָה לְעֵד בֵּינִי
וּבֵינֶךָ: **מה** וַיִּקַּח יַעֲקֹב אָבֶן וַיְרִימֶהָ מַצֵּבָה: **מו** וַיֹּאמֶר יַעֲקֹב
לְאֶחָיו לִקְטוּ אֲבָנִים וַיִּקְחוּ אֲבָנִים וַיַּעֲשׂוּ־גָל וַיֹּאכְלוּ שָׁם עַל־הַגָּל:
מז וַיִּקְרָא־לוֹ לָבָן יְגַר שָׂהֲדוּתָא וְיַעֲקֹב קָרָא לוֹ גַּלְעֵד:
מח וַיֹּאמֶר לָבָן הַגַּל הַזֶּה עֵד בֵּינִי וּבֵינְךָ הַיּוֹם עַל־כֵּן קָרָא־שְׁמוֹ
גַּלְעֵד: **מט** וְהַמִּצְפָּה אֲשֶׁר אָמַר יִצֶף יְהוָה בֵּינִי וּבֵינֶךָ כִּי נִסָּתֵר
אִישׁ מֵרֵעֵהוּ: **נ** אִם־תְּעַנֶּה אֶת־בְּנֹתַי וְאִם־תִּקַּח נָשִׁים עַל־בְּנֹתַי
אֵין אִישׁ עִמָּנוּ רְאֵה אֱלֹהִים עֵד בֵּינִי וּבֵינֶךָ: **נא** וַיֹּאמֶר לָבָן
לְיַעֲקֹב הִנֵּה הַגַּל הַזֶּה וְהִנֵּה הַמַּצֵּבָה אֲשֶׁר יָרִיתִי בֵּינִי וּבֵינֶךָ:
נב עֵד הַגַּל הַזֶּה וְעֵדָה הַמַּצֵּבָה אִם־אָנִי לֹא־אֶעֱבֹר אֵלֶיךָ אֶת־הַגַּל
הַזֶּה וְאִם־אַתָּה לֹא־תַעֲבֹר אֵלַי אֶת־הַגַּל הַזֶּה וְאֶת־הַמַּצֵּבָה הַזֹּאת
לְרָעָה: **נג** אֱלֹהֵי אַבְרָהָם וֵאלֹהֵי נָחוֹר יִשְׁפְּטוּ בֵינֵינוּ־אֱלֹהֵי
אֲבִיהֶם וַיִּשָּׁבַע יַעֲקֹב בְּפַחַד אָבִיו יִצְחָק: **נד** וַיִּזְבַּח יַעֲקֹב זֶבַח בָּהָר
וַיִּקְרָא לְאֶחָיו לֶאֱכָל־לָחֶם וַיֹּאכְלוּ לֶחֶם וַיָּלִינוּ בָּהָר:

לב

א וַיַּשְׁכֵּם לָבָן בַּבֹּקֶר וַיְנַשֵּׁק לְבָנָיו וְלִבְנוֹתָיו־וַיְבָרֶךְ אֶתְהֶם וַיֵּלֶךְ
וַיָּשָׁב לָבָן לִמְקֹמוֹ: **ב** וְיַעֲקֹב הָלַךְ לְדַרְכּוֹ וַיִּפְגְּעוּ־בוֹ מַלְאֲכֵי
אֱלֹהִים: **ג** וַיֹּאמֶר יַעֲקֹב כַּאֲשֶׁר רָאָם מַחֲנֵה אֱלֹהִים זֶה וַיִּקְרָא
שֵׁם־הַמָּקוֹם הַהוּא מַחֲנָיִם:

ד וַיִּשְׁלַח יַעֲקֹב מַלְאָכִים לְפָנָיו אֶל־עֵשָׂו אָחִיו אַרְצָה שֵׂעִיר שְׂדֵה
אֱדוֹם: **ה** וַיְצַו אֹתָם לֵאמֹר כֹּה תֹאמְרוּן לַאדֹנִי לְעֵשָׂו כֹּה אָמַר
עַבְדְּךָ יַעֲקֹב עִם־לָבָן גַּרְתִּי וָאֵחַר עַד־עָתָּה: **ו** וַיְהִי־לִי שׁוֹר וַחֲמוֹר
צֹאן וְעֶבֶד וְשִׁפְחָה וָאֶשְׁלְחָה לְהַגִּיד לַאדֹנִי לִמְצֹא־חֵן בְּעֵינֶיךָ:
ז וַיָּשֻׁבוּ הַמַּלְאָכִים אֶל־יַעֲקֹב לֵאמֹר־בָּאנוּ אֶל־אָחִיךָ אֶל־עֵשָׂו
וְגַם הֹלֵךְ לִקְרָאתְךָ וְאַרְבַּע־מֵאוֹת אִישׁ עִמּוֹ: **ח** וַיִּירָא יַעֲקֹב מְאֹד
וַיֵּצֶר לוֹ וַיַּחַץ אֶת־הָעָם אֲשֶׁר־אִתּוֹ וְאֶת־הַצֹּאן וְאֶת־הַבָּקָר

וְהַגְּמַלִּים-לִשְׁנֵי מַחֲנוֹת: **ט** וַיֹּאמֶר אִם-יָבוֹא עֵשָׂו אֶל-הַמַּחֲנֶה
הָאַחַת וְהִכָּהוּ-וְהָיָה הַמַּחֲנֶה הַנִּשְׁאָר לִפְלֵיטָה: **י** וַיֹּאמֶר יַעֲקֹב
אֱלֹהֵי אָבִי אַבְרָהָם וֵאלֹהֵי אָבִי יִצְחָק: יְהוָה הָאֹמֵר אֵלַי שׁוּב
לְאַרְצְךָ וּלְמוֹלַדְתְּךָ-וְאֵיטִיבָה עִמָּךְ: **יא** קָטֹנְתִּי מִכֹּל הַחֲסָדִים
וּמִכָּל-הָאֱמֶת אֲשֶׁר עָשִׂיתָ אֶת-עַבְדֶּךָ: כִּי בְמַקְלִי עָבַרְתִּי אֶת-הַיַּרְדֵּן
הַזֶּה וְעַתָּה הָיִיתִי לִשְׁנֵי מַחֲנוֹת: **יב** הַצִּילֵנִי נָא מִיַּד אָחִי מִיַּד עֵשָׂו:
כִּי-יָרֵא אָנֹכִי אֹתוֹ-פֶּן-יָבוֹא וְהִכַּנִי אֵם עַל-בָּנִים: **יג** וְאַתָּה אָמַרְתָּ
הֵיטֵב אֵיטִיב עִמָּךְ וְשַׂמְתִּי אֶת-זַרְעֲךָ כְּחוֹל הַיָּם אֲשֶׁר לֹא-יִסָּפֵר
מֵרֹב: **יד** וַיָּלֶן שָׁם בַּלַּיְלָה הַהוּא וַיִּקַּח מִן-הַבָּא בְיָדוֹ מִנְחָה-לְעֵשָׂו
אָחִיו: **טו** עִזִּים מָאתַיִם וּתְיָשִׁים עֶשְׂרִים רְחֵלִים מָאתַיִם וְאֵילִים
עֶשְׂרִים: **טז** גְּמַלִּים מֵינִיקוֹת וּבְנֵיהֶם שְׁלֹשִׁים פָּרוֹת אַרְבָּעִים
וּפָרִים עֲשָׂרָה אֲתֹנֹת עֶשְׂרִים וַעְיָרִם עֲשָׂרָה: **יז** וַיִּתֵּן בְּיַד-עֲבָדָיו
עֵדֶר עֵדֶר לְבַדּוֹ וַיֹּאמֶר אֶל-עֲבָדָיו עִבְרוּ לְפָנַי וְרֶוַח תָּשִׂימוּ בֵּין עֵדֶר
וּבֵין עֵדֶר: **יח** וַיְצַו אֶת-הָרִאשׁוֹן לֵאמֹר: כִּי יִפְגָּשְׁךָ עֵשָׂו אָחִי
וּשְׁאֵלְךָ לֵאמֹר לְמִי-אַתָּה וְאָנָה תֵלֵךְ וּלְמִי אֵלֶּה לְפָנֶיךָ: **יט** וְאָמַרְתָּ
לְעַבְדְּךָ לְיַעֲקֹב-מִנְחָה הִוא שְׁלוּחָה לַאדֹנִי לְעֵשָׂו וְהִנֵּה גַם-הוּא
אַחֲרֵינוּ: **כ** וַיְצַו גַּם אֶת-הַשֵּׁנִי גַּם אֶת-הַשְּׁלִישִׁי גַּם אֶת-כָּל-
הַהֹלְכִים אַחֲרֵי הָעֲדָרִים לֵאמֹר: כַּדָּבָר הַזֶּה תְּדַבְּרוּן אֶל-עֵשָׂו
בְּמֹצַאֲכֶם אֹתוֹ: **כא** וַאֲמַרְתֶּם-גַּם הִנֵּה עַבְדְּךָ יַעֲקֹב אַחֲרֵינוּ: כִּי-
אָמַר אֲכַפְּרָה פָנָיו בַּמִּנְחָה הַהֹלֶכֶת לְפָנָי וְאַחֲרֵי-כֵן אֶרְאֶה פָנָיו אוּלַי
יִשָּׂא פָנָי: **כב** וַתַּעֲבֹר הַמִּנְחָה עַל-פָּנָיו וְהוּא לָן בַּלַּיְלָה-הַהוּא
בַּמַּחֲנֶה: **כג** וַיָּקָם בַּלַּיְלָה הוּא וַיִּקַּח אֶת-שְׁתֵּי נָשָׁיו וְאֶת-שְׁתֵּי
שִׁפְחֹתָיו וְאֶת-אַחַד עָשָׂר יְלָדָיו וַיַּעֲבֹר אֵת מַעֲבַר יַבֹּק:
כד וַיִּקָּחֵם-וַיַּעֲבִרֵם אֶת-הַנָּחַל וַיַּעֲבֵר אֶת-אֲשֶׁר-לוֹ: **כה** וַיִּוָּתֵר
יַעֲקֹב לְבַדּוֹ וַיֵּאָבֵק אִישׁ עִמּוֹ עַד עֲלוֹת הַשָּׁחַר: **כו** וַיַּרְא כִּי לֹא יָכֹל
לוֹ וַיִּגַּע בְּכַף-יְרֵכוֹ וַתֵּקַע כַּף-יֶרֶךְ יַעֲקֹב בְּהֵאָבְקוֹ עִמּוֹ: **כז** וַיֹּאמֶר
שַׁלְּחֵנִי כִּי עָלָה הַשָּׁחַר וַיֹּאמֶר לֹא אֲשַׁלֵּחֲךָ כִּי אִם-בֵּרַכְתָּנִי:
כח וַיֹּאמֶר אֵלָיו מַה-שְּׁמֶךָ וַיֹּאמֶר יַעֲקֹב: **כט** וַיֹּאמֶר לֹא יַעֲקֹב
יֵאָמֵר עוֹד שִׁמְךָ-כִּי אִם-יִשְׂרָאֵל: כִּי-שָׂרִיתָ עִם-אֱלֹהִים וְעִם-
אֲנָשִׁים וַתּוּכָל: **ל** וַיִּשְׁאַל יַעֲקֹב וַיֹּאמֶר הַגִּידָה-נָּא שְׁמֶךָ וַיֹּאמֶר
לָמָּה זֶּה תִּשְׁאַל לִשְׁמִי וַיְבָרֶךְ אֹתוֹ שָׁם: **לא** וַיִּקְרָא יַעֲקֹב שֵׁם
הַמָּקוֹם פְּנִיאֵל: כִּי-רָאִיתִי אֱלֹהִים פָּנִים אֶל-פָּנִים וַתִּנָּצֵל נַפְשִׁי:
לב וַיִּזְרַח-לוֹ הַשֶּׁמֶשׁ כַּאֲשֶׁר עָבַר אֶת-פְּנוּאֵל וְהוּא צֹלֵעַ עַל-יְרֵכוֹ:
לג עַל-כֵּן לֹא-יֹאכְלוּ בְנֵי-יִשְׂרָאֵל אֶת-גִּיד הַנָּשֶׁה אֲשֶׁר עַל-כַּף הַיָּרֵךְ
עַד הַיּוֹם הַזֶּה: כִּי נָגַע בְּכַף-יֶרֶךְ יַעֲקֹב בְּגִיד הַנָּשֶׁה:

לג

א וַיִּשָּׂא יַעֲקֹב עֵינָיו וַיַּרְא וְהִנֵּה עֵשָׂו בָּא וְעִמּוֹ אַרְבַּע מֵאוֹת אִישׁ
וַיַּחַץ אֶת-הַיְלָדִים עַל-לֵאָה וְעַל-רָחֵל וְעַל שְׁתֵּי הַשְּׁפָחוֹת: ב וַיָּשֶׂם
אֶת-הַשְּׁפָחוֹת וְאֶת-יַלְדֵיהֶן רִאשֹׁנָה וְאֶת-לֵאָה וִילָדֶיהָ אַחֲרֹנִים
וְאֶת-רָחֵל וְאֶת-יוֹסֵף אַחֲרֹנִים: ג וְהוּא עָבַר לִפְנֵיהֶם וַיִּשְׁתַּחוּ
אַרְצָה שֶׁבַע פְּעָמִים עַד-גִּשְׁתּוֹ עַד-אָחִיו: ד וַיָּרָץ עֵשָׂו לִקְרָאתוֹ
וַיְחַבְּקֵהוּ וַיִּפֹּל עַל-צַוָּארָו וַיִּשָּׁקֵהוּ וַיִּבְכּוּ: ה וַיִּשָּׂא אֶת-עֵינָיו וַיַּרְא
אֶת-הַנָּשִׁים וְאֶת-הַיְלָדִים וַיֹּאמֶר מִי-אֵלֶּה לָּךְ וַיֹּאמַר הַיְלָדִים
אֲשֶׁר-חָנַן אֱלֹהִים אֶת-עַבְדֶּךָ: ו וַתִּגַּשְׁןָ הַשְּׁפָחוֹת הֵנָּה וְיַלְדֵיהֶן
וַתִּשְׁתַּחֲוֶיןָ: ז וַתִּגַּשׁ גַּם-לֵאָה וִילָדֶיהָ וַיִּשְׁתַּחֲווּ וְאַחַר נִגַּשׁ יוֹסֵף
וְרָחֵל-וַיִּשְׁתַּחֲווּ: ח וַיֹּאמֶר מִי לְךָ כָּל-הַמַּחֲנֶה הַזֶּה אֲשֶׁר פָּגָשְׁתִּי
וַיֹּאמֶר לִמְצֹא-חֵן בְּעֵינֵי אֲדֹנִי: ט וַיֹּאמֶר עֵשָׂו יֶשׁ-לִי רָב אָחִי יְהִי
לְךָ אֲשֶׁר-לָךְ: י וַיֹּאמֶר יַעֲקֹב אַל-נָא אִם-נָא מָצָאתִי חֵן בְּעֵינֶיךָ
וְלָקַחְתָּ מִנְחָתִי מִיָּדִי כִּי עַל-כֵּן רָאִיתִי פָנֶיךָ כִּרְאֹת פְּנֵי אֱלֹהִים-
וַתִּרְצֵנִי: יא קַח-נָא אֶת-בִּרְכָתִי אֲשֶׁר הֻבָאת לָךְ כִּי-חַנַּנִי אֱלֹהִים
וְכִי יֶשׁ-לִי-כֹל וַיִּפְצַר-בּוֹ וַיִּקָּח: יב וַיֹּאמֶר נִסְעָה וְנֵלֵכָה וְאֵלְכָה
לְנֶגְדֶּךָ: יג וַיֹּאמֶר אֵלָיו אֲדֹנִי יֹדֵעַ כִּי-הַיְלָדִים רַכִּים וְהַצֹּאן
וְהַבָּקָר עָלוֹת עָלָי וּדְפָקוּם יוֹם אֶחָד וָמֵתוּ כָּל-הַצֹּאן: יד יַעֲבָר-נָא
אֲדֹנִי לִפְנֵי עַבְדּוֹ וַאֲנִי אֶתְנָהֲלָה לְאִטִּי לְרֶגֶל הַמְּלָאכָה אֲשֶׁר-לְפָנַי
וּלְרֶגֶל הַיְלָדִים עַד אֲשֶׁר-אָבֹא אֶל-אֲדֹנִי שֵׂעִירָה: טו וַיֹּאמֶר עֵשָׂו-
אַצִּיגָה-נָּא עִמְּךָ מִן-הָעָם אֲשֶׁר אִתִּי וַיֹּאמֶר לָמָּה זֶּה אֶמְצָא-חֵן
בְּעֵינֵי אֲדֹנִי: טז וַיָּשָׁב בַּיּוֹם הַהוּא עֵשָׂו לְדַרְכּוֹ שֵׂעִירָה: יז וְיַעֲקֹב
נָסַע סֻכֹּתָה וַיִּבֶן לוֹ בָּיִת וּלְמִקְנֵהוּ עָשָׂה סֻכֹּת עַל-כֵּן קָרָא שֵׁם-
הַמָּקוֹם סֻכּוֹת: יח וַיָּבֹא יַעֲקֹב שָׁלֵם
עִיר שְׁכֶם אֲשֶׁר בְּאֶרֶץ כְּנַעַן בְּבֹאוֹ מִפַּדַּן אֲרָם וַיִּחַן אֶת-פְּנֵי הָעִיר:
יט וַיִּקֶן אֶת-חֶלְקַת הַשָּׂדֶה אֲשֶׁר נָטָה-שָׁם אָהֳלוֹ מִיַּד בְּנֵי-חֲמוֹר
אֲבִי שְׁכֶם בְּמֵאָה קְשִׂיטָה: כ וַיַּצֶּב-שָׁם מִזְבֵּחַ וַיִּקְרָא-לוֹ-אֵל
אֱלֹהֵי יִשְׂרָאֵל:

לד

א וַתֵּצֵא דִינָה בַּת-לֵאָה אֲשֶׁר יָלְדָה לְיַעֲקֹב לִרְאוֹת בִּבְנוֹת הָאָרֶץ:
ב וַיַּרְא אֹתָהּ שְׁכֶם בֶּן-חֲמוֹר הַחִוִּי נְשִׂיא הָאָרֶץ וַיִּקַּח אֹתָהּ וַיִּשְׁכַּב
אֹתָהּ וַיְעַנֶּהָ: ג וַתִּדְבַּק נַפְשׁוֹ בְּדִינָה בַּת-יַעֲקֹב וַיֶּאֱהַב אֶת-הַנַּעֲרָ
וַיְדַבֵּר עַל-לֵב הַנַּעֲרָ: ד וַיֹּאמֶר שְׁכֶם אֶל-חֲמוֹר אָבִיו לֵאמֹר קַח-
לִי אֶת-הַיַּלְדָּה הַזֹּאת לְאִשָּׁה: ה וְיַעֲקֹב שָׁמַע כִּי טִמֵּא אֶת-דִּינָה
בִתּוֹ וּבָנָיו הָיוּ אֶת-מִקְנֵהוּ בַּשָּׂדֶה וְהֶחֱרִשׁ יַעֲקֹב עַד-בֹּאָם: ו וַיֵּצֵא

חֲמוֹר אֲבִי-שְׁכֶם אֶל-יַעֲקֹב לְדַבֵּר אִתּוֹ: **ז** וּבְנֵי יַעֲקֹב בָּאוּ מִן-
הַשָּׂדֶה כְּשָׁמְעָם וַיִּתְעַצְּבוּ הָאֲנָשִׁים וַיִּחַר לָהֶם מְאֹד: כִּי-נְבָלָה עָשָׂה
בְיִשְׂרָאֵל לִשְׁכַּב אֶת-בַּת-יַעֲקֹב וְכֵן לֹא יֵעָשֶׂה: **ח** וַיְדַבֵּר חֲמוֹר
אִתָּם לֵאמֹר: שְׁכֶם בְּנִי חָשְׁקָה נַפְשׁוֹ בְּבִתְּכֶם-תְּנוּ נָא אֹתָהּ לוֹ
לְאִשָּׁה: **ט** וְהִתְחַתְּנוּ אֹתָנוּ: בְּנֹתֵיכֶם תִּתְּנוּ-לָנוּ וְאֶת-בְּנֹתֵינוּ
תִּקְחוּ לָכֶם: **י** וְאִתָּנוּ תֵּשֵׁבוּ וְהָאָרֶץ תִּהְיֶה לִפְנֵיכֶם-שְׁבוּ וּסְחָרוּהָ
וְהֵאָחֲזוּ בָּהּ: **יא** וַיֹּאמֶר שְׁכֶם אֶל-אָבִיהָ וְאֶל-אַחֶיהָ אֶמְצָא-חֵן
בְּעֵינֵיכֶם וַאֲשֶׁר תֹּאמְרוּ אֵלַי אֶתֵּן: **יב** הַרְבּוּ עָלַי מְאֹד מֹהַר וּמַתָּן
וְאֶתְּנָה כַּאֲשֶׁר תֹּאמְרוּ אֵלָי וּתְנוּ-לִי אֶת-הַנַּעֲרָ לְאִשָּׁה: **יג** וַיַּעֲנוּ
בְנֵי-יַעֲקֹב אֶת-שְׁכֶם וְאֶת-חֲמוֹר אָבִיו בְּמִרְמָה-וַיְדַבֵּרוּ: אֲשֶׁר טִמֵּא
אֵת דִּינָה אֲחֹתָם: **יד** וַיֹּאמְרוּ אֲלֵיהֶם לֹא נוּכַל לַעֲשׂוֹת הַדָּבָר
הַזֶּה-לָתֵת אֶת-אֲחֹתֵנוּ לְאִישׁ אֲשֶׁר-לוֹ עָרְלָה: כִּי-חֶרְפָּה הִוא לָנוּ:
טו אַךְ-בְּזֹאת נֵאוֹת לָכֶם: אִם תִּהְיוּ כָמֹנוּ לְהִמֹּל לָכֶם כָּל-זָכָר:
טז וְנָתַנּוּ אֶת-בְּנֹתֵינוּ לָכֶם וְאֶת-בְּנֹתֵיכֶם נִקַּח-לָנוּ וְיָשַׁבְנוּ אִתְּכֶם
וְהָיִינוּ לְעַם אֶחָד: **יז** וְאִם-לֹא תִשְׁמְעוּ אֵלֵינוּ לְהִמּוֹל-וְלָקַחְנוּ אֶת-
בִּתֵּנוּ וְהָלָכְנוּ: **יח** וַיִּיטְבוּ דִבְרֵיהֶם בְּעֵינֵי חֲמוֹר וּבְעֵינֵי שְׁכֶם בֶּן-
חֲמוֹר: **יט** וְלֹא-אֵחַר הַנַּעַר לַעֲשׂוֹת הַדָּבָר כִּי חָפֵץ בְּבַת-יַעֲקֹב
וְהוּא נִכְבָּד מִכֹּל בֵּית אָבִיו: **כ** וַיָּבֹא חֲמוֹר וּשְׁכֶם בְּנוֹ אֶל-שַׁעַר
עִירָם וַיְדַבְּרוּ אֶל-אַנְשֵׁי עִירָם לֵאמֹר: **כא** הָאֲנָשִׁים הָאֵלֶּה שְׁלֵמִים
הֵם אִתָּנוּ וְיֵשְׁבוּ בָאָרֶץ וְיִסְחֲרוּ אֹתָהּ וְהָאָרֶץ הִנֵּה רַחֲבַת-יָדַיִם
לִפְנֵיהֶם אֶת-בְּנֹתָם נִקַּח-לָנוּ לְנָשִׁים וְאֶת-בְּנֹתֵינוּ נִתֵּן לָהֶם:
כב אַךְ-בְּזֹאת יֵאֹתוּ לָנוּ הָאֲנָשִׁים לָשֶׁבֶת אִתָּנוּ-לִהְיוֹת לְעַם אֶחָד:
בְּהִמּוֹל לָנוּ כָּל-זָכָר כַּאֲשֶׁר הֵם נִמֹּלִים: **כג** מִקְנֵהֶם וְקִנְיָנָם וְכָל-
בְּהֶמְתָּם הֲלוֹא לָנוּ הֵם אַךְ נֵאוֹתָה לָהֶם וְיֵשְׁבוּ אִתָּנוּ: **כד** וַיִּשְׁמְעוּ
אֶל-חֲמוֹר וְאֶל-שְׁכֶם בְּנוֹ כָּל-יֹצְאֵי שַׁעַר עִירוֹ וַיִּמֹּלוּ כָּל-זָכָר-כָּל-
יֹצְאֵי שַׁעַר עִירוֹ: **כה** וַיְהִי בַיּוֹם הַשְּׁלִישִׁי בִּהְיוֹתָם כֹּאֲבִים וַיִּקְחוּ
שְׁנֵי-בְנֵי-יַעֲקֹב שִׁמְעוֹן וְלֵוִי אֲחֵי דִינָה אִישׁ חַרְבּוֹ וַיָּבֹאוּ עַל-הָעִיר
בֶּטַח וַיַּהַרְגוּ כָּל-זָכָר: **כו** וְאֶת-חֲמוֹר וְאֶת-שְׁכֶם בְּנוֹ הָרְגוּ לְפִי-
חָרֶב וַיִּקְחוּ אֶת-דִּינָה מִבֵּית שְׁכֶם וַיֵּצֵאוּ: **כז** בְּנֵי יַעֲקֹב בָּאוּ עַל-
הַחֲלָלִים וַיָּבֹזּוּ הָעִיר-אֲשֶׁר טִמְּאוּ אֲחוֹתָם: **כח** אֶת-צֹאנָם וְאֶת-
בְּקָרָם וְאֶת-חֲמֹרֵיהֶם וְאֵת אֲשֶׁר-בָּעִיר וְאֶת-אֲשֶׁר בַּשָּׂדֶה לָקָחוּ:
כט וְאֶת-כָּל-חֵילָם וְאֶת-כָּל-טַפָּם וְאֶת-נְשֵׁיהֶם שָׁבוּ וַיָּבֹזּוּ וְאֵת
כָּל-אֲשֶׁר בַּבָּיִת: **ל** וַיֹּאמֶר יַעֲקֹב אֶל-שִׁמְעוֹן וְאֶל-לֵוִי עֲכַרְתֶּם אֹתִי
לְהַבְאִישֵׁנִי בְּיֹשֵׁב הָאָרֶץ בַּכְּנַעֲנִי וּבַפְּרִזִּי וַאֲנִי מְתֵי מִסְפָּר וְנֶאֶסְפוּ
עָלַי וְהִכּוּנִי וְנִשְׁמַדְתִּי אֲנִי וּבֵיתִי: **לא** וַיֹּאמְרוּ: הַכְזוֹנָה יַעֲשֶׂה אֶת-
אֲחוֹתֵנוּ:

לה

א וַיֹּאמֶר אֱלֹהִים אֶל־יַעֲקֹב קוּם עֲלֵה בֵית־אֵל וְשֶׁב־שָׁם וַעֲשֵׂה־שָׁם מִזְבֵּחַ לָאֵל הַנִּרְאֶה אֵלֶיךָ בְּבָרְחֲךָ מִפְּנֵי עֵשָׂו אָחִיךָ: ב וַיֹּאמֶר יַעֲקֹב אֶל־בֵּיתוֹ וְאֶל כָּל־אֲשֶׁר עִמּוֹ הָסִרוּ אֶת־אֱלֹהֵי הַנֵּכָר אֲשֶׁר בְּתֹכְכֶם וְהִטַּהֲרוּ וְהַחֲלִיפוּ שִׂמְלֹתֵיכֶם: ג וְנָקוּמָה וְנַעֲלֶה בֵּית־אֵל וְאֶעֱשֶׂה־שָּׁם מִזְבֵּחַ לָאֵל הָעֹנֶה אֹתִי בְּיוֹם צָרָתִי וַיְהִי עִמָּדִי בַּדֶּרֶךְ אֲשֶׁר הָלָכְתִּי: ד וַיִּתְּנוּ אֶל־יַעֲקֹב אֵת כָּל־אֱלֹהֵי הַנֵּכָר אֲשֶׁר בְּיָדָם וְאֶת־הַנְּזָמִים אֲשֶׁר בְּאָזְנֵיהֶם וַיִּטְמֹן אֹתָם יַעֲקֹב תַּחַת הָאֵלָה אֲשֶׁר עִם־שְׁכֶם: ה וַיִּסָּעוּ וַיְהִי חִתַּת אֱלֹהִים עַל־הֶעָרִים אֲשֶׁר סְבִיבוֹתֵיהֶם וְלֹא רָדְפוּ אַחֲרֵי בְּנֵי יַעֲקֹב: ו וַיָּבֹא יַעֲקֹב לוּזָה אֲשֶׁר בְּאֶרֶץ כְּנַעַן הִוא בֵּית־אֵל הוּא וְכָל־הָעָם אֲשֶׁר־עִמּוֹ: ז וַיִּבֶן שָׁם מִזְבֵּחַ וַיִּקְרָא לַמָּקוֹם אֵל בֵּית־אֵל כִּי שָׁם נִגְלוּ אֵלָיו הָאֱלֹהִים בְּבָרְחוֹ מִפְּנֵי אָחִיו: ח וַתָּמָת דְּבֹרָה מֵינֶקֶת רִבְקָה וַתִּקָּבֵר מִתַּחַת לְבֵית־אֵל תַּחַת הָאַלּוֹן וַיִּקְרָא שְׁמוֹ אַלּוֹן בָּכוּת:

ט וַיֵּרָא אֱלֹהִים אֶל־יַעֲקֹב עוֹד בְּבֹאוֹ מִפַּדַּן אֲרָם וַיְבָרֶךְ אֹתוֹ: י וַיֹּאמֶר־לוֹ אֱלֹהִים שִׁמְךָ יַעֲקֹב לֹא־יִקָּרֵא שִׁמְךָ עוֹד יַעֲקֹב כִּי אִם־יִשְׂרָאֵל יִהְיֶה שְׁמֶךָ וַיִּקְרָא אֶת־שְׁמוֹ יִשְׂרָאֵל: יא וַיֹּאמֶר לוֹ אֱלֹהִים אֲנִי אֵל שַׁדַּי פְּרֵה וּרְבֵה־גּוֹי וּקְהַל גּוֹיִם יִהְיֶה מִמֶּךָּ וּמְלָכִים מֵחֲלָצֶיךָ יֵצֵאוּ: יב וְאֶת־הָאָרֶץ אֲשֶׁר נָתַתִּי לְאַבְרָהָם וּלְיִצְחָק־לְךָ אֶתְּנֶנָּה וּלְזַרְעֲךָ אַחֲרֶיךָ אֶתֵּן אֶת־הָאָרֶץ: יג וַיַּעַל מֵעָלָיו אֱלֹהִים בַּמָּקוֹם אֲשֶׁר־דִּבֶּר אִתּוֹ: יד וַיַּצֵּב יַעֲקֹב מַצֵּבָה בַּמָּקוֹם אֲשֶׁר־דִּבֶּר אִתּוֹ מַצֶּבֶת אָבֶן וַיַּסֵּךְ עָלֶיהָ נֶסֶךְ וַיִּצֹק עָלֶיהָ שָׁמֶן: טו וַיִּקְרָא יַעֲקֹב אֶת־שֵׁם הַמָּקוֹם אֲשֶׁר דִּבֶּר אִתּוֹ שָׁם אֱלֹהִים בֵּית־אֵל: טז וַיִּסְעוּ מִבֵּית אֵל וַיְהִי־עוֹד כִּבְרַת־הָאָרֶץ לָבוֹא אֶפְרָתָה וַתֵּלֶד רָחֵל וַתְּקַשׁ בְּלִדְתָּהּ: יז וַיְהִי בְהַקְשֹׁתָהּ בְּלִדְתָּהּ וַתֹּאמֶר לָהּ הַמְיַלֶּדֶת אַל־תִּירְאִי כִּי־גַם־זֶה לָךְ בֵּן: יח וַיְהִי בְּצֵאת נַפְשָׁהּ כִּי מֵתָה וַתִּקְרָא שְׁמוֹ בֶּן־אוֹנִי וְאָבִיו קָרָא־לוֹ בִנְיָמִין: יט וַתָּמָת רָחֵל וַתִּקָּבֵר בְּדֶרֶךְ אֶפְרָתָה הִוא בֵּית לָחֶם: כ וַיַּצֵּב יַעֲקֹב מַצֵּבָה עַל־קְבֻרָתָהּ הִוא מַצֶּבֶת קְבֻרַת־רָחֵל עַד־הַיּוֹם: כא וַיִּסַּע יִשְׂרָאֵל וַיֵּט אָהֳלֹה מֵהָלְאָה לְמִגְדַּל־עֵדֶר: כב וַיְהִי בִּשְׁכֹּן יִשְׂרָאֵל בָּאָרֶץ הַהִוא וַיֵּלֶךְ רְאוּבֵן וַיִּשְׁכַּב אֶת־בִּלְהָה פִּילֶגֶשׁ אָבִיו וַיִּשְׁמַע יִשְׂרָאֵל

וַיִּהְיוּ בְנֵי־יַעֲקֹב שְׁנֵים עָשָׂר: כג בְּנֵי לֵאָה בְּכוֹר יַעֲקֹב רְאוּבֵן וְשִׁמְעוֹן וְלֵוִי וִיהוּדָה וְיִשָּׂשכָר וּזְבֻלוּן: כד בְּנֵי רָחֵל יוֹסֵף וּבִנְיָמִן: כה וּבְנֵי בִלְהָה שִׁפְחַת רָחֵל דָּן וְנַפְתָּלִי: כו וּבְנֵי זִלְפָּה שִׁפְחַת

לֵאָה גָּד וְאָשֵׁר אֵלֶּה בְּנֵי יַעֲקֹב אֲשֶׁר יֻלַּד-לוֹ בְּפַדַּן אֲרָם׃ **כז** וַיָּבֹא
יַעֲקֹב אֶל-יִצְחָק אָבִיו מַמְרֵא קִרְיַת הָאַרְבַּע-הִוא חֶבְרוֹן אֲשֶׁר-גָּר-
שָׁם אַבְרָהָם וְיִצְחָק׃ **כח** וַיִּהְיוּ יְמֵי יִצְחָק-מְאַת שָׁנָה וּשְׁמֹנִים
שָׁנָה׃ **כט** וַיִּגְוַע יִצְחָק וַיָּמָת וַיֵּאָסֶף אֶל-עַמָּיו זָקֵן וּשְׂבַע יָמִים
וַיִּקְבְּרוּ אֹתוֹ עֵשָׂו וְיַעֲקֹב בָּנָיו׃

לו

א וְאֵלֶּה תֹּלְדוֹת עֵשָׂו הוּא אֱדוֹם׃ **ב** עֵשָׂו לָקַח אֶת-נָשָׁיו מִבְּנוֹת
כְּנָעַן׃ אֶת-עָדָה בַּת-אֵילוֹן הַחִתִּי וְאֶת-אָהֳלִיבָמָה בַּת-עֲנָה בַּת-
צִבְעוֹן הַחִוִּי׃ **ג** וְאֶת-בָּשְׂמַת בַּת-יִשְׁמָעֵאל אֲחוֹת נְבָיוֹת׃ **ד** וַתֵּלֶד
עָדָה לְעֵשָׂו אֶת-אֱלִיפָז וּבָשְׂמַת יָלְדָה אֶת-רְעוּאֵל׃ **ה** וְאָהֳלִיבָמָה
יָלְדָה אֶת-יעיש (יְעוּשׁ) וְאֶת-יַעְלָם וְאֶת-קֹרַח אֵלֶּה בְּנֵי עֵשָׂו אֲשֶׁר
יֻלְּדוּ-לוֹ בְּאֶרֶץ כְּנָעַן׃ **ו** וַיִּקַּח עֵשָׂו אֶת-נָשָׁיו וְאֶת-בָּנָיו וְאֶת-בְּנֹתָיו
וְאֶת-כָּל-נַפְשׁוֹת בֵּיתוֹ וְאֶת-מִקְנֵהוּ וְאֶת-כָּל-בְּהֶמְתּוֹ וְאֵת כָּל-קִנְיָנוֹ
אֲשֶׁר רָכַשׁ בְּאֶרֶץ כְּנָעַן וַיֵּלֶךְ אֶל-אֶרֶץ מִפְּנֵי יַעֲקֹב אָחִיו׃ **ז** כִּי-הָיָה
רְכוּשָׁם רָב מִשֶּׁבֶת יַחְדָּו וְלֹא יָכְלָה אֶרֶץ מְגוּרֵיהֶם לָשֵׂאת אֹתָם-
מִפְּנֵי מִקְנֵיהֶם׃ **ח** וַיֵּשֶׁב עֵשָׂו בְּהַר שֵׂעִיר עֵשָׂו הוּא אֱדוֹם׃
ט וְאֵלֶּה תֹּלְדוֹת עֵשָׂו אֲבִי אֱדוֹם בְּהַר שֵׂעִיר׃ **י** אֵלֶּה שְׁמוֹת בְּנֵי-
עֵשָׂו׃ אֱלִיפַז בֶּן-עָדָה אֵשֶׁת עֵשָׂו רְעוּאֵל בֶּן-בָּשְׂמַת אֵשֶׁת עֵשָׂו׃
יא וַיִּהְיוּ בְּנֵי אֱלִיפָז-תֵּימָן אוֹמָר צְפוֹ וְגַעְתָּם וּקְנַז׃ **יב** וְתִמְנַע
הָיְתָה פִילֶגֶשׁ לֶאֱלִיפַז בֶּן-עֵשָׂו וַתֵּלֶד לֶאֱלִיפַז אֶת-עֲמָלֵק אֵלֶּה בְּנֵי
עָדָה אֵשֶׁת עֵשָׂו׃ **יג** וְאֵלֶּה בְּנֵי רְעוּאֵל נַחַת וָזֶרַח שַׁמָּה וּמִזָּה אֵלֶּה
הָיוּ בְּנֵי בָשְׂמַת אֵשֶׁת עֵשָׂו׃ **יד** וְאֵלֶּה הָיוּ בְּנֵי אָהֳלִיבָמָה בַת-עֲנָה
בַּת-צִבְעוֹן-אֵשֶׁת עֵשָׂו וַתֵּלֶד לְעֵשָׂו אֶת-יעיש (יְעוּשׁ) וְאֶת-יַעְלָם
וְאֶת-קֹרַח׃ **טו** אֵלֶּה אַלּוּפֵי בְנֵי-עֵשָׂו׃ בְּנֵי אֱלִיפַז בְּכוֹר עֵשָׂו-אַלּוּף
תֵּימָן אַלּוּף אוֹמָר אַלּוּף צְפוֹ אַלּוּף קְנַז׃ **טז** אַלּוּף-קֹרַח אַלּוּף
גַּעְתָּם אַלּוּף עֲמָלֵק אֵלֶּה אַלּוּפֵי אֱלִיפַז בְּאֶרֶץ אֱדוֹם אֵלֶּה בְּנֵי עָדָה׃
יז וְאֵלֶּה בְּנֵי רְעוּאֵל בֶּן-עֵשָׂו-אַלּוּף נַחַת אַלּוּף זֶרַח אַלּוּף שַׁמָּה
אַלּוּף מִזָּה אֵלֶּה אַלּוּפֵי רְעוּאֵל בְּאֶרֶץ אֱדוֹם-אֵלֶּה בְּנֵי בָשְׂמַת אֵשֶׁת
עֵשָׂו׃ **יח** וְאֵלֶּה בְּנֵי אָהֳלִיבָמָה אֵשֶׁת עֵשָׂו-אַלּוּף יְעוּשׁ אַלּוּף יַעְלָם
אַלּוּף קֹרַח אֵלֶּה אַלּוּפֵי אָהֳלִיבָמָה בַּת-עֲנָה-אֵשֶׁת עֵשָׂו׃ **יט** אֵלֶּה
בְנֵי-עֵשָׂו וְאֵלֶּה אַלּוּפֵיהֶם הוּא אֱדוֹם׃
כ אֵלֶּה בְנֵי-שֵׂעִיר הַחֹרִי יֹשְׁבֵי הָאָרֶץ׃ לוֹטָן וְשׁוֹבָל וְצִבְעוֹן וַעֲנָה׃
כא וְדִשׁוֹן וְאֵצֶר וְדִישָׁן אֵלֶּה אַלּוּפֵי הַחֹרִי בְּנֵי שֵׂעִיר בְּאֶרֶץ אֱדוֹם׃
כב וַיִּהְיוּ בְנֵי-לוֹטָן חֹרִי וְהֵימָם וַאֲחוֹת לוֹטָן תִּמְנָע׃ **כג** וְאֵלֶּה בְּנֵי
שׁוֹבָל עַלְוָן וּמָנַחַת וְעֵיבָל שְׁפוֹ וְאוֹנָם׃ **כד** וְאֵלֶּה בְנֵי-צִבְעוֹן וְאַיָּה
וַעֲנָה הוּא עֲנָה אֲשֶׁר מָצָא אֶת-הַיֵּמִם בַּמִּדְבָּר בִּרְעֹתוֹ אֶת-הַחֲמֹרִים

לְצִבְעוֹן אָבִיו: **כה** וְאֵלֶּה בְנֵי־עֲנָה דִּשֹׁן וְאָהֳלִיבָמָה בַּת־עֲנָה:
כו וְאֵלֶּה בְּנֵי דִישָׁן־חֶמְדָּן וְאֶשְׁבָּן וְיִתְרָן וּכְרָן: **כז** אֵלֶּה בְּנֵי־אֵצֶר־
בִּלְהָן וְזַעֲוָן וַעֲקָן: **כח** אֵלֶּה בְנֵי־דִישָׁן עוּץ וַאֲרָן: **כט** אֵלֶּה אַלּוּפֵי
הַחֹרִי: אַלּוּף לוֹטָן אַלּוּף שׁוֹבָל אַלּוּף צִבְעוֹן אַלּוּף עֲנָה: **ל** אַלּוּף
דִּשֹׁן אַלּוּף אֵצֶר אַלּוּף דִּישָׁן אֵלֶּה אַלּוּפֵי הַחֹרִי לְאַלֻּפֵיהֶם בְּאֶרֶץ
שֵׂעִיר:

לא וְאֵלֶּה הַמְּלָכִים אֲשֶׁר מָלְכוּ בְּאֶרֶץ אֱדוֹם לִפְנֵי מְלָךְ־מֶלֶךְ לִבְנֵי
יִשְׂרָאֵל: **לב** וַיִּמְלֹךְ בֶּאֱדוֹם בֶּלַע בֶּן־בְּעוֹר וְשֵׁם עִירוֹ דִּנְהָבָה:
לג וַיָּמָת בָּלַע וַיִּמְלֹךְ תַּחְתָּיו יוֹבָב בֶּן־זֶרַח מִבָּצְרָה: **לד** וַיָּמָת
יוֹבָב וַיִּמְלֹךְ תַּחְתָּיו חֻשָׁם מֵאֶרֶץ הַתֵּימָנִי: **לה** וַיָּמָת חֻשָׁם וַיִּמְלֹךְ
תַּחְתָּיו הֲדַד בֶּן־בְּדַד הַמַּכֶּה אֶת־מִדְיָן בִּשְׂדֵה מוֹאָב וְשֵׁם עִירוֹ
עֲוִית: **לו** וַיָּמָת הֲדָד וַיִּמְלֹךְ תַּחְתָּיו שַׂמְלָה מִמַּשְׂרֵקָה: **לז** וַיָּמָת
שַׂמְלָה וַיִּמְלֹךְ תַּחְתָּיו שָׁאוּל מֵרְחֹבוֹת הַנָּהָר: **לח** וַיָּמָת שָׁאוּל
וַיִּמְלֹךְ תַּחְתָּיו בַּעַל חָנָן בֶּן־עַכְבּוֹר: **לט** וַיָּמָת בַּעַל חָנָן בֶּן־עַכְבּוֹר
וַיִּמְלֹךְ תַּחְתָּיו הֲדַר וְשֵׁם עִירוֹ פָּעוּ וְשֵׁם אִשְׁתּוֹ מְהֵיטַבְאֵל בַּת־
מַטְרֵד בַּת מֵי זָהָב: **מ** וְאֵלֶּה שְׁמוֹת אַלּוּפֵי עֵשָׂו לְמִשְׁפְּחֹתָם
לִמְקֹמֹתָם בִּשְׁמֹתָם: אַלּוּף תִּמְנָע אַלּוּף עַלְוָה אַלּוּף יְתֵת:
מא אַלּוּף אָהֳלִיבָמָה אַלּוּף אֵלָה אַלּוּף פִּינֹן: **מב** אַלּוּף קְנַז אַלּוּף
תֵּימָן אַלּוּף מִבְצָר: **מג** אַלּוּף מַגְדִּיאֵל אַלּוּף עִירָם אֵלֶּה אַלּוּפֵי
אֱדוֹם לְמֹשְׁבֹתָם בְּאֶרֶץ אֲחֻזָּתָם־הוּא עֵשָׂו אֲבִי אֱדוֹם:

לז

א וַיֵּשֶׁב יַעֲקֹב בְּאֶרֶץ מְגוּרֵי אָבִיו־בְּאֶרֶץ כְּנָעַן: **ב** אֵלֶּה תֹּלְדוֹת
יַעֲקֹב יוֹסֵף בֶּן־שְׁבַע־עֶשְׂרֵה שָׁנָה הָיָה רֹעֶה אֶת־אֶחָיו בַּצֹּאן וְהוּא
נַעַר אֶת־בְּנֵי בִלְהָה וְאֶת־בְּנֵי זִלְפָּה נְשֵׁי אָבִיו וַיָּבֵא יוֹסֵף אֶת־דִּבָּתָם
רָעָה אֶל־אֲבִיהֶם: **ג** וְיִשְׂרָאֵל אָהַב אֶת־יוֹסֵף מִכָּל־בָּנָיו־כִּי־בֶן־
זְקֻנִים הוּא לוֹ וְעָשָׂה לוֹ כְּתֹנֶת פַּסִּים: **ד** וַיִּרְאוּ אֶחָיו כִּי־אֹתוֹ
אָהַב אֲבִיהֶם מִכָּל־אֶחָיו־וַיִּשְׂנְאוּ אֹתוֹ וְלֹא יָכְלוּ דַּבְּרוֹ לְשָׁלֹם:
ה וַיַּחֲלֹם יוֹסֵף חֲלוֹם וַיַּגֵּד לְאֶחָיו וַיּוֹסִפוּ עוֹד שְׂנֹא אֹתוֹ:
ו וַיֹּאמֶר אֲלֵיהֶם: שִׁמְעוּ־נָא הַחֲלוֹם הַזֶּה אֲשֶׁר חָלָמְתִּי: **ז** וְהִנֵּה
אֲנַחְנוּ מְאַלְּמִים אֲלֻמִּים בְּתוֹךְ הַשָּׂדֶה וְהִנֵּה קָמָה אֲלֻמָּתִי וְגַם־
נִצָּבָה וְהִנֵּה תְסֻבֶּינָה אֲלֻמֹּתֵיכֶם וַתִּשְׁתַּחֲוֶיןָ לַאֲלֻמָּתִי: **ח** וַיֹּאמְרוּ
לוֹ אֶחָיו הֲמָלֹךְ תִּמְלֹךְ עָלֵינוּ אִם־מָשׁוֹל תִּמְשֹׁל בָּנוּ וַיּוֹסִפוּ עוֹד שְׂנֹא
אֹתוֹ עַל־חֲלֹמֹתָיו וְעַל־דְּבָרָיו: **ט** וַיַּחֲלֹם עוֹד חֲלוֹם אַחֵר וַיְסַפֵּר
אֹתוֹ לְאֶחָיו וַיֹּאמֶר הִנֵּה חָלַמְתִּי חֲלוֹם עוֹד וְהִנֵּה הַשֶּׁמֶשׁ וְהַיָּרֵחַ
וְאַחַד עָשָׂר כּוֹכָבִים מִשְׁתַּחֲוִים לִי: **י** וַיְסַפֵּר אֶל־אָבִיו וְאֶל־אֶחָיו
וַיִּגְעַר־בּוֹ אָבִיו וַיֹּאמֶר לוֹ מָה הַחֲלוֹם הַזֶּה אֲשֶׁר חָלָמְתָּ הֲבוֹא

נָבוֹא אֲנִי וְאִמְּךָ וְאַחֶיךָ לְהִשְׁתַּחֲוֹת לְךָ אָרְצָה: **יא** וַיְקַנְאוּ-בוֹ
אֶחָיו וְאָבִיו שָׁמַר אֶת-הַדָּבָר: **יב** וַיֵּלְכוּ אֶחָיו לִרְעוֹת אֶת-צֹאן
אֲבִיהֶם בִּשְׁכֶם: **יג** וַיֹּאמֶר יִשְׂרָאֵל אֶל-יוֹסֵף הֲלוֹא אַחֶיךָ רֹעִים
בִּשְׁכֶם לְכָה וְאֶשְׁלָחֲךָ אֲלֵיהֶם וַיֹּאמֶר לוֹ הִנֵּנִי: **יד** וַיֹּאמֶר לוֹ לֶךְ-
נָא רְאֵה אֶת-שְׁלוֹם אַחֶיךָ וְאֶת-שְׁלוֹם הַצֹּאן וַהֲשִׁבֵנִי דָּבָר וַיִּשְׁלָחֵהוּ
מֵעֵמֶק חֶבְרוֹן וַיָּבֹא שְׁכֶמָה: **טו** וַיִּמְצָאֵהוּ אִישׁ וְהִנֵּה תֹעֶה בַּשָּׂדֶה
וַיִּשְׁאָלֵהוּ הָאִישׁ לֵאמֹר מַה-תְּבַקֵּשׁ: **טז** וַיֹּאמֶר אֶת-אַחַי אָנֹכִי
מְבַקֵּשׁ הַגִּידָה-נָּא לִי אֵיפֹה הֵם רֹעִים: **יז** וַיֹּאמֶר הָאִישׁ נָסְעוּ
מִזֶּה-כִּי שָׁמַעְתִּי אֹמְרִים נֵלְכָה דֹּתָיְנָה וַיֵּלֶךְ יוֹסֵף אַחַר אֶחָיו
וַיִּמְצָאֵם בְּדֹתָן: **יח** וַיִּרְאוּ אֹתוֹ מֵרָחֹק וּבְטֶרֶם יִקְרַב אֲלֵיהֶם
וַיִּתְנַכְּלוּ אֹתוֹ לַהֲמִיתוֹ: **יט** וַיֹּאמְרוּ אִישׁ אֶל-אָחִיו הִנֵּה בַּעַל
הַחֲלֹמוֹת הַלָּזֶה-בָּא: **כ** וְעַתָּה לְכוּ וְנַהַרְגֵהוּ וְנַשְׁלִכֵהוּ בְּאַחַד
הַבֹּרוֹת וְאָמַרְנוּ חַיָּה רָעָה אֲכָלָתְהוּ וְנִרְאֶה מַה-יִּהְיוּ חֲלֹמֹתָיו:
כא וַיִּשְׁמַע רְאוּבֵן וַיַּצִּלֵהוּ מִיָּדָם וַיֹּאמֶר לֹא נַכֶּנּוּ נָפֶשׁ:
כב וַיֹּאמֶר אֲלֵהֶם רְאוּבֵן אַל-תִּשְׁפְּכוּ-דָם הַשְׁלִיכוּ אֹתוֹ אֶל-הַבּוֹר
הַזֶּה אֲשֶׁר בַּמִּדְבָּר וְיָד אַל-תִּשְׁלְחוּ-בוֹ: לְמַעַן הַצִּיל אֹתוֹ מִיָּדָם
לַהֲשִׁיבוֹ אֶל-אָבִיו: **כג** וַיְהִי כַּאֲשֶׁר-בָּא יוֹסֵף אֶל-אֶחָיו וַיַּפְשִׁיטוּ
אֶת-יוֹסֵף אֶת-כֻּתָּנְתּוֹ אֶת-כְּתֹנֶת הַפַּסִּים אֲשֶׁר עָלָיו: **כד** וַיִּקָּחֻהוּ-
וַיַּשְׁלִכוּ אֹתוֹ הַבֹּרָה וְהַבּוֹר רֵק אֵין בּוֹ מָיִם: **כה** וַיֵּשְׁבוּ לֶאֱכָל-
לֶחֶם וַיִּשְׂאוּ עֵינֵיהֶם וַיִּרְאוּ וְהִנֵּה אֹרְחַת יִשְׁמְעֵאלִים בָּאָה מִגִּלְעָד
וּגְמַלֵּיהֶם נֹשְׂאִים נְכֹאת וּצְרִי וָלֹט-הוֹלְכִים לְהוֹרִיד מִצְרָיְמָה:
כו וַיֹּאמֶר יְהוּדָה אֶל-אֶחָיו: מַה-בֶּצַע כִּי נַהֲרֹג אֶת-אָחִינוּ וְכִסִּינוּ
אֶת-דָּמוֹ: **כז** לְכוּ וְנִמְכְּרֶנּוּ לַיִּשְׁמְעֵאלִים וְיָדֵנוּ אַל-תְּהִי-בוֹ כִּי-
אָחִינוּ בְשָׂרֵנוּ הוּא וַיִּשְׁמְעוּ אֶחָיו: **כח** וַיַּעַבְרוּ אֲנָשִׁים מִדְיָנִים
סֹחֲרִים וַיִּמְשְׁכוּ וַיַּעֲלוּ אֶת-יוֹסֵף מִן-הַבּוֹר וַיִּמְכְּרוּ אֶת-יוֹסֵף
לַיִּשְׁמְעֵאלִים בְּעֶשְׂרִים כָּסֶף וַיָּבִיאוּ אֶת-יוֹסֵף מִצְרָיְמָה: **כט** וַיָּשָׁב
רְאוּבֵן אֶל-הַבּוֹר וְהִנֵּה אֵין-יוֹסֵף בַּבּוֹר וַיִּקְרַע אֶת-בְּגָדָיו: **ל** וַיָּשָׁב
אֶל-אֶחָיו וַיֹּאמַר: הַיֶּלֶד אֵינֶנּוּ וַאֲנִי אָנָה אֲנִי-בָא: **לא** וַיִּקְחוּ אֶת-
כְּתֹנֶת יוֹסֵף וַיִּשְׁחֲטוּ שְׂעִיר עִזִּים וַיִּטְבְּלוּ אֶת-הַכֻּתֹּנֶת בַּדָּם:
לב וַיְשַׁלְּחוּ אֶת-כְּתֹנֶת הַפַּסִּים וַיָּבִיאוּ אֶל-אֲבִיהֶם וַיֹּאמְרוּ זֹאת
מָצָאנוּ: הַכֶּר-נָא הַכְּתֹנֶת בִּנְךָ הִוא-אִם-לֹא: **לג** וַיַּכִּירָהּ וַיֹּאמֶר
כְּתֹנֶת בְּנִי חַיָּה רָעָה אֲכָלָתְהוּ טָרֹף טֹרַף יוֹסֵף: **לד** וַיִּקְרַע יַעֲקֹב
שִׂמְלֹתָיו וַיָּשֶׂם שַׂק בְּמָתְנָיו וַיִּתְאַבֵּל עַל-בְּנוֹ יָמִים רַבִּים:
לה וַיָּקֻמוּ כָל-בָּנָיו וְכָל-בְּנֹתָיו לְנַחֲמוֹ וַיְמָאֵן לְהִתְנַחֵם וַיֹּאמֶר כִּי-
אֵרֵד אֶל-בְּנִי אָבֵל שְׁאֹלָה וַיֵּבְךְּ אֹתוֹ אָבִיו: **לו** וְהַמְּדָנִים מָכְרוּ
אֹתוֹ אֶל-מִצְרָיִם: לְפוֹטִיפַר סְרִיס פַּרְעֹה שַׂר הַטַּבָּחִים:

לח

א וַיְהִי בָּעֵת הַהִוא וַיֵּרֶד יְהוּדָה מֵאֵת אֶחָיו וַיֵּט עַד-אִישׁ עֲדֻלָּמִי
וּשְׁמוֹ חִירָה: **ב** וַיַּרְא-שָׁם יְהוּדָה בַּת-אִישׁ כְּנַעֲנִי וּשְׁמוֹ שׁוּעַ וַיִּקָּחֶהָ
וַיָּבֹא אֵלֶיהָ: **ג** וַתַּהַר וַתֵּלֶד בֵּן וַיִּקְרָא אֶת-שְׁמוֹ עֵר: **ד** וַתַּהַר עוֹד
וַתֵּלֶד בֵּן וַתִּקְרָא אֶת-שְׁמוֹ אוֹנָן: **ה** וַתֹּסֶף עוֹד וַתֵּלֶד בֵּן וַתִּקְרָא
אֶת-שְׁמוֹ שֵׁלָה וְהָיָה בִכְזִיב בְּלִדְתָּהּ אֹתוֹ: **ו** וַיִּקַּח יְהוּדָה אִשָּׁה
לְעֵר בְּכוֹרוֹ וּשְׁמָהּ תָּמָר: **ז** וַיְהִי עֵר בְּכוֹר יְהוּדָה-רַע בְּעֵינֵי יְהוָה
וַיְמִתֵהוּ יְהוָה: **ח** וַיֹּאמֶר יְהוּדָה לְאוֹנָן בֹּא אֶל-אֵשֶׁת אָחִיךָ וְיַבֵּם
אֹתָהּ וְהָקֵם זֶרַע לְאָחִיךָ: **ט** וַיֵּדַע אוֹנָן כִּי לֹּא לוֹ יִהְיֶה הַזָּרַע וְהָיָה
אִם-בָּא אֶל-אֵשֶׁת אָחִיו וְשִׁחֵת אַרְצָה לְבִלְתִּי נְתָן-זֶרַע לְאָחִיו:
י וַיֵּרַע בְּעֵינֵי יְהוָה אֲשֶׁר עָשָׂה וַיָּמֶת גַּם-אֹתוֹ: **יא** וַיֹּאמֶר יְהוּדָה
לְתָמָר כַּלָּתוֹ שְׁבִי אַלְמָנָה בֵית-אָבִיךְ עַד-יִגְדַּל שֵׁלָה בְנִי-כִּי אָמַר פֶּן-
יָמוּת גַּם-הוּא כְּאֶחָיו וַתֵּלֶךְ תָּמָר וַתֵּשֶׁב בֵּית אָבִיהָ: **יב** וַיִּרְבּוּ
הַיָּמִים וַתָּמָת בַּת-שׁוּעַ אֵשֶׁת-יְהוּדָה וַיִּנָּחֶם יְהוּדָה וַיַּעַל עַל-גֹּזְזֵי
צֹאנוֹ הוּא וְחִירָה רֵעֵהוּ הָעֲדֻלָּמִי-תִּמְנָתָה: **יג** וַיֻּגַּד לְתָמָר לֵאמֹר:
הִנֵּה חָמִיךְ עֹלֶה תִמְנָתָה לָגֹז צֹאנוֹ: **יד** וַתָּסַר בִּגְדֵי אַלְמְנוּתָהּ
מֵעָלֶיהָ וַתְּכַס בַּצָּעִיף וַתִּתְעַלָּף וַתֵּשֶׁב בְּפֶתַח עֵינַיִם אֲשֶׁר עַל-דֶּרֶךְ
תִּמְנָתָה: כִּי רָאֲתָה כִּי-גָדַל שֵׁלָה וְהִוא לֹא-נִתְּנָה לוֹ לְאִשָּׁה:
טו וַיִּרְאֶהָ יְהוּדָה וַיַּחְשְׁבֶהָ לְזוֹנָה: כִּי כִסְּתָה פָּנֶיהָ: **טז** וַיֵּט אֵלֶיהָ
אֶל-הַדֶּרֶךְ וַיֹּאמֶר הָבָה-נָּא אָבוֹא אֵלַיִךְ כִּי לֹא יָדַע כִּי כַלָּתוֹ הִוא
וַתֹּאמֶר מַה-תִּתֶּן-לִי כִּי תָבוֹא אֵלָי: **יז** וַיֹּאמֶר אָנֹכִי אֲשַׁלַּח גְּדִי-
עִזִּים מִן-הַצֹּאן וַתֹּאמֶר אִם-תִּתֵּן עֵרָבוֹן עַד שָׁלְחֶךָ: **יח** וַיֹּאמֶר
מָה הָעֵרָבוֹן אֲשֶׁר אֶתֶּן-לָךְ וַתֹּאמֶר חֹתָמְךָ וּפְתִילֶךָ וּמַטְּךָ אֲשֶׁר
בְּיָדֶךָ וַיִּתֶּן-לָהּ וַיָּבֹא אֵלֶיהָ וַתַּהַר לוֹ: **יט** וַתָּקָם וַתֵּלֶךְ וַתָּסַר
צְעִיפָהּ מֵעָלֶיהָ וַתִּלְבַּשׁ בִּגְדֵי אַלְמְנוּתָהּ: **כ** וַיִּשְׁלַח יְהוּדָה אֶת-גְּדִי
הָעִזִּים בְּיַד רֵעֵהוּ הָעֲדֻלָּמִי לָקַחַת הָעֵרָבוֹן מִיַּד הָאִשָּׁה וְלֹא מְצָאָהּ:
כא וַיִּשְׁאַל אֶת-אַנְשֵׁי מְקֹמָהּ לֵאמֹר אַיֵּה הַקְּדֵשָׁה הִוא בָעֵינַיִם
עַל-הַדָּרֶךְ וַיֹּאמְרוּ לֹא-הָיְתָה בָזֶה קְדֵשָׁה: **כב** וַיָּשָׁב אֶל-יְהוּדָה
וַיֹּאמֶר לֹא מְצָאתִיהָ וְגַם אַנְשֵׁי הַמָּקוֹם אָמְרוּ לֹא-הָיְתָה בָזֶה
קְדֵשָׁה: **כג** וַיֹּאמֶר יְהוּדָה תִּקַּח-לָהּ פֶּן נִהְיֶה לָבוּז הִנֵּה שָׁלַחְתִּי
הַגְּדִי הַזֶּה וְאַתָּה לֹא מְצָאתָהּ: **כד** וַיְהִי כְּמִשְׁלֹשׁ חֳדָשִׁים וַיֻּגַּד
לִיהוּדָה לֵאמֹר זָנְתָה תָּמָר כַּלָּתֶךָ וְגַם הִנֵּה הָרָה לִזְנוּנִים וַיֹּאמֶר
יְהוּדָה הוֹצִיאוּהָ וְתִשָּׂרֵף: **כה** הִוא מוּצֵאת וְהִיא שָׁלְחָה אֶל-חָמִיהָ
לֵאמֹר לְאִישׁ אֲשֶׁר-אֵלֶּה לּוֹ אָנֹכִי הָרָה וַתֹּאמֶר הַכֶּר-נָא-לְמִי
הַחֹתֶמֶת וְהַפְּתִילִים וְהַמַּטֶּה הָאֵלֶּה: **כו** וַיַּכֵּר יְהוּדָה וַיֹּאמֶר
צָדְקָה מִמֶּנִּי כִּי-עַל-כֵּן לֹא-נְתַתִּיהָ לְשֵׁלָה בְנִי וְלֹא-יָסַף עוֹד

לְדַעְתָּהּ: **כז** וַיְהִי בְּעֵת לִדְתָּהּ וְהִנֵּה תְאוֹמִים בְּבִטְנָהּ: **כח** וַיְהִי
בְלִדְתָּהּ וַיִּתֶּן-יָד וַתִּקַּח הַמְיַלֶּדֶת וַתִּקְשֹׁר עַל-יָדוֹ שָׁנִי לֵאמֹר זֶה
יָצָא רִאשֹׁנָה: **כט** וַיְהִי כְּמֵשִׁיב יָדוֹ וְהִנֵּה יָצָא אָחִיו וַתֹּאמֶר מַה-
פָּרַצְתָּ עָלֶיךָ פָּרֶץ וַיִּקְרָא שְׁמוֹ פָּרֶץ: **ל** וְאַחַר יָצָא אָחִיו אֲשֶׁר עַל-
יָדוֹ הַשָּׁנִי וַיִּקְרָא שְׁמוֹ זָרַח:

לט

א וְיוֹסֵף הוּרַד מִצְרָיְמָה וַיִּקְנֵהוּ פּוֹטִיפַר סְרִיס פַּרְעֹה שַׂר
הַטַּבָּחִים אִישׁ מִצְרִי מִיַּד הַיִּשְׁמְעֵאלִים אֲשֶׁר הוֹרִדֻהוּ שָׁמָּה:
ב וַיְהִי יְהוָה אֶת-יוֹסֵף וַיְהִי אִישׁ מַצְלִיחַ וַיְהִי בְּבֵית אֲדֹנָיו
הַמִּצְרִי: **ג** וַיַּרְא אֲדֹנָיו כִּי יְהוָה אִתּוֹ וְכֹל אֲשֶׁר-הוּא עֹשֶׂה יְהוָה
מַצְלִיחַ בְּיָדוֹ: **ד** וַיִּמְצָא יוֹסֵף חֵן בְּעֵינָיו וַיְשָׁרֶת אֹתוֹ וַיַּפְקִדֵהוּ עַל-
בֵּיתוֹ וְכָל-יֶשׁ-לוֹ נָתַן בְּיָדוֹ: **ה** וַיְהִי מֵאָז הִפְקִיד אֹתוֹ בְּבֵיתוֹ וְעַל
כָּל-אֲשֶׁר יֶשׁ-לוֹ וַיְבָרֶךְ יְהוָה אֶת-בֵּית הַמִּצְרִי בִּגְלַל יוֹסֵף וַיְהִי
בִּרְכַּת יְהוָה בְּכָל-אֲשֶׁר יֶשׁ-לוֹ בַּבַּיִת וּבַשָּׂדֶה: **ו** וַיַּעֲזֹב כָּל-אֲשֶׁר-לוֹ
בְּיַד-יוֹסֵף וְלֹא-יָדַע אִתּוֹ מְאוּמָה כִּי אִם-הַלֶּחֶם אֲשֶׁר-הוּא אוֹכֵל
וַיְהִי יוֹסֵף יְפֵה-תֹאַר וִיפֵה מַרְאֶה: **ז** וַיְהִי אַחַר הַדְּבָרִים הָאֵלֶּה
וַתִּשָּׂא אֵשֶׁת-אֲדֹנָיו אֶת-עֵינֶיהָ אֶל-יוֹסֵף וַתֹּאמֶר שִׁכְבָה עִמִּי:
ח וַיְמָאֵן-וַיֹּאמֶר אֶל-אֵשֶׁת אֲדֹנָיו הֵן אֲדֹנִי לֹא-יָדַע אִתִּי מַה-בַּבָּיִת
וְכֹל אֲשֶׁר-יֶשׁ-לוֹ נָתַן בְּיָדִי: **ט** אֵינֶנּוּ גָדוֹל בַּבַּיִת הַזֶּה מִמֶּנִּי וְלֹא-
חָשַׂךְ מִמֶּנִּי מְאוּמָה כִּי אִם-אוֹתָךְ בַּאֲשֶׁר אַתְּ-אִשְׁתּוֹ וְאֵיךְ אֶעֱשֶׂה
הָרָעָה הַגְּדֹלָה הַזֹּאת וְחָטָאתִי לֵאלֹהִים: **י** וַיְהִי כְּדַבְּרָהּ אֶל-יוֹסֵף
יוֹם יוֹם וְלֹא-שָׁמַע אֵלֶיהָ לִשְׁכַּב אֶצְלָהּ לִהְיוֹת עִמָּהּ: **יא** וַיְהִי
כְּהַיּוֹם הַזֶּה וַיָּבֹא הַבַּיְתָה לַעֲשׂוֹת מְלַאכְתּוֹ וְאֵין אִישׁ מֵאַנְשֵׁי הַבַּיִת
שָׁם-בַּבָּיִת: **יב** וַתִּתְפְּשֵׂהוּ בְּבִגְדוֹ לֵאמֹר שִׁכְבָה עִמִּי וַיַּעֲזֹב בִּגְדוֹ
בְּיָדָהּ וַיָּנָס וַיֵּצֵא הַחוּצָה: **יג** וַיְהִי כִּרְאוֹתָהּ כִּי-עָזַב בִּגְדוֹ בְּיָדָהּ
וַיָּנָס הַחוּצָה: **יד** וַתִּקְרָא לְאַנְשֵׁי בֵיתָהּ וַתֹּאמֶר לָהֶם לֵאמֹר רְאוּ
הֵבִיא לָנוּ אִישׁ עִבְרִי לְצַחֶק בָּנוּ: בָּא אֵלַי לִשְׁכַּב עִמִּי וָאֶקְרָא בְּקוֹל
גָּדוֹל: **טו** וַיְהִי כְשָׁמְעוֹ כִּי-הֲרִימֹתִי קוֹלִי וָאֶקְרָא וַיַּעֲזֹב בִּגְדוֹ אֶצְלִי
וַיָּנָס וַיֵּצֵא הַחוּצָה: **טז** וַתַּנַּח בִּגְדוֹ אֶצְלָהּ עַד-בּוֹא אֲדֹנָיו אֶל-
בֵּיתוֹ: **יז** וַתְּדַבֵּר אֵלָיו כַּדְּבָרִים הָאֵלֶּה לֵאמֹר: בָּא-אֵלַי הָעֶבֶד
הָעִבְרִי אֲשֶׁר-הֵבֵאתָ לָּנוּ-לְצַחֶק בִּי: **יח** וַיְהִי כַּהֲרִימִי קוֹלִי וָאֶקְרָא
וַיַּעֲזֹב בִּגְדוֹ אֶצְלִי וַיָּנָס הַחוּצָה: **יט** וַיְהִי כִשְׁמֹעַ אֲדֹנָיו אֶת-דִּבְרֵי
אִשְׁתּוֹ אֲשֶׁר דִּבְּרָה אֵלָיו לֵאמֹר כַּדְּבָרִים הָאֵלֶּה עָשָׂה לִי עַבְדֶּךָ וַיִּחַר
אַפּוֹ: **כ** וַיִּקַּח אֲדֹנֵי יוֹסֵף אֹתוֹ וַיִּתְּנֵהוּ אֶל-בֵּית הַסֹּהַר-מְקוֹם
אֲשֶׁר-אסורי (אֲסִירֵי) הַמֶּלֶךְ אֲסוּרִים וַיְהִי-שָׁם בְּבֵית הַסֹּהַר:
כא וַיְהִי יְהוָה אֶת-יוֹסֵף וַיֵּט אֵלָיו חָסֶד וַיִּתֵּן חִנּוֹ בְּעֵינֵי שַׂר בֵּית-

הַסֹּהַר׃ **כב** וַיִּתֵּן שַׂר בֵּית-הַסֹּהַר בְּיַד-יוֹסֵף אֵת כָּל-הָאֲסִירִם
אֲשֶׁר בְּבֵית הַסֹּהַר וְאֵת כָּל-אֲשֶׁר עֹשִׂים שָׁם הוּא הָיָה עֹשֶׂה׃
כג אֵין שַׂר בֵּית-הַסֹּהַר רֹאֶה אֶת-כָּל-מְאוּמָה בְּיָדוֹ בַּאֲשֶׁר יְהוָה
אִתּוֹ וַאֲשֶׁר-הוּא עֹשֶׂה יְהוָה מַצְלִיחַ׃

מ

א וַיְהִי אַחַר הַדְּבָרִים הָאֵלֶּה חָטְאוּ מַשְׁקֵה מֶלֶךְ-מִצְרַיִם וְהָאֹפֶה-
לַאֲדֹנֵיהֶם לְמֶלֶךְ מִצְרָיִם׃ **ב** וַיִּקְצֹף פַּרְעֹה עַל שְׁנֵי סָרִיסָיו-עַל שַׂר
הַמַּשְׁקִים וְעַל שַׂר הָאוֹפִים׃ **ג** וַיִּתֵּן אֹתָם בְּמִשְׁמַר בֵּית שַׂר
הַטַּבָּחִים-אֶל-בֵּית הַסֹּהַר׃ מְקוֹם אֲשֶׁר יוֹסֵף אָסוּר שָׁם׃ **ד** וַיִּפְקֹד
שַׂר הַטַּבָּחִים אֶת-יוֹסֵף אִתָּם-וַיְשָׁרֶת אֹתָם וַיִּהְיוּ יָמִים בְּמִשְׁמָר׃
ה וַיַּחַלְמוּ חֲלוֹם שְׁנֵיהֶם אִישׁ חֲלֹמוֹ בְּלַיְלָה אֶחָד-אִישׁ כְּפִתְרוֹן
חֲלֹמוֹ׃ הַמַּשְׁקֶה וְהָאֹפֶה אֲשֶׁר לְמֶלֶךְ מִצְרַיִם אֲשֶׁר אֲסוּרִים בְּבֵית
הַסֹּהַר׃ **ו** וַיָּבֹא אֲלֵיהֶם יוֹסֵף בַּבֹּקֶר וַיַּרְא אֹתָם וְהִנָּם זֹעֲפִים׃
ז וַיִּשְׁאַל אֶת-סְרִיסֵי פַרְעֹה אֲשֶׁר אִתּוֹ בְמִשְׁמַר בֵּית אֲדֹנָיו-לֵאמֹר׃
מַדּוּעַ פְּנֵיכֶם רָעִים הַיּוֹם׃ **ח** וַיֹּאמְרוּ אֵלָיו-חֲלוֹם חָלַמְנוּ וּפֹתֵר
אֵין אֹתוֹ וַיֹּאמֶר אֲלֵהֶם יוֹסֵף הֲלוֹא לֵאלֹהִים פִּתְרֹנִים-סַפְּרוּ-נָא
לִי׃ **ט** וַיְסַפֵּר שַׂר-הַמַּשְׁקִים אֶת-חֲלֹמוֹ לְיוֹסֵף וַיֹּאמֶר לוֹ-בַּחֲלוֹמִי
וְהִנֵּה-גֶפֶן לְפָנָי׃ **י** וּבַגֶּפֶן שְׁלֹשָׁה שָׂרִיגִם וְהִוא כְפֹרַחַת עָלְתָה נִצָּהּ
הִבְשִׁילוּ אַשְׁכְּלֹתֶיהָ עֲנָבִים׃ **יא** וְכוֹס פַּרְעֹה בְּיָדִי וָאֶקַּח אֶת-
הָעֲנָבִים וָאֶשְׂחַט אֹתָם אֶל-כּוֹס פַּרְעֹה וָאֶתֵּן אֶת-הַכּוֹס עַל-כַּף
פַּרְעֹה׃ **יב** וַיֹּאמֶר לוֹ יוֹסֵף זֶה פִּתְרֹנוֹ׃ שְׁלֹשֶׁת הַשָּׂרִגִים-שְׁלֹשֶׁת
יָמִים הֵם׃ **יג** בְּעוֹד שְׁלֹשֶׁת יָמִים יִשָּׂא פַרְעֹה אֶת-רֹאשֶׁךָ וַהֲשִׁיבְךָ
עַל-כַּנֶּךָ וְנָתַתָּ כוֹס-פַּרְעֹה בְּיָדוֹ כַּמִּשְׁפָּט הָרִאשׁוֹן אֲשֶׁר הָיִיתָ
מַשְׁקֵהוּ׃ **יד** כִּי אִם-זְכַרְתַּנִי אִתְּךָ כַּאֲשֶׁר יִיטַב לָךְ וְעָשִׂיתָ-נָּא עִמָּדִי
חָסֶד וְהִזְכַּרְתַּנִי אֶל-פַּרְעֹה וְהוֹצֵאתַנִי מִן-הַבַּיִת הַזֶּה׃ **טו** כִּי-גֻנֹּב
גֻּנַּבְתִּי מֵאֶרֶץ הָעִבְרִים וְגַם-פֹּה לֹא-עָשִׂיתִי מְאוּמָה כִּי-שָׂמוּ אֹתִי
בַּבּוֹר׃ **טז** וַיַּרְא שַׂר-הָאֹפִים כִּי טוֹב פָּתָר וַיֹּאמֶר אֶל-יוֹסֵף אַף-
אֲנִי בַּחֲלוֹמִי וְהִנֵּה שְׁלֹשָׁה סַלֵּי חֹרִי עַל-רֹאשִׁי׃ **יז** וּבַסַּל הָעֶלְיוֹן
מִכֹּל מַאֲכַל פַּרְעֹה-מַעֲשֵׂה אֹפֶה וְהָעוֹף אֹכֵל אֹתָם מִן-הַסַּל-מֵעַל
רֹאשִׁי׃ **יח** וַיַּעַן יוֹסֵף וַיֹּאמֶר זֶה פִּתְרֹנוֹ׃ שְׁלֹשֶׁת הַסַּלִּים-שְׁלֹשֶׁת
יָמִים הֵם׃ **יט** בְּעוֹד שְׁלֹשֶׁת יָמִים יִשָּׂא פַרְעֹה אֶת-רֹאשְׁךָ מֵעָלֶיךָ
וְתָלָה אוֹתְךָ עַל-עֵץ וְאָכַל הָעוֹף אֶת-בְּשָׂרְךָ מֵעָלֶיךָ׃ **כ** וַיְהִי בַּיּוֹם
הַשְּׁלִישִׁי יוֹם הֻלֶּדֶת אֶת-פַּרְעֹה וַיַּעַשׂ מִשְׁתֶּה לְכָל-עֲבָדָיו וַיִּשָּׂא אֶת-
רֹאשׁ שַׂר הַמַּשְׁקִים וְאֶת-רֹאשׁ שַׂר הָאֹפִים-בְּתוֹךְ עֲבָדָיו׃
כא וַיָּשֶׁב אֶת-שַׂר הַמַּשְׁקִים עַל-מַשְׁקֵהוּ וַיִּתֵּן הַכּוֹס עַל-כַּף פַּרְעֹה׃

כב וְאֵת שַׂר הָאֹפִים תָּלָה: כַּאֲשֶׁר פָּתַר לָהֶם יוֹסֵף: כג וְלֹא־זָכַר שַׂר־הַמַּשְׁקִים אֶת־יוֹסֵף וַיִּשְׁכָּחֵהוּ:

מא

א וַיְהִי מִקֵּץ שְׁנָתַיִם יָמִים וּפַרְעֹה חֹלֵם וְהִנֵּה עֹמֵד עַל־הַיְאֹר: ב וְהִנֵּה מִן־הַיְאֹר עֹלֹת שֶׁבַע פָּרוֹת יְפוֹת מַרְאֶה וּבְרִיאֹת בָּשָׂר וַתִּרְעֶינָה בָּאָחוּ: ג וְהִנֵּה שֶׁבַע פָּרוֹת אֲחֵרוֹת עֹלוֹת אַחֲרֵיהֶן מִן־הַיְאֹר רָעוֹת מַרְאֶה וְדַקּוֹת בָּשָׂר וַתַּעֲמֹדְנָה אֵצֶל הַפָּרוֹת עַל־שְׂפַת הַיְאֹר: ד וַתֹּאכַלְנָה הַפָּרוֹת רָעוֹת הַמַּרְאֶה וְדַקֹּת הַבָּשָׂר אֵת שֶׁבַע הַפָּרוֹת יְפֹת הַמַּרְאֶה וְהַבְּרִיאֹת וַיִּיקַץ פַּרְעֹה: ה וַיִּישָׁן וַיַּחֲלֹם שֵׁנִית וְהִנֵּה שֶׁבַע שִׁבֳּלִים עֹלוֹת בְּקָנֶה אֶחָד־בְּרִיאוֹת וְטֹבוֹת: ו וְהִנֵּה שֶׁבַע שִׁבֳּלִים דַּקּוֹת וּשְׁדוּפֹת קָדִים צֹמְחוֹת אַחֲרֵיהֶן: ז וַתִּבְלַעְנָה הַשִּׁבֳּלִים הַדַּקּוֹת אֵת שֶׁבַע הַשִּׁבֳּלִים הַבְּרִיאוֹת וְהַמְּלֵאוֹת וַיִּיקַץ פַּרְעֹה וְהִנֵּה חֲלוֹם: ח וַיְהִי בַבֹּקֶר וַתִּפָּעֶם רוּחוֹ וַיִּשְׁלַח וַיִּקְרָא אֶת־כָּל־חַרְטֻמֵּי מִצְרַיִם וְאֶת־כָּל־חֲכָמֶיהָ וַיְסַפֵּר פַּרְעֹה לָהֶם אֶת־חֲלֹמוֹ וְאֵין־פּוֹתֵר אוֹתָם לְפַרְעֹה: ט וַיְדַבֵּר שַׂר הַמַּשְׁקִים אֶת־פַּרְעֹה לֵאמֹר: אֶת־חֲטָאַי אֲנִי מַזְכִּיר הַיּוֹם: י פַּרְעֹה קָצַף עַל־עֲבָדָיו וַיִּתֵּן אֹתִי בְּמִשְׁמַר בֵּית שַׂר הַטַּבָּחִים־אֹתִי וְאֵת שַׂר הָאֹפִים: יא וַנַּחַלְמָה חֲלוֹם בְּלַיְלָה אֶחָד אֲנִי וָהוּא אִישׁ כְּפִתְרוֹן חֲלֹמוֹ חָלָמְנוּ: יב וְשָׁם אִתָּנוּ נַעַר עִבְרִי עֶבֶד לְשַׂר הַטַּבָּחִים וַנְּסַפֶּר־לוֹ וַיִּפְתָּר־לָנוּ אֶת־חֲלֹמֹתֵינוּ: אִישׁ כַּחֲלֹמוֹ פָּתָר: יג וַיְהִי כַּאֲשֶׁר פָּתַר־לָנוּ כֵּן הָיָה: אֹתִי הֵשִׁיב עַל־כַּנִּי וְאֹתוֹ תָלָה: יד וַיִּשְׁלַח פַּרְעֹה וַיִּקְרָא אֶת־יוֹסֵף וַיְרִיצֻהוּ מִן־הַבּוֹר וַיְגַלַּח וַיְחַלֵּף שִׂמְלֹתָיו וַיָּבֹא אֶל־פַּרְעֹה: טו וַיֹּאמֶר פַּרְעֹה אֶל־יוֹסֵף חֲלוֹם חָלַמְתִּי וּפֹתֵר אֵין אֹתוֹ וַאֲנִי שָׁמַעְתִּי עָלֶיךָ לֵאמֹר תִּשְׁמַע חֲלוֹם לִפְתֹּר אֹתוֹ: טז וַיַּעַן יוֹסֵף אֶת־פַּרְעֹה לֵאמֹר בִּלְעָדָי: אֱלֹהִים יַעֲנֶה אֶת־שְׁלוֹם פַּרְעֹה: יז וַיְדַבֵּר פַּרְעֹה אֶל־יוֹסֵף: בַּחֲלֹמִי הִנְנִי עֹמֵד עַל־שְׂפַת הַיְאֹר: יח וְהִנֵּה מִן־הַיְאֹר עֹלֹת שֶׁבַע פָּרוֹת בְּרִיאוֹת בָּשָׂר וִיפֹת תֹּאַר וַתִּרְעֶינָה בָּאָחוּ: יט וְהִנֵּה שֶׁבַע־פָּרוֹת אֲחֵרוֹת עֹלוֹת אַחֲרֵיהֶן דַּלּוֹת וְרָעוֹת תֹּאַר מְאֹד וְרַקּוֹת בָּשָׂר: לֹא־רָאִיתִי כָהֵנָּה בְּכָל־אֶרֶץ מִצְרַיִם לָרֹעַ: כ וַתֹּאכַלְנָה הַפָּרוֹת הָרַקּוֹת וְהָרָעוֹת־אֵת שֶׁבַע הַפָּרוֹת הָרִאשֹׁנוֹת הַבְּרִיאֹת: כא וַתָּבֹאנָה אֶל־קִרְבֶּנָה וְלֹא נוֹדַע כִּי־בָאוּ אֶל־קִרְבֶּנָה וּמַרְאֵיהֶן רַע כַּאֲשֶׁר בַּתְּחִלָּה וָאִיקָץ: כב וָאֵרֶא בַּחֲלֹמִי וְהִנֵּה שֶׁבַע שִׁבֳּלִים עֹלֹת בְּקָנֶה אֶחָד־מְלֵאֹת וְטֹבוֹת: כג וְהִנֵּה שֶׁבַע שִׁבֳּלִים צְנֻמוֹת דַּקּוֹת שְׁדֻפוֹת קָדִים צֹמְחוֹת אַחֲרֵיהֶם: כד וַתִּבְלַעְןָ הַשִּׁבֳּלִים הַדַּקֹּת אֵת שֶׁבַע הַשִּׁבֳּלִים הַטֹּבוֹת וָאֹמַר אֶל־הַחַרְטֻמִּים וְאֵין מַגִּיד לִי: כה וַיֹּאמֶר

יוֹסֵף אֶל־פַּרְעֹה חֲלוֹם פַּרְעֹה אֶחָד הוּא : אֵת אֲשֶׁר הָאֱלֹהִים עֹשֶׂה
הִגִּיד לְפַרְעֹה: **כו** שֶׁבַע פָּרֹת הַטֹּבֹת שֶׁבַע שָׁנִים הֵנָּה וְשֶׁבַע
הַשִּׁבֳּלִים הַטֹּבֹת שֶׁבַע שָׁנִים הֵנָּה : חֲלוֹם אֶחָד הוּא : **כז** וְשֶׁבַע
הַפָּרוֹת הָרַקּוֹת וְהָרָעֹת הָעֹלֹת אַחֲרֵיהֶן שֶׁבַע שָׁנִים הֵנָּה וְשֶׁבַע
הַשִּׁבֳּלִים הָרֵקוֹת שְׁדֻפוֹת הַקָּדִים־יִהְיוּ שֶׁבַע שְׁנֵי רָעָב: **כח** הוּא
הַדָּבָר אֲשֶׁר דִּבַּרְתִּי אֶל־פַּרְעֹה : אֲשֶׁר הָאֱלֹהִים עֹשֶׂה הֶרְאָה אֶת־
פַּרְעֹה: **כט** הִנֵּה שֶׁבַע שָׁנִים בָּאוֹת־שָׂבָע גָּדוֹל בְּכָל־אֶרֶץ מִצְרָיִם:
ל וְקָמוּ שֶׁבַע שְׁנֵי רָעָב אַחֲרֵיהֶן וְנִשְׁכַּח כָּל־הַשָּׂבָע בְּאֶרֶץ מִצְרָיִם
וְכִלָּה הָרָעָב אֶת־הָאָרֶץ: **לא** וְלֹא־יִוָּדַע הַשָּׂבָע בָּאָרֶץ מִפְּנֵי הָרָעָב
הַהוּא אַחֲרֵי־כֵן: כִּי־כָבֵד הוּא מְאֹד: **לב** וְעַל הִשָּׁנוֹת הַחֲלוֹם אֶל־
פַּרְעֹה פַּעֲמָיִם־כִּי־נָכוֹן הַדָּבָר מֵעִם הָאֱלֹהִים וּמְמַהֵר הָאֱלֹהִים
לַעֲשֹׂתוֹ: **לג** וְעַתָּה יֵרֶא פַרְעֹה אִישׁ נָבוֹן וְחָכָם וִישִׁיתֵהוּ עַל־אֶרֶץ
מִצְרָיִם: **לד** יַעֲשֶׂה פַרְעֹה וְיַפְקֵד פְּקִדִים עַל־הָאָרֶץ וְחִמֵּשׁ אֶת־
אֶרֶץ מִצְרַיִם בְּשֶׁבַע שְׁנֵי הַשָּׂבָע: **לה** וְיִקְבְּצוּ אֶת־כָּל־אֹכֶל הַשָּׁנִים
הַטֹּבוֹת הַבָּאֹת הָאֵלֶּה וְיִצְבְּרוּ־בָר תַּחַת יַד־פַּרְעֹה אֹכֶל בֶּעָרִים־
וְשָׁמָרוּ: **לו** וְהָיָה הָאֹכֶל לְפִקָּדוֹן לָאָרֶץ לְשֶׁבַע שְׁנֵי הָרָעָב אֲשֶׁר
תִּהְיֶיןָ בְּאֶרֶץ מִצְרָיִם וְלֹא־תִכָּרֵת הָאָרֶץ בָּרָעָב: **לז** וַיִּיטַב הַדָּבָר
בְּעֵינֵי פַרְעֹה וּבְעֵינֵי כָּל־עֲבָדָיו: **לח** וַיֹּאמֶר פַּרְעֹה אֶל־עֲבָדָיו
הֲנִמְצָא כָזֶה־אִישׁ אֲשֶׁר רוּחַ אֱלֹהִים בּוֹ: **לט** וַיֹּאמֶר פַּרְעֹה אֶל־
יוֹסֵף אַחֲרֵי הוֹדִיעַ אֱלֹהִים אוֹתְךָ אֶת־כָּל־זֹאת אֵין־נָבוֹן וְחָכָם
כָּמוֹךָ: **מ** אַתָּה תִּהְיֶה עַל־בֵּיתִי וְעַל־פִּיךָ יִשַּׁק כָּל־עַמִּי רַק הַכִּסֵּא
אֶגְדַּל מִמֶּךָּ: **מא** וַיֹּאמֶר פַּרְעֹה אֶל־יוֹסֵף: רְאֵה נָתַתִּי אֹתְךָ עַל כָּל־
אֶרֶץ מִצְרָיִם: **מב** וַיָּסַר פַּרְעֹה אֶת־טַבַּעְתּוֹ מֵעַל יָדוֹ וַיִּתֵּן אֹתָהּ עַל־
יַד יוֹסֵף וַיַּלְבֵּשׁ אֹתוֹ בִּגְדֵי־שֵׁשׁ וַיָּשֶׂם רְבִד הַזָּהָב עַל־צַוָּארוֹ:
מג וַיַּרְכֵּב אֹתוֹ בְּמִרְכֶּבֶת הַמִּשְׁנֶה אֲשֶׁר־לוֹ וַיִּקְרְאוּ לְפָנָיו אַבְרֵךְ
וְנָתוֹן אֹתוֹ עַל כָּל־אֶרֶץ מִצְרָיִם: **מד** וַיֹּאמֶר פַּרְעֹה אֶל־יוֹסֵף אֲנִי
פַרְעֹה וּבִלְעָדֶיךָ לֹא־יָרִים אִישׁ אֶת־יָדוֹ וְאֶת־רַגְלוֹ בְּכָל־אֶרֶץ
מִצְרָיִם: **מה** וַיִּקְרָא פַרְעֹה שֵׁם־יוֹסֵף צָפְנַת פַּעְנֵחַ וַיִּתֶּן־לוֹ אֶת־
אָסְנַת בַּת־פּוֹטִי פֶרַע כֹּהֵן אֹן לְאִשָּׁה וַיֵּצֵא יוֹסֵף עַל־אֶרֶץ מִצְרָיִם:
מו וְיוֹסֵף בֶּן־שְׁלֹשִׁים שָׁנָה בְּעָמְדוֹ לִפְנֵי פַּרְעֹה מֶלֶךְ־מִצְרָיִם וַיֵּצֵא
יוֹסֵף מִלִּפְנֵי פַרְעֹה וַיַּעֲבֹר בְּכָל־אֶרֶץ מִצְרָיִם: **מז** וַתַּעַשׂ הָאָרֶץ
בְּשֶׁבַע שְׁנֵי הַשָּׂבָע לִקְמָצִים: **מח** וַיִּקְבֹּץ אֶת־כָּל־אֹכֶל שֶׁבַע שָׁנִים
אֲשֶׁר הָיוּ בְּאֶרֶץ מִצְרַיִם וַיִּתֶּן־אֹכֶל בֶּעָרִים: אֹכֶל שְׂדֵה־הָעִיר אֲשֶׁר
סְבִיבֹתֶיהָ נָתַן בְּתוֹכָהּ: **מט** וַיִּצְבֹּר יוֹסֵף בָּר כְּחוֹל הַיָּם הַרְבֵּה
מְאֹד־עַד כִּי־חָדַל לִסְפֹּר כִּי־אֵין מִסְפָּר: **נ** וּלְיוֹסֵף יֻלַּד שְׁנֵי בָנִים
בְּטֶרֶם תָּבוֹא שְׁנַת הָרָעָב אֲשֶׁר יָלְדָה־לּוֹ אָסְנַת בַּת־פּוֹטִי פֶרַע כֹּהֵן
אוֹן: **נא** וַיִּקְרָא יוֹסֵף אֶת־שֵׁם הַבְּכוֹר מְנַשֶּׁה: כִּי־נַשַּׁנִי אֱלֹהִים
אֶת־כָּל־עֲמָלִי וְאֵת כָּל־בֵּית אָבִי: **נב** וְאֵת שֵׁם הַשֵּׁנִי קָרָא אֶפְרָיִם:

51

כִּי-הִפְרַנִי אֱלֹהִים בְּאֶרֶץ עָנְיִי: **נג** וַתִּכְלֶינָה שֶׁבַע שְׁנֵי הַשָּׂבָע אֲשֶׁר
הָיָה בְּאֶרֶץ מִצְרָיִם: **נד** וַתְּחִלֶּינָה שֶׁבַע שְׁנֵי הָרָעָב לָבוֹא כַּאֲשֶׁר
אָמַר יוֹסֵף וַיְהִי רָעָב בְּכָל-הָאֲרָצוֹת וּבְכָל-אֶרֶץ מִצְרַיִם הָיָה לָחֶם:
נה וַתִּרְעַב כָּל-אֶרֶץ מִצְרַיִם וַיִּצְעַק הָעָם אֶל-פַּרְעֹה לַלָּחֶם וַיֹּאמֶר
פַּרְעֹה לְכָל-מִצְרַיִם לְכוּ אֶל-יוֹסֵף אֲשֶׁר-יֹאמַר לָכֶם תַּעֲשׂוּ:
נו וְהָרָעָב הָיָה עַל כָּל-פְּנֵי הָאָרֶץ וַיִּפְתַּח יוֹסֵף אֶת-כָּל-אֲשֶׁר בָּהֶם
וַיִּשְׁבֹּר לְמִצְרַיִם וַיֶּחֱזַק הָרָעָב בְּאֶרֶץ מִצְרָיִם: **נז** וְכָל-הָאָרֶץ בָּאוּ
מִצְרַיְמָה לִשְׁבֹּר אֶל-יוֹסֵף כִּי-חָזַק הָרָעָב בְּכָל-הָאָרֶץ:

מב

א וַיַּרְא יַעֲקֹב כִּי יֶשׁ-שֶׁבֶר בְּמִצְרָיִם וַיֹּאמֶר יַעֲקֹב לְבָנָיו לָמָּה
תִּתְרָאוּ: **ב** וַיֹּאמֶר-הִנֵּה שָׁמַעְתִּי כִּי יֶשׁ-שֶׁבֶר בְּמִצְרָיִם רְדוּ-שָׁמָּה
וְשִׁבְרוּ-לָנוּ מִשָּׁם וְנִחְיֶה וְלֹא נָמוּת: **ג** וַיֵּרְדוּ אֲחֵי-יוֹסֵף עֲשָׂרָה
לִשְׁבֹּר בָּר מִמִּצְרָיִם: **ד** וְאֶת-בִּנְיָמִין אֲחִי יוֹסֵף לֹא-שָׁלַח יַעֲקֹב
אֶת-אֶחָיו: כִּי אָמַר פֶּן-יִקְרָאֶנּוּ אָסוֹן: **ה** וַיָּבֹאוּ בְּנֵי יִשְׂרָאֵל לִשְׁבֹּר
בְּתוֹךְ הַבָּאִים: כִּי-הָיָה הָרָעָב בְּאֶרֶץ כְּנָעַן: **ו** וְיוֹסֵף הוּא הַשַּׁלִּיט
עַל-הָאָרֶץ-הוּא הַמַּשְׁבִּיר לְכָל-עַם הָאָרֶץ וַיָּבֹאוּ אֲחֵי יוֹסֵף
וַיִּשְׁתַּחֲווּ-לוֹ אַפַּיִם אָרְצָה: **ז** וַיַּרְא יוֹסֵף אֶת-אֶחָיו וַיַּכִּרֵם וַיִּתְנַכֵּר
אֲלֵיהֶם וַיְדַבֵּר אִתָּם קָשׁוֹת וַיֹּאמֶר אֲלֵהֶם מֵאַיִן בָּאתֶם וַיֹּאמְרוּ
מֵאֶרֶץ כְּנַעַן לִשְׁבָּר-אֹכֶל: **ח** וַיַּכֵּר יוֹסֵף אֶת-אֶחָיו וְהֵם לֹא הִכִּרֻהוּ:
ט וַיִּזְכֹּר יוֹסֵף אֵת הַחֲלֹמוֹת אֲשֶׁר חָלַם לָהֶם וַיֹּאמֶר אֲלֵהֶם
מְרַגְּלִים אַתֶּם לִרְאוֹת אֶת-עֶרְוַת הָאָרֶץ בָּאתֶם: **י** וַיֹּאמְרוּ אֵלָיו
לֹא אֲדֹנִי וַעֲבָדֶיךָ בָּאוּ לִשְׁבָּר-אֹכֶל: **יא** כֻּלָּנוּ בְּנֵי אִישׁ-אֶחָד נָחְנוּ
כֵּנִים אֲנַחְנוּ לֹא-הָיוּ עֲבָדֶיךָ מְרַגְּלִים: **יב** וַיֹּאמֶר אֲלֵהֶם: לֹא כִּי-
עֶרְוַת הָאָרֶץ בָּאתֶם לִרְאוֹת: **יג** וַיֹּאמְרוּ שְׁנֵים עָשָׂר עֲבָדֶיךָ אַחִים
אֲנַחְנוּ בְּנֵי אִישׁ-אֶחָד בְּאֶרֶץ כְּנָעַן וְהִנֵּה הַקָּטֹן אֶת-אָבִינוּ הַיּוֹם
וְהָאֶחָד אֵינֶנּוּ: **יד** וַיֹּאמֶר אֲלֵהֶם יוֹסֵף: הוּא אֲשֶׁר דִּבַּרְתִּי אֲלֵכֶם
לֵאמֹר-מְרַגְּלִים אַתֶּם: **טו** בְּזֹאת תִּבָּחֵנוּ: חֵי פַרְעֹה אִם-תֵּצְאוּ
מִזֶּה כִּי אִם-בְּבוֹא אֲחִיכֶם הַקָּטֹן הֵנָּה: **טז** שִׁלְחוּ מִכֶּם אֶחָד וְיִקַּח
אֶת-אֲחִיכֶם וְאַתֶּם הֵאָסְרוּ וְיִבָּחֲנוּ דִּבְרֵיכֶם הַאֱמֶת אִתְּכֶם וְאִם-
לֹא-חֵי פַרְעֹה כִּי מְרַגְּלִים אַתֶּם: **יז** וַיֶּאֱסֹף אֹתָם אֶל-מִשְׁמָר
שְׁלֹשֶׁת יָמִים: **יח** וַיֹּאמֶר אֲלֵהֶם יוֹסֵף בַּיּוֹם הַשְּׁלִישִׁי זֹאת עֲשׂוּ
וִחְיוּ אֶת-הָאֱלֹהִים אֲנִי יָרֵא: **יט** אִם-כֵּנִים אַתֶּם-אֲחִיכֶם אֶחָד
יֵאָסֵר בְּבֵית מִשְׁמַרְכֶם וְאַתֶּם לְכוּ הָבִיאוּ שֶׁבֶר רַעֲבוֹן בָּתֵּיכֶם:
כ וְאֶת-אֲחִיכֶם הַקָּטֹן תָּבִיאוּ אֵלַי וְיֵאָמְנוּ דִבְרֵיכֶם וְלֹא תָמוּתוּ
וַיַּעֲשׂוּ-כֵן: **כא** וַיֹּאמְרוּ אִישׁ אֶל-אָחִיו אֲבָל אֲשֵׁמִים אֲנַחְנוּ עַל-
אָחִינוּ אֲשֶׁר רָאִינוּ צָרַת נַפְשׁוֹ בְּהִתְחַנְנוֹ אֵלֵינוּ וְלֹא שָׁמָעְנוּ עַל-כֵּן

בָּאָה אֵלֵינוּ הַצָּרָה הַזֹּאת: **כב** וַיַּעַן רְאוּבֵן אֹתָם לֵאמֹר הֲלוֹא
אָמַרְתִּי אֲלֵיכֶם לֵאמֹר אַל־תֶּחֶטְאוּ בַיֶּלֶד־וְלֹא שְׁמַעְתֶּם וְגַם־דָּמוֹ
הִנֵּה נִדְרָשׁ: **כג** וְהֵם לֹא יָדְעוּ כִּי שֹׁמֵעַ יוֹסֵף: כִּי הַמֵּלִיץ בֵּינֹתָם:
כד וַיִּסֹּב מֵעֲלֵיהֶם וַיֵּבְךְּ וַיָּשָׁב אֲלֵהֶם וַיְדַבֵּר אֲלֵהֶם וַיִּקַּח מֵאִתָּם
אֶת־שִׁמְעוֹן וַיֶּאֱסֹר אֹתוֹ לְעֵינֵיהֶם: **כה** וַיְצַו יוֹסֵף וַיְמַלְאוּ אֶת־
כְּלֵיהֶם בָּר וּלְהָשִׁיב כַּסְפֵּיהֶם אִישׁ אֶל־שַׂקּוֹ וְלָתֵת לָהֶם צֵדָה לַדָּרֶךְ
וַיַּעַשׂ לָהֶם כֵּן: **כו** וַיִּשְׂאוּ אֶת־שִׁבְרָם עַל־חֲמֹרֵיהֶם וַיֵּלְכוּ מִשָּׁם:
כז וַיִּפְתַּח הָאֶחָד אֶת־שַׂקּוֹ לָתֵת מִסְפּוֹא לַחֲמֹרוֹ־בַּמָּלוֹן וַיַּרְא אֶת־
כַּסְפּוֹ וְהִנֵּה־הוּא בְּפִי אַמְתַּחְתּוֹ: **כח** וַיֹּאמֶר אֶל־אֶחָיו הוּשַׁב כַּסְפִּי
וְגַם הִנֵּה בְאַמְתַּחְתִּי וַיֵּצֵא לִבָּם וַיֶּחֶרְדוּ אִישׁ אֶל־אָחִיו לֵאמֹר מַה־
זֹּאת עָשָׂה אֱלֹהִים לָנוּ: **כט** וַיָּבֹאוּ אֶל־יַעֲקֹב אֲבִיהֶם אַרְצָה כְּנָעַן
וַיַּגִּידוּ לוֹ אֵת כָּל־הַקֹּרֹת אֹתָם לֵאמֹר: **ל** דִּבֶּר הָאִישׁ אֲדֹנֵי הָאָרֶץ
אִתָּנוּ־קָשׁוֹת וַיִּתֵּן אֹתָנוּ כִּמְרַגְּלִים אֶת־הָאָרֶץ: **לא** וַנֹּאמֶר אֵלָיו
כֵּנִים אֲנָחְנוּ: לֹא הָיִינוּ מְרַגְּלִים: **לב** שְׁנֵים־עָשָׂר אֲנַחְנוּ אַחִים בְּנֵי
אָבִינוּ הָאֶחָד אֵינֶנּוּ וְהַקָּטֹן הַיּוֹם אֶת־אָבִינוּ בְּאֶרֶץ כְּנָעַן:
לג וַיֹּאמֶר אֵלֵינוּ הָאִישׁ אֲדֹנֵי הָאָרֶץ בְּזֹאת אֵדַע כִּי כֵנִים אַתֶּם
אֲחִיכֶם הָאֶחָד הַנִּיחוּ אִתִּי וְאֶת־רַעֲבוֹן בָּתֵּיכֶם קְחוּ וָלֵכוּ:
לד וְהָבִיאוּ אֶת־אֲחִיכֶם הַקָּטֹן אֵלַי וְאֵדְעָה כִּי לֹא מְרַגְּלִים אַתֶּם
כִּי כֵנִים אַתֶּם אֶת־אֲחִיכֶם אֶתֵּן לָכֶם וְאֶת־הָאָרֶץ תִּסְחָרוּ:
לה וַיְהִי הֵם מְרִיקִים שַׂקֵּיהֶם וְהִנֵּה־אִישׁ צְרוֹר־כַּסְפּוֹ בְּשַׂקּוֹ
וַיִּרְאוּ אֶת־צְרֹרוֹת כַּסְפֵּיהֶם הֵמָּה וַאֲבִיהֶם־וַיִּירָאוּ: **לו** וַיֹּאמֶר
אֲלֵהֶם יַעֲקֹב אֲבִיהֶם אֹתִי שִׁכַּלְתֶּם: יוֹסֵף אֵינֶנּוּ וְשִׁמְעוֹן אֵינֶנּוּ
וְאֶת־בִּנְיָמִן תִּקָּחוּ עָלַי הָיוּ כֻלָּנָה: **לז** וַיֹּאמֶר רְאוּבֵן אֶל־אָבִיו
לֵאמֹר אֶת־שְׁנֵי בָנַי תָּמִית אִם־לֹא אֲבִיאֶנּוּ אֵלֶיךָ תְּנָה אֹתוֹ עַל־יָדִי
וַאֲנִי אֲשִׁיבֶנּוּ אֵלֶיךָ: **לח** וַיֹּאמֶר לֹא־יֵרֵד בְּנִי עִמָּכֶם: כִּי־אָחִיו מֵת
וְהוּא לְבַדּוֹ נִשְׁאָר וּקְרָאָהוּ אָסוֹן בַּדֶּרֶךְ אֲשֶׁר תֵּלְכוּ־בָהּ וְהוֹרַדְתֶּם
אֶת־שֵׂיבָתִי בְּיָגוֹן שְׁאוֹלָה:

מג

א וְהָרָעָב כָּבֵד בָּאָרֶץ: **ב** וַיְהִי כַּאֲשֶׁר כִּלּוּ לֶאֱכֹל אֶת־הַשֶּׁבֶר אֲשֶׁר
הֵבִיאוּ מִמִּצְרָיִם וַיֹּאמֶר אֲלֵיהֶם אֲבִיהֶם שֻׁבוּ שִׁבְרוּ־לָנוּ מְעַט־
אֹכֶל: **ג** וַיֹּאמֶר אֵלָיו יְהוּדָה לֵאמֹר: הָעֵד הֵעִד בָּנוּ הָאִישׁ לֵאמֹר
לֹא־תִרְאוּ פָנַי בִּלְתִּי אֲחִיכֶם אִתְּכֶם: **ד** אִם־יֶשְׁךָ מְשַׁלֵּחַ אֶת־
אָחִינוּ אִתָּנוּ־נֵרְדָה וְנִשְׁבְּרָה לְךָ אֹכֶל: **ה** וְאִם־אֵינְךָ מְשַׁלֵּחַ לֹא
נֵרֵד: כִּי־הָאִישׁ אָמַר אֵלֵינוּ לֹא־תִרְאוּ פָנַי בִּלְתִּי אֲחִיכֶם אִתְּכֶם:
ו וַיֹּאמֶר יִשְׂרָאֵל לָמָה הֲרֵעֹתֶם לִי־לְהַגִּיד לָאִישׁ הַעוֹד לָכֶם אָח:
ז וַיֹּאמְרוּ שָׁאוֹל שָׁאַל־הָאִישׁ לָנוּ וּלְמוֹלַדְתֵּנוּ לֵאמֹר הַעוֹד אֲבִיכֶם

חַי הֲיֵשׁ לָכֶם אָח וַנַּגֶּד-לוֹ עַל-פִּי הַדְּבָרִים הָאֵלֶּה הֲיָדוֹעַ נֵדַע כִּי
יֹאמַר הוֹרִידוּ אֶת-אֲחִיכֶם: **ח** וַיֹּאמֶר יְהוּדָה אֶל-יִשְׂרָאֵל אָבִיו
שִׁלְחָה הַנַּעַר אִתִּי וְנָקוּמָה וְנֵלֵכָה וְנִחְיֶה וְלֹא נָמוּת גַּם-אֲנַחְנוּ גַם-
אַתָּה גַּם-טַפֵּנוּ: **ט** אָנֹכִי אֶעֶרְבֶנּוּ מִיָּדִי תְּבַקְשֶׁנּוּ: אִם-לֹא
הֲבִיאֹתִיו אֵלֶיךָ וְהִצַּגְתִּיו לְפָנֶיךָ וְחָטָאתִי לְךָ כָּל-הַיָּמִים: **י** כִּי
לוּלֵא הִתְמַהְמָהְנוּ כִּי-עַתָּה שַׁבְנוּ זֶה פַעֲמָיִם: **יא** וַיֹּאמֶר אֲלֵהֶם
יִשְׂרָאֵל אֲבִיהֶם אִם-כֵּן אֵפוֹא זֹאת עֲשׂוּ-קְחוּ מִזִּמְרַת הָאָרֶץ
בִּכְלֵיכֶם וְהוֹרִידוּ לָאִישׁ מִנְחָה: מְעַט צֳרִי וּמְעַט דְּבַשׁ נְכֹאת וָלֹט
בָּטְנִים וּשְׁקֵדִים: **יב** וְכֶסֶף מִשְׁנֶה קְחוּ בְיֶדְכֶם וְאֶת-הַכֶּסֶף הַמּוּשָׁב
בְּפִי אַמְתְּחֹתֵיכֶם תָּשִׁיבוּ בְיֶדְכֶם-אוּלַי מִשְׁגֶּה הוּא: **יג** וְאֶת-
אֲחִיכֶם קָחוּ וְקוּמוּ שׁוּבוּ אֶל-הָאִישׁ: **יד** וְאֵל שַׁדַּי יִתֵּן לָכֶם
רַחֲמִים לִפְנֵי הָאִישׁ וְשִׁלַּח לָכֶם אֶת-אֲחִיכֶם אַחֵר וְאֶת-בִּנְיָמִין וַאֲנִי
כַּאֲשֶׁר שָׁכֹלְתִּי שָׁכָלְתִּי: **טו** וַיִּקְחוּ הָאֲנָשִׁים אֶת-הַמִּנְחָה הַזֹּאת
וּמִשְׁנֶה-כֶּסֶף לָקְחוּ בְיָדָם וְאֶת-בִּנְיָמִן וַיָּקֻמוּ וַיֵּרְדוּ מִצְרַיִם וַיַּעַמְדוּ
לִפְנֵי יוֹסֵף: **טז** וַיַּרְא יוֹסֵף אִתָּם אֶת-בִּנְיָמִין וַיֹּאמֶר לַאֲשֶׁר עַל-
בֵּיתוֹ הָבֵא אֶת-הָאֲנָשִׁים הַבָּיְתָה וּטְבֹחַ טֶבַח וְהָכֵן כִּי אִתִּי יֹאכְלוּ
הָאֲנָשִׁים בַּצָּהֳרָיִם: **יז** וַיַּעַשׂ הָאִישׁ כַּאֲשֶׁר אָמַר יוֹסֵף וַיָּבֵא הָאִישׁ
אֶת-הָאֲנָשִׁים בֵּיתָה יוֹסֵף: **יח** וַיִּירְאוּ הָאֲנָשִׁים כִּי הוּבְאוּ בֵּית
יוֹסֵף וַיֹּאמְרוּ עַל-דְּבַר הַכֶּסֶף הַשָּׁב בְּאַמְתְּחֹתֵינוּ בַּתְּחִלָּה אֲנַחְנוּ
מוּבָאִים-לְהִתְגֹּלֵל עָלֵינוּ וּלְהִתְנַפֵּל עָלֵינוּ וְלָקַחַת אֹתָנוּ לַעֲבָדִים
וְאֶת-חֲמֹרֵינוּ: **יט** וַיִּגְּשׁוּ אֶל-הָאִישׁ אֲשֶׁר עַל-בֵּית יוֹסֵף וַיְדַבְּרוּ
אֵלָיו פֶּתַח הַבָּיִת: **כ** וַיֹּאמְרוּ בִּי אֲדֹנִי יָרֹד יָרַדְנוּ בַּתְּחִלָּה לִשְׁבָּר-
אֹכֶל: **כא** וַיְהִי כִּי-בָאנוּ אֶל-הַמָּלוֹן וַנִּפְתְּחָה אֶת-אַמְתְּחֹתֵינוּ וְהִנֵּה
כֶסֶף-אִישׁ בְּפִי אַמְתַּחְתּוֹ כַּסְפֵּנוּ בְּמִשְׁקָלוֹ וַנָּשֶׁב אֹתוֹ בְּיָדֵנוּ:
כב וְכֶסֶף אַחֵר הוֹרַדְנוּ בְיָדֵנוּ לִשְׁבָּר-אֹכֶל לֹא יָדַעְנוּ מִי-שָׂם כַּסְפֵּנוּ
בְּאַמְתְּחֹתֵינוּ: **כג** וַיֹּאמֶר שָׁלוֹם לָכֶם אַל-תִּירָאוּ אֱלֹהֵיכֶם וֵאלֹהֵי
אֲבִיכֶם נָתַן לָכֶם מַטְמוֹן בְּאַמְתְּחֹתֵיכֶם-כַּסְפְּכֶם בָּא אֵלָי וַיּוֹצֵא
אֲלֵהֶם אֶת-שִׁמְעוֹן: **כד** וַיָּבֵא הָאִישׁ אֶת-הָאֲנָשִׁים בֵּיתָה יוֹסֵף
וַיִּתֶּן-מַיִם וַיִּרְחֲצוּ רַגְלֵיהֶם וַיִּתֵּן מִסְפּוֹא לַחֲמֹרֵיהֶם: **כה** וַיָּכִינוּ
אֶת-הַמִּנְחָה עַד-בּוֹא יוֹסֵף בַּצָּהֳרָיִם: כִּי שָׁמְעוּ כִּי-שָׁם יֹאכְלוּ לָחֶם:
כו וַיָּבֹא יוֹסֵף הַבַּיְתָה וַיָּבִיאוּ לוֹ אֶת-הַמִּנְחָה אֲשֶׁר-בְּיָדָם הַבָּיְתָה
וַיִּשְׁתַּחֲווּ-לוֹ אָרְצָה: **כז** וַיִּשְׁאַל לָהֶם לְשָׁלוֹם וַיֹּאמֶר הֲשָׁלוֹם
אֲבִיכֶם הַזָּקֵן אֲשֶׁר אֲמַרְתֶּם-הַעוֹדֶנּוּ חָי: **כח** וַיֹּאמְרוּ שָׁלוֹם
לְעַבְדְּךָ לְאָבִינוּ-עוֹדֶנּוּ חָי וַיִּקְּדוּ וישתחו (וַיִּשְׁתַּחֲווּ: **כט** וַיִּשָּׂא
עֵינָיו וַיַּרְא אֶת-בִּנְיָמִין אָחִיו בֶּן-אִמּוֹ וַיֹּאמֶר הֲזֶה אֲחִיכֶם הַקָּטֹן
אֲשֶׁר אֲמַרְתֶּם אֵלָי וַיֹּאמַר אֱלֹהִים יָחְנְךָ בְּנִי: **ל** וַיְמַהֵר יוֹסֵף כִּי-
נִכְמְרוּ רַחֲמָיו אֶל-אָחִיו וַיְבַקֵּשׁ לִבְכּוֹת וַיָּבֹא הַחַדְרָה וַיֵּבְךְּ שָׁמָּה:
לא וַיִּרְחַץ פָּנָיו וַיֵּצֵא וַיִּתְאַפַּק-וַיֹּאמֶר שִׂימוּ לָחֶם: **לב** וַיָּשִׂימוּ לוֹ

לְבַדּוֹ וְלָהֶם לְבַדָּם וְלַמִּצְרִים הָאֹכְלִים אִתּוֹ לְבַדָּם כִּי־לֹא יוּכְלוּן הַמִּצְרִים לֶאֱכֹל אֶת־הָעִבְרִים לֶחֶם כִּי־תוֹעֵבָה הִוא לְמִצְרָיִם: לג וַיֵּשְׁבוּ לְפָנָיו הַבְּכֹר כִּבְכֹרָתוֹ וְהַצָּעִיר כִּצְעִרָתוֹ וַיִּתְמְהוּ הָאֲנָשִׁים אִישׁ אֶל־רֵעֵהוּ: לד וַיִּשָּׂא מַשְׂאֹת מֵאֵת פָּנָיו אֲלֵהֶם וַתֵּרֶב מַשְׂאַת בִּנְיָמִן מִמַּשְׂאֹת כֻּלָּם חָמֵשׁ יָדוֹת וַיִּשְׁתּוּ וַיִּשְׁכְּרוּ עִמּוֹ:

מד

א וַיְצַו אֶת־אֲשֶׁר עַל־בֵּיתוֹ לֵאמֹר מַלֵּא אֶת־אַמְתְּחֹת הָאֲנָשִׁים אֹכֶל כַּאֲשֶׁר יוּכְלוּן שְׂאֵת וְשִׂים כֶּסֶף־אִישׁ בְּפִי אַמְתַּחְתּוֹ: ב וְאֶת־ גְּבִיעִי גְּבִיעַ הַכֶּסֶף תָּשִׂים בְּפִי אַמְתַּחַת הַקָּטֹן וְאֵת כֶּסֶף שִׁבְרוֹ וַיַּעַשׂ כִּדְבַר יוֹסֵף אֲשֶׁר דִּבֵּר: ג הַבֹּקֶר אוֹר וְהָאֲנָשִׁים שֻׁלְּחוּ הֵמָּה וַחֲמֹרֵיהֶם: ד הֵם יָצְאוּ אֶת־הָעִיר לֹא הִרְחִיקוּ וְיוֹסֵף אָמַר לַאֲשֶׁר עַל־בֵּיתוֹ קוּם רְדֹף אַחֲרֵי הָאֲנָשִׁים וְהִשַּׂגְתָּם וְאָמַרְתָּ אֲלֵהֶם לָמָּה שִׁלַּמְתֶּם רָעָה תַּחַת טוֹבָה: ה הֲלוֹא זֶה אֲשֶׁר יִשְׁתֶּה אֲדֹנִי בּוֹ וְהוּא נַחֵשׁ יְנַחֵשׁ בּוֹ הֲרֵעֹתֶם אֲשֶׁר עֲשִׂיתֶם: ו וַיַּשִּׂגֵם וַיְדַבֵּר אֲלֵהֶם אֶת־ הַדְּבָרִים הָאֵלֶּה: ז וַיֹּאמְרוּ אֵלָיו לָמָּה יְדַבֵּר אֲדֹנִי כַּדְּבָרִים הָאֵלֶּה חָלִילָה לַעֲבָדֶיךָ מֵעֲשׂוֹת כַּדָּבָר הַזֶּה: ח הֵן כֶּסֶף אֲשֶׁר מָצָאנוּ בְּפִי אַמְתְּחֹתֵינוּ הֱשִׁיבֹנוּ אֵלֶיךָ מֵאֶרֶץ כְּנָעַן וְאֵיךְ נִגְנֹב מִבֵּית אֲדֹנֶיךָ כֶּסֶף אוֹ זָהָב: ט אֲשֶׁר יִמָּצֵא אִתּוֹ מֵעֲבָדֶיךָ וָמֵת וְגַם־אֲנַחְנוּ נִהְיֶה לַאדֹנִי לַעֲבָדִים: י וַיֹּאמֶר גַּם־עַתָּה כְדִבְרֵיכֶם כֶּן־הוּא אֲשֶׁר יִמָּצֵא אִתּוֹ יִהְיֶה־לִּי עָבֶד וְאַתֶּם תִּהְיוּ נְקִיִּם: יא וַיְמַהֲרוּ וַיּוֹרִדוּ אִישׁ אֶת־אַמְתַּחְתּוֹ אָרְצָה וַיִּפְתְּחוּ אִישׁ אַמְתַּחְתּוֹ: יב וַיְחַפֵּשׂ־ בַּגָּדוֹל הֵחֵל וּבַקָּטֹן כִּלָּה וַיִּמָּצֵא הַגָּבִיעַ בְּאַמְתַּחַת בִּנְיָמִן: יג וַיִּקְרְעוּ שִׂמְלֹתָם וַיַּעֲמֹס אִישׁ עַל־חֲמֹרוֹ וַיָּשֻׁבוּ הָעִירָה: יד וַיָּבֹא יְהוּדָה וְאֶחָיו בֵּיתָה יוֹסֵף וְהוּא עוֹדֶנּוּ שָׁם וַיִּפְּלוּ לְפָנָיו אָרְצָה: טו וַיֹּאמֶר לָהֶם יוֹסֵף מָה־הַמַּעֲשֶׂה הַזֶּה אֲשֶׁר עֲשִׂיתֶם הֲלוֹא יְדַעְתֶּם כִּי־נַחֵשׁ יְנַחֵשׁ אִישׁ אֲשֶׁר כָּמֹנִי: טז וַיֹּאמֶר יְהוּדָה מַה־נֹּאמַר לַאדֹנִי מַה־נְּדַבֵּר וּמַה־נִּצְטַדָּק הָאֱלֹהִים מָצָא אֶת־עֲוֹן עֲבָדֶיךָ הִנֶּנּוּ עֲבָדִים לַאדֹנִי גַּם־אֲנַחְנוּ גַּם אֲשֶׁר־נִמְצָא הַגָּבִיעַ בְּיָדוֹ: יז וַיֹּאמֶר חָלִילָה לִּי מֵעֲשׂוֹת זֹאת הָאִישׁ אֲשֶׁר נִמְצָא הַגָּבִיעַ בְּיָדוֹ הוּא יִהְיֶה־לִּי עָבֶד וְאַתֶּם עֲלוּ לְשָׁלוֹם אֶל־אֲבִיכֶם: יח וַיִּגַּשׁ אֵלָיו יְהוּדָה וַיֹּאמֶר בִּי אֲדֹנִי יְדַבֶּר־נָא עַבְדְּךָ דָבָר בְּאָזְנֵי אֲדֹנִי וְאַל־יִחַר אַפְּךָ בְּעַבְדֶּךָ כִּי כָמוֹךָ כְּפַרְעֹה: יט אֲדֹנִי שָׁאַל אֶת־עֲבָדָיו לֵאמֹר הֲיֵשׁ־לָכֶם אָב אוֹ־אָח: כ וַנֹּאמֶר אֶל־אֲדֹנִי יֶשׁ־לָנוּ אָב זָקֵן וְיֶלֶד זְקֻנִים קָטָן וְאָחִיו מֵת וַיִּוָּתֵר הוּא לְבַדּוֹ לְאִמּוֹ וְאָבִיו אֲהֵבוֹ: כא וַתֹּאמֶר אֶל־עֲבָדֶיךָ הוֹרִדֻהוּ אֵלָי וְאָשִׂימָה עֵינִי עָלָיו: כב וַנֹּאמֶר אֶל־אֲדֹנִי לֹא־יוּכַל

הַנַּעַר לַעֲזֹב אֶת-אָבִיו: וְעָזַב אֶת-אָבִיו וָמֵת: **כג** וַתֹּאמֶר אֶל-
עֲבָדֶיךָ אִם-לֹא יֵרֵד אֲחִיכֶם הַקָּטֹן אִתְּכֶם-לֹא תֹסִפוּן לִרְאוֹת פָּנָי:
כד וַיְהִי כִּי עָלִינוּ אֶל-עַבְדְּךָ אָבִי וַנַּגֶּד-לוֹ אֵת דִּבְרֵי אֲדֹנִי:
כה וַיֹּאמֶר אָבִינוּ: שֻׁבוּ שִׁבְרוּ-לָנוּ מְעַט-אֹכֶל: **כו** וַנֹּאמֶר לֹא
נוּכַל לָרֶדֶת: אִם-יֵשׁ אָחִינוּ הַקָּטֹן אִתָּנוּ וְיָרַדְנוּ-כִּי-לֹא נוּכַל לִרְאוֹת
פְּנֵי הָאִישׁ וְאָחִינוּ הַקָּטֹן אֵינֶנּוּ אִתָּנוּ: **כז** וַיֹּאמֶר עַבְדְּךָ אָבִי
אֵלֵינוּ: אַתֶּם יְדַעְתֶּם כִּי שְׁנַיִם יָלְדָה-לִּי אִשְׁתִּי: **כח** וַיֵּצֵא הָאֶחָד
מֵאִתִּי וָאֹמַר אַךְ טָרֹף טֹרָף וְלֹא רְאִיתִיו עַד-הֵנָּה: **כט** וּלְקַחְתֶּם
גַּם-אֶת-זֶה מֵעִם פָּנַי וְקָרָהוּ אָסוֹן-וְהוֹרַדְתֶּם אֶת-שֵׂיבָתִי בְּרָעָה
שְׁאֹלָה: **ל** וְעַתָּה כְּבֹאִי אֶל-עַבְדְּךָ אָבִי וְהַנַּעַר אֵינֶנּוּ אִתָּנוּ וְנַפְשׁוֹ
קְשׁוּרָה בְנַפְשׁוֹ: **לא** וְהָיָה כִּרְאוֹתוֹ כִּי-אֵין הַנַּעַר-וָמֵת וְהוֹרִידוּ
עֲבָדֶיךָ אֶת-שֵׂיבַת עַבְדְּךָ אָבִינוּ בְּיָגוֹן-שְׁאֹלָה: **לב** כִּי עַבְדְּךָ עָרַב
אֶת-הַנַּעַר מֵעִם אָבִי לֵאמֹר: אִם-לֹא אֲבִיאֶנּוּ אֵלֶיךָ וְחָטָאתִי לְאָבִי
כָּל-הַיָּמִים: **לג** וְעַתָּה יֵשֶׁב-נָא עַבְדְּךָ תַּחַת הַנַּעַר-עֶבֶד לַאדֹנִי
וְהַנַּעַר יַעַל עִם-אֶחָיו: **לד** כִּי-אֵיךְ אֶעֱלֶה אֶל-אָבִי וְהַנַּעַר אֵינֶנּוּ
אִתִּי: פֶּן אֶרְאֶה בָרָע אֲשֶׁר יִמְצָא אֶת-אָבִי:

מה

א וְלֹא-יָכֹל יוֹסֵף לְהִתְאַפֵּק לְכֹל הַנִּצָּבִים עָלָיו וַיִּקְרָא הוֹצִיאוּ כָל-
אִישׁ מֵעָלָי וְלֹא-עָמַד אִישׁ אִתּוֹ בְּהִתְוַדַּע יוֹסֵף אֶל-אֶחָיו: **ב** וַיִּתֵּן
אֶת-קֹלוֹ בִּבְכִי וַיִּשְׁמְעוּ מִצְרַיִם וַיִּשְׁמַע בֵּית פַּרְעֹה: **ג** וַיֹּאמֶר יוֹסֵף
אֶל-אֶחָיו אֲנִי יוֹסֵף הַעוֹד אָבִי חָי וְלֹא-יָכְלוּ אֶחָיו לַעֲנוֹת אֹתוֹ כִּי
נִבְהֲלוּ מִפָּנָיו: **ד** וַיֹּאמֶר יוֹסֵף אֶל-אֶחָיו גְּשׁוּ-נָא אֵלַי וַיִּגָּשׁוּ וַיֹּאמֶר
אֲנִי יוֹסֵף אֲחִיכֶם אֲשֶׁר-מְכַרְתֶּם אֹתִי מִצְרָיְמָה: **ה** וְעַתָּה אַל-
תֵּעָצְבוּ וְאַל-יִחַר בְּעֵינֵיכֶם כִּי-מְכַרְתֶּם אֹתִי הֵנָּה: כִּי לְמִחְיָה שְׁלָחַנִי
אֱלֹהִים לִפְנֵיכֶם: **ו** כִּי-זֶה שְׁנָתַיִם הָרָעָב בְּקֶרֶב הָאָרֶץ וְעוֹד חָמֵשׁ
שָׁנִים אֲשֶׁר אֵין-חָרִישׁ וְקָצִיר: **ז** וַיִּשְׁלָחֵנִי אֱלֹהִים לִפְנֵיכֶם לָשׂוּם
לָכֶם שְׁאֵרִית בָּאָרֶץ וּלְהַחֲיוֹת לָכֶם לִפְלֵיטָה גְּדֹלָה: **ח** וְעַתָּה לֹא-
אַתֶּם שְׁלַחְתֶּם אֹתִי הֵנָּה כִּי הָאֱלֹהִים וַיְשִׂימֵנִי לְאָב לְפַרְעֹה וּלְאָדוֹן
לְכָל-בֵּיתוֹ וּמֹשֵׁל בְּכָל-אֶרֶץ מִצְרָיִם: **ט** מַהֲרוּ וַעֲלוּ אֶל-אָבִי
וַאֲמַרְתֶּם אֵלָיו כֹּה אָמַר בִּנְךָ יוֹסֵף שָׂמַנִי אֱלֹהִים לְאָדוֹן לְכָל-
מִצְרָיִם רְדָה אֵלַי אַל-תַּעֲמֹד: **י** וְיָשַׁבְתָּ בְאֶרֶץ-גֹּשֶׁן וְהָיִיתָ קָרוֹב
אֵלַי-אַתָּה וּבָנֶיךָ וּבְנֵי בָנֶיךָ וְצֹאנְךָ וּבְקָרְךָ וְכָל-אֲשֶׁר-לָךְ:
יא וְכִלְכַּלְתִּי אֹתְךָ שָׁם כִּי-עוֹד חָמֵשׁ שָׁנִים רָעָב: פֶּן-תִּוָּרֵשׁ אַתָּה
וּבֵיתְךָ וְכָל-אֲשֶׁר-לָךְ: **יב** וְהִנֵּה עֵינֵיכֶם רֹאוֹת וְעֵינֵי אָחִי בִנְיָמִין:
כִּי-פִי הַמְדַבֵּר אֲלֵיכֶם: **יג** וְהִגַּדְתֶּם לְאָבִי אֶת-כָּל-כְּבוֹדִי בְּמִצְרַיִם
וְאֵת כָּל-אֲשֶׁר רְאִיתֶם וּמִהַרְתֶּם וְהוֹרַדְתֶּם אֶת-אָבִי הֵנָּה: **יד** וַיִּפֹּל

עַל־צַוְּארֵי בִנְיָמִן־אָחִיו וַיֵּבְךְּ וּבִנְיָמִן־בָּכָה עַל־צַוָּארָיו: **טו** וַיְנַשֵּׁק
לְכָל־אֶחָיו וַיֵּבְךְּ עֲלֵהֶם וְאַחֲרֵי כֵן דִּבְּרוּ אֶחָיו אִתּוֹ: **טז** וְהַקֹּל
נִשְׁמַע בֵּית פַּרְעֹה לֵאמֹר בָּאוּ אֲחֵי יוֹסֵף וַיִּיטַב בְּעֵינֵי פַרְעֹה וּבְעֵינֵי
עֲבָדָיו: **יז** וַיֹּאמֶר פַּרְעֹה אֶל־יוֹסֵף אֱמֹר אֶל־אַחֶיךָ זֹאת עֲשׂוּ
טַעֲנוּ אֶת־בְּעִירְכֶם וּלְכוּ־בֹאוּ אַרְצָה כְּנָעַן: **יח** וּקְחוּ אֶת־אֲבִיכֶם
וְאֶת־בָּתֵּיכֶם וּבֹאוּ אֵלָי וְאֶתְּנָה לָכֶם אֶת־טוּב אֶרֶץ מִצְרַיִם וְאִכְלוּ
אֶת־חֵלֶב הָאָרֶץ: **יט** וְאַתָּה צֻוֵּיתָה זֹאת עֲשׂוּ קְחוּ־לָכֶם מֵאֶרֶץ
מִצְרַיִם עֲגָלוֹת לְטַפְּכֶם וְלִנְשֵׁיכֶם וּנְשָׂאתֶם אֶת־אֲבִיכֶם וּבָאתֶם:
כ וְעֵינְכֶם אַל־תָּחֹס עַל־כְּלֵיכֶם כִּי־טוּב כָּל־אֶרֶץ מִצְרַיִם לָכֶם
הוּא: **כא** וַיַּעֲשׂוּ־כֵן בְּנֵי יִשְׂרָאֵל וַיִּתֵּן לָהֶם יוֹסֵף עֲגָלוֹת עַל־פִּי
פַרְעֹה וַיִּתֵּן לָהֶם צֵדָה לַדָּרֶךְ: **כב** לְכֻלָּם נָתַן לָאִישׁ חֲלִפוֹת שְׂמָלֹת
וּלְבִנְיָמִן נָתַן שְׁלֹשׁ מֵאוֹת כֶּסֶף וְחָמֵשׁ חֲלִפֹת שְׂמָלֹת: **כג** וּלְאָבִיו
שָׁלַח כְּזֹאת עֲשָׂרָה חֲמֹרִים נֹשְׂאִים מִטּוּב מִצְרָיִם וְעֶשֶׂר אֲתֹנֹת
נֹשְׂאֹת בָּר וָלֶחֶם וּמָזוֹן לְאָבִיו לַדָּרֶךְ: **כד** וַיְשַׁלַּח אֶת־אֶחָיו וַיֵּלֵכוּ
וַיֹּאמֶר אֲלֵהֶם אַל־תִּרְגְּזוּ בַּדָּרֶךְ: **כה** וַיַּעֲלוּ מִמִּצְרָיִם וַיָּבֹאוּ אֶרֶץ
כְּנַעַן אֶל־יַעֲקֹב אֲבִיהֶם: **כו** וַיַּגִּדוּ לוֹ לֵאמֹר עוֹד יוֹסֵף חַי וְכִי־הוּא
מֹשֵׁל בְּכָל־אֶרֶץ מִצְרָיִם וַיָּפָג לִבּוֹ כִּי לֹא־הֶאֱמִין לָהֶם: **כז** וַיְדַבְּרוּ
אֵלָיו אֵת כָּל־דִּבְרֵי יוֹסֵף אֲשֶׁר דִּבֶּר אֲלֵהֶם וַיַּרְא אֶת־הָעֲגָלוֹת אֲשֶׁר־
שָׁלַח יוֹסֵף לָשֵׂאת אֹתוֹ וַתְּחִי רוּחַ יַעֲקֹב אֲבִיהֶם: **כח** וַיֹּאמֶר
יִשְׂרָאֵל רַב עוֹד־יוֹסֵף בְּנִי חָי אֵלְכָה וְאֶרְאֶנּוּ בְּטֶרֶם אָמוּת:

מו

א וַיִּסַּע יִשְׂרָאֵל וְכָל־אֲשֶׁר־לוֹ וַיָּבֹא בְּאֵרָה שָּׁבַע וַיִּזְבַּח זְבָחִים
לֵאלֹהֵי אָבִיו יִצְחָק: **ב** וַיֹּאמֶר אֱלֹהִים לְיִשְׂרָאֵל בְּמַרְאֹת הַלַּיְלָה
וַיֹּאמֶר יַעֲקֹב יַעֲקֹב וַיֹּאמֶר הִנֵּנִי: **ג** וַיֹּאמֶר אָנֹכִי הָאֵל אֱלֹהֵי אָבִיךָ
אַל־תִּירָא מֵרְדָה מִצְרַיְמָה כִּי־לְגוֹי גָּדוֹל אֲשִׂימְךָ שָׁם: **ד** אָנֹכִי
אֵרֵד עִמְּךָ מִצְרַיְמָה וְאָנֹכִי אַעַלְךָ גַם־עָלֹה וְיוֹסֵף יָשִׁית יָדוֹ עַל־
עֵינֶיךָ: **ה** וַיָּקָם יַעֲקֹב מִבְּאֵר שָׁבַע וַיִּשְׂאוּ בְנֵי־יִשְׂרָאֵל אֶת־יַעֲקֹב
אֲבִיהֶם וְאֶת־טַפָּם וְאֶת־נְשֵׁיהֶם בָּעֲגָלוֹת אֲשֶׁר־שָׁלַח פַּרְעֹה לָשֵׂאת
אֹתוֹ: **ו** וַיִּקְחוּ אֶת־מִקְנֵיהֶם וְאֶת־רְכוּשָׁם אֲשֶׁר רָכְשׁוּ בְּאֶרֶץ כְּנַעַן
וַיָּבֹאוּ מִצְרָיְמָה: יַעֲקֹב וְכָל־זַרְעוֹ אִתּוֹ: **ז** בָּנָיו וּבְנֵי בָנָיו אִתּוֹ
בְּנֹתָיו וּבְנוֹת בָּנָיו וְכָל־זַרְעוֹ־הֵבִיא אִתּוֹ מִצְרָיְמָה:
ח וְאֵלֶּה שְׁמוֹת בְּנֵי־יִשְׂרָאֵל הַבָּאִים
מִצְרַיְמָה יַעֲקֹב וּבָנָיו בְּכֹר יַעֲקֹב רְאוּבֵן: **ט** וּבְנֵי רְאוּבֵן חֲנוֹךְ
וּפַלּוּא וְחֶצְרֹן וְכַרְמִי: **י** וּבְנֵי שִׁמְעוֹן יְמוּאֵל וְיָמִין וְאֹהַד־וְיָכִין
וְצֹחַר וְשָׁאוּל בֶּן־הַכְּנַעֲנִית: **יא** וּבְנֵי לֵוִי־גֵּרְשׁוֹן קְהָת וּמְרָרִי:
יב וּבְנֵי יְהוּדָה עֵר וְאוֹנָן וְשֵׁלָה־וָפֶרֶץ וָזָרַח וַיָּמָת עֵר וְאוֹנָן בְּאֶרֶץ

כְּנַעַן וַיִּהְיוּ בְנֵי-פֶרֶץ חֶצְרֹן וְחָמוּל: **יג** וּבְנֵי יִשָּׂשכָר-תּוֹלָע וּפֻוָּה וְיוֹב
וְשִׁמְרֹן: **יד** וּבְנֵי זְבֻלוּן-סֶרֶד וְאֵלוֹן וְיַחְלְאֵל: **טו** אֵלֶּה בְּנֵי לֵאָה
אֲשֶׁר יָלְדָה לְיַעֲקֹב בְּפַדַּן אֲרָם וְאֵת דִּינָה בִתּוֹ: כָּל-נֶפֶשׁ בָּנָיו
וּבְנוֹתָיו שְׁלֹשִׁים וְשָׁלֹשׁ: **טז** וּבְנֵי גָד צִפְיוֹן וְחַגִּי שׁוּנִי וְאֶצְבֹּן עֵרִי
וַאֲרוֹדִי וְאַרְאֵלִי: **יז** וּבְנֵי אָשֵׁר יִמְנָה וְיִשְׁוָה וְיִשְׁוִי וּבְרִיעָה-וְשֶׂרַח
אֲחֹתָם וּבְנֵי בְרִיעָה חֶבֶר וּמַלְכִּיאֵל: **יח** אֵלֶּה בְּנֵי זִלְפָּה אֲשֶׁר-נָתַן
לָבָן לְלֵאָה בִתּוֹ וַתֵּלֶד אֶת-אֵלֶּה לְיַעֲקֹב שֵׁשׁ עֶשְׂרֵה נָפֶשׁ: **יט** בְּנֵי
רָחֵל אֵשֶׁת יַעֲקֹב יוֹסֵף וּבִנְיָמִן: **כ** וַיִּוָּלֵד לְיוֹסֵף בְּאֶרֶץ מִצְרַיִם אֲשֶׁר
יָלְדָה-לּוֹ אָסְנַת בַּת-פּוֹטִי פֶרַע כֹּהֵן אֹן-אֶת-מְנַשֶּׁה וְאֶת-אֶפְרָיִם:
כא וּבְנֵי בִנְיָמִן בֶּלַע וָבֶכֶר וְאַשְׁבֵּל גֵּרָא וְנַעֲמָן אֵחִי וָרֹאשׁ מֻפִּים
וְחֻפִּים וָאָרְדְּ: **כב** אֵלֶּה בְּנֵי רָחֵל אֲשֶׁר יֻלַּד לְיַעֲקֹב-כָּל-נֶפֶשׁ אַרְבָּעָה
עָשָׂר: **כג** וּבְנֵי-דָן חֻשִׁים: **כד** וּבְנֵי נַפְתָּלִי-יַחְצְאֵל וְגוּנִי וְיֵצֶר
וְשִׁלֵּם: **כה** אֵלֶּה בְּנֵי בִלְהָה אֲשֶׁר-נָתַן לָבָן לְרָחֵל בִּתּוֹ וַתֵּלֶד אֶת-
אֵלֶּה לְיַעֲקֹב כָּל-נֶפֶשׁ שִׁבְעָה: **כו** כָּל-הַנֶּפֶשׁ הַבָּאָה לְיַעֲקֹב מִצְרַיְמָה
יֹצְאֵי יְרֵכוֹ מִלְּבַד נְשֵׁי בְנֵי-יַעֲקֹב-כָּל-נֶפֶשׁ שִׁשִּׁים וָשֵׁשׁ: **כז** וּבְנֵי
יוֹסֵף אֲשֶׁר-יֻלַּד-לוֹ בְמִצְרַיִם נֶפֶשׁ שְׁנָיִם: כָּל-הַנֶּפֶשׁ לְבֵית-יַעֲקֹב
הַבָּאָה מִצְרַיְמָה שִׁבְעִים: **כח** וְאֶת-
יְהוּדָה שָׁלַח לְפָנָיו אֶל-יוֹסֵף לְהוֹרֹת לְפָנָיו גֹּשְׁנָה וַיָּבֹאוּ אַרְצָה גֹּשֶׁן:
כט וַיֶּאְסֹר יוֹסֵף מֶרְכַּבְתּוֹ וַיַּעַל לִקְרַאת-יִשְׂרָאֵל אָבִיו גֹּשְׁנָה וַיֵּרָא
אֵלָיו וַיִּפֹּל עַל-צַוָּארָיו וַיֵּבְךְּ עַל-צַוָּארָיו עוֹד: **ל** וַיֹּאמֶר יִשְׂרָאֵל
אֶל-יוֹסֵף אָמוּתָה הַפָּעַם אַחֲרֵי רְאוֹתִי אֶת-פָּנֶיךָ כִּי עוֹדְךָ חָי:
לא וַיֹּאמֶר יוֹסֵף אֶל-אֶחָיו וְאֶל-בֵּית אָבִיו אֶעֱלֶה וְאַגִּידָה לְפַרְעֹה
וְאֹמְרָה אֵלָיו אַחַי וּבֵית-אָבִי אֲשֶׁר בְּאֶרֶץ-כְּנַעַן בָּאוּ אֵלָי:
לב וְהָאֲנָשִׁים רֹעֵי צֹאן כִּי-אַנְשֵׁי מִקְנֶה הָיוּ וְצֹאנָם וּבְקָרָם וְכָל-
אֲשֶׁר לָהֶם הֵבִיאוּ: **לג** וְהָיָה כִּי-יִקְרָא לָכֶם פַּרְעֹה וְאָמַר מַה-
מַּעֲשֵׂיכֶם: **לד** וַאֲמַרְתֶּם אַנְשֵׁי מִקְנֶה הָיוּ עֲבָדֶיךָ מִנְּעוּרֵינוּ וְעַד-
עַתָּה גַּם-אֲנַחְנוּ גַּם-אֲבֹתֵינוּ: בַּעֲבוּר תֵּשְׁבוּ בְּאֶרֶץ גֹּשֶׁן כִּי-תוֹעֲבַת
מִצְרַיִם כָּל-רֹעֵה צֹאן:

מז

א וַיָּבֹא יוֹסֵף וַיַּגֵּד לְפַרְעֹה וַיֹּאמֶר אָבִי וְאַחַי וְצֹאנָם וּבְקָרָם וְכָל-
אֲשֶׁר לָהֶם בָּאוּ מֵאֶרֶץ כְּנָעַן וְהִנָּם בְּאֶרֶץ גֹּשֶׁן: **ב** וּמִקְצֵה אֶחָיו
לָקַח חֲמִשָּׁה אֲנָשִׁים וַיַּצִּגֵם לִפְנֵי פַרְעֹה: **ג** וַיֹּאמֶר פַּרְעֹה אֶל-אֶחָיו
מַה-מַּעֲשֵׂיכֶם וַיֹּאמְרוּ אֶל-פַּרְעֹה רֹעֵה צֹאן עֲבָדֶיךָ גַּם-אֲנַחְנוּ גַּם-
אֲבוֹתֵינוּ: **ד** וַיֹּאמְרוּ אֶל-פַּרְעֹה לָגוּר בָּאָרֶץ בָּאנוּ כִּי-אֵין מִרְעֶה
לַצֹּאן אֲשֶׁר לַעֲבָדֶיךָ כִּי-כָבֵד הָרָעָב בְּאֶרֶץ כְּנָעַן וְעַתָּה יֵשְׁבוּ-נָא
עֲבָדֶיךָ בְּאֶרֶץ גֹּשֶׁן: **ה** וַיֹּאמֶר פַּרְעֹה אֶל-יוֹסֵף לֵאמֹר: אָבִיךָ

וְאַחֶיךָ בָּאוּ אֵלֶיךָ: **ו** אֶרֶץ מִצְרַיִם לְפָנֶיךָ הִוא בְּמֵיטַב הָאָרֶץ הוֹשֵׁב
אֶת־אָבִיךָ וְאֶת־אַחֶיךָ יֵשְׁבוּ בְּאֶרֶץ גֹּשֶׁן וְאִם־יָדַעְתָּ וְיֶשׁ־בָּם אַנְשֵׁי־
חַיִל וְשַׂמְתָּם שָׂרֵי מִקְנֶה עַל־אֲשֶׁר־לִי: **ז** וַיָּבֵא יוֹסֵף אֶת־יַעֲקֹב
אָבִיו וַיַּעֲמִדֵהוּ לִפְנֵי פַרְעֹה וַיְבָרֶךְ יַעֲקֹב אֶת־פַּרְעֹה: **ח** וַיֹּאמֶר
פַּרְעֹה אֶל־יַעֲקֹב כַּמָּה יְמֵי שְׁנֵי חַיֶּיךָ: **ט** וַיֹּאמֶר יַעֲקֹב אֶל־פַּרְעֹה
יְמֵי שְׁנֵי מְגוּרַי שְׁלֹשִׁים וּמְאַת שָׁנָה מְעַט וְרָעִים הָיוּ יְמֵי שְׁנֵי חַיַּי
וְלֹא הִשִּׂיגוּ אֶת־יְמֵי שְׁנֵי חַיֵּי אֲבֹתַי בִּימֵי מְגוּרֵיהֶם: **י** וַיְבָרֶךְ יַעֲקֹב
אֶת־פַּרְעֹה וַיֵּצֵא מִלִּפְנֵי פַרְעֹה: **יא** וַיּוֹשֵׁב יוֹסֵף אֶת־אָבִיו וְאֶת־
אֶחָיו וַיִּתֵּן לָהֶם אֲחֻזָּה בְּאֶרֶץ מִצְרַיִם בְּמֵיטַב הָאָרֶץ בְּאֶרֶץ
רַעְמְסֵס כַּאֲשֶׁר צִוָּה פַרְעֹה: **יב** וַיְכַלְכֵּל יוֹסֵף אֶת־אָבִיו וְאֶת־אֶחָיו
וְאֵת כָּל־בֵּית אָבִיו לֶחֶם לְפִי הַטָּף: **יג** וְלֶחֶם אֵין בְּכָל־הָאָרֶץ כִּי־
כָבֵד הָרָעָב מְאֹד וַתֵּלַהּ אֶרֶץ מִצְרַיִם וְאֶרֶץ כְּנַעַן מִפְּנֵי הָרָעָב:
יד וַיְלַקֵּט יוֹסֵף אֶת־כָּל־הַכֶּסֶף הַנִּמְצָא בְאֶרֶץ־מִצְרַיִם וּבְאֶרֶץ כְּנַעַן
בַּשֶּׁבֶר אֲשֶׁר־הֵם שֹׁבְרִים וַיָּבֵא יוֹסֵף אֶת־הַכֶּסֶף בֵּיתָה פַרְעֹה:
טו וַיִּתֹּם הַכֶּסֶף מֵאֶרֶץ מִצְרַיִם וּמֵאֶרֶץ כְּנַעַן וַיָּבֹאוּ כָל־מִצְרַיִם
אֶל־יוֹסֵף לֵאמֹר הָבָה־לָּנוּ לֶחֶם וְלָמָּה נָמוּת נֶגְדֶּךָ כִּי אָפֵס כָּסֶף:
טז וַיֹּאמֶר יוֹסֵף הָבוּ מִקְנֵיכֶם וְאֶתְּנָה לָכֶם בְּמִקְנֵיכֶם אִם־אָפֵס
כָּסֶף: **יז** וַיָּבִיאוּ אֶת־מִקְנֵיהֶם אֶל־יוֹסֵף וַיִּתֵּן לָהֶם יוֹסֵף לֶחֶם
בַּסּוּסִים וּבְמִקְנֵה הַצֹּאן וּבְמִקְנֵה הַבָּקָר וּבַחֲמֹרִים וַיְנַהֲלֵם בַּלֶּחֶם
בְּכָל־מִקְנֵהֶם בַּשָּׁנָה הַהִוא: **יח** וַתִּתֹּם הַשָּׁנָה הַהִוא וַיָּבֹאוּ אֵלָיו
בַּשָּׁנָה הַשֵּׁנִית וַיֹּאמְרוּ לוֹ לֹא־נְכַחֵד מֵאֲדֹנִי כִּי אִם־תַּם הַכֶּסֶף
וּמִקְנֵה הַבְּהֵמָה אֶל־אֲדֹנִי לֹא נִשְׁאַר לִפְנֵי אֲדֹנִי בִּלְתִּי אִם־גְּוִיָּתֵנוּ
וְאַדְמָתֵנוּ: **יט** לָמָּה נָמוּת לְעֵינֶיךָ גַּם־אֲנַחְנוּ גַּם אַדְמָתֵנוּ קְנֵה־
אֹתָנוּ וְאֶת־אַדְמָתֵנוּ בַּלָּחֶם וְנִהְיֶה אֲנַחְנוּ וְאַדְמָתֵנוּ עֲבָדִים לְפַרְעֹה
וְתֶן־זֶרַע וְנִחְיֶה וְלֹא נָמוּת וְהָאֲדָמָה לֹא תֵשָׁם: **כ** וַיִּקֶן יוֹסֵף אֶת־
כָּל־אַדְמַת מִצְרַיִם לְפַרְעֹה כִּי־מָכְרוּ מִצְרַיִם אִישׁ שָׂדֵהוּ כִּי־חָזַק
עֲלֵהֶם הָרָעָב וַתְּהִי הָאָרֶץ לְפַרְעֹה: **כא** וְאֶת־הָעָם הֶעֱבִיר אֹתוֹ
לֶעָרִים מִקְצֵה גְבוּל־מִצְרַיִם וְעַד־קָצֵהוּ: **כב** רַק אַדְמַת הַכֹּהֲנִים
לֹא קָנָה כִּי חֹק לַכֹּהֲנִים מֵאֵת פַּרְעֹה וְאָכְלוּ אֶת־חֻקָּם אֲשֶׁר נָתַן
לָהֶם פַּרְעֹה עַל־כֵּן לֹא מָכְרוּ אֶת־אַדְמָתָם: **כג** וַיֹּאמֶר יוֹסֵף אֶל־
הָעָם הֵן קָנִיתִי אֶתְכֶם הַיּוֹם וְאֶת־אַדְמַתְכֶם לְפַרְעֹה הֵא־לָכֶם זֶרַע
וּזְרַעְתֶּם אֶת־הָאֲדָמָה: **כד** וְהָיָה בַּתְּבוּאֹת וּנְתַתֶּם חֲמִישִׁית
לְפַרְעֹה וְאַרְבַּע הַיָּדֹת יִהְיֶה לָכֶם לְזֶרַע הַשָּׂדֶה וּלְאָכְלְכֶם וְלַאֲשֶׁר
בְּבָתֵּיכֶם וְלֶאֱכֹל לְטַפְּכֶם: **כה** וַיֹּאמְרוּ הֶחֱיִתָנוּ נִמְצָא־חֵן בְּעֵינֵי
אֲדֹנִי וְהָיִינוּ עֲבָדִים לְפַרְעֹה: **כו** וַיָּשֶׂם אֹתָהּ יוֹסֵף לְחֹק עַד־הַיּוֹם
הַזֶּה עַל־אַדְמַת מִצְרַיִם לְפַרְעֹה לַחֹמֶשׁ רַק אַדְמַת הַכֹּהֲנִים
לְבַדָּם לֹא הָיְתָה לְפַרְעֹה: **כז** וַיֵּשֶׁב יִשְׂרָאֵל בְּאֶרֶץ מִצְרַיִם בְּאֶרֶץ
גֹּשֶׁן וַיֵּאָחֲזוּ בָהּ וַיִּפְרוּ וַיִּרְבּוּ מְאֹד: **כח** וַיְחִי יַעֲקֹב בְּאֶרֶץ מִצְרַיִם

שְׁבַע עֶשְׂרֵה שָׁנָה וַיְהִי יְמֵי-יַעֲקֹב שְׁנֵי חַיָּיו-שֶׁבַע שָׁנִים וְאַרְבָּעִים
וּמְאַת שָׁנָה: **כט** וַיִּקְרְבוּ יְמֵי-יִשְׂרָאֵל לָמוּת וַיִּקְרָא לִבְנוֹ לְיוֹסֵף
וַיֹּאמֶר לוֹ אִם-נָא מָצָאתִי חֵן בְּעֵינֶיךָ שִׂים-נָא יָדְךָ תַּחַת יְרֵכִי
וְעָשִׂיתָ עִמָּדִי חֶסֶד וֶאֱמֶת אַל-נָא תִקְבְּרֵנִי בְּמִצְרָיִם: **ל** וְשָׁכַבְתִּי
עִם-אֲבֹתַי וּנְשָׂאתַנִי מִמִּצְרַיִם וּקְבַרְתַּנִי בִּקְבֻרָתָם וַיֹּאמַר אָנֹכִי
אֶעֱשֶׂה כִדְבָרֶךָ: **לא** וַיֹּאמֶר הִשָּׁבְעָה לִי-וַיִּשָּׁבַע לוֹ וַיִּשְׁתַּחוּ יִשְׂרָאֵל
עַל-רֹאשׁ הַמִּטָּה:

מח

א וַיְהִי אַחֲרֵי הַדְּבָרִים הָאֵלֶּה וַיֹּאמֶר לְיוֹסֵף הִנֵּה אָבִיךָ חֹלֶה וַיִּקַּח
אֶת-שְׁנֵי בָנָיו עִמּוֹ-אֶת-מְנַשֶּׁה וְאֶת-אֶפְרָיִם: **ב** וַיַּגֵּד לְיַעֲקֹב-וַיֹּאמֶר
הִנֵּה בִּנְךָ יוֹסֵף בָּא אֵלֶיךָ וַיִּתְחַזֵּק יִשְׂרָאֵל וַיֵּשֶׁב עַל-הַמִּטָּה:
ג וַיֹּאמֶר יַעֲקֹב אֶל-יוֹסֵף אֵל שַׁדַּי נִרְאָה-אֵלַי בְּלוּז בְּאֶרֶץ כְּנָעַן
וַיְבָרֶךְ אֹתִי: **ד** וַיֹּאמֶר אֵלַי הִנְנִי מַפְרְךָ וְהִרְבִּיתִךָ וּנְתַתִּיךָ לִקְהַל
עַמִּים וְנָתַתִּי אֶת-הָאָרֶץ הַזֹּאת לְזַרְעֲךָ אַחֲרֶיךָ-אֲחֻזַּת עוֹלָם:
ה וְעַתָּה שְׁנֵי-בָנֶיךָ הַנּוֹלָדִים לְךָ בְּאֶרֶץ מִצְרַיִם עַד-בֹּאִי אֵלֶיךָ
מִצְרַיְמָה-לִי-הֵם: אֶפְרַיִם וּמְנַשֶּׁה-כִּרְאוּבֵן וְשִׁמְעוֹן יִהְיוּ-לִי:
ו וּמוֹלַדְתְּךָ אֲשֶׁר-הוֹלַדְתָּ אַחֲרֵיהֶם לְךָ יִהְיוּ עַל שֵׁם אֲחֵיהֶם יִקָּרְאוּ
בְּנַחֲלָתָם: **ז** וַאֲנִי בְּבֹאִי מִפַּדָּן מֵתָה עָלַי רָחֵל בְּאֶרֶץ כְּנַעַן בַּדֶּרֶךְ
בְּעוֹד כִּבְרַת-אֶרֶץ לָבֹא אֶפְרָתָה וָאֶקְבְּרֶהָ שָּׁם בְּדֶרֶךְ אֶפְרָת הִוא בֵּית
לָחֶם: **ח** וַיַּרְא יִשְׂרָאֵל אֶת-בְּנֵי יוֹסֵף וַיֹּאמֶר מִי-אֵלֶּה: **ט** וַיֹּאמֶר
יוֹסֵף אֶל-אָבִיו בָּנַי הֵם אֲשֶׁר-נָתַן-לִי אֱלֹהִים בָּזֶה וַיֹּאמַר קָחֶם-נָא
אֵלַי וַאֲבָרְכֵם: **י** וְעֵינֵי יִשְׂרָאֵל כָּבְדוּ מִזֹּקֶן לֹא יוּכַל לִרְאוֹת וַיַּגֵּשׁ
אֹתָם אֵלָיו וַיִּשַּׁק לָהֶם וַיְחַבֵּק לָהֶם: **יא** וַיֹּאמֶר יִשְׂרָאֵל אֶל-יוֹסֵף
רְאֹה פָנֶיךָ לֹא פִלָּלְתִּי וְהִנֵּה הֶרְאָה אֹתִי אֱלֹהִים גַּם אֶת-זַרְעֶךָ:
יב וַיּוֹצֵא יוֹסֵף אֹתָם מֵעִם בִּרְכָּיו וַיִּשְׁתַּחוּ לְאַפָּיו אָרְצָה: **יג** וַיִּקַּח
יוֹסֵף אֶת-שְׁנֵיהֶם-אֶת-אֶפְרַיִם בִּימִינוֹ מִשְּׂמֹאל יִשְׂרָאֵל וְאֶת-מְנַשֶּׁה
בִשְׂמֹאלוֹ מִימִין יִשְׂרָאֵל וַיַּגֵּשׁ אֵלָיו: **יד** וַיִּשְׁלַח יִשְׂרָאֵל אֶת-יְמִינוֹ
וַיָּשֶׁת עַל-רֹאשׁ אֶפְרַיִם וְהוּא הַצָּעִיר וְאֶת-שְׂמֹאלוֹ עַל-רֹאשׁ מְנַשֶּׁה:
שִׂכֵּל אֶת-יָדָיו כִּי מְנַשֶּׁה הַבְּכוֹר: **טו** וַיְבָרֶךְ אֶת-יוֹסֵף וַיֹּאמַר:
הָאֱלֹהִים אֲשֶׁר הִתְהַלְּכוּ אֲבֹתַי לְפָנָיו אַבְרָהָם וְיִצְחָק-הָאֱלֹהִים
הָרֹעֶה אֹתִי מֵעוֹדִי עַד-הַיּוֹם הַזֶּה: **טז** הַמַּלְאָךְ הַגֹּאֵל אֹתִי מִכָּל-
רָע יְבָרֵךְ אֶת-הַנְּעָרִים וְיִקָּרֵא בָהֶם שְׁמִי וְשֵׁם אֲבֹתַי אַבְרָהָם וְיִצְחָק
וְיִדְגּוּ לָרֹב בְּקֶרֶב הָאָרֶץ: **יז** וַיַּרְא יוֹסֵף כִּי-יָשִׁית אָבִיו יַד-יְמִינוֹ
עַל-רֹאשׁ אֶפְרַיִם-וַיֵּרַע בְּעֵינָיו וַיִּתְמֹךְ יַד-אָבִיו לְהָסִיר אֹתָהּ מֵעַל
רֹאשׁ-אֶפְרַיִם-עַל-רֹאשׁ מְנַשֶּׁה: **יח** וַיֹּאמֶר יוֹסֵף אֶל-אָבִיו לֹא-כֵן
אָבִי: כִּי-זֶה הַבְּכֹר שִׂים יְמִינְךָ עַל-רֹאשׁוֹ: **יט** וַיְמָאֵן אָבִיו וַיֹּאמֶר

יָדַ֤עְתִּֽי בְנִי֙ יָדַ֔עְתִּי גַּם־ה֥וּא יִֽהְיֶה־לְּעָ֖ם וְגַם־ה֣וּא יִגְדָּ֑ל וְאוּלָ֗ם אָחִ֤יו הַקָּטֹן֙ יִגְדַּ֣ל מִמֶּ֔נּוּ וְזַרְע֖וֹ יִהְיֶ֥ה מְלֹֽא־הַגּוֹיִֽם: כ וַיְבָ֨רֲכֵ֜ם בַּיּ֣וֹם הַהוּא֮ לֵאמוֹר֒ בְּךָ֗ יְבָרֵ֤ךְ יִשְׂרָאֵל֙ לֵאמֹ֔ר יְשִֽׂמְךָ֣ אֱלֹהִ֔ים כְּאֶפְרַ֖יִם וְכִמְנַשֶּׁ֑ה וַיָּ֥שֶׂם אֶת־אֶפְרַ֖יִם לִפְנֵ֥י מְנַשֶּֽׁה: כא וַיֹּ֤אמֶר יִשְׂרָאֵל֙ אֶל־יוֹסֵ֔ף הִנֵּ֥ה אָנֹכִ֖י מֵ֑ת וְהָיָ֤ה אֱלֹהִים֙ עִמָּכֶ֔ם וְהֵשִׁ֣יב אֶתְכֶ֔ם אֶל־אֶ֖רֶץ אֲבֹתֵיכֶֽם: כב וַאֲנִ֞י נָתַ֧תִּֽי לְךָ֛ שְׁכֶ֥ם אַחַ֖ד עַל־אַחֶ֑יךָ אֲשֶׁ֤ר לָקַ֨חְתִּי֙ מִיַּ֣ד הָֽאֱמֹרִ֔י בְּחַרְבִּ֖י וּבְקַשְׁתִּֽי:

מט

א וַיִּקְרָ֥א יַעֲקֹ֖ב אֶל־בָּנָ֑יו וַיֹּ֗אמֶר הֵאָֽסְפוּ֙ וְאַגִּ֣ידָה לָכֶ֔ם אֵ֛ת אֲשֶׁר־יִקְרָ֥א אֶתְכֶ֖ם בְּאַחֲרִ֥ית הַיָּמִֽים: ב הִקָּבְצ֥וּ וְשִׁמְע֖וּ בְּנֵ֣י יַעֲקֹ֑ב וְשִׁמְע֖וּ אֶל־יִשְׂרָאֵ֥ל אֲבִיכֶֽם: ג רְאוּבֵן֙ בְּכֹ֣רִי אַ֔תָּה כֹּחִ֖י וְרֵאשִׁ֣ית אוֹנִ֑י יֶ֥תֶר שְׂאֵ֖ת וְיֶ֥תֶר עָֽז: ד פַּ֤חַז כַּמַּ֨יִם֙ אַל־תּוֹתַ֔ר כִּ֥י עָלִ֖יתָ מִשְׁכְּבֵ֣י אָבִ֑יךָ אָ֥ז חִלַּ֖לְתָּ יְצוּעִ֥י עָלָֽה:

ה שִׁמְע֥וֹן וְלֵוִ֖י אַחִ֑ים כְּלֵ֥י חָמָ֖ס מְכֵרֹתֵיהֶֽם: ו בְּסֹדָם֙ אַל־תָּבֹ֣א נַפְשִׁ֔י בִּקְהָלָ֖ם אַל־תֵּחַ֣ד כְּבֹדִ֑י כִּ֤י בְאַפָּם֙ הָ֣רְגוּ אִ֔ישׁ וּבִרְצֹנָ֖ם עִקְּרוּ־שֽׁוֹר: ז אָר֤וּר אַפָּם֙ כִּ֣י עָ֔ז וְעֶבְרָתָ֖ם כִּ֣י קָשָׁ֑תָה אֲחַלְּקֵ֣ם בְּיַעֲקֹ֔ב וַאֲפִיצֵ֖ם בְּיִשְׂרָאֵֽל:

ח יְהוּדָ֗ה אַתָּ֚ה יוֹד֣וּךָ אַחֶ֔יךָ יָדְךָ֖ בְּעֹ֣רֶף אֹֽיְבֶ֑יךָ יִשְׁתַּחֲו֥וּ לְךָ֖ בְּנֵ֥י אָבִֽיךָ: ט גּ֤וּר אַרְיֵה֙ יְהוּדָ֔ה מִטֶּ֖רֶף בְּנִ֣י עָלִ֑יתָ כָּרַ֨ע רָבַ֧ץ כְּאַרְיֵ֛ה וּכְלָבִ֖יא מִ֥י יְקִימֶֽנּוּ: י לֹֽא־יָס֥וּר שֵׁ֨בֶט֙ מִֽיהוּדָ֔ה וּמְחֹקֵ֖ק מִבֵּ֣ין רַגְלָ֑יו עַ֚ד כִּֽי־יָבֹ֣א שִׁילֹ֔ה וְל֖וֹ יִקְּהַ֥ת עַמִּֽים: יא אֹסְרִ֤י לַגֶּ֨פֶן֙ עִירֹ֔ה וְלַשֹּׂרֵקָ֖ה בְּנִ֣י אֲתֹנ֑וֹ כִּבֵּ֤ס בַּיַּ֨יִן֙ לְבֻשׁ֔וֹ וּבְדַם־עֲנָבִ֖ים סוּתֹֽה: יב חַכְלִילִ֥י עֵינַ֖יִם מִיָּ֑יִן וּלְבֶן־שִׁנַּ֖יִם מֵחָלָֽב:

יג זְבוּלֻ֕ן לְח֥וֹף יַמִּ֖ים יִשְׁכֹּ֑ן וְהוּא֙ לְח֣וֹף אֳנִיֹּ֔ת וְיַרְכָת֖וֹ עַל־צִידֹֽן:

יד יִשָּׂשכָ֖ר חֲמֹ֣ר גָּ֑רֶם רֹבֵ֖ץ בֵּ֥ין הַֽמִּשְׁפְּתָֽיִם: טו וַיַּ֤רְא מְנֻחָה֙ כִּ֣י ט֔וֹב וְאֶת־הָאָ֖רֶץ כִּ֣י נָעֵ֑מָה וַיֵּ֤ט שִׁכְמוֹ֙ לִסְבֹּ֔ל וַיְהִ֖י לְמַס־עֹבֵֽד: טז דָּ֖ן יָדִ֣ין עַמּ֑וֹ כְּאַחַ֖ד שִׁבְטֵ֥י יִשְׂרָאֵֽל: יז יְהִי־דָן֙ נָחָ֣שׁ עֲלֵי־דֶ֔רֶךְ שְׁפִיפֹ֖ן עֲלֵי־אֹ֑רַח הַנֹּשֵׁךְ֙ עִקְּבֵי־ס֔וּס וַיִּפֹּ֥ל רֹכְב֖וֹ אָחֽוֹר: יח לִֽישׁוּעָתְךָ֖ קִוִּ֥יתִי יְהֹוָֽה:

יט גָּ֖ד גְּד֣וּד יְגוּדֶ֑נּוּ וְה֖וּא יָגֻ֥ד עָקֵֽב: כ מֵאָשֵׁ֖ר שְׁמֵנָ֣ה לַחְמ֑וֹ וְה֥וּא יִתֵּ֖ן מַעֲדַנֵּי־מֶֽלֶךְ: כא נַפְתָּלִ֖י אַיָּלָ֣ה שְׁלֻחָ֑ה הַנֹּתֵ֖ן אִמְרֵי־שָֽׁפֶר: כב בֵּ֤ן פֹּרָת֙ יוֹסֵ֔ף בֵּ֥ן פֹּרָ֖ת עֲלֵי־עָ֑יִן בָּנ֕וֹת צָעֲדָ֖ה עֲלֵי־שֽׁוּר: כג וַיְמָרֲרֻ֖הוּ וָרֹ֑בּוּ וַֽיִּשְׂטְמֻ֖הוּ בַּעֲלֵ֥י חִצִּֽים:

כד וַתֵּשֶׁב בְּאֵיתָן קַשְׁתּוֹ וַיָּפֹזּוּ זְרֹעֵי יָדָיו מִידֵי אֲבִיר יַעֲקֹב מִשָּׁם רֹעֶה אֶבֶן יִשְׂרָאֵל: **כה** מֵאֵל אָבִיךָ וְיַעְזְרֶךָּ וְאֵת שַׁדַּי וִיבָרְכֶךָּ בִּרְכֹת שָׁמַיִם מֵעָל בִּרְכֹת תְּהוֹם רֹבֶצֶת תָּחַת בִּרְכֹת שָׁדַיִם וָרָחַם: **כו** בִּרְכֹת אָבִיךָ גָּבְרוּ עַל־בִּרְכֹת הוֹרַי עַד־תַּאֲוַת גִּבְעֹת עוֹלָם תִּהְיֶיןָ לְרֹאשׁ יוֹסֵף וּלְקָדְקֹד נְזִיר אֶחָיו:

כז בִּנְיָמִין זְאֵב יִטְרָף בַּבֹּקֶר יֹאכַל עַד וְלָעֶרֶב יְחַלֵּק שָׁלָל: **כח** כָּל־אֵלֶּה שִׁבְטֵי יִשְׂרָאֵל שְׁנֵים עָשָׂר וְזֹאת אֲשֶׁר־דִּבֶּר לָהֶם אֲבִיהֶם וַיְבָרֶךְ אוֹתָם אִישׁ אֲשֶׁר כְּבִרְכָתוֹ בֵּרַךְ אֹתָם: **כט** וַיְצַו אוֹתָם וַיֹּאמֶר אֲלֵהֶם אֲנִי נֶאֱסָף אֶל־עַמִּי קִבְרוּ אֹתִי אֶל־אֲבֹתָי אֶל־הַמְּעָרָה־אֲשֶׁר בִּשְׂדֵה עֶפְרוֹן הַחִתִּי: **ל** בַּמְּעָרָה אֲשֶׁר בִּשְׂדֵה הַמַּכְפֵּלָה אֲשֶׁר עַל־פְּנֵי־מַמְרֵא בְּאֶרֶץ־כְּנָעַן: אֲשֶׁר קָנָה אַבְרָהָם אֶת־הַשָּׂדֶה מֵאֵת עֶפְרֹן הַחִתִּי לַאֲחֻזַּת־קָבֶר: **לא** שָׁמָּה קָבְרוּ אֶת־אַבְרָהָם וְאֵת שָׂרָה אִשְׁתּוֹ שָׁמָּה קָבְרוּ אֶת־יִצְחָק וְאֵת רִבְקָה אִשְׁתּוֹ וְשָׁמָּה קָבַרְתִּי אֶת־לֵאָה: **לב** מִקְנֵה הַשָּׂדֶה וְהַמְּעָרָה אֲשֶׁר־בּוֹ מֵאֵת בְּנֵי־חֵת: **לג** וַיְכַל יַעֲקֹב לְצַוֹּת אֶת־בָּנָיו וַיֶּאֱסֹף רַגְלָיו אֶל־הַמִּטָּה וַיִּגְוַע וַיֵּאָסֶף אֶל־עַמָּיו:

נ

א וַיִּפֹּל יוֹסֵף עַל־פְּנֵי אָבִיו וַיֵּבְךְּ עָלָיו וַיִּשַּׁק־לוֹ: **ב** וַיְצַו יוֹסֵף אֶת־עֲבָדָיו אֶת־הָרֹפְאִים לַחֲנֹט אֶת־אָבִיו וַיַּחַנְטוּ הָרֹפְאִים אֶת־יִשְׂרָאֵל: **ג** וַיִּמְלְאוּ־לוֹ אַרְבָּעִים יוֹם כִּי כֵּן יִמְלְאוּ יְמֵי הַחֲנֻטִים וַיִּבְכּוּ אֹתוֹ מִצְרַיִם שִׁבְעִים יוֹם: **ד** וַיַּעַבְרוּ יְמֵי בְכִיתוֹ וַיְדַבֵּר יוֹסֵף אֶל־בֵּית פַּרְעֹה לֵאמֹר: אִם־נָא מָצָאתִי חֵן בְּעֵינֵיכֶם דַּבְּרוּ־נָא בְּאָזְנֵי פַרְעֹה לֵאמֹר: **ה** אָבִי הִשְׁבִּיעַנִי לֵאמֹר הִנֵּה אָנֹכִי מֵת בְּקִבְרִי אֲשֶׁר כָּרִיתִי לִי בְּאֶרֶץ כְּנַעַן שָׁמָּה תִּקְבְּרֵנִי וְעַתָּה אֶעֱלֶה־נָּא וְאֶקְבְּרָה אֶת־אָבִי וְאָשׁוּבָה: **ו** וַיֹּאמֶר פַּרְעֹה: עֲלֵה וּקְבֹר אֶת־אָבִיךָ כַּאֲשֶׁר הִשְׁבִּיעֶךָ: **ז** וַיַּעַל יוֹסֵף לִקְבֹּר אֶת־אָבִיו וַיַּעֲלוּ אִתּוֹ כָּל־עַבְדֵי פַרְעֹה זִקְנֵי בֵיתוֹ וְכֹל זִקְנֵי אֶרֶץ־מִצְרָיִם: **ח** וְכֹל בֵּית יוֹסֵף וְאֶחָיו וּבֵית אָבִיו רַק טַפָּם וְצֹאנָם וּבְקָרָם עָזְבוּ בְּאֶרֶץ גֹּשֶׁן: **ט** וַיַּעַל עִמּוֹ גַּם־רֶכֶב גַּם־פָּרָשִׁים וַיְהִי הַמַּחֲנֶה כָּבֵד מְאֹד: **י** וַיָּבֹאוּ עַד־גֹּרֶן הָאָטָד אֲשֶׁר בְּעֵבֶר הַיַּרְדֵּן וַיִּסְפְּדוּ־שָׁם מִסְפֵּד גָּדוֹל וְכָבֵד מְאֹד וַיַּעַשׂ לְאָבִיו אֵבֶל שִׁבְעַת יָמִים: **יא** וַיַּרְא יוֹשֵׁב הָאָרֶץ הַכְּנַעֲנִי אֶת־הָאֵבֶל בְּגֹרֶן הָאָטָד וַיֹּאמְרוּ אֵבֶל־כָּבֵד זֶה לְמִצְרָיִם עַל־כֵּן קָרָא שְׁמָהּ אָבֵל מִצְרַיִם אֲשֶׁר בְּעֵבֶר הַיַּרְדֵּן: **יב** וַיַּעֲשׂוּ בָנָיו לוֹ כֵּן כַּאֲשֶׁר צִוָּם: **יג** וַיִּשְׂאוּ אֹתוֹ בָנָיו אַרְצָה כְּנַעַן וַיִּקְבְּרוּ אֹתוֹ בִּמְעָרַת שְׂדֵה הַמַּכְפֵּלָה: אֲשֶׁר קָנָה אַבְרָהָם אֶת־הַשָּׂדֶה לַאֲחֻזַּת־קֶבֶר מֵאֵת עֶפְרֹן הַחִתִּי־עַל־פְּנֵי מַמְרֵא: **יד** וַיָּשָׁב יוֹסֵף מִצְרַיְמָה הוּא וְאֶחָיו וְכָל־

הָעֹלִים אִתּוֹ לִקְבֹּר אֶת-אָבִיו אַחֲרֵי קָבְרוֹ אֶת-אָבִיו: **טו** וַיִּרְאוּ
אֲחֵי-יוֹסֵף כִּי-מֵת אֲבִיהֶם וַיֹּאמְרוּ לוּ יִשְׂטְמֵנוּ יוֹסֵף וְהָשֵׁב יָשִׁיב לָנוּ
אֵת כָּל-הָרָעָה אֲשֶׁר גָּמַלְנוּ אֹתוֹ: **טז** וַיְצַוּוּ אֶל-יוֹסֵף לֵאמֹר: אָבִיךָ
צִוָּה לִפְנֵי מוֹתוֹ לֵאמֹר: **יז** כֹּה-תֹאמְרוּ לְיוֹסֵף אָנָּא שָׂא נָא פֶּשַׁע
אַחֶיךָ וְחַטָּאתָם כִּי-רָעָה גְמָלוּךָ וְעַתָּה שָׂא נָא לְפֶשַׁע עַבְדֵי אֱלֹהֵי
אָבִיךָ וַיֵּבְךְּ יוֹסֵף בְּדַבְּרָם אֵלָיו: **יח** וַיֵּלְכוּ גַּם-אֶחָיו וַיִּפְּלוּ לְפָנָיו
וַיֹּאמְרוּ הִנֶּנּוּ לְךָ לַעֲבָדִים: **יט** וַיֹּאמֶר אֲלֵהֶם יוֹסֵף אַל-תִּירָאוּ: כִּי
הֲתַחַת אֱלֹהִים אָנִי: **כ** וְאַתֶּם חֲשַׁבְתֶּם עָלַי רָעָה אֱלֹהִים חֲשָׁבָהּ
לְטֹבָה לְמַעַן עֲשֹׂה כַּיּוֹם הַזֶּה לְהַחֲיֹת עַם-רָב: **כא** וְעַתָּה אַל-
תִּירָאוּ-אָנֹכִי אֲכַלְכֵּל אֶתְכֶם וְאֶת-טַפְּכֶם וַיְנַחֵם אוֹתָם וַיְדַבֵּר עַל-
לִבָּם: **כב** וַיֵּשֶׁב יוֹסֵף בְּמִצְרַיִם הוּא וּבֵית אָבִיו וַיְחִי יוֹסֵף מֵאָה
וָעֶשֶׂר שָׁנִים: **כג** וַיַּרְא יוֹסֵף לְאֶפְרַיִם בְּנֵי שִׁלֵּשִׁים גַּם בְּנֵי מָכִיר בֶּן-
מְנַשֶּׁה-יֻלְּדוּ עַל-בִּרְכֵּי יוֹסֵף: **כד** וַיֹּאמֶר יוֹסֵף אֶל-אֶחָיו אָנֹכִי מֵת
וֵאלֹהִים פָּקֹד יִפְקֹד אֶתְכֶם וְהֶעֱלָה אֶתְכֶם מִן-הָאָרֶץ הַזֹּאת אֶל-
הָאָרֶץ אֲשֶׁר נִשְׁבַּע לְאַבְרָהָם לְיִצְחָק וּלְיַעֲקֹב: **כה** וַיַּשְׁבַּע יוֹסֵף
אֶת-בְּנֵי יִשְׂרָאֵל לֵאמֹר: פָּקֹד יִפְקֹד אֱלֹהִים אֶתְכֶם וְהַעֲלִתֶם אֶת-
עַצְמֹתַי מִזֶּה: **כו** וַיָּמָת יוֹסֵף בֶּן-מֵאָה וָעֶשֶׂר שָׁנִים וַיַּחַנְטוּ אֹתוֹ
וַיִּישֶׂם בָּאָרוֹן בְּמִצְרָיִם:

Alphabetical Lexicon

א

אָאֹר: I~will~Spit.upon
אַב: Father
אָב: Father
אָבֹא: I~will~Come
אָבוֹא: I~will~Come
אֲבוֹתֶיךָ: Father~s~you(ms)
אֲבוֹתֵינוּ: Father~s~us
אֲבִי: Father~of
אָבִי: Father~me
אֲבִיאֶנּוּ: I~will~make~Come~him
אָבִיהָ: Father~her
אֲבִיהֶם: Father~them(m)
אֲבִיהֶן: Father~them(f)
אָבִיו: Father~him
אָבִיךְ: Father~you(fs)
אָבִיךָ: Father~you(ms)
אֲבִיכֶם: Father~you(mp)
אֲבִיכֶן: Father~you(fp)
אֲבִימָאֵל: "Aviyma'el [My father is from El]"
אֲבִימֶלֶךְ: "Aviymelekh [My father is king]"
אָבִינוּ: Father~us
אֲבִיר: Valiant
אֲבָל: Nevertheless
אֵבֶל: Mourning
אָבֵל: Mourning
אָבֵל מִצְרַיִם: "Aveyl-Mitsrayim [Mourning of Mitsrayim]"
אֶבֶן: Stone
אָבֶן: Stone
אִבָּנֶה: I~will~Build
אֲבָנִים: Stone~s
אַבְרָהָם: "Avraham [Father lifted]"
אַבְרֵךְ: Bend.the.knee
אֲבָרֶכְךָ: I~will~much~Kneel~you(ms)
אַבְרָם: "Avram [Father raised]"
אֲבֹתַי: Father~s~me
אֲבֹתָי: Father~s~me
אֲבֹתֶיךָ: Father~s~you(ms)
אֲבֹתֵיכֶם: Father~s~you(mp)
אֲבֹתֵינוּ: Father~s~us
אֶגְדַּל: I~will~Magnify
אֱדוֹם: "Edom [Red]"
אֹדוֹת: Concerning
אָדָם: Human
אֲדָמָה: Ground
אַדְמָה: "Admah [Red ground]"
אַדְמוֹנִי: Ruddy
אַדְמַת: Ground
אַדְמַתְכֶם: Ground~you(mp)
אַדְמָתָם: Ground~them(m)
אַדְמָתֵנוּ: Ground~us
אֲדֹנִי: Lord~me
אֲדֹנֵי: Lord~s
אֲדֹנַי: Lord~s~me
אֲדֹנָי: "Adonai [My lords]"
אֲדֹנָיו: Lord~him
אֲדֹנֶיךָ: Lord~s~you(ms)

אֵדַע: I~will~Know
אֵדָעָה: I~will~Know
אֶדְרֹשׁ: I~will~Seek
אֶדְרְשֶׁנּוּ: I~will~Seek~him
אָהֵב: he~did~Love
אָהַב: he~had~Love
אֲהֵבוֹ: he~had~Love~him
אֹהֶבֶת: Love~ing(fs)
אָהַבְתָּ: you(ms)~did~Love
אָהַבְתִּי: I~did~Love
אֹהֶל: Tent
אָהֳלֹה: Tent~her
אָהֳלוֹ: Tent~him
אָהֳלִיבָמָה: "Ahalivamah [Tent of the high place]"
אֹהָלִים: Tent~s
אוֹ: Or
אוֹדֶה: I~will~make~Throw.the.hand
אוֹדֹת: Concerning
אוּזָל: "Uzal [Waver]"
אוֹכֵל: Eat~ing(ms)
אוּכַל: I~will~Be.able
אוּלַי: Possibly
אוֹמָר: "Omar [Speaker]"
אוֹן: "On [Vigor]"
אוֹנִי: Vigor~me
אוֹנָן: "Onan [Strong]"
אוֹפִר: "Ophir [Reduced to ashes]"
אוֹצִיאָה: I~will~make~Go.out
אוֹר: Light
אוֹת: Sign
אוֹתְךָ: At~you(ms)
אוֹתָךְ: At~you(fs)
אוֹתָם: At~them(m)
אָז: At.that.time
אָח: Brother
אֶחָד: Unit
אַחַד: Unit
אֲחָדִים: Unit~s
אָחוֹר: Back
אֲחוֹת: Sister
אֲחוֹתָם: Sister~them(m)
אֲחוֹתֵנוּ: Sister~us
אֲחֻזָּה: Holdings
אֹחֶזֶת: Hold~ing(fs)
אֲחֻזַּת: Holdings
אֲחֻזָּתָם: Holdings~them(m)
אֲחַטֶּנָּה: I~will~much~Err~her
אֲחִי: Brother~of
אֲחֵי: Brother~s
אֵחִי: "Eyhhiy [My brother]"
אַחַי: Brother~s~me
אָחִי: Brother~me
אַחֶיהָ: Brother~s~her
אָחִיהָ: Brother~her
אֲחֵיהֶם: Brother~s~them(m)
אֶחָיו: Brother~s~him
אָחִיו: Brother~him
אַחֶיךָ: Brother~s~you(ms)
אָחִיךָ: Brother~you(ms)
אֲחִיכֶם: Brother~you(mp)
אַחִים: Brother~s
אַחֵינוּ: Brother~s~us
אָחִינוּ: Brother~us
אֲחַלְּקֵם: I~will~much~Apportion~them(m)
אֵחַר: he~did~much~Delay
אַחֵר: Other
אַחַר: After
אֲחֵרוֹת: Other~s
אַחֲרֵי: After
אַחֲרַי: After
אַחֲרָי: After~me
אַחֲרֵיהֶם: After~them(m)
אַחֲרֵיהֶן: After~them(f)

אַחֲרָיו: After~him
אַחֲרֶיךָ: After~you(ms)
אַחֲרֵיכֶם: After~you(mp)
אֲחֵרִים: Other~s
אַחֲרֵינוּ: After~us
אַחֲרֹנִים: Behind~s
אֲחֹרַנִּית: Backward
אַחֶרֶת: Other
אֶחָת: Unit
אַחַת: Unit
אֲחֹתוֹ: Sister~him
אֲחֹתִי: Sister~me
אֲחֹתָם: Sister~them(m)
אֲחֹתֵנוּ: Sister~us
אֵי: Where
אֹיְבָיו: Hostile~ing(ms)~s~him
אֹיְבֶיךָ: Hostile~ing(ms)
אַיֵּה: Where
אֵיטִיב: I~will~make~Do.well
אִיֵּי: Island~s
אֵיךְ: Where
אַיֶּכָּה: Where~you(ms)
אַיִל: Strong.One
אֵיל פָּארָן: “Eyl-Paran [Post of decoration]”
אַיָּלָה: Doe
אֵילוֹן: “Eylon [Strength]”
אֵילֹן: “Eylon [Strength]”
אֵימָה: Terror
אֵין: Without
אַיִן: Without
אֵינְךָ: Without~you(ms)
אֵינֶנָּה: Without~her
אֵינֶנּוּ: Without~him
אֵיפֹה: Where
אִירָשֶׁנָּה: I~will~Inherit~her
אִישׁ: Man
אִישָׁהּ: Man~her
אִישִׁי: Man~me
אִישֵׁךְ: Man~you(fs)
אַךְ: Surely
אָכוֹל: >~Eat
אֹכֵל: Eat~ing(ms)
אֹכֶל: Foodstuff
אֹכַל: I~will~Eat
אֱכָל: >~Eat
אֲכֹל: >~Eat
אֲכַלֶּה: I~will~much~Finish
אָכְלוּ: they~did~Eat
אֲכָלְךָ: >~Eat~you(ms)
אֲכַלְכֵּל: I~will~much~Sustain
אֲכָלְכֶם: >~Eat~you(mp)
אָכְלָם: Foodstuff~them(m)
אֲכָלַנִי: he~did~Eat~me
אָכָלְתָּ: you(ms)~will~Eat
אֲכָלָתְהוּ: she~had~Eat~him
אָכַלְתִּי: I~did~Eat
אָכֵן: Surely
אֲכַפְּרָה: I~will~much~Cover~^
אֵל: Mighty.one
אֶל: To
אַל: No
אֵל אֱלֹהֵי יִשְׂרָאֵל: “El-Elohey-Yisra'el [El of the powers of Yisra'el]”
אֵל בֵּית אֵל: “El-Beyt-El [El of Beyt El]”
אֵל רֳאִי: “El-Ra'iy [El seeing me]”
אֵלֵד: I~will~Bring.forth
אֵלֶּה: These
אֵלָה: “Eylah [Oak]”
אָלָה: Oath
אֱלֹהֵי: Power~s
אֱלֹהָי: Power~s~me
אֱלֹהֶיךָ: Power~s~you(ms)

אֱלֹהֵיכֶם: Power~s~you(mp)
אֱלֹהִים: "Elohiym [Powers]"
אֲלֵהֶם: To~them(m)
אֵלוֹן: Great.tree
אַלּוֹן בָּכוּת: "Alon-Bakhut [Oak of weeping]"
אַלּוּף: Chief
אַלּוּפֵי: Chief~s
אַלּוּפֵיהֶם: Chief~s~them(m)
אֻלַי: Possibly
אֵלַי: To~me
אֵלָי: To~me
אֵלֶיהָ: To~her
אֲלֵיהֶם: To~them(m)
אֵלָיו: To~him
אֵלֶיךָ: To~you(ms)
אֵלַיִךְ: To~you(fs)
אֲלֵיכֶם: To~you(mp)
אֵלֵינוּ: To~us
אֱלִיעֶזֶר: "Eliezer [My El is a helper]"
אֱלִיפַז: "Eliphaz [My El is pure gold]"
אֱלִיפָז: "Eliphaz [My El is pure gold]"
אֱלִישָׁה: "Elishah [El of help]"
אֵלֵךְ: I~will~Walk
אֵלְכָה: I~will~Walk~^
אֲלֵכֶם: To~you(mp)
אַלְמוֹדָד: "Almodad [El of measure]"
אֲלֻמִּים: Sheaf~s
אַלְמָנָה: Widow
אַלְמְנוּתָהּ: Widowhood~her
אֲלֻמָּתִי: Sheaf~me
אֲלֻמֹּתֵיכֶם: Sheaf~s~you(mp)
אֶלָּסָר: "Elasar [El is noble]"
אֶלֶף: Thousand
אִם: If
אֵם: Mother
אִמָּהּ: Mother~her
אַמָּה: Forearm
אִמּוֹ: Mother~him
אָמוּת: I~will~Die
אָמוּתָה: I~will~Die~^
אֶמְחֶה: I~will~Wipe.away
אִמִּי: Mother~me
אִמֶּךָ: Mother~you(ms)
אִמָּלְטָה: I~will~be~Slip.away
אָמְנָה: Sure
אֻמְנָם: Indeed
אֶמְצָא: I~will~Find
אֹמַר: I~will~Say
אֱמֹר: !(ms)~Say
אָמַר: he~did~Say
אָמָר: he~had~Say
אָמְרָה: she~did~Say
אָמְרוּ: they~had~Say
אִמְרִי: !(fs)~Say
אִמְרֵי: Statement~s
אֹמְרִים: Say~ing(mp)
אַמְרָפֶל: "Amraphel [Speaker of judgement]"
אָמַרְתָּ: you(ms)~did~Say
אִמְרָתִי: Speech~me
אָמַרְתִּי: I~did~Say
אֲמַרְתֶּם: you(mp)~did~Say
אֶמֶשׁ: Last.night
אָמֶשׁ: Last.night
אֱמֶת: Truth
אַמְתְּחֹת: Bag~s
אַמְתַּחַת: Bag
אַמְתַּחְתּוֹ: Bag~him
אַמְתְּחֹתֵיכֶם: Bag~s~you(mp)
אַמְתְּחֹתֵינוּ: Bag~s~us
אֲמָתִי: Bondwoman~me
אֲמָתֶךָ: Bondwoman~you(ms)
אֹן: "On [Vigor]"

אָנָּא: Please
אָנָה: Wherever
אֱנוֹשׁ: "Enosh [Man]"
אֲנַחְנוּ: We
אֲנָחְנוּ: We
אֲנִי: I
אָנִי: I
אֳנִיֹּת: Ship~s
אָנֹכִי: I
אַנְשֵׁי: Man~s
אֲנָשָׁיו: Man~s~him
אֲנָשִׁים: Man~s
אָסוֹן: Harm
אָסוּר: Tie.up~ed(ms)
אֲסוּרֵי: Prisoner
אֲסוּרִים: Tie.up~ed(mp)
אֲסִירֵי: Tie.up~ed(mp)
אָסְנַת: "Asnat [Belonging to Nat]"
אֹסִף: I~will~make~Add
אָסַף: he~did~Gather
אֹסְרִי: Tie.up~ing(ms)~me
אֶסָּתֵר: I~will~be~Hide
אֶעֱבָדְךָ: I~will~Serve~you(ms)
אֶעֱבֹר: I~will~Cross.over
אֶעֱזָבְךָ: I~will~Leave~you(ms)
אֶעֱלֶה: I~will~Go.up
אַעַלְךָ: I~will~make~Go.up~you(ms)
אֶעֶרְבֶנּוּ: I~will~Barter~him
אֶעֱשֶׂה: I~will~Do
אֲעַשְּׂרֶנּוּ: I~will~much~Give.a.tenth~him
אַף: Moreover
אֹפֶה: Bake~ing(ms)
אַפָּהּ: Nose~her
אָפָה: he~did~Bake
אַפּוֹ: Nose~him
אֵפוֹא: Then
אַפֶּיךָ: Nose~s~you(ms)
אַפַּיִם: Nose~s2
אַפְּךָ: Nose~you(mp)
אַפָּם: Nose~them(m)
אָפֵס: he~did~Come.to.an.end
אֶפְרַיִם: "Ephrayim [Double fruitfulness]"
אֶפְרָיִם: "Ephrayim [Double fruitfulness]"
אֶפְרָת: "Ephrat [Fruitful]"
אֶפְרָתָה: "Ephrat [Fruitful]"~unto
אַצִּיגָה: I~will~make~Set~^
אֵצֶל: Beside
אֶצְלָהּ: Beside~her
אֶצְלִי: Beside~me
אָצַלְתָּ: you(ms)~did~Set-aside
אֵצֶר: "Eytser [Restraint]"
אֶקַּח: I~will~Take
אָקִים: I~will~make~Rise
אֶרְאֶה: I~will~See
אַרְאֶךָּ: I~will~make~See~you(ms)
אַרְבֶּה: I~will~make~Increase
אַרְבַּע: Four
אַרְבָּעָה: Four
אַרְבָּעִים: Four~s
אֵרֵד: I~will~Go.down
אֵרְדָה: I~will~Go.down~her
אָרוּר: Spit.upon~ed(ms)
אֲרוּרָה: Spit.upon~ed(ms)
אֹרַח: Path
אֹרְחַת: Caravan
אַרְיֵה: Lion
אַרְיוֹךְ: "Aryokh [Tall]"
אֹרֶךְ: Length
אָרְכוּ: they~did~Prolong
אֲרָם: "Aram [Palace]"

אֲרַם נַהֲרַיִם: "Aram-Nahhara'im [Palace of two rivers]"
אֶרְעֶה: I~will~Feed
אַרְפַּכְשַׁד: "Arpakhshad [I will fail the breast]"
אַרְפַּכְשָׁד: "Arpakhshad [I will fail the breast]"
אֶרֶץ: Land
אַרְצָה: Land~unto
אָרְצָה: Land~unto
אַרְצִי: Land~me
אֵרְרָהּ: he~did~much~Spit.upon
אֲרָרָט: "Ararat [Curse]"
אֹרְרֶיךָ: Spit.upon~ing(mp)~you(ms)
אֵשׁ: Fire
אֶשְׁאָב: I~will~Draw.water
אִשָּׁבֵעַ: I~will~be~Swear
אִשָּׁה: Woman
אָשׁוּב: I~will~Turn.back
אָשׁוּבָה: I~will~Turn.back~^
אַשּׁוּר: "Ashur [Step]"
אַשּׁוּרָה: "Ashur [Step]"~unto
אַשּׁוּרִם: "Ashur [Step]"~s
אַשְׁחִית: I~will~make~Damage
אָשִׁיב: I~will~make~Turn.back
אֲשִׁיבֶנּוּ: I~will~make~Turn.back~him
אֲשִׂימְךָ: I~will~Set.in.place~you(ms)
אֲשִׂימֶנּוּ: I~will~Set.in.place~him
אָשִׁית: I~did~Set.down
אֶשְׁכֹּל: "Eshkol [Cluster]"
אֶשְׁכָּל: I~will~Be.childless
אַשְׁכְּלֹתֶיהָ: Cluster~s~her
אַשְׁכְּנַז: "Ashkanaz [Fire spread]"
אֶשֶׁל: Tamarisk
אֲשַׁלַּח: I~will~much~Send
אֲשַׁלֵּחֲךָ: I~will~much~Send~you(ms)
אָשָׁם: Guilt
אֲשֵׁמִים: Guilt~s
אֶשְׁמֹר: I~will~Guard
אַשְׁקֶה: I~will~make~Drink
אֲשֶׁר: Which
אָשֵׁר: "Asher [Happy]"
אִשְּׁרוּנִי: they~did~much~Happy~me
אֵשֶׁת: Woman
אִשְׁתּוֹ: Woman~him
אִשְׁתִּי: Woman~me
אִשְׁתְּךָ: Woman~you(ms)
אִשְׁתֶּךָ: Woman~you(ms)
אֵת: At
אֶת: At
אַתְּ: You(fs)
אָתְּ: You(fs)
אֹתָהּ: At~her
אִתָּהּ: At~her
אַתָּה: You(ms)
אָתָּה: You(ms)
אֶתְהֶם: At~them(m)
אֶתְהֶן: At~them(f)
אֹתוֹ: At~him
אִתּוֹ: At~him
אֹתִי: At~me
אִתִּי: At~me
אֹתְךָ: At~you(ms)
אֹתָךְ: At~you(fs)
אִתְּךָ: At~you(ms)
אִתָּךְ: At~you(ms)
אִתְּכֶם: At~you(mp)

אֶתְכֶם: At~you(mp)
אֹתָם: At~them(m)
אִתָּם: At~them(m)
אַתֶּם: You(mp)
אֶתֵּן: I~will~Give
אֶתֶּן: I~will~Give
אֶתְנָהֲלָה: I~will~self~Lead~^
אֹתָנוּ: At~us
אֲתֹנוֹ: She-donkey~him
אִתָּנוּ: At~us
אֶתְּנֶנָּה: I~will~Give~her
אֲתֹנֹת: She-donkey~s

ב

בֹּא: !(ms)~Come
בָּא: he~did~Come
בָא: he~did~Come
בֶּאֱדוֹם: in~"Edom [Red]"
בָּאָדָם: in~the~Human
בָאָדָם: in~the~Human
בָּאָה: she~did~Come
בְּאַהֲבָתוֹ: in~Affection
בְּאֹהֶל: in~Tent
בָּאֹהֶל: in~the~Tent
בְּאָהֳלֵי: in~Tent~s
בֹּאוּ: !(mp)~Come
בָּאוּ: they~did~Come
בָאוּ: they~did~Come
בְּאוּר: in~"Ur [Light]"
בָּאוֹת: Come~ing(fp)
בְּאָזְנֵי: in~Ear~s
בְּאָזְנֵיהֶם: in~Ear~s2~them(m)
בְּאֶחָד: in~Unit
בְּאַחַד: in~Unit
בָּאָחוּ: in~the~Marsh.Grass
בְּאַחֲרִית: in~End
בְּאַחַת: in~Unit
בַּאֲחֹתָהּ: in~Sister~her

בֹּאִי: >~Come~me
בָּאֵי: Come~ing(mp)
בָּאִים: Come~ing(mp)
בָּאִישׁ: in~the~Man
בָאִישׁ: in~the~Man
בְּאֵיתָן: in~Consistency
בֹּאֲךָ: >~Come~you(ms)
בֹּאֲכָה: >~Come~you(ms)
בֵּאלֹהִים: in~"Elohiym [Powers]"
בְּאֵלֹנֵי: in~Great.tree~s
בֹּאָם: >~Come~them(m)
בְּאַמְתַּחַת: in~Bag
בְּאַמְתַּחְתִּי: in~Bag~me
בְּאַמְתְּחֹתֵיכֶם: in~Bag~s~you(mp)
בְּאַמְתְּחֹתֵינוּ: in~Bag~s~us
בָּאנוּ: we~did~Come
בָאנוּ: we~did~Come
בְּאַנְשֵׁי: in~Man~s
בְּאַפָּיו: in~Nose~s2~him
בְּאַפָּם: in~Nose~them(m)
בְּאֵר: Well
בְאֵר: Well
בְּאֵר לַחַי רֹאִי: "Be'er-Lahhiy-Ro'iy [Well for the living seeing me]"
בְּאֵר שֶׁבַע: "B'er-Sheva [Well of oath]"
בְּאֵר שָׁבַע: "B'er-Sheva [Well of oath]"
בְּאֵרָה שָּׁבַע: "B'er-Sheva [Well of oath]"~unto
בָּאָרוֹן: in~the~Box
בְּאֵרִי: "Be'eri [My well]"
בְּאֶרֶץ: in~Land
בָּאָרֶץ: in~the~Land
בְאֶרֶץ: in~Land
בָאָרֶץ: in~the~Land

בְּאַרְצוֹ: in~Land~him
בְּאַרְצֹתָם: in~Land~s~them(m)
בְּאֵרֹת: Well~s
בֶּאֱרֹת: Well~s
בַּאֲשֶׁר: in~Which
בְּאָשְׁרִי: in~Happiness~me
בְּאִשְׁתּוֹ: in~Woman~him
בָּאת: you(fs)~did~Come
בָּאתֶם: you(mp)~did~Come
בְּבֹאוֹ: in~>~Come~him
בְּבֹאִי: in~>~Come~me
בְּבֹאָן: in~>~Come~them(f)
בִּבְאֵר שָׁבַע: in~"B'er-Sheva [Well of oath]"
בְּבִגְדוֹ: in~Garment~him
בַּבְּהֵמָה: in~the~Beast
בְּבוֹא: >~Come
בַּבּוֹר: in~the~Cistern
בְּבִטְנָהּ: in~Womb~her
בְּבִטְנֵךְ: in~Womb~you(fs)
בְּבֵית: in~House
בַּבַּיִת: in~the~House
בַּבָּיִת: in~the~House
בְּבֵיתוֹ: in~House~him
בְּבֵיתֶךָ: in~House~you(ms)
בִּבְכִי: in~Weeping
בָּבֶל: "Bavel [Confusion]"
בִּבְנוֹת: in~Daughter~s
בַּבֹּקֶר: in~the~Morning
בַבֹּקֶר: in~the~Morning
בְּבָרְחוֹ: in~>~Flee.away~him
בְּבָרְחֲךָ: in~>~Flee.away~you(ms)
בְּבָרְכוֹ: in~>~much~Kneel~him
בִּבְשַׂרְכֶם: in~Flesh
בְּבַת: in~Daughter
בְּבָתֵּיכֶם: in~House~s~you(mp)
בִּבְתְּכֶם: in~Daughter~them(m)
בגד: (Ketiv) in~Fortune
בִּגְדוֹ: Garment~him
בַּגָּדוֹל: in~the~Magnificent
בִּגְדֵי: Garment~s
בְּגָדָיו: Garment~s~him
בְּגוֹיֵהֶם: in~Nation~s~them(m)
בְּגִיד: in~Sinew
בִּגְלַל: in~Account.of
בִּגְלָלֵךְ: in~Account.of~you(fs)
בִּגְלָלֶךָ: in~Account.of~you(ms)
בַּגָּן: in~Garden
בְּגַן: in~Garden
בְּגֹרֶן הָאָטָד: in~"Goren-Ha'atad [Threshing floor of the brambles]"
בִּגְרָר: in~"Gerar [Chew]"
בְּדַבֵּר: in~>~much~Speak
בְּדַבְּרָם: in~>~much~Speak~them(m)
בִּדְגַת: in~Swimmer
בִדְגַת: in~Swimmer
בְּדַד: "Bedad [Solitary]"
בְּדוּדָאֵי: in~Mandrakes~s
בַּדּוֹר: in~the~Generation
בְּדִינָה: in~"Dinah [Judgement]"
בַּדָּם: in~the~Blood
בִּדְמוּת: in~Likeness
בִּדְמוּתוֹ: in~Likeness~him
בְּדֶרֶךְ: in~Road
בַּדֶּרֶךְ: in~the~Road
בַּדָּרֶךְ: in~the~Road

בְּדֹרֹתָיו: in~Generation~s~him
בְּדֹתָן: in~"Dotan [Well]"
בָּהּ: in~her
בָהּ: in~her
בְּהֵאָבְקוֹ: in~>~be~Grapple~him
בְּהִבָּרְאָם: in~>~be~Fatten~them(m)
בְּהִוָּלֵד: in~>~be~Bring.forth
בִּהְיוֹתָם: in~>~Exist~them(m)
בְּהָם: in~"Ham [Roar]"
בָּהֶם: in~them(m)
בָהֶם: in~them(m)
בְּהֵמָה: Beast
בְּהִמּוֹל: in~>~be~Circumcise
בְּהִמֹּלוֹ: in~>~make.be~Circumcise~him
בְּהֶמְתּוֹ: Beast~him
בְּהֶמְתָּם: Beast~them(m)
בָּהֵן: in~them(f)
בַּהֲפֹךְ: in~>~Overturn
בְהַקְשֹׁתָהּ: in~>~make~Be.hard~her
בְּהַר: in~Hill
בָּהָר: in~the~Hill
בְּהַרְרָם: in~Mount~them(m)
בְּהִתְוַדַּע: in~>~self~Know
בְּהִתְחַנְנוֹ: in~>~self~Show.beauty~him
בּוֹ: in~him
בוֹ: in~him
בּוֹא: !(ms)~Come
בּוּז: "Buz [Despise]"
בְּזֹאת: in~This
בָּזֶה: in~This
בָזֶה: in~This
בְּזֵעַת: in~Sweat
בְּזַרְעֲךָ: in~Seed~you(ms)
בְּחֶבְרוֹן: in~"Hhevron [Company]"
בַּחֹדֶשׁ: in~the~New.moon
בַּחוּץ: in~the~Outside
בְחַיַּי: in~Life~me
בְּחֵיקֶךָ: in~Bosom~you(ms)
בַּחֲלוֹם: in~the~Dream
בַּחֲלוֹמִי: in~Dream~me
בַּחֲלֹם: in~the~Dream
בַּחֲלֹמִי: in~Dream~me
בְּחֶמְלַת: in~Compassionate
בַּחֲמִשָּׁה: in~the~Five
בְּחַצְצֹן תָּמָר: in~"Hhats'tson-Tamar [Dividing the palm tree]"
בְּחַצְרֵיהֶם: in~Yard~s~them(m)
בֶּחָרָבָה: in~the~Wasteland
בְּחַרְבִּי: in~Sword~me
בָּחָרוּ: they~did~Choose
בְּחָרָן: in~"Hharan [Burning]"
בְחָרָן: in~"Hharan [Burning]"
בַּטּוֹב: in~the~Functional
בֶּטַח: Safely
בֶּטֶן: Womb
בָּטְנִים: Pistachio
בְּטֶרֶם: in~Before
בִּי: in~me
בְּיָגוֹן: in~Sorrow
בְּיַד: in~Hand
בְּיָדָהּ: in~Hand~her
בְּיָדוֹ: in~Hand~him
בְיָדוֹ: in~Hand~him
בְּיָדִי: in~Hand~me
בְּיָדֵךְ: in~Hand~you(fs)
בְּיָדְךָ: in~Hand~you(ms)
בְּיֶדְכֶם: in~Hand~you(mp)
בְיֶדְכֶם: in~Hand~you(mp)

בְּיָדָם: in~Hand~them(m)
בְּיָדָם: in~Hand~them(m)
בְּיָדֵנוּ: in~Hand~us
בְּיָדֵנוּ: in~Hand~us
בַּיהוָה: in~"YHWH [He exists]"
בְּיוֹם: in~Day
בַּיּוֹם: in~Day
בַּיּוֹם: in~the~Day
בַּיַּיִן: in~the~Wine
בַּיֶּלֶד: in~the~Boy
בִּימֵי: in~Day~s
בְּיָמָיו: in~Day~s~him
בַּיַּמִּים: in~the~Sea~s
בַּיָּמִים: in~the~Day~s
בִּימִינוֹ: in~Right.hand~him
בֵּין: Between
בֵּין: Between
בֵּינוֹ: Between~him
בֵּינוֹתֵינוּ: Between~s~us
בֵּינִי: Between~me
בֵּינֵינוּ: Between~s~us
בֵּינֵינוּ: Between~us
בֵּינְךָ: Between~you(ms)
בֵּינֹתָם: Between~them(m)
בְּיַעֲקֹב: in~"Ya'aqov [He restrains]"
בְּיִצְחָק: in~"Yits'hhaq [He laughs]"
בְּיֹשֵׁב: in~Settle~ing(ms)
בְּיִשְׂרָאֵל: in~"Yisra'el [He turns El]"
בְּיִשְׂרָאֵל: in~"Yisra'el [He turns El]"
בֵּית: House
בָּיִת: House
בֵּית: House
בֵּית אֵל: "Beyt-El [House of El]"
בֵּית אֵל: "Beyt-El [House of El]"
בֵּית לָחֶם: "Beyt-Lehhem [House of bread]"
בֵּיתָה: House~unto
בֵּיתָהּ: House~her
בֵּיתוֹ: House~him
בֵּיתוֹ: House~him
בֵּיתִי: House~me
בֵּיתְךָ: House~you(ms)
בֵּיתֶךָ: House~you(ms)
בְּךָ: in~you(ms)
בָּךְ: in~you(fs)
בְּךָ: in~you(ms)
בָּכָה: he~did~Weep
בְּכוֹר: Firstborn
בְּכוֹרוֹ: Firstborn~him
בִּכְזִיב: in~"Keziv [False]"
בְּכִיתוֹ: Time.of.weeping~him
בְּכֹל: in~All
בְּכָל: in~All
בַּכֹּל: in~the~All
בַּכֹּל: in~the~All
בִּכְלֵיכֶם: in~Instrument~you(mp)
בַּכְּנַעֲנִי: in~"Kena'an [Lowered]"~of
בְּכֶסֶף: in~Silver
בַּכֶּסֶף: in~Silver
בְּכַף: in~Palm
בַּכֹּפֶר: in~the~Covering
בְּכֹר: Firstborn
בְּכַר: in~Hollow
בְּכֹרָה: Birthright
בְּכֹרוֹ: Firstborn~him
בְּכֹרִי: Firstborn~me
בְּכֹרֶךָ: Firstborn~you(ms)
בְּכֹרְךָ: Firstborn~you(ms)
בְּכֹרָתוֹ: Birthright~him

בְּכֹרָתִי: Birthright~me
בְּכֹרָתְךָ: Birthright~you(ms)
בַּכְּשָׂבִים: in~the~Sheep~s
בְּלִבּוֹ: in~Heart~him
בְּלָבָן: in~"Lavan [White]"
בְּלֶדֶת: in~>~Bring.forth
בְּלִדְתָּהּ: in~>~Bring.forth~her
בְּלִדְתָּהּ: in~>~Bring.forth~her
בִּלְהָה: "Bilhah [Wear out]"
בִּלְהָה: "Bilhah [Wear out]"
בִּלְהָן: "Bilhan [Worn out]"
בְּלוּז: in~"Luz [Almond]"
בְּלוֹט: in~"Loth [Covering]"
בַּלֶּחֶם: in~the~Bread
בַּלָּחֶם: in~the~Bread
בְּלִי: Unaware
בְּלַיְלָה: in~Night
בַּלַּיְלָה: in~the~Night
בַּלָּיְלָה: in~the~Night
בָּלַל: he~did~Mix
בֶּלַע: "Bela [Swallow]"
בָּלַע: "Bela [Swallow]"
בִּלְעָדַי: Apart.from~me
בִּלְעָדָי: Apart.from~me
בִּלְתִּי: Except
בְלֹתִי: I~>~Wear.Out
בָּם: in~them(m)
בִּמְאֹד: in~Many
בְּמֵאָה: in~Hundred
בְּמִבְחַר: in~Chosen
בְּמִדְבַּר: in~Wilderness
בַּמִּדְבָּר: in~Wilderness
בַּמָּה: in~What
בְּמוֹת: in~Death
בַּמִּזְבֵּחַ: in~the~Altar
בַּמַּחֲזֶה: in~the~Vision
בַּמַּחֲנֶה: in~the~Campsite
בְּמֵיטַב: in~Best
בַּמַּכְפֵּלָה: in~"Makhpelah [Double]"
בַּמָּלוֹן: in~the~Place.of.lodging
בַּמִּנְחָה: in~the~Donation
בַּמְּעָרָה: in~Cave
בִּמְעָרַת: in~Cave
בְּמֹצַאֲכֶם: in~>~Find~you(mp)
בְּמִצְרַיִם: in~"Mitsrayim [Troubles]"
בְּמִצְרָיִם: in~"Mitsrayim [Troubles]"
בְמִצְרַיִם: in~"Mitsrayim [Troubles]"
בַּמָּקוֹם: in~the~Place
בִּמְקוֹמֵנוּ: in~Place~us
בַּמַּקְלוֹת: in~the~Rod~s
בְמַקְלִי: in~Rod~me
בַּמִּקְנֶה: in~Livestock
בְּמִקְנֵיכֶם: in~Livestock~you(mp)
בְּמַרְאֹת: in~Reflection
בְּמִרְכֶּבֶת: in~Chariot
בְּמִרְמָה: in~Deceit
בְּמִשְׁמַר: in~Custody
בְּמִשְׁמָר: in~Custody
בְמִשְׁמַר: in~Custody
בְּמִשְׁקָלוֹ: in~Weight~him
בְּמָתְנָיו: in~Waist~him
בֵּן: Son
בֶּן: Son
בֵן: Son
בֶן: Son
בֶּן אוֹנִי: "Ben-Oni [Son of my sorrow]"
בֶּן עַמִּי: "Ben-Amiy [Son of my people]"
בֹּנֶה: Build~ing(ms)

בְּנָהּ: Son~her
בְּנוֹ: Son~him
בָּנוּ: they~did~Build
בְּנוֹת: Daughter~s
בָּנוֹת: Daughter~s
בְנוֹת: Daughter~s
בָנוֹת: Daughter~s
בְּנוֹתֶיךָ: Daughter~s~you(ms)
בְּנַחַל: in~Wadi
בַּנָּחַל: in~the~Wadi
בְּנַחֲלָתָם: in~Inheritance~them(m)
בְּנִי: Son~me
בְּנֵי: Son~s
בָּנַי: Son~s~me
בְנִי: Son~me
בְנֵי: Son~s
בָנַי: Son~s~me
בָּנָיו: Son~s~him
בָנָיו: Son~s~him
בָנֶיךָ: Son~s~you(ms)
בָּנִים: Son~s
בָנִים: Son~s
בִּנְיָמִין: “Binyamin [Son of the right hand]”
בִנְיָמִין: “Binyamin [Son of the right hand]”
בִּנְיָמִן: “Binyamin [Son of the right hand]”
בִנְיָמִן: “Binyamin [Son of the right hand]”
בְּנֵךְ: Son~you(fs)
בִּנְךָ: Son~you(ms)
בְנֵךְ: Son~you(fs)
בְּנָסְעָם: in~>~Journey~them(m)
בְּנַפְשׁוֹ: in~Being~him
בְנַפְשׁוֹ: in~Being~him
בְּנֹתַי: Daughter~s~me
בְּנֹתָיו: Daughter~s~him
בְנֹתָיו: Daughter~s~him
בְּנֹתֶיךָ: Daughter~s~you(ms)
בְּנֹתֵיכֶם: Daughter~s~you(mp)
בְּנֹתֵינוּ: Daughter~s~us
בְּנֹתָם: Daughter~s~them(m)
בַּסְּבַךְ: in~Net
בְּסֹדָם: in~Counsel~them(m)
בִּסְדֹם: in~“Sedom [Secret]”
בִסְדֹם: in~“Sedom [Secret]”
בַּסּוּסִים: in~the~Horse~s
בַּסַּנְוֵרִים: in~the~Blindness
בַּעֲבֹדָה: in~the~Service
בְּעַבְדֶּךָ: in~Servant~you(ms)
בַּעֲבוּר: in~the~On.account.of
בַּעֲבוּרָהּ: in~On.account.of~her
בַּעֲבוּרֶךָ: On.account.of~you(ms)
בַּעֲבוּרֵךְ: in~On.account.of~you(fs)
בַּעֲבוּרָם: in~On.account.of~them(m)
בְּעֵבֶר: in~Other.side
בַּעֲבֻר: in~On.account.of
בָּעֲגָלוֹת: in~the~Cart~s
בְּעַד: Round.about
בַּעֲדוֹ: Round.about~him
בַּעַדְךָ: Round.about~you(ms)
בְּעֵדֶן: in~“Eden [Pleasure]”
בְּעוֹד: in~Yet.again
בְּעוֹדֶנּוּ: in~Yet.again~him
בַּעֲוֺן: in~Iniquity
בָּעוֹף: in~the~Flyer
בְּעוֹר: “Be'or [Burning]”
בָּעִזִּים: in~the~She-goat~s
בְּעֵינֵי: in~Eye~s2
בְּעֵינֶיהָ: in~Eye~s2~her
בְּעֵינָיו: in~Eye~s2~him

בְּעֵינָיו: in~Eye~s2~him
בְּעֵינֶיךָ: in~Eye~s2~you(ms)
בְּעֵינַיִךְ: in~Eye~s2~you(fs)
בְּעֵינֵיכֶם: in~Eye~s2~you(mp)
בְּעֵינַיִם: in~"Eynayim [Double spring]"
בָּעִיר: in~the~City
בְּעִירְכֶם: Cattle~you(mp)
בַּעַל: Master
בָּעַל: Master
בַּעַל חָנָן: "Ba'al-Hhanan [Master of beauty]"
בַּעֲלֵי: Master~s
בְּעֻלַת: Marry~ed(fs)
בְּעָמְדוֹ: in~>~Stand~him
בְּעֵמֶק: in~Valley
בְּעָנְיִי: in~Affliction~me
בֶּעָנָן: in~the~Cloud
בַּעֲנָנִי: in~Cloud~me
בְּעֶפְרוֹן: in~"Ephron [Powdery]"
בְּעֶצֶב: in~Distressing.pain
בְּעִצָּבוֹן: in~Hardship~you(ms)
בְּעֶצֶם: in~Bone
בַּעֲקֵב: in~Heel
בָּעֶרֶב: in~the~Evening
בָּעֶרֶב: in~the~Evening
בְּעָרֵי: in~City~s
בֶּעָרִים: in~City~s
בְּעֹרֶף: in~Neck
בָּעֲשִׂירִי: in~the~Tenth
בְּעֶשְׂרִים: in~Ten~s
בְּעַשְׁתְּרֹת קַרְנַיִם: in~"Ashterot-Qaraniym [Growths of two horns]"
בְּעֵת: in~Appointed.time
בָּעֵת: in~the~Appointed.time
בְּפַדַּן אֲרָם: in~"Padan-Aram [Field palace]"
בְּפַחַד: in~Awe
בְּפִי: in~Mouth
בְּפִיהָ: in~Mouth~her
בְּפִיו: in~Mouth~him
בְּפֶתַח: in~Opening
בְּצֹאן: in~Flocks
בַּצֹּאן: in~the~Flocks
בְּצֹאנְךָ: in~Flocks~you(ms)
בְּצֵאת: in~>~Go.out
בְּצֵאתוֹ: in~>~Go.out~him
בְּצִדָּהּ: in~Side~her
בַּצָּהֳרָיִם: in~the~Shining~s2
בְּצוֹעַר: in~"Tso'ar [Tiny]"
בְּצֵל: in~Shadow
בְּצֶלֶם: in~Image
בְּצַלְמוֹ: in~Image~him
בְּצַלְמֵנוּ: in~Image~us
בֶּצַע: Profit
בַּצָּעִיף: in~the~Veil
בְּקִבְרִי: in~Grave~me
בִּקְבֻרָתָם: in~Burial.place~them(m)
בִּקְהָלָם: in~Assembled.flock~them(m)
בְּקוֹל: in~Voice
בְּקַחְתּוֹ: in~>~Take~him
בְּקֹלָהּ: in~Voice~her
בְּקֹלִי: in~Voice~me
בְּקָנֶה: in~Stalk
בֶּקַע: Beqa
בִקְעָה: Level.valley
בִּקְצֵה: in~Far.end
בֹּקֶר: Morning
בָּקָר: Cattle
בָּקָר: Cattle
בְּקֶרֶב: in~Within
בְּקִרְבָּהּ: in~Within~her
בְּקִרְבּוֹ: in~Within~him

בְּקִרְיַת אַרְבַּע: in~"Qiryat-Arba [City of four]"
בְּקָרָם: Cattle~them(m)
בְּקַרְנָיו: in~Horn~s~him
בָּר: Grain
בָר: Grain
בְּרֹא: >~Fatten
בָּרָא: he~did~Fatten
בְּרָאָם: he~did~Fatten~them(m)
בָּרִאשׁוֹן: in~the~First
בְּרֵאשִׁית: in~Summit
בָּרִאשֹׁנָה: in~the~First
בָּרָאתִי: I~did~Fatten
בָּרֶד: "Bered [Hail]"
בָּרְהָטִים: in~Trough~s
בְּרוּךְ: be~Kneel~ed(ms)
בָּרוּךְ: Kneel~ed(ms)
בֹּרֵחַ: Flee.away~ing(ms)
בְּרַח: !(ms)~Flee.away
בָּרַח: he~did~Flee.away
בָּרְחוֹב: in~the~Street
בְּרָחֵל: in~"Rahhel [Ewe]"
בְרָחֵל: in~"Rahhel [Ewe]"
בֹּרַחַת: Flee.away~ing(fs)
בְּרִיאוֹת: Fed.fat~s
בְרִיעָה: "Beri'ah [With a companion]"
בְּרִית: Covenant
בְרִית: Covenant
בְּרִיתִי: Covenant~me
בְרִיתִי: Covenant~me
בֵּרַךְ: he~had~much~Kneel
בֵרַךְ: and~he~will~much~Kneel
בָּרֵךְ: >~much~Kneel
בְּרָכָה: Present
בְרָכָה: Present
בֵּרְכוֹ: he~did~much~Kneel~him
בִּרְכֵּי: Knee~s
בִּרְכַּי: Knee~me
בִּרְכָּיו: Knee~s~him
בָּרְכֵנִי: >~much~Kneel~me
בִּרְכֻשׁ: in~Goods
בִּרְכֹת: Present~s
בִּרְכַּת: Present
בִּרְכָתִי: Present~me
בֵּרַכְתִּי: I~did~much~Kneel
בִּרְכָתֶךָ: Present~you(ms)
בֵּרַכְתָּנִי: you(ms)~did~much~Kneel~me
בֶּרַע: "Bera [With dysfunction]"
בָּרָע: in~the~Dysfunctional
בָּרָעָב: in~the~Hunger
בְּרָעָה: in~Dysfunctional
בִּרְעֹתוֹ: in~>~Feed~him
בִּרְקִיעַ: in~Sheet
בִּרְשַׁע: "Birsha [With wickedness]"
בְּשֶׁבַע: in~Seven
בְּשִׁבְעָה: in~Seven
בַּשֶּׂבֶר: in~the~Barley
בְּשַׁגַּם: in~which~Also
בִּשְׂדֵה: in~Field
בַּשָּׂדֶה: in~Field
בְּשָׁוֵה קִרְיָתָיִם: in~"Shaweh-Qiryatayim [Plain of cities]"
בְּשַׁחֵת: in~>~much~Damage
בְּשֵׂיבָה: in~Gray.headed
בְּשִׁכְבָהּ: in~>~Lay.down~her
בִּשְׁכֶם: in~"Shekhem [Shoulder]"
בִּשְׁכֹּן: in~>~Dwell
בְּשָׁלוֹם: in~Completeness
בְשָׁלוֹם: in~Completeness

בְּשֵׁם: in~Title
בִשְׂמֹאלוֹ: in~Left.hand
בְּשִׂמְחָה: in~Joy
בַּשָּׁמַיִם: in~the~Sky~s2
בָּשְׂמַת: "Basmat [Spice]"
בָּשְׂמַת: "Basmat [Spice]"
בִּשְׁמֹתָם: in~Title~s~them(m)
בַּשָּׁנָה: in~the~Year
בִּשְׁנַת: in~Year
בְּשַׁעַר: in~Gate
בְּשַׂקּוֹ: in~Sack~him
בְּשִׁקְתוֹת: in~Watering.trough~s
בְּשַׂר: Flesh
בָּשָׂר: Flesh
בָּשָׂר: Flesh
בְּשָׂרְךָ: Flesh~you(ms)
בְּשָׂרֵנוּ: Flesh~us
בִּשְׁתֵּי: in~Two
בַּת: Daughter
בַת: Daughter
בַּתֵּבָה: in~the~Vessel
בַּתְּבוּאֹת: in~the~Production
בִּתּוֹ: Daughter~him
בִתּוֹ: Daughter~him
בְּתוּאֵל: "Betu'el [Destruction of El]"
בְתוּאֵל: "Betu'el [Destruction of El]"
בְּתוֹךְ: in~Midst
בַּתָּוֶךְ: in~the~Midst
בְּתוֹכָהּ: in~Midst~her
בְּתוֹכְכֶם: in~Midst~you(mp)
בְּתוֹכֵנוּ: in~Midst~us
בְּתוּלָה: Virgin
בַּתְּחִלָּה: in~the~First.time
בָּתֵּיכֶם: House~s~you(mp)
בִּתְּךָ: Daughter~you(ms)
בְּתֹכְכֶם: in~Midst~you(mp)
בְּתָם: in~Mature
בְּתָם: in~Mature
בִּתֵּנוּ: Daughter~us
בְּתֹף: in~Tambourine
בָּתַר: he~did~Cut.in.two
בִּתְרוֹ: Cut.piece~him

ג

גְּבוּל: Border
גְבוּל: Border
גִּבּוֹר: Courageous
גְּבִיעַ: Bowl
גְּבִיעִי: Bowl~me
גְּבִיר: Owner
גְבִיר: Owner
גְּבֻלוֹ: Border~him
גִּבְעֹת: Knoll~s
גִּבֹּר: Courageous
גִבֹּר: Courageous
גָּבְרוּ: they~had~Overcome
גְּבִרְתָּהּ: Female.owner~her
גְּבִרְתִּי: Female.owner~me
גְּבִרְתֵּךְ: Female.owner~you(fs)
גָּד: "Gad [Fortune]"
גָד: Fortune
גְּדוּד: Band
גָּדוֹל: Magnificent
גָדוֹל: Magnificent
גְּדִי: Male.kid
גְּדָיֵי: Male.kid~s
גָּדַל: he~did~Magnify
גְּדֹלָה: Magnificent
גְדֹלָה: Magnificent
גָּדְלָה: she~will~Magnify
גְּדֹלִים: Magnificent~s
גּוֹי: Nation
גּוֹיֵי: Nation~s
גּוֹיִם: "Goyim [Nations]"

גְּוִיָּתֵנוּ: Body~us
גּוּר: !(ms)~Sojourn
גֹּזְזֵי: Shear~ing(mp)
גָּזְלוּ: they~did~Pluck.away
גַּחַם: "Gahham [Burning]"
גְּחֹנְךָ: Belly
גִּיד: Sinew
גִּיחוֹן: "Giyhhon [Burst]"
גֹּיִים: Nation~s
גַּל: Mound
גַּלְעֵד: "Galeyd [Mound of witness]"
גַּם: Also
גַּם: Also
גְּמָלוּךָ: they~did~Yield~you(ms)
גְּמַלָּיו: Camel~s~him
גְּמַלֶּיךָ: Camel~s~you(ms)
גְּמַלִּים: Camel~s
גְּמַלִּים: Camel~s
גָּמַלְנוּ: we~did~Yield
גֹּמֶר: "Gomer [Complete]"
גַּן: Garden
גֻּנֹּב: >~much.be~Steal
גָּנַבְתָּ: you(ms)~did~Steal
גֻּנַּבְתִּי: I~did~much.be~Steal
גְּנֻבְתִי: Steal~ed(fs)
גְּנָבָתַם: she~did~Steal~them(m)
גָּנוּב: Steal~ed(ms)
גַּעְתָּם: "Gatam [Burnt valley]"
גֶּפֶן: Grapevine
גֹּפֶר: Gopher
גָּפְרִית: Brimstone
גֵּר: Stranger
גָּר: he~did~Sojourn
גֵּר: Stranger
גֵּרָא: "Gera [Grain]"
גָּרֶם: Cartilage
גֹּרֶן הָאָטָד: "Goren-Ha'atad [Threshing floor of the brambles]"
גְּרָר: "Gerar [Chew]"
גְּרָר: "Gerar [Chew]"
גְּרָרָה: "Gerar [Chew]"~unto
גְּרָרָה: "Gerar [Chew]"~unto
גָּרֵשׁ: >~much~Cast.out
גֵּרְשׁוֹן: "Gershon [Exile]"
גֵּרַשְׁתָּ: you(ms)~did~much~Cast.out
גַּרְתָּה: you(ms)~did~Sojourn
גַּרְתִּי: I~had~Sojourn
גֶּשׁ: !(ms)~Draw.near
גְּשָׁה: !(ms)~Draw.near
גְּשׁוּ: !(mp)~Draw.near
גֹּשֶׁן: "Goshen [Draw near]"
גֹּשְׁנָה: "Goshen [Draw near]"~unto
גִּשְׁתּוֹ: >~Draw.near~him

ד

דְּבַר: Word
דִּבֵּר: he~did~much~Speak
דִּבֶּר: he~did~much~Speak
דַּבֵּר: >~much~Speak
דָּבָר: Word
דְּבַר: Word
דִּבֶּר: he~did~much~Speak
דָּבָר: Word
דְּבֹרָה: "Devorah [Bee]"
דִּבְּרָה: she~did~much~Speak
דִּבְּרוּ: they~did~much~Speak
דַּבְּרוֹ: >~much~Speak~him
דַּבְּרוּ: !(mp)~much~Speak
דְּבָרָי: Word~s~me
דִּבְרֵי: Word~s
דִּבְרֵיהֶם: Word~s~them(m)

דִּבְרֵיהֶם: Word~s~them(m)
דְּבָרָיו: and~Word~s~him
דִּבְרֵיכֶם: Word~s~you(mp)
דִּבְרֵיכֶם: Word~s~you(mp)
דִּבַּרְתָּ: you(ms)~did~much~Say
דִּבַּרְתִּי: I~did~Speak
דְּבַשׁ: Honey
דִּבָּתָם: Slander~them(m)
דְּגֵי: Fish~s
דָּגָן: Cereal
דְּדָן: "Dedan [Friendship]"
דְדָן: "Dedan [Friendship]"
דּוּדָאֵי: Mandrakes~s
דּוּדָאִים: Mandrakes~s
דִּינָה: "Dinah [Judgement]"
דִינָה: "Dinah [Judgement]"
דִּישָׁן: "Dishan [Thresher]"
דִישָׁן: "Dishan [Thresher]"
דַּלּוֹת: Weak~s
דָלַקְתָּ: you(ms)~did~Inflame
דַּם: Blood
דָם: Blood
דָּמוֹ: Blood~him
דָמוֹ: Blood~him
דְּמֵי: Blood~s
דִּמְכֶם: Blood~you(mp)
דַּמֶּשֶׂק: "Dameseq [Blood sack]"
דָּן: "Dan [Moderator]"
דָן: "Dan [Moderator]"
דִּנְהָבָה: "Dinhavah [Give judgement]"
דָּנַנִּי: he~did~Moderate~me
דַּע: !(ms)~Know
דַּקּוֹת: Emaciated~s
דִּקְלָה: "Diqlah [Palm grove]"
דֶּרֶךְ: Road
דֶרֶךְ: Road
דַּרְכּוֹ: Road~him
דַּרְכִּי: Road~me
דַּרְכֶּךָ: Road~you(ms)
דֶּשֶׁא: Grass
דִּשֹׁן: "Dishon [Threshing]"
דֹּתָיְנָה: "Dotan [Well]"~unto

ה

הֵא: Lo
הָאֵבֶל: the~**Mourning**
הָאֶבֶן: the~Stone
הָאָדֹם: the~Red
הָאָדָם: the~Human
הָאֲדָמָה: the~Ground
הָאֹהֶל: the~Tent
הָאֹהֱלָה: the~Tent~unto
הָאוֹפִים: the~Bake~ing(mp)
הָאוֹר: the~Light
הַאְזֵנָּה: !(fp)~make~Listen
הָאֶחָד: the~Unit
הָאַחֶרֶת: the~Other
הָאַחַת: the~Unit
הָאַיִל: the~Strong.One
הָאֵימִים: the~"Eym [Terror]"~s
הָאִישׁ: the~Man
הָאֹכֶל: the~Foodstuff
הָאֹכְלִים: the~Eat~ing(mp)
הָאֵל: the~These
הָאֵלֶּה: the~These
הָאֵלָה: the~Oak
הָאֱלֹהִים: the~"Elohiym [Powers]"
הָאַלּוֹן: the~Great.tree
הָאָמָה: the~Bondwoman
הָאֲמָהֹת: the~Bondwoman~s
הֶאֱמִין: he~did~make~Firm
הָאֹמֵר: the~Say~ing(ms)

הָאֱמֹרִי: the~"Emor [Sayer]"~of
הַאֱמֶת: ?~Truth
הָאֱמֶת: the~Truth
הָאֲנָשִׁים: the~Man~s
הָאֲסִירִם: the~Prisoner~s
הֵאָסֵף: >~be~Gather
הֵאָסְפוּ: !(mp)~be~Gather
הֵאָסְרוּ: !(mp)~be~Tie.up
הַאַף: the~Moreover
הָאֹפִים: the~Bake~ing(mp)
הָאַרְבָּעִים: the~Four~s
הָאַרְוָדִי: the~"Arwad [I will preside over]"~of
הָאֲרַמִּי: the~"Aram [Palace]"~of
הָאָרֶץ: the~Land
הָאֲרָצוֹת: the~Land~s
הָאֲרָצֹת: the~Land~s
הָאֵשׁ: the~Fire
הָאִשָּׁה: the~Woman
הַאַתָּה: the~You(ms)
הַבָּא: the~Come~ing(ms)
הָבֵא: !(ms)~make~Come
הַבָּאָה: ?~she~did~Come
הַבָּאִים: the~Come~ing(mp)
הַבְּאֵר: the~Well
הַבְּאֵרֹת: the~Well~s
הֻבָאת: she~did~make.be~Come
הֵבֵאתָ: you(ms)~did~make~Come
הַבָּאֹת: the~Come~ing(fp)
הֵבֵאתִי: I~did~make~Come
הַבְּדֹלַח: the~Amber
הָבָה: !(ms)~Provide
הַבְּהֵמָה: the~Beast
הָבוּ: !(mp)~Provide
הֲבוֹא: ?~>~Come
הַבּוֹר: the~Cistern
הַבֵּט: !(mp)~make~Stare
הֵבִיא: he~had~make~Come
הָבִיא: >~make~Come
הָבִיאָה: !(ms)~make~Come
הֵבִיאוּ: they~did~make~Come
הָבִיאוּ: !(mp)~make~Come
הֲבִיאֹתִיו: I~did~make~Come~him
הַבַּיִת: the~House
הַבָּיִת: the~House
הַבַּיְתָה: the~House~unto
הַבָּיְתָה: the~House~unto
הַבְּכוֹר: the~Firstborn
הַבְּכִירָה: the~Firstborn.female
הַבְּכֹר: the~Firstborn
הַבְּכֹרָה: the~Birthright
הֶבֶל: "Hevel [Empty]"
הָבֶל: "Hevel [Empty]"
הַבָּנוֹת: the~Daughter~s
הַבָּנִים: the~Son~s
הַבֹּקֶר: the~Morning
הַבָּקָר: the~Cattle
הִבָּרְאָם: >~be~Fatten~them(m)
הַבֹּרָה: the~Cistern~unto
הַבֹּרוֹת: the~Cistern~s
הַבְּרִיאוֹת: the~Fed.fat~s
הַבְּרִיאֹת: the~Fed.fat~s
הַבְּרִית: the~Covenant
הַבְּרָכָה: the~Present
הַבְרָכָה: ?~Present
הִבְשִׁילוּ: they~did~make~Boil
הַבָּשָׂר: the~Flesh
הַבַּת: the~Daughter
הַגֹּאֵל: the~Redeem~ing(ms)
הַגְּבֹהִים: the~High~s
הַגָּבִיעַ: the~Bowl
הַגִּבֹּרִים: the~Courageous~s

הַגָּדוֹל: the~Magnificent
הַגְּדִי: the~Male.kid
הַגָּדֹל: the~Magnificent
הַגְּדֹלָה: the~Magnificent
הַגְּדֹלִים: the~Magnificent~s
הִגַּדְתָּ: you(ms)~did~make~Be.face.to.face
הֲגוֹי: ?~Nation
הַגּוֹי: the~Nation
הַגּוֹיִם: the~Nation~s
הַגְּזָרִים: the~Divided.part~s
הִגִּיד: he~did~make~Be.face.to.face
הַגִּידָה: !(ms)~make~Be.face.to.face
הַגִּידוּ: !(mp)~make~Be.face.to.face
הַגִּידִי: !(fs)~make~Be.face.to.face
הַגַּל: the~Mound
הַגָּל: the~Mound
הַגִּלְעָד: the~"Gil'ad [Mound of witness]"
הֲגַם: ?~Also
הַגְמִיאִינִי: !(ms)~make~Guzzle~me
הִגָּמֵל: >~be~Yield
הַגָּמָל: the~Camel
הַגְּמַלִּים: the~Camel~s
הַגָּן: the~Garden
הָגָר: "Hagar [Stranger]"
הַגִּרְגָּשִׁי: the~"Girgash [Stranger on clods]"~of
הַגִּשָׁה: !(ms)~make~Draw.near
הַגֶּשֶׁם: the~Rain.shower
הַדֹּבֵר: the~Speak~ing(ms)
הַדָּבָר: the~Word
הַדְּבָרִים: the~Word~s
הֲדַד: "Hadad [The beloved]"
הֲדָד: "Hadad [The beloved]"
הֲדוֹרָם: "Hadoram [Honor]"
הַדֶּלֶת: the~Door
הַדָּלֶת: the~Door
הַדַּעַת: the~Discernment
הַדַּקּוֹת: the~Emaciated~s
הַדַּקֹּת: the~Thin~s
הֲדַר: "Hadar [Honor]"
הַדֶּרֶךְ: the~Road
הַדָּרֶךְ: the~Road
הַהִוא: the~She
הַהוּא: the~He
הַהֹלֵךְ: the~Walk~ing(ms)
הַהֹלְכִים: the~Walk~ing(mp)
הַהֹלֶכֶת: the~Walk~ing(fs)
הָהֵם: the~them(m)
הַהֲפֵכָה: the~Overturning
הַהִצְלִיחַ: ?~he~did~make~Prosper
הָהָרָה: the~Hill~unto
הֶהָרִים: the~Hill~s
הֶהָשֵׁב: ?~>~make~Turn.back
הִוא: She
הוּא: He
הוֹאַלְתִּי: I~will~make~Take.upon
הוּבְאוּ: they~did~make.be~Come
הוֹדִיעַ: >~make~Know
הֱוֵה: !(ms)~Be
הוּחַל: he~did~Pierce
הוֹלַדְתָּ: you(ms)~did~make~Bring.forth
הוֹלִיד: he~had~make~Bring.forth
הוֹלִידוֹ: >~make~Bring.forth~him
הוֹלֵךְ: Walk~ing(ms)
הוֹלְכִים: Walk~ing(mp)

הוֹצֵא: !(ms)~Go.out

הוֹצֵאתִיךָ: I~did~make~Go.out~you(ms)

הוֹצִיא: Bread

הוֹצִיאוּ: !(mp)~make~Go.out

הוֹצִיאוּהָ: !(ms)~make~Go.out~her

הוֹצִיאֵם: !(mp)~make~Go.out~them(m)

הוּרַד: he~had~make.be~Go.down

הוֹרִדֻהוּ: they~had~make~Go.down~him

הוֹרַדְנוּ: we~did~make~Go.down

הוֹרַי: Conceive~ing(mp)~me

הוֹרִידוּ: !(mp)~make~Go.down

הוֹשֵׁב: !(ms)~make~Settle

הוּשַׁב: he~did~make.be~Turn.back

הַזֹּאת: the~This

הֲזֶה: ?~This

הַזֶּה: the~This

הַזָּהָב: the~Gold

הַזּוּזִים: the~"Zuz [Creature]"~s

הַזָּקֵן: the~Beard

הַזָּרַע: the~Seed

הַחַדְרָה: the~Chamber~unto

הַחֹדֶשׁ: the~New.moon

הַחִוִּי: the~"Hhiw [Village]"~of

הַחֲוִילָה: the~"Hhawilah [Twisting]"

הַחוּצָה: the~Outside~unto

הֶחָי: the~Life

הַחַיָּה: the~Life

הַחַיִּים: the~Life~s

הֶחֱיִתָנוּ: you(ms)~did~make~Live~us

הֵחֵל: he~did~make~Pierce

הַחֲלוֹם: the~Dream

הַחַלּוֹן: the~Window

הַחֲלָלִים: the~Pierced~s

הַחִלָּם: >~make~Pierce~them(m)

הַחֲלֹמוֹת: the~Dream~s

הַחֲמֻדֹת: the~Pleasant~s

הַחֲמוֹר: the~Donkey

הַחֲמֹרִים: the~Donkey~s

הַחֲמִשָּׁה: the~Five

הַחֵמֶת: the~Skin.bag

הַחֲמָתִי: the~"Hhamat [Fortress]"~of

הַחֲנֻטִים: the~Ripen~ed(mp)

הַחֲסָדִים: the~Kindness~s

הַחֶרֶב: the~Sword

הַחַרְטֻמִּים: the~Magician~s

הַחֹרִי: the~"Hhor [Cave Dweller]"~of

הַחֹשֶׁךְ: the~Darkness

הַחִתִּי: the~"Hhet [Shattered]"~of

הַחֹתֶמֶת: the~Signet

הַטֹּבוֹת: the~Functional~s

הַטַּבָּחִים: the~Slaughtering~s

הַטֹּבֹת: the~Functional~s

הַטָּהוֹר: the~Pure

הַטְּהוֹרָה: the~Pure

הַטְּהֹרָה: the~Pure

הַטּוֹב: the~Functional

הַטִּי: !(fs)~make~Stretch

הַטָּף: the~Children

הִיא: She

הַיְאֹר: the~Stream

הַיְבוּסִי: the~"Yevus [He threshes]"~of

הַיַּבָּשָׁה: the~Dry.ground
הַיָּדוֹעַ: the~>~Know
הַיְדַעְתֶּם: ?~you(mp)~did~Know
הַיָּדֹת: the~Hand~s
הָיָה: he~had~Exist
הָיוֹ: >~Exist
הָיוּ: they~did~Exist
הַיּוֹם: the~Day
הַיּוֹנָה: the~Dove
הֱיוֹת: >~Exist
הֵיטֵב: >~make~Do.well
הֵיטִיב: he~did~make~Do.well
הֱיִי: !(fs)~Exist
הַיַּיִן: the~Wine
הָיִינוּ: we~did~Exist
הָיִיתָ: you(ms)~did~Exist
הָיִיתִי: I~did~Exist
הַיֶּלֶד: the~Boy
הַיָּלֶד: the~Boy
הַיַּלְדָּה: the~Girl
הַיְלָדִים: the~Boy~s
הַיָּם: the~Sea~s
הַיָּמִים: the~Day~s
הַיָּמִין: the~Right.hand
הַיֵּמִם: the~Hot.spring
הֵינִיקָה: she~did~make~Suckle
הֲיִפָּלֵא: ?~he~did~Perform
הַיְצֵא: !(mp)~make~Go.out
הַיֹּצְאִים: the~Go.out~ing(mp)
הַיֹּצֵאת: the~Go.out~ing(fs)
הַיְקוּם: the~Substance
הַיַּרְדֵּן: the~"Yarden [Descender]"
הַיָּרֵךְ: the~Midsection
הֲיֵשׁ: ?~There.is
הַיֹּשֵׁב: the~Settle~ing(ms)

הַיִּשְׁמְעֵאלִים: the~"Yishma'el [El will listen]"~s
הָיְתָה: she~had~Exist
הַכָּבֹד: the~Honor
הַכִּבְשָׁן: the~Furnace
הַכֹּהֲנִים: the~Priest~s
הִכּוּ: they~did~make~Hit
הַכּוֹכָבִים: the~Star~s
הַכּוֹס: the~Cup
הַכּוֹת: >~make~Hit
הַכְזוֹנָה: ?~like~Be.a.whore~ing(fs)
הֹכַחְתָּ: you(ms)~did~make~Convict
הֲכִי: ?~Given.that
הֹכִיחַ: he~did~make~Convict
הִכִּירוֹ: he~did~make~Recognize~him
הַכִּכָּר: the~Roundness
הַכְּנַעֲנִי: "Kena'an [Lowered]"~of
הַכְּנַעֲנִית: "Kena'an [Lowered]"~s
הַכִּסֵּא: the~Seat
הַכֶּסֶף: the~Silver
הַכְּצַעֲקָתָהּ: the~like~Outcry~her
הַכֶּר: !(ms)~make~Recognize
הַכְּרֻבִים: "Keruv [Sword]"
הִכִּרֻהוּ: they~will~Recognize~him
הַכֻּתֹּנֶת: the~Tunic
הַכְּתֹנֶת: the~Tunic
הֲלֹא: ?~Not
הָלְאָה: Distant
הִלְבִּישָׁה: she~did~make~Clothe
הַלְבֶן: ?~to~Son
הַלָּבָן: the~White

הַלְּבֵנָה: the~Brick
הֻלֶּדֶת: >~make.be~Bring.forth
הֲלוֹא: ?~Not
הָלוֹךְ: >~Walk
הַלָּזֶה: This.one
הַלֶּחֶם: the~Bread
הַלַּיְלָה: the~Night
הַלָּיְלָה: the~Night
הֹלֵךְ: Walk~ing(ms)
הָלֹךְ: >~Walk
הָלַךְ: he~had~Walk
הָלְכוּ: they~did~Walk
הָלַכְתָּ: you(ms)~did~Walk
הָלָכְתִּי: I~did~Walk
הֲלֹם: At.this.point
הַלְעִיטֵנִי: !(ms)~make~Provide.food~me
הֵם: They(m)
הַמָּאוֹר: the~Luminary
הַמַּאֲכֶלֶת: the~Knife
הַמְּאֹרֹת: the~Luminary~s
הַמַּבּוּל: the~Flood
הַמִּגְדָּל: the~Tower
הַמִּדְבָּר: the~Wilderness
הַמְדַבֵּר: much~Speak~ing(ms)
הֵמָּה: They(m)
הִמּוֹל: >~be~Circumcise
הֲמוֹן: Multitude
הַמּוּשָׁב: the~make.be~Turn.back~ing(ms)
הַמִּזְבֵּחַ: the~Altar
הַמַּחֲנֶה: the~Campsite
הַמִּטָּה: the~Bed
הִמְטִיר: he~did~make~Precipitate
הַמַּטְעַמִּים: Delicacy~s
הַמְיַלֶּדֶת: the~much~Bring.forth~ing(fs)
הַמַּיִם: the~Water~s2
הַמָּיִם: the~Water~s2
הַמַּכֶּה: make~Hit~ing(ms)
הַמְכַסֶּה: ?~much~Conceal~ing(ms)
הַמַּכְפֵּלָה: the~"Makhpelah [Double]"
הַמַּלְאָךְ: the~Messenger
הַמְּלָאכָה: the~Occupation
הַמַּלְאָכִים: the~Messenger~s
הַמָּלוֹן: the~Place.of.lodging
הַמֶּלַח: the~Salt
הִמָּלֵט: !(ms)~be~Slip.away
הַמֵּלִיץ: the~make~Mimic~ing(ms)
הֲמָלֹךְ: ?~>~Reign
הַמֶּלֶךְ: the~King
הַמְּלָכִים: the~King~s
הֲמִן: the~From
הַמִּנְחָה: the~Donation
הַמְעַט: ?~Small.amount
הַמְּעָרָה: the~Cave
הַמַּעֲשֶׂה: the~Work
הַמַּצֵּבָה: the~Monument
הַמִּצְרִי: the~"Mitsrayim [Troubles]"~of
הַמִּצְרִים: the~"Mitsrayim [Troubles]"~s
הַמִּצְרִית: the~"Mitsrayim [Troubles]"~of
הַמָּקוֹם: the~Place
הַמַּקְלוֹת: the~Rod~s
הַמִּקְנֶה: the~Livestock
הַמְקֻשָּׁרוֹת: the~much.be~Tie~ing(fp)
הַמַּרְאֶה: the~Appearance
הַמֹּרִיָּה: the~"Moriyah [Appearance of Yah]"

הַמַּשְׁבִּיר: make~Exchange~ing(ms)
הַמֹּשֵׁל: the~Regulate~ing(ms)
הַמִּשְׁנֶה: the~Double
הַמִּשְׁפְּתָיִם: the~Saddlebag~s
הַמַּשְׁקֶה: the~Drinking
הַמַּשְׁקִים: the~make~Drink~ing(mp)
הַמִּתְהַפֶּכֶת: the~self~Overturn~ing(fs)
הֵן: Though
הַנֶּגֶב: the~South.country
הַנֶּגְבָּה: the~South.country~unto
הַנֹּגֵעַ: the~Touch~ing(ms)
הִנֵּה: Look
הִנֶּה: Look
הֵנָּה: They(f)
הַנָּהָר: the~River
הַנּוֹלַד: the~be~Bring.forth~ing(ms)
הַנּוֹלָדִים: be~Bring.forth~ing(mp)
הַנּוֹתֶרֶת: the~be~Reserve~ing(fp)
הַנֶּזֶם: the~Ring
הַנְּזָמִים: the~Ring~s
הַנָּחַל: the~Wadi
הִנְחַנִי: he~did~make~Guide~me
הַנָּחָשׁ: the~Serpent
הַנִּיחוּ: !(mp)~make~Rest
הַנִּיחֹחַ: the~Sweet
הִנְּךָ: Look~you(ms)
הִנָּךְ: Look~you(fs)
הַנֵּכָר: the~Foreign
הֲנִמְצָא: ?~he~did~be~Find
הַנִּמְצָא: the~be~Find~ing(ms)
הַנִּמְצָאֹת: the~be~Find~ing(fp)
הִנֶּנּוּ: Look~us
הִנֵּנִי: Look~me
הִנֶּנִּי: Look~me
הִנְנִי: Look~me
הַנַּעֲרָ: the~Young.woman
הַנַּעַר: the~Young.man
הַנָּעַר: the~Young.man
הַנְּעָרִים: the~Young.man~s
הַנְּפִלִים: the~"Nephilim [Fallen ones]"
הַנֶּפֶשׁ: the~Being
הַנִּצָּבִים: the~be~Stand.erect~ing(mp)
הַנְּקֻדּוֹת: the~Speckled~s
הַנִּרְאֶה: the~be~See~ing(ms)
הַנִּשְׁאָר: the~be~Remain~ing(ms)
הַנָּשֶׁה: the~Hip
הַנָּשִׁים: the~Woman~s
הַנֹּשֵׁךְ: the~Bite~ing(ms)
הַנֹּתֵן: the~Give~ing(ms)
הַסֹּבֵב: the~Go.around~ing(ms)
הַסֹּהַר: the~Prison
הַסּוֹבֵב: the~Go.around~ing(ms)
הַסִּינִי: the~"Sin [Thorn]"~of
הִסְכַּלְתָּ: you(ms)~did~make~Foolish
הַסַּל: the~Basket
הַסַּלִּים: the~Basket~s
הָסֵר: >~make~Turn.aside
הָסִרוּ: !(ms)~make~Turn.aside
הָעֶבֶד: the~Servant
הֶעֱבִיר: he~did~make~Cross.over

הָעִבְרִי: the~“Ever [Cross over]”~of
הָעִבְרִים: the~“Ever [Cross over]”~s
הָעֲגָלוֹת: the~Cart~s
הֵעִד: he~did~make~Wrap.around
הָעֵד: >~make~Wrap.around
הָעֲדֻלָּמִי: the~“Adulam [Witness of the people]”~of
הָעֲדָרִים: the~Drove~s
הַעוֹד: ?~Yet.again
הַעוֹדֶנּוּ: ?~Yet.again
הָעוֹף: the~Flyer
הָעִזִּים: the~She-goat~s
הָעֲטֻפִים: the~Turn.over~ed(mp)
הָעָי: the~“Ay [Heap of ruins]”
הָעַיִט: the~Bird.of.prey
הָעַיִן: the~Eye
הָעָיִן: the~Eye
הָעַיְנָה: the~Eye~unto
הָעִיר: the~City
הָעִירָה: the~City~unto
הָעֹלָה: the~Rising
הָעֶלְיוֹן: the~Upper
הָעֹלִים: the~Go.up~ing(mp)
הָעַלְמָה: the~Young.maiden
הָעֹלֹת: the~Go.up~ing(fp)
הָעָם: the~People
הָעֲמָלֵקִי: the~“Amaleq [People gathered]”~of
הָעֲנָבִים: the~Grape~s
הָעֹנֶה: the~Answer~ing(ms)
הָעֵץ: the~Tree
הָעֵצִים: the~Tree~s
הָעֲקֻדִּים: the~Striped~s
הָעֹרֵב: the~Raven
הָעֵרָבוֹן: the~Token
הֶעָרִים: the~City~s
הַעַרְקִי: the~“Araq [Gnawing]”~of
הָעֲשִׂירִי: the~Tenth
הָעֹשֶׁר: the~Riches
הָעֲשָׂרָה: the~Ten
הָעֶשְׂרִים: the~Ten~s
הֶעֱשַׁרְתִּי: I~did~make~Be.rich
הָעַתֻּדִים: the~Male.goat~s
הַפְּגָרִים: the~Carcass~s
הַפִּילַגְשִׁים: the~Concubine~s
הֱפִיצָם: he~did~make~Scatter.abroad~them(m)
הָפְכִּי: >~Overturn~me
הַפָּלִיט: the~Escaped.one
הַפַּסִּים: the~Wrist~s
הַפַּעַם: the~Stroke.of.time
הַפָּעַם: the~Stroke.of.time
הִפְקִיד: he~did~make~Visit
הֵפַר: he~had~make~Break
הִפָּרֶד: !(ms)~be~Divide.apart
הַפָּרוֹת: the~Cow~s
הַפְּרִזִּי: the~“Perez [Peasant]”~of
הִפְרִיד: he~did~make~Divide.apart
הִפְרַנִי: he~did~make~Reproduce~me
הַפֶּתַח: the~Opening
הַפֶּתְחָה: the~Opening~unto
הַצֹּאן: the~Flocks
הִצַּבְתָּ: you(ms)~did~make~Stand.erect
הַצָּד: the~Hunt
הַצַּדִּיקִם: the~Correct~s
הִצִּיל: he~did~make~Deliver
הַצִּיל: >~make~Deliver

הַצִּילֵנִי: !(ms)~make~Deliver~me
הִצְלִיחַ: he~had~make~Prosper
הַצֵּלָע: the~Rib
הַצְּמִדִים: the~Bracelet~s
הַצְּמָרִי: the~"Tsemar [Woolen]"~of
הַצָּעִיף: the~Veil
הַצָּעִיר: the~Little.one
הַצְּעִירָה: the~Little.one
הַצִּפֹּר: the~Bird
הַצָּרָה: the~Trouble
הִקָּבְצוּ: !(mp)~be~Gather.together
הַקָּדִים: the~East.wind
הַקֶּדֶם: the~East
הַקַּדְמֹנִי: the~"Qadmon [Ancient one]"~of
הַקְּדֵשָׁה: the~Prostitute
הַקָּטֹן: the~Small
הַקָּטָן: the~Small
הַקְּטַנָּה: the~Small
הַקֵּינִי: the~"Qayin [Acquired]"~of
הַקֹּל: the~Voice
הֲקַלּוּ: the~they~did~Be.insubstantial
הֲקִמֹתִי: I~did~make~Rise
הַקְּנִזִּי: "Qeniz [Hunter]"~of
הִקְרָה: he~did~make~Meet
הַקְרֵה: !(ms)~make~Meet
הִקְרִיב: he~did~make~Come.near
הַקֹּרֹת: the~Meet~ing(fp)
הַקֶּשֶׁת: the~Bow
הַר: Hill
הֶרְאָה: he~did~make~See
הָרִאשׁוֹן: the~First
הָרִאשֹׁנוֹת: the~First~s
הַרְבֵּה: >~make~Increase
הַרְבָּה: >~make~Increase
הַרְבּוּ: !(mp)~make~Increase
הָרְבִיעִי: the~Fourth
הֹרֵג: Kill~ing(ms)
הֲרָגוֹ: he~did~Kill~him
הָרְגוּ: they~did~Kill
הָרַגְתִּי: I~did~Kill
הֶרָה: Hill~unto
הָרָה: Pregnant
הִרְחִיב: he~did~make~Widen
הִרְחִיקוּ: they~did~make~Be.far
הַרְחֵק: >~make~Be.far
הָרֵי: Hill~s
הֲרִימֹתִי: I~did~make~Rise
הָרְכֻשׁ: the~Goods
הָרֹמֵשׂ: the~Tread~ing(ms)
הָרֶמֶשׂ: the~Treader
הָרֹמֶשֶׂת: the~Tread~ing(fs)
הֲרִמֹתִי: I~did~make~Raise
הָרָן: "Haran [Hill country]"
הָרָעָב: the~Hunger
הָרֹעֶה: the~Feed~ing(ms)
הָרָעָה: the~Dysfunctional
הֲרֵעֹתֶם: you(mp)~did~make~Be.dysfunctional
הָרֹפְאִים: the~Heal~ing(mp)
הָרְפָאִים: the~"Rapha [Heal]"~s
הָרֵקוֹת: the~Empty~s
הָרַקּוֹת: the~Thin~s
הָרָקִיעַ: the~Sheet
הָרָתָה: she~did~Conceive
הַשֹּׁאֲבֹת: the~Draw.water~ing(fp)
הַשָּׁב: the~Turn.back~ing(ms)
הָשֵׁב: !(mp)~make~Turn.back

הַשְּׁבִיעִי: the~Seventh
הִשְׁבִּיעֶךָ: he~did~make~Swear~you(ms)
הִשְׁבִּיעַנִי: he~did~make~Swear~me
הַשִּׁבֳּלִים: the~Head.of.grain~s
הַשָּׂבָע: the~Plenty
הִשָּׁבְעָה: !(ms)~be~Swear
הַשְּׁבֻעָה: the~Swearing
הַשֶּׁבֶר: the~Barley
הַשָּׂדֶה: the~Field
הַשִּׂדִּים: the~"Sidim [Fields]"
הַשֶּׂה: the~One.of.the.flock
הַשֹּׁהַם: the~Shoham
הִשְׁחִית: he~did~make~Damage
הַשַּׁחַר: the~Dawn
הַשָּׁחַר: the~Dawn
הִשִּׁיאַנִי: he~had~make~Deceive~me
הֵשִׁיב: he~had~make~Turn.back
הֲשִׁיבֹנוּ: we~did~make~Turn.back
הִשִּׂיגוּ: they~did~make~Overtake
הַשִּׂיחִם: the~Shrub
הֲשָׁלוֹם: ?~Completeness
הַשַּׁלִּיט: the~Governor
הַשְׁלִיכוּ: !(mp)~make~Throw.out
הַשְּׁלִישִׁי: the~Third
הַשֵּׁם: the~Title
הַשְּׂמֹאל: the~Left.hand
הַשָּׁמַיִם: the~Sky~s2
הַשָּׁמָיִם: the~Sky~s2
הַשָּׁמַיְמָה: the~Sky~s2~unto
הַשָּׁמָיְמָה: the~Sky~s2~unto
הַשִּׂמְלָה: the~Apparel
הַשֹּׁמֵעַ: the~Hear~ing(ms)
הֲשֹׁמֵר: ?~Guard~ing(ms)
הִשָּׁמֶר: !(ms)~be~Guard
הַשֶּׁמֶשׁ: the~Sun
הַשָּׁנָה: the~Year
הִשָּׁנוֹת: >~be~Change
הַשֵּׁנִי: the~Second
הַשָּׁנִי: the~Scarlet
הַשָּׁנִים: the~Year~s
הַשֵּׁנִית: the~Second
הַשְּׁפָחוֹת: the~Maid~s
הֲשֹׁפֵט: ?~Judge~ing(ms)
הַשְׁקוּ: !(mp)~make~Drink
הַשְׁקִינִי: !(fs)~make~Drink
הַשֹּׁקֶת: the~Watering.trough
הִשְׁקָתָה: she~did~make~Drink
הַשָּׂרִגִים: the~Branch~s
הַשֹּׁרֵץ: the~Swarm~ing(ms)
הַשֶּׁרֶץ: the~Swarmer
הַשִּׁשִּׁי: the~Sixth
הַתֵּבָה: the~Vessel
הִתְהַלֵּךְ: !(ms)~self~Walk
הִתְהַלֶּךְ: he~did~self~Walk
הִתְהַלְּכוּ: they~did~self~Walk
הִתְהַלַּכְתִּי: I~did~self~Walk
הֲתַחַת: ?~Under
הַתֵּימָנִי: the~"Teyman [South]"~of
הַתְּיָשִׁים: the~He-goat~s
הֵתֶל: he~had~make~Deal.deceitfully
הֲתֵלְכִי: ?~you(fs)~will~Walk
הִתְמַהְמָהְנוּ: we~did~self~Linger
הַתַּנִּינִם: the~Taniyn~s
הִתְעוּ: they~did~make~Wander

הִתְעַשְּׂקוּ: they~did~self~Quarrel

הַתְּרָפִים: the~Family.idol~s

הֲתַשְׁחִית: ?~you(ms)~will~make~Damage

ו

וָאָבֹא: and~I~will~Come

וְאָבוֹאָה: and~I~will~Come~^

וַאֲבִי: and~Father~of

וַאֲבִידָע: and~"Avida [My father knows]"

וַאֲבִיהֶם: and~Father~them(m)

וְאָבִיו: and~Father~him

וַאֲבִיכֶן: and~Father~you(fp)

וַאֲבִימֶלֶךְ: and~"Aviymelekh [My father is king]"

וְאֶבֶן: and~Stone

וְאִבָּנֶה: and~I~will~be~Build

וְאַבְרָהָם: and~"Avraham [Father lifted]"

וַאֲבָרֵךְ: and~I~will~much~Kneel

וַאֲבָרְכָה: and~I~will~much~Kneel~^

וַאֲבָרְכֵהוּ: and~I~will~much~Kneel~him

וַאֲבָרֶכְךָ: and~I~did~much~Kneel~you(ms)

וַאֲבָרֶכְךָ: and~I~will~much~Kneel~you(ms)

וַאֲבָרֶכְכָה: and~I~will~much~Kneel~you(ms)

וַאֲבָרְכֵם: and~I~will~much~Kneel~them(m)

וְאַבְרָם: and~"Avram [Father raised]"

וַאֲגַדְּלָה: and~I~will~Magnify

וְאַגִּידָה: and~I~will~make~Be.face.to.face~^

וְאֵד: and~Mist

וְאַדְבְּאֵל: and~"Adbe'el [Grief of El]"

וַאֲדַבְּרָה: and~I~did~much~Speak

וַאֲדַבֵּרָה: and~I~did~much~Speak~^

וְאָדָם: and~Human

וְאַדְמָה: and~"Admah [Red ground]"

וְאַדְמָתֵנוּ: and~Ground~us

וַאדֹנִי: and~Lord~me

וְאֵדְעָה: and~I~will~Know~^

וְאֹהַד: and~"Ohad [Shouting]"

וְאֶהְיֶה: and~I~did~Exist

וְאָהֳלִיבָמָה: and~"Ahalivamah [Tent of the high place]"

וְאֹהָלִים: and~Tent~s

וְאַהַרְגֶה: and~I~will~Kill

וְאוּלָם: and~But

וְאוֹנָם: and~"Onam [Vigorous]"

וְאוֹנָן: and~"Onan [Strong]"

וָאֵחָבֵא: and~I~will~Withdraw

וְאַחַד: and~Unit

וַאֲחוֹת: and~Sister

וַאֲחֻזַּת: and~"Ahhuzat [Holdings]"

וְאַחַי: and~Brother~s~me

וַאֲחִי: and~Brother~of

וְאֶחָיו: and~Brother~s~him

וְאָחִיו: and~Brother~him

וְאַחֶיךָ: and~Brother~s~you(ms)

וְאָחִינוּ: and~Brother~us

וְאַחַר: and~After

וָאֵחַר: and~I~will~Delay

וְאַחֲרֵי: and~After
וָאֶחְשֹׂךְ: and~I~will~Keep.back
וְאֵיבָה: and~Hostility
וְאַיֵּה: and~Where
וְאַיָּה: and~"Ayah [Falcon]"
וְאֵיטִיבָה: and~I~will~make~Do.well~^
וְאֵיךְ: and~Where
וְאַיִל: and~Strong.One
וְאֵילֵי: and~Strong.One~s
וְאֵילִים: and~Strong.One~s
וְאֵימְנָה: and~I~did~make~Go.Right
וְאֵין: and~Without
וְאֵינֶנּוּ: and~Without~him
וָאִיקָץ: and~I~will~Awake
וָאִירָא: and~I~will~Fear
וְאִישׁ: and~Man
וְאַךְ: and~Surely
וְאַכַּד: and~"Akad [Jar]"
וְאָכַל: and~he~did~Eat
וְאָכָל: and~he~did~Eat
וָאֹכֵל: and~I~will~Eat
וָאֹכַל: and~I~will~Eat
וְאֹכְלָה: and~I~will~Eat
וְאֹכֵלָה: and~I~did~Eat
וְאָכְלָה: and~!(ms)~Eat
וְאִכְלוּ: and~!(mp)~Eat
וְאָכְלוּ: and~they~did~Eat
וְאָכַלְתָּ: and~you(ms)~did~Eat
וְאֵל: and~Mighty.one
וְאֶל: and~To
וְאַל: and~No
וְאֶלְדָּעָה: and~"Elda'ah [El knows]"
וְאֵלֶּה: and~These
וֵאלֹהֵי: and~Power~s
וֵאלֹהִים: and~"Elohiym [Powers]"
וְאֵלוֹן: and~"Eylon [Strength]"
וְאֵלֶיךָ: and~To~you(ms)
וְאֵלְכָה: and~I~will~Walk
וְאֵלֵכָה: and~I~will~Walk~^
וְאִם: and~If
וְאִמָּהּ: and~Mother~her
וְאַמְהֹתָיו: and~Bondwoman~s~him
וְאִמְּךָ: and~Mother~you(ms)
וְאָמַר: and~he~did~Say
וָאֹמַר: and~I~will~Say
וְאֹמְרָה: and~I~will~Say~^
וְאָמְרָה: and~she~did~Say
וְאָמְרוּ: and~they~did~Say
וְאָמַרְנוּ: and~we~did~Say
וְאַמְרָפֶל: and~"Amraphel [Speaker of judgement]"
וְאָמַרְתָּ: and~you(ms)~did~Say
וְאָמַרְתִּי: and~I~did~Say
וַאֲמַרְתֶּם: and~you(mp)~did~Say
וַאֲמֻשְׁךָ: and~I~will~Grope
וֶאֱמֶת: and~Truth
וַאֲמִתּוֹ: and~Truth~him
וְאָנָה: and~Wherever
וַאֲנִי: and~I
וְאָנֹכִי: and~I
וְאַנְשֵׁי: and~Man~s
וְאָסַפְתָּ: and~you(ms)~did~Gather
וְאֶעֱשֶׂה: and~I~will~Do
וְאֶעֶשְׂךָ: and~I~will~Do~you(ms)
וַאֲפִיצֵם: and~I~will~make~Scatter.abroad~them(m)
וְאֶפְנֶה: and~I~did~Turn

וָאֵפֶר: and~Ash
וְאֶצְבֹּן: and~"Etsbon [I swell]"
וְאֵצֶר: and~"Eytser [Restraint]"
וְאֶקְבְּרָה: and~I~will~Bury~^
וָאֶקְבְּרֶהָ: and~I~will~Bury~her
וָאֶקֹּד: and~I~will~Bow.the.head
וָאֶקַּח: and~I~will~Take
וְאֶקָחֶה: and~I~did~Take~her
וָאֵקַל: and~I~will~Be.insubstantial
וָאֶקְרָא: and~I~will~Call.out
וָאֵרֶא: and~I~will~See
וְאֶרְאֶה: and~I~did~See
וְאַרְאֵלִי: and~"Areliy [Order of my El]"
וְאֶרְאֶנּוּ: and~I~will~See~him
וְאַרְבֶּה: and~I~will~make~Increase
וְאַרְבַּע: and~Four
וְאַרְבָּעִים: and~Four~s
וַאֲרֻבֹּת: and~Chimney~s
וָאָרְדְּ: and~"Ared [I subdue]"
וַאֲרוֹדִי: and~"Arodiy [My roaming]"
וְאַרְיוֹךְ: and~"Aryokh [Tall]"
וְאֶרֶךְ: and~"Erekh [long]"
וַאֲרָם: and~"Aram [Palace]"
וַאֲרָן: and~"Aran [Joyous]"
וְאַרְפַּכְשַׁד: and~"Arpakhshad [I will fail the breast]"
וְאֶרֶץ: and~Land
וָאָרֶץ: and~Land
וָאֵשׁ: and~Fire
וָאֶשָּׂא: and~I~will~Lift.up
וָאֶשְׁאַל: and~I~will~Inquire
וְאַשְׁבִּיעֲךָ: and~I~will~make~Swear~you(ms)
וְאַשְׁבֵּל: and~"Ashbeyl [Fire flowing]"
וְאֶשְׁבָּן: and~"Eshban [Fire of understanding]"
וְאָשׁוּבָה: and~I~will~Turn.back~^
וְאַשּׁוּר: and~"Ashur [Step]"
וָאֶשְׁחַט: and~I~will~Press
וְאָשִׂימָה: and~I~will~Set.in.place~^
וָאֶשְׁלְחָה: and~I~will~Send~^
וְאֶשְׁלָחֲךָ: and~I~will~Send~you(ms)
וָאֲשַׁלֵּחֲךָ: and~I~will~much~Send~you(ms)
וָאָשִׂם: and~I~will~Set.in.place
וְאַשְׂמְאִילָה: and~I~did~make~Go.left
וְאָשֵׁר: and~"Asher [Happy]"
וַאֲשֶׁר: and~Which
וְאֵשֶׁת: and~Woman
וָאֵשְׁתְּ: and~I~will~Gulp
וְאֶשְׁתֶּה: and~I~will~Gulp
וְאִשְׁתּוֹ: and~Woman~him
וָאֶשְׁתַּחֲוֶה: and~I~will~self~Bend.down
וְאִשְׁתְּךָ: and~Woman~you(ms)
וְאֵת: and~At
וְאֶת: and~At
וְאַתָּה: and~You(ms)
וָאָתָּה: and~You(ms)
וְאֹתוֹ: and~At~him
וְאֹתָךְ: and~At~you(fs)
וְאַתֶּם: and~You(ms)
וָאֶתֵּן: and~I~will~Give
וְאֶתְּנָה: and~I~will~Give~her

וְאֶתְּנָה: and~I~will~Give~^
וְאַתֵּנָה: and~You(fs)
וְאִתָּנוּ: and~At~us
וַאֲתֹנֹת: and~She-donkey~s
וּבְאֹהֶל: and~in~Tent
וּבֹאוּ: and~!(mp)~Come
וּבֹאִי: and~!(fs)~Come
וּבְאַרְבַּע: and~in~Four
וּבְאֶרֶץ: and~in~Land
וּבְאִשְׁתּוֹ: and~in~Woman~him
וּבָאתָ: and~you(ms)~did~Come
וּבָאתֶם: and~you(mp)~did~Come
וּבַבְּהֵמָה: and~in~Beast
וּבֶגֶד: and~Garment
וּבְגָדִים: and~Garment~s
וּבַגֶּפֶן: and~in~the~Grapevine
וּבְדַם: and~in~Blood
וּבָהּ: and~in~her
וָבֹהוּ: and~Unfilled
וּבְהַעֲטִיף: and~in~>~make~Turn.over
וּבַזָּהָב: and~in~Gold
וּבְזַרְעֶךָ: and~in~Seed~you(ms)
וּבַחֹדֶשׁ: and~in~the~New.moon
וּבַחַיָּה: and~in~the~Life
וּבַחֲמֹרִים: and~in~the~Donkey~s
וּבְטִירֹתָם: and~in~Village~s~them(m)
וּבְטֶרֶם: and~in~Before
וּבְיַד: and~in~Hand
וּבֵין: and~Between
וּבֵינֶיךָ: and~Between~you(ms)
וּבֵינֵיכֶם: and~Between~you(mp)
וּבֵינְךָ: and~Between~you(ms)
וּבֵינֶךָ: and~Between~you(ms)
וּבֵית: and~House
וּבֵיתִי: and~House~me
וּבֵיתְךָ: and~House~you(ms)
וּבְכָל: and~in~All
וּבְכִנּוֹר: and~in~Harp
וָבֶכֶר: and~"Bekher [Young camel]"
וּבַלַּיְלָה: and~in~Night
וּבִלְעָדֶיךָ: and~Apart.from~you(ms)
וּבְמִקְנֵה: and~in~Livestock
וּבֶן: and~Son
וּבְנוֹת: and~Daughter~s
וּבָנוֹת: and~Daughter~s
וּבְנוֹתָיו: and~Daughter~s~him
וּבְנֵי: and~Son~s
וּבְנֵיהֶם: and~Son~s~them(m)
וּבָנָיו: and~Son~s~him
וּבָנֶיךָ: and~Son~s~you(ms)
וּבִנְיָמִן: and~"Binyamin [Son of the right hand]"
וּבְנִקְיֹן: and~in~Innocence
וּבְנֹתֶיךָ: and~Daughter~s~you(ms)
וּבַסַּל: and~in~the~Basket
וּבְעוֹף: and~in~Flyer
וּבְעֵינֵי: and~in~Eye~s2
וּבַפְּרִזִּי: and~in~"Perez [Peasant]"~of
וּבְקוּמָהּ: and~in~>~Rise~her
וּבַקָּטֹן: and~in~the~Small
וּבְקֻמָהּ: and~in~>~Rise~her
וּבָקָר: and~Cattle
וּבְקָרְךָ: and~Cattle~you(ms)

וּבְקָרָם: and~Cattle~them(m)
וּבְקַשְׁתִּי: and~in~Bow~me
וּבְרֻדִּים: and~Spotted~s
וּבָרוּךְ: and~Kneel~ed(ms)
וּבַרְזֶל: and~Iron
וּבְרִיאֹת: and~Fed.fat~s
וּבְרִיעָה: and~"Beri'ah [With a companion]"
וּבֵרַכְתִּי: and~I~did~much~Kneel
וּבֵרַכְתִּיהָ: and~I~did~much~Kneel~her
וּבֵרַכְתִּיךָ: and~I~did~much~Kneel~you(ms)
וּבִרְצֹנָם: and~in~Will~them(m)
וּבַשָּׂדֶה: and~in~the~Field
וּבָשְׂמַת: and~"Basmat [Spice]"
וּבָשָׂר: and~Flesh
וּבְשָׂרִי: and~Flesh~me
וּבְשִׁרִים: and~in~Song~s
וּבְתוּאֵל: and~"Betu'el [Destruction of El]"
וְגָדֵל: and~Magnified
וְגוֹזָל: and~Young.pigeon
וְגוּנִי: and~"Guni [My protection]"
וְגָלְלוּ: and~they~will~Roll
וְגַם: and~Also
וּגְמַלֵּיהֶם: and~Camel~s~them(m)
וּגְמַלִּים: and~Camel~s
וּגְנֻבְתִי: and~Steal~ed(fs)
וְגַעְתָּם: and~"Gatam [Burnt valley]"
וְגֶתֶר: and~"Getar [Fear]"
וְדָבַק: and~he~did~Adhere
וּדְבָרִים: and~Word~s
וְדָגָן: and~Cereal
וּדְדָן: and~"Dedan [Friendship]"
וְדֹדָנִים: and~"Dodan [Passion]"~s
וְדוּמָה: and~"Dumah [Silence]"
וְדוֹר: and~Generation
וְדִישָׁן: and~"Dishan [Thresher]"
וּדְפָקוּם: and~we~did~Knock~them(m)
וְדַקּוֹת: and~Emaciated~s
וְדַקֹּת: and~Emaciated~s
וְדַרְדַּר: and~Thistle
וְדִשׁוֹן: and~"Dishon [Threshing]"
וְהָאֶבֶן: and~the~Stone
וְהָאָדָם: and~the~Human
וְהָאֲדָמָה: and~the~Ground
וְהָאֶחָד: and~the~Unit
וְהֵאָחֲזוּ: and~!(mp)~be~Hold
וְהָאִישׁ: and~the~Man
וְהָאֱלֹהִים: and~the~"Elohiym [Powers]"
וְהֶאֱמִן: and~he~will~make~Firm
וְהָאֲנָשִׁים: and~the~Man~s
וְהָאֹפֶה: and~the~Bake~ing(ms)
וְהָאָרֶץ: and~the~Land
וְהַבָּאִים: and~the~Come~ing(mp)
וְהֵבֵאתָ: and~you(ms)~did~make~Come
וְהֵבֵאתִי: and~I~will~make~Come
וְהַבּוֹר: and~the~Cistern
וְהָבִיאָה: and~!(ms)~make~Come

וְהָבִיאוּ: and~!(mp)~make~Come
וְהֶבֶל: and~"Hevel [Empty]"
וְהַבָּנִים: and~the~Son~s
וְהַבָּקָר: and~the~Cattle
וְהַבְּרִיאֹת: and~the~Fed.fat~s
וְהִגַּדְתֶּם: and~you(mp)~did~make~Be.face.to.face
וְהַגְּמַלִּים: and~the~Camel~s
וְהַדֶּלֶת: and~the~Door
וְהִוא: and~She
וְהוּא: and~He
וָהוּא: and~He
וְהוֹכִחַ: and~he~will~make~Convict
וְהוֹצֵאתַנִי: and~you(ms)~did~make~Go.out~me
וְהוֹרַדְתֶּם: and~you(mp)~will~make~Go.down
וְהוֹרִידוּ: and~!(mp)~make~Go.down
וְהִזְכַּרְתַּנִי: and~you(ms)~did~make~Remember~me
וְהַחֲזִיקִי: and~!(ms)~make~Seize
וְהַחֲלִיפוּ: and~!(mp)~make~Pass.over
וְהֶחֱלִף: and~he~did~make~Pass.over
וְהַחֵמָר: and~the~Tar
וְהֶחֱרִשׁ: and~he~did~make~Keep.silent
וְהִטַּהֲרוּ: and~!(mp)~make~Be.clean
וְהַטְּלֻאִים: and~the~Spot~ed(ms)~s
וְהַטְּלֻאֹת: and~the~Spot~ed(ms)~s
וְהִיא: and~She
וְהַיָּדַיִם: and~the~Hand~s2
וְהָיָה: and~he~did~Exist
וֶהְיֵה: and~!(ms)~Exist
וְהָיוּ: and~they~did~Exist
וְהָיִינוּ: and~we~did~Exist
וְהָיִיתָ: and~you(ms)~will~Exist
וְהָיִיתִי: and~I~did~Exist
וִהְיִיתֶם: and~you(mp)~did~Exist
וְהֵימָם: and~"Heymam [Exterminating]"
וְהַיָּרֵחַ: and~the~Moon
וְהָיְתָה: and~she~did~Exist
וְהִכָּהוּ: and~he~did~make~Hit~him
וְהִכּוּנִי: and~they~did~make~Hit~me
וְהָכֵן: and~!(ms)~make~Fixed
וְהִכַּנִי: and~he~did~make~Hit~me
וְהַכְּנַעֲנִי: and~the~"Kena'an [Lowered]"~of
וְהַכְּשָׂבִים: and~the~Sheep~s
וְהָלָכְנוּ: and~we~did~Walk
וַהֲלַכְתֶּם: and~you(mp)~did~Walk
וְהֵם: and~They(m)
וְהַמַּבּוּל: and~the~Flood
וְהַמְּדָנִים: and~the~"Midian [Strife]"~s
וְהַמַּטֶּה: and~the~Stave
וְהַמַּיִם: and~the~Water~s2
וְהַמְּלֵאוֹת: and~the~Full~s
וְהַמְּלָכִים: and~the~King~s
וְהַמְּעָרָה: and~the~Cave
וְהַמִּצְפָּה: and~the~"Hamitspah [Watchtower]"

וְהִנֵּה: and~Look
וְהַנָּהָר: and~the~River
וְהַנָּחָשׁ: and~the~Serpent
וְהִנָּם: and~Look~them(m)
וְהִנְנִי: and~Look~me
וְהַנַּעֲרָ: and~the~Young.woman
וְהַנַּעַר: and~the~Young.man
וְהַנִּשְׁאָרִים: and~the~be~Remain~ing(mp)
וְהָעוֹף: and~the~Flyer
וְהָעַי: and~the~"Ay [Heap of ruins]"
וְהֶעֱלָה: and~he~did~make~Go.up
וְהַעֲלֵהוּ: and~!(ms)~make~Go.up~him
וְהַעֲלִתֶם: and~you(mp)~did~make~Go.up
וְהָעֵצִים: and~the~Tree~s
וְהַפְּרִזִּי: and~the~"Perez [Peasant]"~of
וְהִפְרֵיתִי: and~I~did~make~Reproduce
וְהִפְרֵתִי: and~I~did~make~Reproduce
וְהַפְּתִילִים: and~the~Cord~s
וְהַצֹּאן: and~the~Flocks
וְהִצַּגְתִּיו: and~I~did~make~Set~him
וְהִצְלִיחַ: and~he~did~make~Prosper
וְהַצְּמִידִים: and~the~Bracelet~s
וְהַצָּעִיר: and~the~Little.one
וְהַצְּעִירָה: and~the~Little.one
וְהַקָּטֹן: and~the~Small
וְהַקֹּל: and~the~Voice
וְהָקֵם: and~!(ms)~make~Rise
וַהֲקִמֹתִי: and~I~will~make~Rise
וְהַקְּשֻׁרִים: and~the~Tie~ed(mp)
וְהַרְבָּה: and~>~make~Increase
וְהִרְבֵּיתִי: and~I~did~make~Increase
וְהִרְבִּיתִךָ: and~I~did~make~Increase~you(ms)
וְהָרְגוּ: and~they~did~Kill
וַהֲרָגוּנִי: and~they~did~Kill~me
וְהָרְכֻשׁ: and~the~Goods
וְהָרָן: and~"Haran [Hill country]"
וְהֵרֹנֵךְ: and~Pregnancy~you(fs)
וְהָרָעָב: and~the~Hunger
וְהָרָעוֹת: and~the~Dysfunctional~s
וְהָרָעֹת: and~the~Dysfunctional~s
וְהָשֵׁב: and~>~make~Turn.back
וַהֲשִׁבֵנִי: and~!(ms)~make~Turn.back~me
וַהֲשִׁבֹתִיךָ: and~I~did~make~Turn.back~you(ms)
וְהִשַּׂגְתָּם: and~you(ms)~did~make~Overtake~them(m)
וְהֵשִׁיב: and~he~did~make~Turn.back
וְהֵשִׁיבוּ: and~they~will~make~Turn.back
וַהֲשִׁיבְךָ: and~he~did~make~Turn.back~you(ms)

וְהִשְׁכַּמְתֶּם: and~you(mp)~did~make~Depart.early
וְהִשָּׁעֲנוּ: and~!(ms)~be~Lean
וְהִשְׁקָה: and~he~did~make~Drink
וְהִשְׁקוּ: and~they~will~make~Drink
וְהִשְׁקִינוּ: and~they~will~make~Drink
וְהִתְבָּרְכוּ: and~they~did~self~Kneel
וְהִתְחַתְּנוּ: and~!(mp)~self~Relate
וְהִתְעַנִּי: and~!(fs)~self~Afflict
וְזֹאת: and~This
וּזְבֻלוּן: and~"Zevulun [Residence]"
וְזֶה: and~This
וּזְהַב: and~Gold
וְזָהָב: and~Gold
וְזָכַרְתִּי: and~I~did~Remember
וְזַעֲוָן: and~"Za'awan [Trembling]"
וָזֶרַח: and~"Zerahh [Dawn]"
וָזָרַח: and~"Zerahh [Dawn]"
וְזַרְעוֹ: and~Seed~him
וְזַרְעֲךָ: and~Seed~you(ms)
וּזְרַעְתֶּם: and~you(mp)~did~Sow
וְחַגִּי: and~"Hhagi [Festive]"
וַחֲוִילָה: and~"Hhawilah [Twisting]"
וְחוּל: and~"Hhul [Twist]"
וְחוּם: and~Black
וְחַטָּאִים: and~Error~s
וְחָטָאתִי: and~I~did~Err
וְחַטָּאתָם: and~Error~them(m)
וָחַי: and~he~did~Live
וֶחְיֵה: and~!(ms)~Live
וִחְיוּ: and~!(mp)~Live
וְחִירָה: and~"Hhiyrah [Bleached white]"
וְחָיְתָה: and~she~did~Live
וְחַיָּתוֹ: and~Life~him
וְחָכָם: and~Wise
וְחָלָב: and~Fat
וְחֵלֶק: and~Portion
וְחָם: and~"Hham [Hot]"
וָחֹם: and~Hot
וְחָמוּל: and~"Hhamul [Compassion]"
וַחֲמוֹר: and~Donkey
וַחֲמֹרֵיהֶם: and~Donkey~s~them(m)
וַחֲמֹרִים: and~Donkey~s
וְחָמֵשׁ: and~Five
וַחֲמֵשׁ: and~Five
וַחֲמִשָּׁה: and~Five
וַחֲמִשִּׁים: and~Five~s
וְחֵמַת: and~Skin.bag
וַחֲנֹךְ: and~"Hhanokh [Dedicated]"
וְחָסוֹר: and~>~Diminish
וְחֻפִּים: and~"Hhupim [Shores]"
וְחֶצְרֹן: and~"Hhetsron [Surrounded by a wall]"
וָחֹרֶף: and~Winter
וְחֹשֶׁךְ: and~Darkness
וְחִתְּכֶם: and~Trembling.in.fear~you(mp)
וְטֹבוֹת: and~Functional~s
וּטְבֹחַ: and~!(ms)~Butcher
וְטוֹב: and~Functional
וָטוֹב: and~Functional

וּטְלֻאִים: and~the~Spotted(ms)
וְטָלוּא: and~Spot~ed(ms)
וַיֵּאָבֵק: and~he~will~be~Grapple
וַיֶּאֱהַב: and~he~will~Love
וַיֶּאֱהָבֶהָ: and~he~will~Love~her
וַיֶּאֱהַל: and~he~will~Pitch.tent
וַיֵּאָחֲזוּ: and~they(m)~will~be~Hold
וַיָּאִיצוּ: and~they(m)~will~make~Compel
וְיֹאכַל: and~he~will~Eat
וַיֹּאכַל: and~he~will~Eat
וַיֹּאכְלוּ: and~they(m)~will~Eat
וַיֹּאכֵלוּ: and~they(m)~will~Eat
וַיֵּאָמְנוּ: and~they(m)~will~be~Firm
וַיֹּאמֶר: and~he~will~Say
וַיֹּאמַר: and~he~will~Say
וַיֹּאמְרוּ: and~they(m)~will~Say
וַיֵּאָסֵף: and~he~will~be~Gather
וַיֶּאֱסֹף: and~he~will~Gather
וַיֶּאְסֹר: and~he~will~Tie.up
וַיֶּאֱסֹר: and~he~will~Tie.up
וַיָּבֹא: and~he~will~Come
וַיָּבֵא: and~he~will~make~Come
וַיְבִאֶהָ: and~he~will~make~Come~her
וַיָּבֹאוּ: and~they(m)~will~Come
וַיַּבְדֵּל: and~he~will~make~Separate
וַיִּבֶז: and~he~will~Disdain
וַיָּבֹזּוּ: and~they(m)~will~Plunder
וְיִבָּחֲנוּ: and~they(m)~will~be~Examine
וַיִּבְחַר: and~he~will~Choose
וַיְבִיאֵהוּ: and~he~will~make~Come~him
וַיָּבִיאוּ: and~they(m)~will~make~Come
וַיָּבִיאוּ: and~they(m)~will~make~Come
וַיֵּבְךְּ: and~he~will~Weep
וַיִּבְכּוּ: and~they(m)~will~Weep
וְיַבֵּם: and~!(ms)~Do.the.marriage.duty
וַיִּבֶן: and~he~will~Build
וַיִּבַקַע: and~he~will~Cleave
וַיְבַקֵּשׁ: and~he~will~much~Search.out
וַיִּבְרָא: and~he~will~Fatten
וַיִּבְרַח: and~he~will~Flee.away
וַיַּבְרֵךְ: and~he~will~make~Kneel
וַיְבָרֶךְ: and~he~will~much~Kneel
וַיְבָרְכֵהוּ: and~he~will~much~Kneel~him
וַיְבָרְכוּ: and~they(m)~will~much~Kneel
וִיבָרְכֶךָ: and~he~will~much~Kneel~you(ms)
וַיְבָרְכֵם: and~he~will~much~Kneel~them(m)

וַיְבָרְכֵנִי: and~he~will~much~Kneel~me
וַיְבַתֵּר: and~he~will~Cut.in.two
וַיִּגְבְּרוּ: and~they(m)~will~Overcome
וַיֻּגַּד: and~he~will~make.be~Be.face.to.face
וַיַּגֵּד: and~he~will~make~Be.face.to.face
וַיַּגִּדוּ: and~they(m)~will~make~Be.face.to.face
וַיִּגְדַּל: and~he~will~Magnify
וַיִּגְדָּל: and~he~will~Magnify
וַיִּגְדְּלוּ: and~they(m)~will~Magnify
וַיִּגְוַע: and~he~will~Expire
וַיַּגִּידוּ: and~they(m)~will~make~Be.face.to.face
וַיָּגֶל: and~he~will~Roll
וַיְגַלַּח: and~he~will~much~Shave
וַיִּגָּמַל: and~he~will~be~Yield
וַיִּגְנֹב: and~he~will~Steal
וַיִּגַּע: and~he~will~Touch
וַיִּגְעַר: and~he~will~Rebuke
וַיָּגָר: and~he~will~Sojourn
וַיְגָרֶשׁ: and~he~will~Cast.out
וַיִּגַּשׁ: and~he~will~Draw.near
וַיַּגֵּשׁ: and~he~will~make~Draw.near
וַיַּגֶּשׁ: and~he~will~make~Draw.near
וַיִּגְּשׁוּ: and~they(m)~will~Draw.near
וַיִּגָּשׁוּ: and~they(m)~will~Draw.near
וְיַד: and~Hand
וְיָד: and~Hand
וַיַּדְבֵּק: and~he~will~make~Adhere
וַיְדַבֵּר: and~he~will~Speak
וַיְדַבְּרוּ: and~they(m)~will~Speak
וַיְדַבֵּרוּ: and~they(m)~will~Speak
וְיִדְגּוּ: and~they(m)~will~Amplify
וְיָדוֹ: and~Hand~him
וְיָדֵנוּ: and~Hand~us
וַיֵּדַע: and~he~will~Know
וַיֵּדְעוּ: and~they(m)~will~Know
וַיִּדַּר: and~he~will~Make.a.vow
וִיהוּדָה: and~"Yehudah [Praised]"
וַיהוָה: and~"YHWH [He exists]"
וִיהִי: and~he~will~Exist
וַיְהִי: and~he~will~Exist
וַיִּהְיוּ: and~they~will~Exist
וַיְהַלְלוּ: and~they(m)~will~much~Shine
וַיַּהֲפֹךְ: and~he~will~Overturn
וַיַּהַרְגֵהוּ: and~he~will~Kill~him
וַיַּהַרְגוּ: and~they(m)~will~Kill
וְיוֹב: and~"Yashuv [He will return]"
וַיּוֹכַח: and~he~will~make~Convict
וְיוֹכִיחוּ: and~they(m)~will~make~Convict
וַיִּוָּלֵד: and~he~will~be~Bring.forth
וַיּוֹלֶד: and~he~will~make~Bring.forth

וַיִּוָּלְדוּ: and~they(m)~will~be~Bring.forth
וְיוֹם: and~Day
וְיָוָן: and~"Yawan [Wine]"
וְיוֹסֵף: and~"Yoseph [Adding]"
וַיּוֹסִפוּ: and~they(m)~will~make~Add
וַיּוֹצֵא: and~he~will~make~Go.out
וַיּוֹרִדוּ: and~they(m)~will~make~Go.down
וַיּוֹשֶׁב: and~he~will~make~Settle
וַיּוּשַׂם: and~he~will~Put
וַיִּוָּתֵר: and~he~will~be~Reserve
וַיִּזְבַּח: and~he~will~Sacrifice
וַיָּזֶד: and~he~will~make~Seethe
וַיִּזְכֹּר: and~he~will~Remember
וַיִּזְרַח: and~he~will~Come.up
וַיִּזְרַע: and~he~will~Sow
וַיְחַבֵּק: and~he~will~much~Embrace
וַיְחַבֶּק: and~he~will~much~Embrace
וַיְחַבְּקֵהוּ: and~he~will~much~Embrace~him
וַיַּחֲבֹשׁ: and~he~will~Saddle
וַיַּחְדְּלוּ: and~they(m)~will~Terminate
וַיַּחֲזִיקוּ: and~they(m)~will~make~Seize
וַיֶּחֱזַק: and~he~will~Seize
וַיְחִי: and~he~will~Live
וַיָּחֶל: and~he~will~Twist
וְיַחְלְאֵל: and~"Yahh'le'el [El delays]"
וַיַּחֲלֹם: and~he~will~Visualize
וַיַּחַלְמוּ: and~they(m)~will~Visualize
וַיְחַלֵּף: and~he~will~much~Pass.over
וַיֵּחָלֵק: and~he~will~be~Apportion
וַיֶּחֱמוּ: and~they(m)~will~Heat
וַיֵּחַמְנָה: and~they(m)~will~Heat
וַיִּחַן: and~he~will~Camp
וַיַּחַנְטוּ: and~they(m)~will~Ripen
וַיַּחְסְרוּ: and~they(m)~will~Diminish
וַיַּחְפֹּר: and~he~will~Dig.out
וַיַּחְפְּרוּ: and~they(m)~will~Dig.out
וַיְחַפֵּשׂ: and~he~will~much~Search
וַיַּחַץ: and~he~will~Divide
וַיִּחַר: and~he~will~Flare.up
וַיֶּחֱרַד: and~he~will~Tremble
וַיֶּחֶרְדוּ: and~they(m)~will~Tremble
וַיַּחְשְׁבֶהָ: and~he~will~Think~her
וַיֵּט: and~he~will~Stretch
וַיֶּט: and~he~will~Stretch
וַיִּטְבְּלוּ: and~they(m)~will~Dip
וַיִּטְמֹן: and~he~will~Submerge
וַיִּטַּע: and~he~will~Plant
וַיִּיָּחֶל: and~he~will~Twist
וַיִּיטַב: and~he~will~Do.well

וַיִּיטְבוּ: and~they(m)~will~Do.well
וָיָיִן: and~He
וַיִּיצֶר: and~he~will~Mold
וַיִּיקֶץ: and~he~will~Awake
וַיִּיקַץ: and~he~will~Awake
וַיִּירָא: and~he~will~Fear
וַיִּירְאוּ: and~they(m)~will~Fear
וַיִּירָאוּ: and~they(m)~will~Fear
וְיִירַשׁ: and~he~will~Inherit
וַיִּישֶׂם: and~he~will~much.be~Set.in.place
וַיִּישָׁן: and~he~will~Sleep
וַיַּכּוּ: and~they(m)~will~Hit
וְיָכִין: and~"Yakhin [He will be firm]"
וַיָּכִינוּ: and~they(m)~will~make~Fixed
וַיַּכִּירָהּ: and~he~will~make~Recognize~her
וַיְכַל: and~he~will~Finish
וַיִּכָּלֵא: and~he~will~be~Restrict
וַיִּכְלוּ: and~they(m)~will~Finish
וַיְכֻלּוּ: and~they(m)~will~be~Finish
וַיְכַלְכֵּל: and~he~will~Sustain
וַיַּכֵּם: and~he~will~Hit~them(m)
וַיְכַסּוּ: and~they(m)~will~much~Conceal
וַיְכַסּוּ: and~they(m)~will~Conceal
וַיַּכֵּר: and~he~will~make~Recognize
וַיִּכְרוּ: and~they(m)~will~Dig
וַיַּכִּרֵם: and~he~will~make~Recognize~them(m)
וַיִּכְרְתוּ: and~they(m)~will~Cut
וַיִּלְאוּ: and~they(m)~will~Weary
וַיַּלְבֵּשׁ: and~he~will~make~Clothe
וַיַּלְבִּשֵׁם: and~he~will~Clothe~them(m)
וְיֶלֶד: and~Boy
וְיָלְדוּ: and~they(m)~will~Bring.forth
וַיֵּלְדוּ: and~they(m)~will~Bring.forth
וִילָדֶיהָ: and~Boy~s~her
וְיַלְדֵיהֶן: and~the~Boy~s~them(f)
וְילַדְתְּ: and~you(fs)~did~Bring.forth
וַיָּלִינוּ: and~they(m)~will~Stay.the.night
וַיֵּלֶךְ: and~he~will~Walk
וַיֵּלַךְ: and~he~will~Walk
וַיֵּלְכוּ: and~they(m)~will~Walk
וַיֵּלֵכוּ: and~they(m)~will~Walk
וַיָּלֶן: and~he~will~Stay.the.night
וַיְלַקֵּט: and~he~will~much~Pick.up
וַיְמָאֵן: and~he~will~much~Refuse
וָיָמָּה: and~Sea~unto
וַיְמַהֵר: and~he~will~much~Hurry
וַיְמַהֲרוּ: and~they(m)~will~much~Hurry

וַיִּמַח: and~he~will~Wipe.away
וַיִּמָּחוּ: and~they(m)~will~be~Wipe.away
וְיָמִין: and~"Yamin [Right hand]"
וַיִּמְכֹּר: and~he~will~Sell
וַיִּמְכְּרוּ: and~they(m)~will~Sell
וַיָּמָל: and~he~will~Circumcise
וַיְמַלֵּא: and~he~will~much~Fill
וַיִּמְלְאוּ: and~they(m)~will~Fill
וַיְמַלְאוּ: and~they(m)~will~much~Fill
וַיְמַלְאוּם: and~they(m)~will~much~Fill~them(m)
וַיִּמֹּלוּ: and~they(m)~will~be~Circumcise
וַיִּמְלֹךְ: and~he~will~Reign
וַיִּמָּצֵא: and~he~will~be~Find
וַיִּמְצָא: and~he~will~Find
וַיִּמְצָאֶהָ: and~he~will~Find~her
וַיִּמְצָאֵהוּ: and~he~will~Find~him
וַיִּמְצְאוּ: and~they(m)~will~Find
וַיִּמְצָאֵם: and~he~will~Find~them(m)
וַיְמָרְרֻהוּ: and~they(m)~will~Be.bitter~him
וַיְמֻשֵּׁהוּ: and~he~will~Grope~him
וַיִּמְשְׁכוּ: and~they(m)~will~Draw

וַיְמַשֵּׁשׁ: and~he~will~much~Grope
וַיָּמֹת: and~he~will~Die
וַיָּמֶת: and~he~will~make~Die
וַיָּמָת: and~he~will~Die
וַיְמִתֵהוּ: and~he~will~make~Die~him
וַיְנַגַּע: and~he~will~Touch
וַיִּנְהַג: and~he~will~Drive
וַיְנַהֲלֵם: and~he~will~much~Lead~them(m)
וַיַּנִּחֻהוּ: and~they(m)~will~make~Rest~him
וַיַּנִּחֵהוּ: and~he~will~make~Deposit~him
וַיִּנָּחֵם: and~he~will~be~Comfort
וַיִּנָּחֶם: and~he~will~be~Comfort
וַיְנַחֵם: and~he~will~Comfort
וַיָּנָס: and~he~will~Flee
וַיָּנֻסוּ: and~they(m)~will~Flee
וַיְנַשֵּׁק: and~he~will~much~Kiss
וַיְנַשֶּׁק: and~he~will~much~Kiss
וַיִּסֹּב: and~he~will~Go.around
וַיִּסְגֹּר: and~he~will~Shut
וְיִסְחֲרוּ: and~they(m)~will~Trade
וַיַּסֵּךְ: and~he~will~make~Pour
וַיִּסָּכְרוּ: and~they(m)~will~be~Shut
וַיִּסַּע: and~he~will~Journey
וַיִּסְעוּ: and~they(m)~will~Journey

וַיִּסְעוּ: and~they(m)~will~Journey
וַיֹּסֶף: and~he~will~make~Add
וַיִּסְפְּדוּ: and~they(m)~will~Lament
וַיְסַפֵּר: and~he~will~much~Count
וַיָּסַר: and~he~will~make~Turn.aside
וַיָּסֻרוּ: and~they(m)~will~Turn.aside
וַיְסַתְּמוּם: they~did~much~Shut.up~them(m)
וַיַּעֲבֹד: and~he~will~Serve
וַיַּעֲבֹר: and~he~will~Cross.over
וַיַּעֲבֵר: and~he~will~make~Cross.over
וַיַּעַבְרוּ: and~they(m)~will~Cross.over
וַיַּעֲבִרֵם: and~he~will~make~Cross.over~them(m)
וַיַּעֲזֹב: and~he~will~Leave
וְיַעְזְרֶךָּ: and~he~will~Help~you(ms)
וַיַּעַל: and~he~will~make~Go.up
וַיַּעֲלֵהוּ: and~he~will~make~Go.up~him
וַיַּעֲלוּ: and~they(m)~will~make~Go.up
וַיַּעֲמִדֵהוּ: and~he~will~make~Stand~him
וַיַּעַמְדוּ: and~they(m)~will~Stand
וַיַּעֲמֹס: and~he~will~Load
וַיַּעַן: and~he~will~Answer
וַיְעַנֶּהָ: and~he~will~much~Afflict~her
וַיַּעֲנוּ: and~they(m)~will~Answer
וְיַעֲקֹב: and~"Ya'aqov [He restrains]"
וַיַּעְקְבֵנִי: and~he~will~Restrain~me
וַיַּעֲקֹד: and~he~will~Bind
וַיַּעֲרֹךְ: and~he~will~Arrange
וַיַּעַרְכוּ: and~they(m)~will~Arrange
וַיַּעַשׂ: and~he~will~Do
וַיַּעֲשׂוּ: and~they(m)~will~Do
וַיַּעְתֵּק: and~he~will~Advance
וַיֵּעָתֶר: and~he~will~be~Intercede
וַיֶּעְתַּר: and~he~will~Intercede
וַיָּפָג: and~he~will~Be.numb
וַיִּפְגַּע: and~he~will~Reach
וַיִּפְגְּעוּ: and~they~did~Reach
וִיפֵה: and~Beautiful
וַיָּפֹזּוּ: and~they(m)~will~Refine
וַיִּפַּח: and~he~will~Exhale
וַיִּפֹּל: and~he~will~Fall
וַיַּפֵּל: and~he~will~make~Fall
וַיִּפְּלוּ: and~they(m)~will~Fall
וַיִּפְנוּ: and~they(m)~will~Turn
וַיָּפֶץ: and~he~will~Scatter.abroad
וַיְפַצֵּל: and~he~will~much~Peel
וַיִּפְצַר: and~he~will~Press.hard
וַיִּפְצְרוּ: and~they(m)~will~Press.hard
וַיִּפְקֹד: and~he~will~Visit

וַיִּפְקְדֵהוּ: and~he~will~make~Visit~him
וַיִּפְקַח: and~he~will~Open.up
וַיִּפָּרְדוּ: and~they(m)~will~Divide.apart
וַיִּפְרוּ: and~they(m)~will~Reproduce
וְיַפְרְךָ: and~he~will~make~Reproduce~you(ms)
וַיִּפְרֹץ: and~he~will~Break.out
וַיַּפְשִׁיטוּ: and~they(m)~will~make~Peel.off
וִיפֹת: and~Beautiful~s
וִיפַת: and~Beautiful
וָיֶפֶת: and~"Yaphet [Wonder]"
וָיָפֶת: and~"Yaphet [Wonder]"
וַיִּפְתַּח: and~he~will~Open
וַיְפַתַּח: and~he~will~Open
וַיִּפְתְּחוּ: and~they(m)~will~Open
וַיִּפְתָּר: and~he~will~Interpret
וַיֵּצֵא: and~he~will~Go.out
וַיֹּצִאֻהוּ: and~they(m)~will~make~Go.out~him
וַיֵּצְאוּ: and~they(m)~will~Go.out
וַיֵּצֵאוּ: and~they(m)~will~Go.out
וַיַּצֵּב: and~he~will~make~Stand.erect
וַיַּצָּב: and~he~will~make~Stand.erect
וַיִּצְבֹּר: and~he~will~Pile.up
וְיִצְבְּרוּ: and~they(m)~will~Pile.up
וַיַּצֵּג: and~he~will~make~Set
וַיַּצִּגֵם: and~he~will~make~Set~them(m)
וַיְצַו: and~he~will~much~Direct
וַיְצַוֵּהוּ: and~he~will~much~Direct~him
וַיְצַוּוּ: and~they(m)~will~much~Direct
וְיִצְחָק: and~"Yits'hhaq [He laughs]"
וַיִּצְחָק: and~he~will~Laugh
וַיַּצֵּל: and~he~will~make~Deliver
וַיַּצִּלֵהוּ: and~he~will~make~Deliver~him
וַיַּצְמַח: and~he~will~make~Spring.up
וַיִּצְעַק: and~he~will~Cry.out
וַיִּצֹק: and~he~will~Pour.down
וְיֵצֶר: and~"Yetser [Forming]"
וַיִּצֶר: and~he~will~Mold
וַיִּצֶר: and~he~will~Mold
וַיִּקְבֹּץ: and~he~will~Gather.together
וְיִקְבְּצוּ: and~they(m)~will~Gather.together
וַיִּקְבְּרוּ: and~they(m)~will~Bury
וַיִּקֹּד: and~he~will~Bow.the.head
וַיִּקְּדוּ: and~he~will~Bow.the.head
וַיְקַדֵּשׁ: and~he~will~Set.apart
וַיָּקוּמוּ: and~they(m)~will~Rise
וְיִקַּח: and~he~will~Take
וַיִּקַּח: and~he~will~Take
וַיִּקָּח: and~he~will~Take
וַיִּקָּחֶהָ: and~he~will~Take~her

וַיִּקָּחֻהוּ: and~they(m)~will~Take~him
וַיִּקְחוּ: and~they(m)~will~Take
וַיִּקָּחֵם: and~he~will~Take~them(m)
וְיָקְטָן: and~"Yaqthan [He is small]"
וַיָּקָם: and~he~will~Rise
וַיָּקֻמוּ: and~they(m)~will~Rise
וַיִּקֶן: and~he~will~Purchase
וַיְקַנְאוּ: and~they(m)~will~much~Be.zealous
וַיִּקְנֵהוּ: and~he~will~Purchase~him
וַיִּקְצֹף: and~he~will~Snap
וְיִקָּרֵא: and~he~will~be~Call.out
וַיִּקְרָא: and~he~will~Call.out
וַיִּקְרְאוּ: and~they(m)~will~Call.out
וַיִּקְרְבוּ: and~they(m)~will~Come.near
וַיִּקְרַע: and~he~will~Tear
וַיִּקְרְעוּ: and~they(m)~will~Tear
וְיָקְשָׁן: and~"Yaq'shan [Snarer]"
וַיֵּרָא: and~he~will~be~See
וַיַּרְא: and~he~will~See
וַיִּרְאֶהָ: and~he~will~See~her
וַיִּרְאוּ: and~they(m)~will~See
וַיָּרֶב: and~he~will~Dispute
וַיִּרְבּוּ: and~they(m)~will~Increase
וְיַרְבֶּךָ: and~he~will~make~Increase~you(ms)
וַיֵּרֶד: and~he~will~Go.down
וְיִרְדּוּ: and~he~did~Rule
וַיֵּרְדוּ: and~they(m)~will~Go.down
וְיֹרְדִים: and~Go.down~ing(mp)
וְיָרַדְנוּ: we~will~Go.down
וַיִּרְדֹּף: and~he~will~Pursue
וַיִּרְדְּפֵם: and~he~will~Pursue~them(m)
וַיָּרַח: and~he~will~make~Smell
וַיִּרְחַץ: and~he~will~Wash
וַיִּרְחֲצוּ: and~they(m)~will~Wash
וַיָּרִיבוּ: and~they(m)~will~Dispute
וַיְרִימֶהָ: and~he~will~Raise~her
וַיְרִיצֻהוּ: and~they~will~make~Run~him
וַיַּרְכֵּב: and~he~will~make~Ride
וְיַרְכָתוֹ: Hollow~him
וַיֵּרַע: and~he~will~Be.dysfunctional
וַיִּרְפָּא: and~he~will~Heal
וַיָּרָץ: and~he~will~Run
וַיָּרֶק: and~he~will~Empty
וְיִרַשׁ: and~he~will~Inherit
וְיֶשׁ: and~There.is
וַיִּשָּׂא: and~he~will~Lift.up
וַיִּשְׂאוּ: and~they(m)~will~Lift.up
וַיִּשְׁאַל: and~he~will~Inquire
וַיִּשְׁאָלֵהוּ: and~he~will~Inquire~him
וַיִּשְׁאֲלוּ: and~they(m)~will~Inquire
וַיִּשָּׁאֶר: and~he~will~be~Remain

וַיֵּשֶׁב: and~he~will~Settle
וַיַּשֵּׁב: and~he~will~make~Gust
וַיָּשֶׁב: and~he~will~make~Turn.back
וַיָּשָׁב: and~he~will~Turn.back
וְיֵשְׁבוּ: and~they(m)~will~Settle
וַיֵּשְׁבוּ: and~they(m)~will~Settle
וַיָּשֻׁבוּ: and~they(m)~will~Turn.back
וְיָשַׁבְנוּ: and~we~did~Settle
וַיִּשָּׁבַע: and~he~will~be~Swear
וַיַּשְׁבַּע: and~he~will~make~Swear
וַיִּשָּׁבְעוּ: and~they(m)~will~be~Swear
וַיַּשְׁבִּעֵנִי: and~he~will~make~Swear~me
וַיִּשְׁבֹּר: and~he~will~Exchange
וְיָשַׁבְתָּ: and~you(ms)~did~Settle
וַיִּשְׁבֹּת: and~he~will~Cease
וַיַּשֵּׂג: and~he~will~make~Overtake
וַיַּשִּׂגֵם: and~he~will~make~Overtake
וְיִשְׁוָה: and~"Yishwah [He resembles]"
וְיִשְׁוִי: and~"Yishwiy [He resembles me]"
וַיִּשְׁחֲטוּ: and~they(m)~will~Slay
וַיִּשְׂטֹם: and~he~will~Hold.a.grudge
וַיִּשְׂטְמֻהוּ: and~they(m)~will~Hold.a.grudge~him
וַיָּשִׂימוּ: and~they(m)~will~Set.in.place
וַיְשִׂימֵנִי: and~he~will~Set.in.place~me
וִישִׁיתֵהוּ: and~he~will~Set.down~him
וַיִּשְׁכַּב: and~he~will~Lay.down
וַיָּשֹׁכּוּ: and~they(m)~will~Subside
וַיִּשְׁכָּחֵהוּ: and~he~will~Forget~him
וַיַּשְׁכִּימוּ: and~they(m)~will~make~Depart.early
וַיַּשְׁכֵּם: and~he~will~Depart.early
וְיִשְׁכֹּן: and~he~will~Dwell
וַיַּשְׁכֵּן: and~he~will~Dwell
וַיִּשְׁכְּנוּ: and~they(m)~will~Dwell
וַיִּשְׁכָּר: and~he~will~Be.drunk
וַיִּשְׁכְּרוּ: and~they(m)~will~Be.drunk
וַיִּשְׁלַח: and~he~will~Send
וַיְשַׁלַּח: and~he~will~Send
וַיְשַׁלְּחֶהָ: and~he~will~Send~her
וַיִּשְׁלָחֵהוּ: and~he~will~Send~him
וַיְשַׁלְּחֵהוּ: and~he~will~Send~him
וַיִּשְׁלְחוּ: and~they(m)~will~Send
וַיְשַׁלְּחוּ: and~they(m)~will~much~Send
וַיְשַׁלְּחֵם: and~he~will~much~Send~them(m)

וַיְשַׁלְּחֵנוּ: and~he~will~Send~us
וַיְּשַׁלְּחֵנִי: and~he~will~Send~me
וַיַּשְׁלִכוּ: and~they(m)~will~make~Throw.out
וַיָּשֶׂם: and~he~will~Set.in.place
וַיִּשְׁמַע: and~he~will~Hear
וְיִשְׁמָעֵאל: and~"Yishma'el [El will listen]"
וַיִּשְׁמְעוּ: and~they(m)~will~Hear
וַיִּשְׁמֹר: and~he~will~Guard
וַיִּשְׂנְאוּ: and~they(m)~will~Hate
וַיִּשַׁע: and~he~will~Look.with.respect
וַיִּשְׁפֹּט: and~he~will~Judge
וַיִּשַּׁק: and~he~will~Kiss
וַיַּשְׁקְ: and~he~will~make~Drink
וַיִּשָּׁקֵהוּ: and~he~will~Kiss~him
וַיִּשְׁקֹל: and~he~will~Weigh
וַיַּשְׁקֵף: and~he~will~make~Look.down
וַיַּשְׁקִפוּ: and~they(m)~will~make~Look.down
וְיִשְׂרָאֵל: and~"Yisra'el [He turns El]"
וַיְשָׁרֶת: and~he~will~much~Minister
וְיִשָּׂשכָר: and~"Yis'sas'kar [He will lift up the wage]"
וַיֵּשְׁתְּ: and~he~will~Gulp
וַיָּשֶׁת: and~he~will~Set.down
וַיִּשְׁתּוּ: and~they(m)~will~Gulp
וַיִּשְׁתַּחוּ: and~he~will~self~Bend.down
וישתחו: and~he~will~Bend.down
וְיִשְׁתַּחֲוּוּ: and~they(m)~will~Bend.down
וַיִּשְׁתַּחֲווּ: and~they(m)~will~self~Bend.down
וַיִּתְאַבֵּל: and~he~will~self~Mourn
וַיִּתְאַפַּק: and~he~will~self~Hold.back
וַיִּתְגַּל: and~he~will~make~self~Remove.the.cover
וַיִּתְהַלֵּךְ: and~he~will~self~Walk
וַיִּתְחַבֵּא: and~he~will~self~Withdraw
וַיִּתְחַזֵּק: and~he~will~self~Seize
וַיִּתֹּם: and~he~will~Be.whole
וַיִּתְמְהוּ: and~they(m)~will~Marvel
וַיִּתְמַהְמָהּ: and~he~will~self~Linger
וַיִּתְמֹךְ: and~he~will~Uphold
וְיִתֶּן: and~he~will~Give
וַיִּתֵּן: and~he~will~Give
וַיִּתֶּן: and~he~will~Give
וַיִּתְּנֵהוּ: and~he~will~Give~him
וַיִּתְּנוּ: and~they(m)~will~Give
וַיִּתְנַכְּלוּ: and~they(m)~will~self~Be.crafty
וַיִּתְנַכֵּר: and~he~will~self~Recognize
וַיִּתְעַצֵּב: and~he~will~self~Distress

וַיִּתְעַצְּבוּ: and~they(m)~will~self~Distress
וְיִתְפַּלֵּל: and~he~will~self~Plead
וַיִּתְפַּלֵּל: and~he~will~self~Plead
וַיִּתְפְּרוּ: and~they(m)~will~Sew.together
וְיֶתֶר: and~Remainder
וְיִתְרָן: and~"Yitran [Remainder]"
וַיִּתְרֹצְצוּ: and~they(m)~will~self~Crush
וְכַאֲשֶׁר: and~like~Which
וְכָבֵד: and~Heavy
וְכִבְשֻׁהָ: and~!(mp)~Subdue~her
וְכַדָּהּ: and~Jar~her
וְכוֹס: and~Cup
וְכוּשׁ: and~"Kush [Black]"
וְכַחוֹל: and~like~the~Sand
וְכִי: and~Given.that
וְכֹל: and~All
וְכָל: and~All
וּכְלָבִיא: and~like~Lioness
וְכִלָּה: and~he~did~much~Finish
וּכְלֵי: and~Instrument~s
וְכִלְכַּלְתִּי: and~I~did~much~Sustain
וְכַלְנֵה: and~"Kalneh [Consummation]"
וּכְמוֹ: and~like~That.one
וְכִמְנַשֶּׁה: and~like~"Menasheh [Causing to overlook]"
וְכֵן: and~So
וּכְנַעַן: and~"Kena'an [Lowered]"
וּכְנָעַן: and~"Kena'an [Lowered]"
וְכִסִּינוּ: and~we~did~Conceal
וְכֶסֶף: and~Silver
וְכִפַּרְתָּ: and~you(ms)~did~Cover
וְכַרְמִי: and~"Karmi [My vineyard]"
וּכְרָן: and~"Keran [Lyre]"
וּכְשָׁמְעוֹ: and~like~>~Hear~him
וְלֹא: and~Not
וּלְאָבִיו: and~to~Father~him
וּלְאַבְרָם: and~to~"Avram [Father raised]"
וּלְאָדוֹן: and~to~Lord
וּלְאָדָם: and~to~Human
וְלֵאָה: and~"Le'ah [Weary]"
וְלֶאֱכֹל: and~to~>~Eat
וּלְאָכְלְכֶם: and~to~>~Eat~you(mp)
וּלְאֹם: and~Community
וּלְאִמָּהּ: and~to~Mother~her
וּלְאֻמִּים: and~"Le'um [Peoples]"~s
וּלְאַרְצִי: and~to~Land~me
וְלַאֲשֶׁר: and~to~Which
וּלְאִשְׁתּוֹ: and~to~Woman~him
וְלִבְכֹּתָהּ: and~to~>~Weep~her
וּלְבֶן: and~White
וְלָבָן: and~"Lavan [White]"
וְלִבְנוֹתָיו: and~to~Daughter~s~him
וְלִבְנֵי: and~to~Son~s
וּלְבִנְיָמִן: and~to~"Binyamin [Son of the right hand]"
וּלְבָנֵינוּ: and~to~Son~s~us

וְלִבְנֹתַי: and~to~Daughter~s~me
וְלִבְנֹתָי: and~to~Daughter~s~me
וָלָד: Child
וְלָהּ: and~to~her
וּלְהַבְדִּיל: and~to~>~make~Separate
וּלְהַחֲיוֹת: and~to~>~make~Live
וְלָהֶם: and~to~them(m)
וּלְהָשִׁיב: and~to~>~make~Turn.back
וּלְהִתְנַפֵּל: and~to~>~self~Fall
וְלוֹ: and~to~him
וְלוּד: and~"Lud [Birth]"
וְלוּז: and~Hazel
וְלוֹט: and~"Loth [Covering]"
וְלֵוִי: and~"Lewi [Joined]"
וּלְזַרְעֲךָ: and~to~Seed~you(ms)
וּלְזַרְעֶךָ: and~to~Seed~you(ms)
וְלֶחֶם: and~Bread
וָלֶחֶם: and~Bread
וְלַחֹשֶׁךְ: and~to~Darkness
וָלֹט: and~Myrrh
וּלְטוּשִׁם: and~"Lethush [Sharpened]"~s
וּלְיוֹסֵף: and~to~"Yoseph [Adding]"
וָלַיְלָה: and~Night
וּלְיָמִים: and~to~Day~s
וְלִינוּ: and~!(mp)~Stay.the.night
וּלְיַעֲקֹב: and~to~"Ya'aqov [He restrains]"
וּלְיִצְחָק: and~to~"Yits'hhaq [He laughs]"
וּלְיִשְׁמָעֵאל: and~to~"Yishma'el [El will listen]"
וְלֵךְ: and~!(ms)~Walk
וְלֵךְ: and~!(ms)~Walk
וָלֵךְ: and~Walk
וּלְכָה: and~to~you(ms)
וּלְכוּ: and~!(mp)~Walk
וָלֵכוּ: and~!(mp)~Walk
וּלְכֹל: and~to~All
וּלְכָל: and~to~All
וּלְלֵאָה: and~to~"Le'ah [Weary]"
וּלְלָבָן: and~to~"Lavan [White]"
וְלָמָּה: and~to~What
וּלְמוֹלַדְתְּךָ: and~to~Kindred~you(ms)
וּלְמוֹלַדְתֶּךָ: and~to~Kindred~you(ms)
וּלְמוֹלַדְתֵּנוּ: and~to~Kindred~us
וּלְמוֹעֲדִים: and~to~Appointed~s
וּלְמִי: and~to~Who
וְלֶמֶךְ: and~"Lamekh [Powerful]"
וְלַמִּצְרִים: and~to~"Mitsrayim [Troubles]"~s
וּלְמִקְוֵה: and~to~Collection
וּלְמִקְנֵהוּ: and~to~Livestock~him
וְלִמְשֹׁל: and~to~>~Regulate
וּלְנִינִי: and~to~Heir~me
וּלְנֶכְדִּי: and~to~Posterity~me
וְלִנְשֵׁיכֶם: and~to~Woman~s~you(mp)
וּלְעֵבֶר: and~to~"Ever [Cross over]"
וּלְעוֹף: and~to~Flyer

וְלָעֶרֶב: and~to~the~Evening
וְלַפִּיד: and~Torch
וּלְקָדְקֹד: and~to~Top.of.the.head
וְלָקַח: and~he~did~Take
וְלָקַחְנוּ: and~we~did~Take
וְלָקַחְתָּ: and~you(ms)~did~Take
וְלָקַחַת: and~to~>~Take
וּלְקַחְתִּיךָ: and~I~did~Take~you(ms)
וּלְקַחְתֶּם: and~you(mp)~did~Take
וּלְרִבְקָה: and~to~"Rivqah [Ensnarer]"
וּלְרֶגֶל: and~to~Foot
וּלְרָחְבָּהּ: and~to~Width~her
וּלְשֵׁם: and~to~"Shem [Character]"
וּלְשָׁמְרָהּ: and~to~>~Guard~her
וּלְשָׂרָה: and~to~"Sarah [Noblewoman]"
וְלַשֹּׂרֵקָה: and~to~the~Choice.vine
וּלְשֵׁת: and~to~"Shet [Buttocks]"
וְלָתֵת: and~to~>~Give
וּמֵאֵלֶּה: and~from~These
וּמֵאֶרֶץ: and~from~Land
וּמֵאֲשֶׁר: and~from~Which
וּמְאַת: and~Hundred
וּמָאתַיִם: and~Hundred~s2
וּמִבֵּית: and~from~House
וּמְבָרְכֶיךָ: much~Kneel~ing(mp)~you(ms)
וּמִבְשָׂם: and~"Mivsam [Sweet odor]"
וּמִגְדָּל: and~Tower
וּמִגְדָּנֹת: and~Ornament~s
וּמָגוֹג: and~"Magog [Roof]"
וּמָדַי: and~"Maday [Measure]"
וּמֶה: and~What
וּמַה: and~What
וּמְהַרְתֶּם: and~you(mp)~did~much~Hurry
וּמוֹלַדְתְּךָ: and~Kindred~you(ms)
וּמוֹרַאֲכֶם: and~Fearing~you(mp)
וּמִזָּה: and~"Miz'zah [Faint]"
וּמָזוֹן: and~Meat
וּמִחוּץ: and~from~Outside
וּמְחִיָּיאֵל: and~"Mehhuya'el [Who proclaims El]"
וּמָחִיתִי: and~I~did~Wipe.away
וּמֵחֶלְבֵהֶן: and~from~Fat~them(f)
וּמְחֹקֵק: and~much~Inscribe~ing(ms)
וּמַטְּךָ: and~Stave~you(ms)
וּמִטַּל: and~from~Dew
וּמֵי: and~Water~s2
וּמִיַּד: and~from~Hand
וּמַיִם: and~Water~s2
וּמִכֹּל: and~from~All
וּמִכָּל: and~from~All
וּמִלְאוּ: and~!(mp)~Fill
וּמֶלֶךְ: and~King
וּמַלְכִּי: and~"Malkiy-Tsedeq [King of righteousness]"
וּמַלְכִּיאֵל: and~"Malki'el [My king is El]"
וּמְלָכִים: and~King~s
וּמְמַהֵר: and~much~Hurry~ing(ms)

וּמִמּוֹלַדְתְּךָ: and~from~Kindred~you(ms)
וּמַמְרֵא: and~"Mamre [Bitter place]"
וּמִן: and~From
וּמָנַחַת: and~"Manahhat [Rest]"
וּמְנַשֶּׁה: and~"Menasheh [Causing to overlook]"
וּמִסְפּוֹא: and~Provender
וּמְעַט: and~Small.amount
וּמֵעֵץ: and~from~Tree
וּמֵעִצְּבוֹן: and~from~Hardship
וּמִפָּנֶיךָ: and~from~Face~s~you(ms)
וּמִפְּרִי: and~from~Produce
וּמַצּוֹת: and~Unleavened.bread
וּמִצְרַיִם: and~"Mitsrayim [Troubles]"
וּמָקוֹם: and~Place
וּמְקַלֶּלְךָ: and~much~Be.insubstantial~ing(mp)~you(ms)
וּמִקְנֵה: and~Livestock
וּמִקְנֶה: and~Livestock
וּמִקְנַת: and~Acquired
וּמִקְצֵה: and~from~Far.end
וּמַרְאֵיהֶן: and~Appearance~s~them(f)
וּמָרָה: and~Bitter
וּמְרָרִי: and~"Merari [Bitter]"
וָמַשׁ: and~"Mash [Drawn out]"
וּמַשָּׂא: and~"Masa [Burden]"
וּמֶשֶׁךְ: and~"Meshek [Draw out]"
וּמֹשֵׁל: and~Regulate~ing(ms)
וּמִשָּׁם: and~from~There
וּמִשְׁמַנֵּי: and~from~Oil~s
וּמִשְׁמָע: and~"Mishma [Hearing]"
וּמִשְׁנֶה: and~Double
וּמִשְׁפָּט: and~Judgement
וָמֵת: and~he~did~Die
וָמֵתוּ: and~they~did~Die
וּמְתוּשָׁאֵל: and~"Metusha'el [His death asks]"
וָמַתִּי: and~I~did~Die
וּמַתָּן: and~Gift
וַנֹּאמֶר: and~we~will~Say
וְנֶאֶסְפוּ: and~they~will~be~Gather
וְנָבְלָה: and~we~will~Mix~^
וְנִבְרְכוּ: and~they(m)~will~be~Kneel
וָנֶגְבָּה: and~South.country~unto
וַנַּגֵּד: and~we~will~make~Be.face.to.face
וָנָד: and~Nod~ing(ms)
וְנֵדְעָה: and~we~did~Know
וְנִהְיֶה: and~we~will~Exist
וְנָהָר: and~River
וְנַהַרְגֵהוּ: and~we~will~Kill~him
וּנְזִיד: and~Stew
וְנֹחַ: and~"No'ahh [Rest]"
וְנָחוֹר: and~"Nahhor [Snorting]"
וּנְחַיֶּה: and~we~will~Live
וְנִחְיֶה: and~we~will~Live
וְנַחֲלָה: and~Inheritance
וַנַּחַלְמָה: and~we~will~Visualize~^
וְנֶחְמָד: and~be~Crave~ing(ms)
וְנֹכָחַת: and~be~Convict~ing(fs)

וְנִכְרְתָה: and~she~did~be~Cut
וְנֵלֵכָה: and~we~will~Walk~^
וְנִמְכְּרֶנּוּ: and~we~will~Sell~him
וּנְמַלְתֶּם: and~you(mp)~did~Cut.off
וְנָסוֹעַ: and~>~Journey
וַנְּסַפֵּר: and~we~will~much~Count
וְנַעֲלֶה: and~we~will~Go.up~^
וְנַעֲמָן: and~"Na'aman [Pleasantness]"
וְנַעֲרֹתֶיהָ: and~Young.woman~s~her
וְנַעֲשֶׂה: and~we~will~Do
וְנִפְקְחוּ: and~they(f)~did~be~Open.up
וְנַפְשׁוֹ: and~Being~him
וַנִּפְתְּחָה: and~we~will~Open~^
וְנַפְתָּלִי: and~"Naphtali [Wrestling]"
וּנְקֵבָה: and~Female
וְנָקֹד: and~Speckled
וְנָקוּמָה: and~we~will~Rise~^
וְנִקִּיתָ: and~you(ms)~will~be~Acquit
וְנִרְאֶה: and~we~will~See~^
וְנִרְאֲתָה: and~she~did~be~See
וְנִשְׁאֲלָה: and~we~will~Inquire
וְנָשָׂאתִי: and~I~did~Lift.up
וּנְשָׂאתֶם: and~you(mp)~did~Lift.up
וּנְשָׂאתַנִי: and~you(ms)~did~Lift.up~me
וַנָּשֶׁב: and~we~will~make~Turn.back
וְנִשְׁבְּרָה: and~we~will~Exchange~^
וְנָשׁוּבָה: and~we~did~Turn.back
וּנְשֵׁי: and~Woman~s
וְנִשְׁכְּבָה: and~we~will~Lay.down
וְנִשְׁכַּח: and~he~did~be~Forget
וַנְּשַׁלֵּחֲךָ: and~we~will~much~Send~you(ms)
וְנַשְׁלִכֵהוּ: and~we~will~make~Throw.out~him
וְנִשְׁמַדְתִּי: and~I~did~be~Destroy
וְנִשְׂרְפָה: and~we~will~Cremate~^
וְנִשְׁתַּחֲוֶה: and~we~did~self~Bend.down
וְנָתוֹן: and~>~Give
וְנָתַן: and~he~did~Give
וְנִתְּנָה: and~we~will~Give
וְנָתַנּוּ: and~we~did~Give
וְנָתַתָּ: and~you(ms)~did~Give
וְנָתַתִּי: and~I~did~Give
וּנְתַתִּיו: and~I~did~Give~him
וּנְתַתִּיךָ: and~I~did~Give~you(ms)
וּנְתַתֶּם: and~you(mp)~did~Give
וְסַבְתָּה: and~"Savtah [Go about]"
וְסַבְתְּכָא: and~"Savteka [Lead around]"
וּסְחָרוּהָ: and~!(mp)~Trade~her
וְסַעֲדוּ: and~!(mp)~Hold.up

וּסְפֹר: and~!(ms)~Count
וְעֶבֶד: and~Servant
וַעֲבֹדָה: and~Service
וַעֲבָדוּם: and~they~did~Serve~them(m)
וַעֲבָדָיו: and~Servant~s~him
וַעֲבָדֶיךָ: and~Servant~s~you(ms)
וַעֲבָדִים: and~Servant~s
וַעֲבָדִם: and~Servant~s
וַעֲבַדְתַּנִי: and~you(ms)~did~Serve~me
וְעֶבְרָתָם: Wrath~them(m)
וְעַד: and~Until
וְעֵדָה: and~Witness
וְעוּגָב: and~Reed-pipes
וְעוֹד: and~Yet.again
וְעוֹף: and~Flyer
וְעֵז: and~She-goat
וְעָזַב: and~he~did~Leave
וְעִזֶּיךָ: and~She-goat~s~you(ms)
וְעֵיבָל: and~"Eyval [Stone]"
וְעֵינֵי: and~Eye~s2
וְעֵינְכֶם: and~Eye~s2~you(mp)
וְעִירָד: and~"Irad [Wild donkey]"
וַעְיָרִם: Colt~s
וְעַל: and~Upon
וַעֲלוּ: and~!(mp)~Go.up
וַעֲלָטָה: and~Twilight
וְעִם: and~With
וְעִמּוֹ: and~With~him
וְעֵמֶק: and~Valley
וַעֲמֹרָה: and~"Ghamorah [Rebellion]"
וַעֲנָה: and~"Anah [Answer]"
וְעִנּוּ: and~they~did~much~Afflict
וְעָנְתָה: and~she~did~Answer
וְעָפָר: and~Powder
וָעֵפֶר: and~"Epher [Calf]"
וְעֶפְרוֹן: and~"Ephron [Powdery]"
וְעֵץ: and~Tree
וְעָצוּם: and~Multiple
וַעֲקָן: and~"Aqan [Sharp sighted]"
וְעֶרְוַת: and~Nakedness
וְעָרֵל: and~Uncircumcised
וְעַרְמוֹן: and~Chestnut
וְעָשָׂה: and~he~did~Do
וַעֲשֵׂה: and~!(ms)~Do
וְעֵשָׂו: and~"Esav [Doing]"
וַעֲשׂוּ: and~!(mp)~Do
וַעֲשִׂי: and~!(fs)~Do
וְעָשִׂיתָ: and~you(ms)~did~Do
וְעֶשֶׂר: and~Ten
וָעֶשֶׂר: and~Ten
וְעֶשְׂרִים: and~Ten~s
וְעַתָּה: and~Now
וּפִגְעוּ: and~!(mp)~Reach
וּפֻוָה: and~"Pu'ah [Dispersion]"
וּפוּט: and~"Puth [Bow]"
וּפַחַד: and~Awe
וּפִיכֹל: and~"Pikhol [Face of all]"
וּפִילַגְשׁוֹ: and~Concubine~him
וּפַלּוּא: and~"Palu [Distinguished]"
וּפְנֵיהֶם: and~Face~s~them(m)
וּפָרוּ: and~they~did~Reproduce
וּפָרִים: and~Bull~s
וּפָרִינוּ: and~we~will~Reproduce

וּפַרְעֹה: and~"Paroh [Great house]"
וָפֶרֶץ: and~"Perets [Breach]"
וּפָרַצְתָּ: and~you(ms)~did~Break.out
וּפָרַקְתָּ: and~you(ms)~did~Tear.away
וּפֶתַח: and~Opening
וּפְתִילֶךָ: and~Cord~you(ms)
וּפֹתֵר: and~Interpret~ing(ms)
וְצֵא: and~!(ms)~Go.out
וְצֹאנְךָ: and~Flocks~you(ms)
וְצֹאנָם: and~Flocks~them(m)
וּצְבֹיִם: and~"Tseviim [Gazzells]"
וְצִבְעוֹן: and~"Tsiv'ghon [Colored]"
וְצוּדָה: and~!(ms)~Hunt
וְצֹחַר: and~"Tsohhar [White]"
וְצִלָּה: and~"Tsilah [Shadow]"
וְצֶמַח: and~Spring.up
וְצָפֹנָה: and~North~unto
וּצְרִי: and~Balm
וּקְבֹר: and~!(ms)~Bury
וּקְבַרְתַּנִי: and~you(ms)~did~Bury~me
וָקֵדְמָה: and~East~unto
וְקֵדָר: and~"Qedar [Dark]"
וּקְהַל: and~Assembled.flock
וְקוּם: and~!(ms)~Rise
וְקוּמוּ: and~!(mp)~Rise
וְקוֹץ: and~Bramble
וְקַח: and~!(ms)~Take
וּקְחוּ: and~!(mp)~Take
וְקַיִן: and~"Qayin [Acquired]"
וְקַיִץ: and~Summer
וְקָמוּ: and~they~did~Rise
וּקְנַז: and~"Qeniz [Hunter]"
וְקִנְיָנָם: and~Possession~them(m)
וְקָצִיר: and~Harvest
וְקֹר: and~Cold
וּקְרָאָהוּ: and~he~did~Meet~him
וְקָרָאת: and~you(fs)~did~Call.out
וְקָרָאתָ: and~you(ms)~did~Call.out
וְקָרָהוּ: and~he~did~Meet~him
וְקֶרַח: and~Ice
וְקַשְׁתֶּךָ: and~Bow~you(ms)
וּרְאֵה: and~!(ms)~See
וּרְאִיתִיהָ: and~I~did~See~her
וָרֹאשׁ: and~"Rosh [Head]"
וְרֹאשׁוֹ: and~Head~him
וְרֵאשִׁית: and~Summit
וְרֹב: and~Abundance
וְרַב: and~Abundant
וּרְבֵה: and~!(ms)~Increase
וּרְבוּ: and~!(mp)~Increase
וְרָבוּ: and~they~did~Increase
וָרֹבּוּ: and~they~did~Increase.in.number
וְרִבְקָה: and~"Rivqah [Ensnarer]"
וְרַגְלֵי: and~Foot~s
וּרְדוּ: and~!(mp)~Rule
וְרֶוַח: and~Wind
וְרוּחַ: and~Wind
וְרָחֵל: and~"Rahhel [Ewe]"
וָרָחַם: and~Bowels
וְרַחֲצוּ: and~!(mp)~Wash
וְרִיפַת: and~"Riphat [Health]"
וּרְכֻשׁוֹ: and~Goods~him
וָרֶמֶשׂ: and~Treader
וָרָע: and~Dysfunctional

וְרָעוֹת: and~Dysfunctional~s
וְרָעִים: and~Dysfunctional~s
וְרַעְמָה: and~"Ramah [Mane of a horse]"
וְרַקּוֹת: and~Thin~s
וְשָׁאוּל: and~"Sha'ul [Unknown]"
וּשְׁאֵלְךָ: and~he~did~Inquire~you(ms)
וְשֵׁב: and~!(ms)~Settle
וּשְׂבַע: and~Plenty
וּשְׁבַע: and~Seven
וְשָׂבֵעַ: and~Plenty
וְשֶׁבַע: and~Seven
וְשִׁבְעָה: and~Seven
וְשִׁבְעִים: and~Seven~s
וְשִׁבְרוּ: and~!(mp)~Exchange
וְשַׁבְתִּי: and~I~did~Turn.back
וּשְׁדוּפֹת: and~Blast~ed(fp)
וְשׁוּב: and~!(ms)~Turn.back
וָשׁוֹב: and~>~Turn.back
וְשׁוֹבָל: and~"Shoval [Leg]"
וְשִׁחֵת: and~he~did~much~Damage
וְשִׂים: and~!(ms)~Set.in.place
וְשָׁכַבְתִּי: and~I~did~Lay.down
וְשָׁכַח: and~he~did~Forget
וּשְׁכֶם: and~"Shekhem [Shoulder]"
וְשֵׁלָה: and~"Sheylah [Petition]"
וְשִׁלַּח: and~he~did~much~Send
וְשֶׁלַח: and~"Shelahh [Sent]"
וְשָׁלַחְתִּי: and~I~did~Send
וְשִׁלֵּם: and~"Shilem [Repaid]"
וּשְׁלֹשׁ: and~Three
וְשָׁלֹשׁ: and~Three
וּשְׁלֹשִׁים: Three~s
וּשְׁלִשִׁים: and~Third~s
וּשְׁלֹשֶׁת: and~Three
וְשָׂם: and~he~did~Set.in.place
וְשֵׁם: and~Title
וְשָׁם: and~There
וְשֶׁמְאֵבֶר: and~"Shemever [Character of wing]"
וּשְׁמָהּ: and~Title~her
וְשָׁמָּה: and~There~unto
וּשְׁמוֹ: and~Title~him
וּשְׁמוֹנִים: and~Eight~s
וְשָׁמָיִם: and~Sky~s2
וּשְׁמֹנֶה: and~Eight
וּשְׁמֹנִים: and~Eight~s
וְשִׁמְעוּ: and~!(mp)~Hear
וְשִׁמְעוֹן: and~"Shimon [Heard]"
וְשָׁמְרוּ: and~they~did~Guard
וְשָׁמָרוּ: and~they~did~Guard
וְשִׁמְרֹן: and~"Shimron [Watched]"
וּשְׁמָרַנִי: and~he~did~Guard~me
וּשְׁמַרְתִּיךָ: and~I~did~Guard~you(ms)
וְשַׂמְתִּי: and~I~did~Set.in.place
וְשַׂמְתֶּם: and~you(mp)~did~Set.in.place~them(m)
וּשְׁנֵי: and~Two
וְשָׁנִים: and~Year~s
וְשָׂפָה: and~Lip
וְשִׁפְחָה: and~Maid
וּשְׁפָחוֹת: and~Maid~s
וּשְׁפָחֹת: and~Maid~s
וּשְׁקֵדִים: and~Almond
וּשְׁקָה: and~!(ms)~Kiss

וְשָׂרָה: and~"Sarah [Noblewoman]"
וְשֶׂרַח: and~"Serahh [Excess]"
וְשָׂרַי: and~"Sarai [Princess]"
וְשָׁרְצוּ: and~they~did~Swarm
וְשֵׁשׁ: and~Six
וָשֵׁשׁ: and~Six
וְשִׁשִּׁים: and~Six~s
וּשְׁתֵּי: and~Two
וַתֹּאכַל: and~she~will~Eat
וַתֹּאכַלְנָה: and~they(f)~will~Eat
וַתֹּאמֶר: and~she~will~Say
וַתֹּאמַרְנָה: and~they(f)~will~Say
וַתָּבֹא: and~she~will~Come
וַתָּבֹאנָה: and~they(f)~will~Come
וַתַּבֵּט: and~she~will~make~Stare
וַתֵּבְךְּ: and~she~will~Weep
וְתֻבָל: and~"Tuval [Flow]"
וַתִּבְלַעְןָ: and~they(f)~will~Swallow
וַתִּבְלַעְנָה: and~they(f)~will~Swallow
וַתִּבְרַח: and~she~will~Flee.away
וַתַּגֵּד: and~she~will~make~Be.face.to.face
וַתַּגְדֵּל: and~you(ms)~will~make~Magnify
וַתִּגְנֹב: and~she~will~Steal
וְתֹגַרְמָה: and~"Togarmah [Gnaw a bone]"
וַתִּגַּשׁ: and~she~will~Draw.near
וַתִּגַּשְׁןָ: and~they(f)~will~Draw.near
וַתִּדְבַּק: and~she~will~Adhere
וַתְּדַבֵּר: and~she~will~much~Speak
וַתְּדַד: and~she~will~Toss
וְתִדְעָל: and~"Tidal [Breaker of the yoke]"
וּתְהִי: and~she~will~Exist
וַתְּהִי: and~she~will~Exist
וַתִּהְיֶיןָ: and~they(f)~will~Exist
וַתַּהַר: and~she~will~Conceive
וַתַּהֲרֶיןָ: and~they(f)~will~Conceive
וַתּוּכָל: and~you(ms)~Be.able
וַתּוֹצֵא: and~she~will~make~Go.out
וַתּוֹרֶד: and~she~will~make~Go.down
וְתוֹרֹתָי: and~Teaching~s~me
וְתוֹשָׁב: and~Sojourner
וּתְחִי: and~she~will~Live
וַתְּחִי: and~she~will~Live
וַתְּחַלֶּינָה: and~they(f)~will~Pierce
וַתַּחֲלֵף: and~you(ms)~will~make~Pass.over
וְתֵימָא: and~"Teyma [Wonder]"
וְתִירָס: and~"Tiras [Breaking]"
וְתִירֹשׁ: and~Fresh.Wine
וּתְיָשִׁים: and~He-goat~s
וַתִּכְהֶיןָ: and~they(f)~will~Dim
וַתְּכַחֵשׁ: and~she~will~Deny
וַתְּכַל: and~she~will~much~Finish
וַתִּכְלֶינָה: and~they(f)~will~Finish

וַתְּכַס: and~she~will~much~Conceal
וַתִּלְבַּשׁ: and~she~will~Clothe
וַתַּלְבֵּשׁ: and~she~will~make~Clothe
וְתֵלֵד: and~she~will~Bring.forth
וַתֵּלֶד: and~she~will~Bring.forth
וַתֵּלַדְןָ: and~they(f)~will~Bring.forth
וְתָלָה: and~he~did~Hang
וַתֵּלַהּ: and~she~will~Faint
וַתֵּלֶךְ: and~she~will~Walk
וַתֵּלַכְנָה: and~they(f)~will~Walk
וַתְּמַהֵר: and~she~will~much~Hurry
וַתְּמַלֵּא: and~she~will~Fill
וַתִּמָּלֵא: and~she~will~be~Fill
וְתִמְנַע: and~"Timna [Withhold]"
וַתָּמָת: and~she~will~Die
וְתֶן: and~!(ms)~Give
וַתְּנַהֵג: and~you(ms)~will~much~Drive
וּתְנוּ: and~!(mp)~Give
וַתַּנַּח: and~she~will~make~Rest
וַתָּנַח: and~she~will~Rest
וַתִּנָּצֵל: and~she~will~be~Deliver
וַתֹּסֶף: and~she~did~make~Add
וַתָּסַר: and~she~will~make~Turn.aside
וַתַּעֲבֹר: and~she~will~Cross.over
וַתַּעַל: and~she~will~Go.up
וַתַּעֲמֹד: and~she~will~Stand
וַתַּעֲמֹדְנָה: and~they(f)~will~Stand
וַתַּעַן: and~she~will~Answer
וַתְּעַנֶּהָ: and~she~will~Afflict~her
וַתְּעַר: and~she~will~much~Uncover
וַתַּעַשׂ: and~she~will~Do
וַתִּפֹּל: and~she~will~Fall
וַתִּפָּעֶם: and~she~will~be~Beat
וַתִּפָּקַחְנָה: and~they(f)~will~be~Open.up
וַתֵּצֵא: and~she~will~Go.out
וַתִּצְחַק: and~she~will~Laugh
וַתִּקָּבֵר: and~she~will~be~Bury
וַתֵּקַּח: and~Take~ed(fs)
וַתִּקַּח: and~she~will~Take
וַתֵּקַל: and~she~will~Be.insubstantial
וַתָּקָם: and~she~will~Rise
וַתְּקַנֵּא: and~she~will~Be.zealous
וַתֵּקַע: and~she~will~Dislocate
וַתִּקְרָא: and~she~will~Call.out
וַתְּקַשׁ: and~she~will~much~Be.hard
וַתִּקְשֹׁר: and~she~will~Tie
וְתֹר: and~Turtledove
וַתֵּרֶא: and~she~will~See
וְתֵרָאֶה: and~she~be~See
וַתֵּרֶב: and~she~will~Increase
וַתֹּרֶד: and~she~will~make~Go.down

וַתֵּרֶד: and~she~will~Go.down
וְתַרְדֵּמָה: Trance
וַתִּרְכַּבְנָה: and~they(f)~will~Ride
וַתָּרָם: and~she~will~Raise
וַתִּרְעַב: and~she~will~Be.hungry
וַתִּרְעֶינָה: and~they(f)~will~Feed
וַתָּרָץ: and~she~will~Run
וַתִּרְצֵנִי: and~you(ms)~will~Accept~me
וְתַרְשִׁישׁ: and~"Tarshish [Contemplate]"
וַתִּשָּׂא: and~she~will~Lift.up
וַתִּשְׁאַב: and~she~will~Draw.water
וַתִּשְׁאָב: and~she~will~Draw.water
וַתֵּשֶׁב: and~she~will~Settle
וַתָּשָׁב: and~she~will~Turn.back
וַתִּשָּׁחֵת: and~she~will~be~Damage
וַתִּשְׁכַּב: and~she~will~Lay.down
וַתִּשְׁלַח: and~she~will~Send
וַתִּשְׁלְחוּנִי: and~you(mp)~will~Send~me
וַתַּשְׁלֵךְ: and~she~will~Throw.out
וַתְּשִׂמֵם: and~she~will~Set.in.place~them(m)
וּתְשַׁע: and~Nine
וְתֵשַׁע: and~Nine
וָתֵשַׁע: and~Nine
וְתִשְׁעִים: and~Nine~s

וַתַּשְׁק: and~she~will~make~Drink
וַתַּשְׁקֵהוּ: and~she~will~make~Drink~him
וַתַּשְׁקֶין: and~they(f)~will~make~Drink
וְתִשָּׂרֵף: and~she~will~be~Cremate
וַתִּשְׁתַּחֲוֶין: and~they(f)~will~self~Bend.down
וַתִּתְכָּס: and~she~will~self~Conceal
וַתִּתֹּם: and~she~will~Be.whole
וַתִּתֵּן: and~she~will~Give
וַתִּתֶּן: and~she~will~Give
וַתֵּתַע: and~she~will~Wander
וַתִּתְעַלָּף: and~she~will~self~Wrap
וַתִּתְפְּשֵׂהוּ: and~she~will~Seize.hold~him

ז

זְאֵב: Wolf
זֹאת: This
זֹּאת: This
זֵבֶד: Dowry
זְבָדַנִי: he~did~Endow~me
זְבוּלֻן: "Zevulun [Residence]"
זֶבַח: Thing.of.sacrifice
זְבָחִים: Thing.of.sacrifice~s
זְבֻלוּן: "Zevulun [Residence]"
זֶה: This
זֶה: This
זָהָב: Gold
זַיִת: Olive
זָכַר: he~did~Remember
זָכָר: Male

זְכַרְתַּנִי: you(ms)~did~Remember~me
זִלְפָּה: "Zilpah [Trickling]"
זִמְרָן: "Zimran [Musician]"
זָנְתָה: she~did~Be.a.whore
זֹעֲפִים: Be.sad~ing(mp)
זַעֲקַת: Outcry
זְקַן: Beard
זָקֵן: Beard
זְקֻנַי: Beard~s
זְקֻנִים: Extreme.old.age~s
זְקֵנִים: Beard~s
זִקְנָתָהּ: Old.age~her
זָקַנְתִּי: I~did~Be.old
זֶרַח: "Zerahh [Dawn]"
זָרַח: "Zerahh [Dawn]"
זֹרֵעַ: Sow~ing(ms)
זֶרַע: Seed
זָרַע: Seed
זַרְעָהּ: Seed~her
זַרְעוֹ: Seed~him
זְרֹעֵי: Arm~s
זַרְעֲךָ: Seed~you(ms)
זַרְעֵךְ: Seed~you(fs)
זַרְעֶךָ: Seed~you(ms)
זַרְעֲכֶם: Seed~you(mp)

ח

חֶבֶר: "Hhever [Companion]"
חָבְרוּ: they~did~Couple
חֶבְרוֹן: "Hhevron [Company]"
חֲגֹרֹת: Loin.covering~s
חֲדַד: "Hhadar [Chamber]"
חָדַל: he~did~Terminate
חִדֶּקֶל: "Hhideqel [Rapid]"
חֹדֶשׁ: New.moon
חֳדָשִׁים: New.moon~s
חוֹבָה: "Hhovah [Hiding place]"
חַוָּה: "Hhawah [Living]"
חֲוִילָה: "Hhawilah [Twisting]"
חוּם: Black
חֲזוֹ: "Hhazo [Vision]"
חָזַק: he~did~Seize
חֲטָאָה: Error
חָטְאוּ: they~did~Err
חֲטָאַי: Fault~s~me
חַטָּאת: Error
חַטָּאתִי: Error~me
חָטָאתִי: I~did~Err
חִטִּים: Wheat~s
חֵי: Life
חַי: he~did~Live
חָי: Life
חַיָּה: Life
חַיֵּי: Life~s
חַיַּי: Life~s~me
חַיָּיו: Life~s~him
חַיֶּיךָ: Life~s~you(ms)
חַיִּים: Life~s
חַיִל: Force
חֵילָם: Force~them(m)
חִירָה: "Hhiyrah [Bleached white]"
חַיַּת: Life
חַכְלִילִי: Dull.red
חֲכָמֶיהָ: Wise~her
חֵלֶב: Fat
חֹלֶה: Be.sick~ing(ms)
חֲלוֹם: Dream
חַלּוֹן: Window
חָלִילָה: Far.be.it
חָלִלָה: Far.be.it
חִלַּלְתָּ: you(ms)~did~much~Pierce
חֹלֵם: Visualize~ing(ms)

חָלַם: he~did~Visualize
חֲלֹמוֹ: Dream~him
חָלַמְנוּ: we~had~Visualize
חָלָמְנוּ: we~did~Visualize
חָלָמְתָּ: you(ms)~did~Visualize
חָלַמְתִּי: I~did~Visualize
חָלָמְתִּי: I~did~Visualize
חֲלֹמֹתָיו: Dream~s~him
חֲלֹמֹתֵינוּ: Dream~s~us
חֲלִפוֹת: Replacement~s
חֲלִפֹת: Replacement~s
חֵלֶק: Portion
חָלָק: Slick
חֶלְקָם: Portion~them(m)
חֶלְקַת: Smooth
חָם: "Hham [Hot]"
חֶמְאָה: Cheese
חֶמְדָּן: "Hhemdan [Desireable]"
חֲמוֹר: "Hhamor [Donkey]"
חָמִיהָ: Father-in-law~her
חָמִיךְ: Father-in-law~you(fs)
חֲמִישִׁי: Fifth
חֲמִישִׁית: Fifth
חָמָס: Violence
חֲמָסִי: Violence~me
חֲמֹר: Donkey
חֵמָר: Tar
חֲמֹרוֹ: Donkey~him
חֲמֹרֵיהֶם: Donkey~s~them(m)
חֲמֹרִים: Donkey~s
חֲמֹרֵינוּ: Donkey~s~us
חֲמֵשׁ: Five
חָמֵשׁ: Five
חֲמִשָּׁה: Five
חֲמִשִּׁים: Five~s
חֲמַת: Fury
חֵן: Beauty
חִנּוֹ: Beauty~him
חֲנוֹךְ: "Hhanokh [Dedicated]"
חֲנִיכָיו: Experienced~s~him
חִנָּם: Freely
חָנַן: he~did~Show.beauty
חַנַּנִי: he~did~Show.beauty~me
חֶסֶד: Kindness
חָסֶד: Kindness
חַסְדּוֹ: Kindness~him
חַסְדְּךָ: Kindness~you(ms)
חַסְדֵּךְ: Kindness~you(fs)
חָפֵץ: he~did~Delight
חָפְרוּ: they~did~Dig.out
חָפָרוּ: they~did~Dig.out
חָפַרְתִּי: I~did~Dig.out
חִצִּים: Arrow~s
חֲצַרְמָוֶת: "Hhatsarmawet [Yard of death]"
חֶצְרֹן: "Hhetsron [Surrounded by a wall]"
חֹק: Custom
חֻקּוֹתַי: Custom~s~me
חֻקָּם: Custom~them(m)
חֹרֶב: Parching.heat
חָרֶב: Sword
חַרְבּוֹ: Sword~him
חָרְבוּ: they~did~Dry.up
חַרְבְּךָ: Sword~you(ms)
חֲרָדָה: Trembling
חָרָה: he~did~Flare.up
חַרְטֻמֵּי: Magician~s
חֹרִי: "Hhoriy [Cave dweller]"
חָרִישׁ: Plowing
חָרָן: "Hharan [Burning]"
חָרָנָה: "Hharan [Burning]"~unto
חֶרְפָּה: Disgrace
חֶרְפָּתִי: Disgrace~me
חֹרֵשׁ: Scratch~ing(ms)
חֲשָׁבָהּ: he~had~Think~her

חֲשַׁבְתֶּם: you(mp)~had~Think
חֻשִׁים: "Hhush [Making haste]"~s
חָשַׂךְ: he~did~Keep.back
חֲשֵׁכָה: Dark
חָשַׂכְתָּ: you(ms)~did~Keep.back
חֻשָׁם: "Hhusham [Haste]"
חָשְׁקָה: she~did~Attach
חֵת: "Hhet [Shattered]"
חֹתָמְךָ: Signet~you(ms)
חֹתֵן: In-law
חֲתָנָיו: In-law~s~him
חִתַּת: Dread

ט

טֶבַח: "Thevahh [Slaughtering]"
טֹבִים: Functional~s
טַבַּעְתּוֹ: Signet.ring~him
טֹבֹת: Functional~s
טֹבַת: Functional
טְהֹרָה: Pure
טוֹב: Functional
טוּב: Functional
טוֹבָה: Functional
טוֹבַת: Functional
טִמֵּא: he~did~much~Be.unclean
טִמְּאוּ: they~did~much~Be.unclean
טַעֲנוּ: !(mp)~Pack
טַפְּכֶם: Children~you(mp)
טַפָּם: Children~them(m)
טַפֵּנוּ: Children~us
טֶרֶם: Before
טֹרַף: Tear.into.pieces~ed(ms)
טֹרָף: he~did~much.be~Tear.into.pieces
טָרֹף: >~Tear.into.pieces
טָרָף: Prey
טְרֵפָה: Torn

י

יֶאֱהָבַנִי: he~will~Love~me
יֹאכַל: he~will~Eat
יֵאָכֵל: he~will~be~Eat
יֹאכְלוּ: they(m)~will~Eat
יֶאֱמָץ: he~will~Be.strong
יֹאמַר: he~will~Say
יֵאָמֵר: he~will~be~Say
יֵאָמַר: he~will~be~Say
יֵאָסְפוּ: they(m)~will~be~Gather
יֵאָסֵר: he~will~be~Tie.up
יֵאֹתוּ: they(m)~will~Agree
יָבֹא: he~will~Come
יָבֹאוּ: they(m)~will~Come
יָבוֹא: he~will~Come
יָבָל: "Yaval [Watercourse]"
יִבָּצֵר: he~will~be~Fence.in
יַבֹּק: "Yaboq [Emptying]"
יְבָרֵךְ: he~will~much~Kneel
יְבָרֶכְךָ: he~will~much~Kneel~you(ms)
יָבְשָׁה: she~did~Dry.out
יְבֹשֶׁת: >~Dry.out
יָגֻד: he~will~Invade
יִגְדַּל: he~will~Magnify
יִגְדָּל: he~will~Magnify
יְגוּדֶנּוּ: he~will~Invade~us
יִגְוָע: he~will~Expire
יְגִיעַ: Toil
יְגַר שָׂהֲדוּתָא: "Yegar-Sa'haduta [Fear of a witness]"
יַד: Hand
יָד: Hand

יְדַבֵּר: he~will~much~Speak
יְדַבֶּר: he~will~much~Speak
יָדָהּ: Hand~her
יָדוֹ: Hand~him
יָדוֹן: he~will~Moderate
יָדוֹת: Hand~s
יְדֵי: Hand~s2
יָדִי: Hand~me
יָדֶיהָ: Hand~s2~her
יָדָיו: Hand~s2~him
יָדַיִם: Hand~s2
יָדִין: he~will~Moderate
יָדֵינוּ: Hand~s2~us
יָדְךָ: Hand~you(ms)
יָדֵךְ: Hand~you(fs)
יִדְלָף: "Yidlap [He will drip]"
יָדָם: Hand~them(m)
יֹדֵעַ: Know~ing(ms)
יָדֹעַ: >~Know
יָדַע: he~had~Know
יְדָעָהּ: he~had~Know~her
יָדְעוּ: they~did~Know
יֹדְעֵי: Know~ing(mp)
יָדַעְנוּ: we~did~Know
יָדָעְנוּ: we~did~Know
יָדַעְתָּ: you(ms)~did~Know
יָדַעְתִּי: I~will~Know
יָדָעְתִּי: I~did~Know
יְדַעְתִּיו: I~did~Know~him
יְדַעְתֶּם: you(mp)~did~Know
יְדַעְתֶּן: you(fp)~did~Know
יְהוּדָה: "Yehudah [Praised]"
יְהוּדִית: "Yehudit [Praised]"
יְהוִה: "YHWH [He exists]"
יְהוָה: "YHWH [He exists]"
יְהוָה יִרְאֶה: "YHWH-Yireh [YHWH will see]"
יְהִי: he~will~Exist
יִהְיֶה: he~will~Exist
יִהְיוּ: they(m)~will~Exist
יִהְיוּ: they(m)~will~Exist
יַהַרְגֻנִי: they(m)~will~Kill~me
יַהַרְגֵנִי: he~will~Kill~me
יוֹבָב: "Yovav [Howler]"
יוּבָל: "Yuval [Creek]"
יוֹדוּךָ: they(m)~will~make~Throw.the.hand~you(ms)
יִוָּדַע: he~will~be~Know
יוּכַל: he~will~Be.able
יוּכְלוּן: they(m)~will~Be.able
יִוָּלֵד: he~will~be~Bring.forth
יוֹלִיד: he~will~make~Bring.forth
יוֹם: Day
יוּמָת: he~will~make.be~Die
יָוָן: "Yawan [Wine]"
יוֹסֵף: "Yoseph [Adding]"
יוֹרֵשׁ: Inherit~ing(ms)
יוֹשֵׁב: Settle~ing(ms)
יִזְבְּלֵנִי: he~will~Reside~me
יָזְמוּ: they(m)~will~Plot
יַחְדָּו: Together
יְחִידְךָ: Solitary~you(ms)
יְחִידֶךָ: Solitary~you(ms)
יִחְיֶה: he~will~Live
יְחַיּוּ: they(m)~will~much~Live
יְחַלֵּק: he~will~Apportion
יַחֵם: >~much~Heat
יָחְנְךָ: he~will~Show.beauty~you(ms)
יַחְסְרוּן: they(m)~will~Diminish
יַחְצְאֵל: "Yahhtse'el [El divides]"
יִחַר: he~will~Flare.up
יְטוּר: "Yethur [He rows]"

יִטְרָף: he~will~Tear.into.pieces
יִיטַב: he~will~Do.well
יַיִן: Wine
יָיִן: Wine
יִירַשׁ: he~will~Inherit
יִירָשְׁךָ: he~will~Inherit~you(ms)
יִירָשֶׁךָ: he~will~Inherit~you(ms)
יָכֹל: he~did~Be.able
יִכְלֶה: he~will~Restrict
יָכְלָה: she~did~Be.able
יָכְלוּ: they~did~Be.able
יָכֹלְתִּי: I~did~Be.able
יִכָּרֵת: he~will~be~Cut
יֻלַּד: he~had~much.be~Bring.forth
יָלַד: he~had~Bring.forth
יֻלְּדָה: she~did~be~Bring.forth
יָלְדָה: she~had~Bring.forth
יֻלְּדוּ: they~did~much~Bring.forth
יָלָדוּ: they~did~Bring.forth
יְלָדַי: Boy~s~me
יַלְדֵיהֶן: Boy~s~them(f)
יְלָדָיו: Boy~s~him
יֹלֶדֶת: Bring.forth~ing(fs)
יָלַדְתִּי: I~did~Bring.forth
יִלָּוֶה: he~will~be~Join
יְלִיד: Born
יְלִידֵי: Born~s
יָם: Sea
יָמָּה: Sea~unto
יְמוּאֵל: "Yemu'el [Day of El]"
יִמּוֹל: he~will~be~Circumcise
יָמוּת: he~will~Die
יְמֵי: Day~s
יָמָי: Day~s~me
יָמֶיהָ: Day~s~her
יָמָיו: Day~s~him
יַמִּים: Sea~s
יָמִים: Day~s
יָמִין: Right.hand
יְמִינוֹ: Right.hand~him
יְמִינְךָ: Right.hand~you(ms)
יִמְלְאוּ: they(m)~will~Fill
יִמָּנֶה: he~will~be~Reckon
יִמְנָה: "Yimnah [Right]"
יִמָּצֵא: he~will~be~Find
יִמְצָא: he~will~Find
יִמָּצְאוּן: they(m)~will~be~Find
יִמְשָׁל: he~will~Regulate
יְמֻשֵּׁנִי: he~will~Feel~me
יְנַחֲמֵנוּ: he~will~much~Comfort~us
יְנַחֵשׁ: he~will~much~Divine
יָסוּר: he~will~Turn.aside
יִסְכָּה: "Yiskah [He covers]"
יֹסֵף: he~will~make~Add
יָסַף: he~did~Add
יָסְפָה: she~did~Add
יִסָּפֵר: he~will~be~Count
יַעֲבֹד: he~will~Serve
יַעֲבֹדוּ: they(m)~will~Serve
יַעַבְדוּךָ: they(m)~will~Serve~you(ms)
יַעֲבָר: he~will~Cross.over
יְעוֹפֵף: he~will~much~Fly
יְעוּשׁ: (Qere) "Ye'ush [He will assemble]"
יַעֲזָב: he~will~Leave
יעיש: (Ketiv) "Ye'ush [He will assemble]"
יַעַל: he~will~Go.up
יַעֲלֶה: he~will~Go.up

יַעְלָם: "Yalam [He is concealed]"
יַעַן: Seeing.as
יַעֲנֶה: he~will~Answer
יַעֲקֹב: "Ya'aqov [He restrains]"
יֵעָשֶׂה: he~will~be~Do
יַעֲשֶׂה: he~will~Do
יֵעָשׂוּ: they~did~be~Do
יִפְגָּשְׁךָ: he~will~Encounter~you(ms)
יְפֵה: Beautiful
יָפָה: Beautiful
יְפוֹת: Beautiful~s
יִפְקֹד: he~will~Visit
יִפָּרֵד: he~will~be~Divide.apart
יִפָּרֵדוּ: they~will~be~Divide.apart
יְפֹת: Beautiful~s
יְפַת: Beautiful
יֶפֶת: "Yaphet [Wonder]"
יַפְתְּ: he~will~make~Spread.wide
יָפֶת: "Yaphet [Wonder]"
יֹצֵא: Go.out~ing(ms)
יֵצֵא: he~will~Go.out
יָצֹא: >~Go.out
יָצָא: he~did~Go.out
יֵצְאוּ: they(m)~will~Go.out
יֵצֵאוּ: they(m)~will~Go.out
יָצְאוּ: they~did~Go.out
יֹצְאֵי: Go.out~ing(mp)
יֹצְאֹת: Go.out~ing(fp)
יֹצֵאת: Go.out~ing(fs)
יָצָאתָ: you(ms)~did~Go.out
יָצוֹא: >~Go.out
יְצַוֶּה: he~will~much~Direct
יְצוּעִי: Couch~me
יְצַחֵק: he~will~Laugh
יִצְחָק: "Yits'hhaq [He laughs]"
יִצְמַח: he~will~Spring.up
יִצֶף: he~will~Keep.watch
יֵצֶר: Thought
יָצַר: he~did~Mold
יִקְּהַת: Obedience
יִקָּווּ: he~will~be~Bound.up
יֻקַּח: he~will~much.be~Take
יִקְחוּ: they(m)~will~Take
יָקְטָן: "Yaqthan [He is small]"
יְקִימֶנּוּ: he~will~make~Rise~him
יֻקַּם: he~will~make.be~Avenge
יֻקָּם: he~will~make.be~Avenge
יָקֻם: he~will~Rise
יִקְרָא: he~will~Call.out
יִקָּרֵא: he~will~be~Call.out
יִקְרָא: he~will~Call.out
יִקָּרְאוּ: they(m)~will~be~Call.out
יִקְרָאֵנוּ: he~will~Meet~us
יִקְרַב: he~will~Come.near
יִקְרְבוּ: they(m)~will~Come.near
יָקְשָׁן: "Yaq'shan [Snarer]"
יְרֵא: Fearful
יֵרֶא: he~will~See
יָרֵא: he~did~Fear
יִרְאֶה: he~will~See
יֵרָאֶה: he~will~be~See
יָרְאָה: she~did~Fear
יִרְאוּ: they(m)~will~See
יִרְאַת: Fearfulness
יָרֵאתִי: I~did~Fear
יָרֵב: he~did~Increase
יֵרֵד: he~will~Go.down
יֶרֶד: "Yared [Descend]"

יָרֹד: >~Go.down
יָרֶד: "Yared [Descend]"
יָרַדְנוּ: we~did~Go.down
יָרַח: "Yerahh [Moon]"
יָרִים: he~will~make~Raise
יָרִיתִי: I~did~Throw
יֶרֶךְ: Midsection
יְרֵכוֹ: Midsection~him
יְרֵכִי: Midsection~me
יֵרַע: he~will~Be.dysfunctional
יֶרֶק: Green
יֵשׁ: There.is
יֶשׁ: There.is
יִשָּׂא: he~will~Lift.up
יֹשֵׁב: Settle~ing(ms)
יֵשֶׁב: he~will~Settle
יָשַׁב: he~had~Settle
יֵשְׁבוּ: they(m)~will~Settle
יֹשְׁבֵי: Settle~ing(mp)
יִשְׁבָּק: "Yish'baq [He will leave alone]"
יִשְׁבֹּתוּ: they(m)~will~Cease
יָשׁוּבוּ: they(m)~will~Turn.back
יְשׁוּפְךָ: he~will~Fall.upon~you(ms)
יִשְׂטְמֵנוּ: he~will~Hold.a.grudge~us
יָשִׁיב: he~will~make~Turn.back
יָשִׂים: he~will~Set.in.place
יָשִׁית: he~will~Set.down
יֶשְׁךָ: There.is~you(ms)
יִשְׁכַּב: he~will~Lay.down
יִשְׁכָּבוּ: they(m)~will~Lay.down
יֶשְׁכֶם: There.is~you(mp)
יִשְׁכֹּן: he~will~Dwell
יִשְׁלַח: he~will~Send
יְשִׂמְךָ: he~will~Set.in.place~you(ms)
יִשְׁמָעֵאל: "Yishma'el [El will listen]"
יִשְׁמְעֵאלִים: "Yishma'el [El will listen]"~s
יִשְׁמְעוּ: they(m)~will~Hear
יִשְׁפֹּט: he~will~Judge
יִשְׁפְּטוּ: they(m)~will~Judge
יִשָּׁפֵךְ: he~will~be~Pour.out
יִשַּׁק: he~will~Kiss
יַשְׁקוּ: they(m)~will~Drink
יִשְׂרָאֵל: "Yisra'el [He turns El]"
יִשְׁרְצוּ: they(m)~will~Swarm
יִשָּׂשכָר: "Yis'sas'kar [He will lift up the wage]"
יִשְׁתֶּה: he~will~Gulp
יִשְׁתַּחֲווּ: they(m)~will~self~Bend.down
יִתְבֹּשָׁשׁוּ: they(m)~will~self~Ashamed
יִתֵּן: he~will~Give
יִתְּנוּ: they(m)~will~Give
יִתְּנֶנָּה: he~will~Give~her
יֶתֶר: Remainder
יְתֵת: "Yetet [Nail]"

כ

כֹּאֲבִים: Be.in.misery~ing(mp)
כְּאַדֶּרֶת: like~Robe
כְּאַחַד: like~Unit
כְּאֶחָיו: like~Brother~him
כָּאֵלֶּה: like~These
כֵּאלֹהִים: like~"Elohiym [Powers]"
כְּאֶפְרַיִם: like~"Ephrayim [Double fruitfulness]"
כְּאַרְיֵה: like~Lion

כְּאֶרֶץ: like~Land
כַּאֲשֶׁר: like~Which
כְּבֹאִי: like~>~Come~me
כָּבֵד: Heavy
כָּבֵד: Heavy
כָּבְדָה: she~had~Be.heavy
כָּבְדוּ: they~did~Be.heavy
כְּבֹדִי: Honor~me
כְּבוֹא: like~>~Come
כְּבוֹדִי: Honor~me
כִּבְכֹרָתוֹ: like~Birthright~him
כִּבֵּס: he~did~much~Tread.upon
כְּבִרְכָתוֹ: like~Present~him
כִּבְרַת: Short
כִּבְשֹׂת: Ewe.lamb
כִּבְשֹׂת: Ewe.lamb
כְּגַן: like~Garden
כִּדְבַר: like~Word
כַּדָּבָר: like~the~Word
כְּדַבְּרָהּ: like~>~much~Speak~her
כְּדִבְרֵיכֶם: like~Word~s~you(mp)
כַּדְּבָרִים: like~the~Word~s
כִּדְבָרֶךָ: like~Word~you(ms)
כַּדָּהּ: Jar~her
כַּדָּהּ: Jar~her
כַּדֵּךְ: Jar~you(fs)
כִּדְמוּתֵנוּ: like~Likeness~us
כְּדֶרֶךְ: like~Road
כְּדָרְלָעֹמֶר: "Kedarla'omer [Attack for sheaves]"
כְּדָרְלָעֹמֶר: "Kedarla'omer [Attack for sheaves]"
כֹּה: In.this.way
כְּהוֹצִיאָם: like~>~make~Go.out~them(m)
כְּהַיּוֹם: like~the~Day
כֹּהֵן: To
כֹּהֵן: Priest
כָּהֵנָּה: like~They(f)
כַּהֲרִימִי: like~>~make~Raise~me
כּוֹכָבִים: Star~s
כּוֹס: Cup
כוֹס: Cup
כּוּשׁ: "Kush [Black]"
כוּשׁ: "Kush [Black]"
כְּזֹאת: like~This
כָּזֶה: like~This
כֹּחָהּ: Strength~her
כְּחוֹל: like~Sand
כֹּחִי: Strength~me
כַּחֲלֹמוֹ: like~Dream~him
כְּחֹם: like~Hot
כַּחֶסֶד: like~the~Kindness
כַּטּוֹב: like~the~Functional
כִּי: Given.that
כִּידֵי: like~Hand~s2
כַּיּוֹם: like~the~Day
כַיּוֹם: like~the~Day
כְּיָמִים: like~Day~s
כְּיֶרֶק: like~Green
כְּכוֹכְבֵי: like~Star~s
כְּכֹל: like~All
כִּכַּר: Roundness
כֹל: All
כֹּל: All
כָּל: All
כָל: All
כִּלָּה: he~did~much~Finish
כָּלָה: Completion
כֻּלָּהּ: All~her
כֻּלּוֹ: All~him
כִּלּוּ: they~did~much~Finish
כָּלַח: "Kalahh [Old age]"
כְּלֵי: Instrument~s

כֵּלַי: Instrument~me
כְּלֵיהֶם: Instrument~them(m)
כֵּלֶיךָ: Instrument~you(ms)
כְּלֵיכֶם: Instrument~s~you(mp)
כֻּלָּם: All~them(m)
כֻּלָּנָה: All~them(f)
כֻּלָּנוּ: All~us
כַּלָּתוֹ: Daughter-in-law~him
כַלָּתוֹ: Daughter-in-law~him
כַּלָּתֶךָ: Daughter-in-law~you(ms)
כַּמָּה: like~What
כָּמוֹךָ: like~That.one~you(ms)
כָּמוֹךָ: like~That.one~you(ms)
כִּמְטַחֲוֵי: like~much~Hurl~ing(mp)
כַּמַּיִם: like~Water~s2
כָּמֹנוּ: like~That.one~us
כָּמֹנִי: like~That.one~me
כִּמְעַט: like~Small.amount
כִּמְצַחֵק: like~much~Laugh~ing(ms)
כִּמְרַגְּלִים: like~much~Tread.about~ing(mp)
כְּמֵשִׁיב: like~make~Turn.back~ing(ms)
כִּמְשְׁלֹשׁ: like~from~Three
כַּמִּשְׁפָּט: like~the~Judgement
כִּמְתַעְתֵּעַ: like~much~Imitate~ing(ms)
כֵּן: So
כֵּן: So
כֵן: So
כְּנֶגְדּוֹ: like~Opposite~him
כִּנּוֹר: Harp
כַּנִּי: Base~me
כֵּנִים: Base~s
כֵנִים: Base~s

כַּנֶּךָ: Base~you(ms)
כְּנִמְרֹד: like~"Nimrod [Rebellion]"
כְּנַעַן: "Kena'an [Lowered]"
כְּנָעַן: "Kena'an [Lowered]"
כְנַעַן: "Kena'an [Lowered]"
כְנָעַן: "Kena'an [Lowered]"
כְּנַעֲנִי: "Kena'an [Lowered]"~of
כָּנָף: Wing
כַּנָּשִׁים: like~the~Woman~s
כְּסוּת: Raiment
כַּסְלֻחִים: "Kasluhh [Fortified]"~s
כֶּסֶף: Silver
כָּסֶף: Silver
כֶסֶף: Silver
כַּסְפּוֹ: Silver~him
כַּסְפִּי: Silver~me
כַּסְפֵּיהֶם: Silver~s~them(m)
כַּסְפֶּךָ: Silver~you(ms)
כַּסְפְּכֶם: Silver~you(mp)
כַּסְפֵּנוּ: Silver~us
כִּסְּתָה: she~did~much~Conceal
כַּעֲפַר: like~Powder
כָּעֵת: like~the~Appointed.time
כַּף: Palm
כַּפַּי: Palm~s2~me
כְּפֹרַחַת: like~Burst.out~ing(fs)
כְּפַרְעֹה: like~"Paroh [Great house]"
כְּפִתְרוֹן: like~Interpretation
כַּפְתֹּרִים: "Kaphtor [Knob]"~s
כַּצַּדִּיק: like~the~Correct
כְּצַלְמוֹ: like~Image~him
כִּצְעִרָתוֹ: like~Youthfulness~him
כְּקִיטֹר: like~Smoldering

כִּרְאוּבֵן: like~"Re'uven [See a son]"
כִּרְאוֹתָהּ: like~>~See~her
כִּרְאוֹתוֹ: like~>~See~him
כִּרְאֹת: like~>~See
כְּרֵיחַ: like~Aroma
כָּרִיתִי: I~did~Dig
כֶּרֶם: Vineyard
כָּרַע: he~did~Stoop
כָּרָשָׁע: like~the~Lost
כָּרַת: he~did~Cut
כִּשְׁבֻיוֹת: like~Capture~ed(fp)
כֶּשֶׂד: "Kesad [Clod breaker]"
כַּשְׂדִּים: "Kesad [Clod breaker]"~s
כְּשֵׁם: like~Title
כִּשְׁמֹעַ: like~>~Hear
כִשְׁמֹעַ: like~>~Hear
כְּשָׁמְעוֹ: like~>~Hear~him
כְּשָׁמְעָם: like~>~Hear~them(m)
כַּשֵּׁמֹת: like~Title~s
כִּתִּים: "Kit [Bruiser]"~s
כִּתְמוֹל: like~Yesterday
כִּתְמֹל: like~Yesterday
כָּתְנוֹת: Tunic~s
כְּתֹנֶת: Tunic
כֻּתָּנְתּוֹ: Tunic~him

ל

לֹא: Not
לֹא: Not
לְאַב: to~Father
לְאָב: to~Father
לְאָבִי: to~Father~me
לְאָבִיהָ: to~Father~her
לְאָבִיו: to~Father~him
לְאָבִיךָ: to~Father~you(ms)
לַאֲבִימֶלֶךְ: to~"Aviymelekh [My father is king]"
לְאָבִינוּ: to~Father~us
לְאָבֶן: to~Stone
לְאַבְרָהָם: to~"Avraham [Father lifted]"
לְאַבְרָם: to~"Avram [Father raised]"
לְאָדוֹן: to~Lord
לְאָדָם: to~Human
לַאדֹנִי: to~Lord~me
לַאדֹנָי: to~"Adonai [My lords]"
לַאֲדֹנֵיהֶם: to~Lord~s~them(m)
לֵאָה: "Le'ah [Weary]"
לְאוֹנָן: to~"Onan [Strong]"
לָאוֹר: to~Light
לְאוֹת: to~Sign
לַאֲחֻזַּת: to~Holdings
לְאָחִיהָ: to~Brother~her
לְאֶחָיו: to~Brother~s~him
לְאָחִיו: to~Brother~him
לְאַחֶיךָ: to~Brother~s~you(ms)
לְאָחִיךְ: to~Brother~you(fs)
לְאָחִיךָ: to~Brother~you(ms)
לְאִטִּי: to~Gentle~me
לְאִישׁ: to~Man
לָאִישׁ: to~the~Man
לְאִישָׁהּ: to~Man~her
לְאִישִׁי: to~Man~me
לֶאֱכֹל: to~>~Eat
לֶאֱכָל: to~>~Eat
לְאָכְלָה: to~Food
לְאֵל: Mighty.one
לָאֵל: to~Mighty.one
לָאֵלֶּה: to~These
לֵאלֹהֵי: to~Power~s

לֵאלֹהִים: to~"Elohiym [Powers]"
לֶאֱלִיפַז: to~"Eliphaz [My El is pure gold]"
לַאֲלֻמָּתִי: to~Sheaf~me
לַאֲלָפֵי: to~Thousand~s
לְאַלֻּפֵיהֶם: to~Chief~s~them(m)
לְאִמּוֹ: to~Mother~him
לֵאמוֹר: to~>~Say
לְאֻמִּים: Community~s
לֵאמֹר: to~>~Say
לְאֻמֹּתָם: to~Tribe~s~them(m)
לְאַנְשֵׁי: to~Man~s
לָאֲנָשִׁים: to~the~Man~s
לְאַפָּיו: to~Nose~s~him
לְאֶפְרַיִם: to~"Ephrayim [Double fruitfulness]"
לְאַרְבָּעָה: to~Four
לְאָרְכָּהּ: to~Length~her
לָאָרֶץ: to~the~Land
לְאַרְצְךָ: to~Land~you(ms)
לְאִשָּׁה: to~Woman
לָאִשָּׁה: to~Woman
לַאֲשֶׁר: to~Which
לְאִשְׁתּוֹ: to~Woman~him
לְאֹתֹת: to~Sign~s
לֵב: Heart
לָבֹא: to~>~Come
לַבְּאֵר: to~the~Well
לְבָבִי: Mind~me
לְבָבְךָ: Mind~you(ms)
לְבַדְּהֶן: to~Separated.thing~them(f)
לְבַדּוֹ: to~Separated.thing~him
לְבַדָּם: to~Separated.thing~them(m)
לְבַדָּנָה: to~Separated.thing~them(f)
לִבּוֹ: Heart~him
לָבוֹא: to~>~Come
לָבוּז: to~Despise
לִבִּי: Heart~me
לְבֵית: to~House
לְבֵית אֵל: to~"Beyt-El [House of El]"
לְבֵיתִי: to~House~me
לִבְכּוֹת: to~>~Weep
לִבְּכֶם: Heart~you(mp)
לְבִלְתִּי: to~Except
לִבָּם: Heart~them(m)
לְבֶן: to~Son
לָבָן: "Lavan [White]"
לִבְנֶה: Poplar
לִבְנוֹ: to~Son~him
לְבָנוֹת: White~s
לְבָנַי: to~Son~s~me
לִבְנִי: to~Son~me
לִבְנֵי: to~Son~s
לִבְנֵיהֶן: to~Son~s~them(f)
לְבָנָיו: to~Son~s~him
לְבֵנִים: Brick~s
לִבְנֹת: to~>~Build
לִבְרֹחַ: to~>~Flee.away
לִבְרִית: to~Covenant
לְבָרֵךְ: to~>~much~Kneel
לְבֻשׁוֹ: Clothing~him
לְבָשָׂר: to~Flesh
לִבְתוּאֵל: to~"Betu'el [Destruction of El]"
לְגוֹי: to~Nation
לְגוֹיֵהֶם: to~Nation~s~them(m)
לְגוֹיִם: to~Nation~s
לָגוּר: to~>~Sojourn
לָגֹז: to~>~Shear
לִגְזֹז: to~>~Shear
לִגְמַלֶּיךָ: to~Camel~s~you(ms)

לַגְּמַלִּים: to~the~Camel~s
לְגַן: to~Garden
לַגֶּפֶן: to~Grapevine
לְדַבֵּר: to~>>~Speak
לַדָּבָר: to~the~Word
לְדַמֶּשֶׂק: to~"Dameseq [Blood sack]"
לָדַעַת: to~>>~Discernment
לְדַעְתָּהּ: to~>>~Know~her
לַדֶּרֶךְ: to~the~Road
לְדַרְכּוֹ: to~Road~him
לְדַרְכְּכֶם: to~Road~you(mp)
לִדְרֹשׁ: to~>>~Seek
לְדֹרֹת: to~Generation~s
לְדֹרֹתֵיכֶם: to~Generation~s~you(mp)
לְדֹרֹתָם: to~Generation~s~them(m)
לְדִתָּהּ: >~Know~her
לָהּ: to~her
לְהָאִיר: to~>>~make~Glow
לְהַבְאִישֵׁנִי: to~>>~make~Stink~me
לְהַבְדִּיל: to~>>~make~Separate
לְהָבִיא: to~>>~make~Come
לְהָבִים: "Lehav [Flame]"~s
לְהַגִּיד: to~>>~make~Be.face.to.face
לְהוֹרִיד: to~>>~make~Go.down
לְהוֹרֹת: to~>>~make~Throw
לְהַחֲיוֹת: to~>>~make~Live
לְהַחֲיֹת: to~>>~make~Live
לַהַט: Blazing
לִהְיוֹת: to~>>~Exist
לְהַכּוֹת: to~>>~Hit
לָהֶם: to~them(m)
לְהִמּוֹל: to~>>~be~Circumcise
לְהָמִית: to~>>~make~Die
לַהֲמִיתוֹ: to~>>~make~Die~him
לְהִמֹּל: to~>>~be~Circumcise
לְהִמָּלֵט: to~>>~make~Slip.away
לָהֶן: to~them(f)
לְהָסִיר: to~>>~make~Turn.aside
לְהָרְגֶךָ: to~>>~Kill~you(ms)
לְהָרַע: to~>>~make~Be.dysfunctional
לַהֲשִׁיבוֹ: to~>>~make~Turn.back~him
לְהַשְׂכִּיל: to~>>~make~Calculate
לְהַשְׁקוֹת: to~>>~make~Drink
לְהַשְׁקֹתוֹ: to~>>~make~Drink~him
לְהִשְׁתַּחֲוֹת: to~>>~self~Bend.down
לְהִתְאַפֵּק: to~>>~self~Hold.back
לְהִתְגֹּלֵל: to~>>~self~Roll
לְהִתְנַחֵם: to~>>~self~Comfort
לֹו: to~him
לוֹ: to~him
לוּ: Would.that
לוֹא: Not
לוּדִים: "Lud [Birth]"~s
לוּז: "Luz [Almond]"
לוּזָה: "Luz [Almond]"~unto
לוֹט: "Loth [Covering]"
לוֹטָן: "Lothan [Covering]"
לֵוִי: "Lewi [Joined]"
לוּלֵא: Unless
לוּלֵי: Unless
לוּשִׁי: !(fs)~Knead
לְזֹאת: to~This
לְזוֹנָה: to~Be.a.whore~ing(fs)

לִזְכֹּר: to~>~Remember

לִזְנוּנִים: to~Prostitution~s

לִזְקֻנָיו: to~Extreme.old.age~s~him

לְזֶרַע: to~Seed

לְזַרְעוֹ: to~Seed~him

לְזַרְעֲךָ: to~Seed~you(ms)

לַח: Moist

לְחַבֻּרָתִי: to~Striped.bruise~me

לַחֹדֶשׁ: to~the~New.moon

לְחוֹף: to~Shore

לְחַיּוֹת: to~>~much~Live

לְחַיֵּי: to~Life~s

לֶחֶם: Bread

לָחֶם: Bread

לַחְמוֹ: Bread~him

לַחֹמֶר: to~Mortar

לַחֲמֹרוֹ: to~Donkey~him

לַחֲמֹרֵיהֶם: to~Donkey~s~them(m)

לַחֹמֶשׁ: to~the~Fifth.part

לַחֲנוֹךְ: to~"Hhanokh [Dedicated]"

לַחֲנֹט: to~>~Ripen

לְחֹק: to~Custom

לְטֹבָה: to~Functional

לְטַפְּכֶם: to~Children~you(mp)

לֹטֵשׁ: Sharpen~ing(ms)

לִּי: to~me

לִי: to~me

לַיַּבָּשָׁה: to~Dry.ground

לִיהוּדָה: to~"Yehudah [Praised]"

לַיהוָה: to~"YHWH [He exists]"

לְיוֹסֵף: to~"Yoseph [Adding]"

לְיַחְמֵנָּה: to~>~much~Heat~her

לַיְלָה: Night

לָיְלָה: Night

לְיָמִים: to~Day~s

לְיַעֲקֹב: to~"Ya'aqov [He restrains]"

לְיֶפֶת: to~"Yaphet [Wonder]"

לְיִצְחָק: to~"Yits'hhaq [He laughs]"

לִישׁוּעָתְךָ: to~Rescue~you(ms)

לַיִּשְׁמְעֵאלִים: to~"Yishma'el [El will listen]"~s

לְיִשְׂרָאֵל: to~"Yisra'el [He turns El]"

לְּךָ: to~you(ms)

לָּךְ: to~you(fs)

לְךָ: to~you(ms)

לֵךְ: !(ms)~Walk

לֶךְ: !(ms)~Walk

לָךְ: to~you(fs)

לְכָה: Walk

לַכֹּהֲנִים: to~the~Priest~s

לְכוּ: !(mp)~Walk

לְכֹל: to~All

לְכָל: to~All

לְכֻלָּם: to~All~them(m)

לָכֶם: to~you(mp)

לָכֵן: to~So

לְכַף: to~Palm

לְלֵאָה: to~"Le'ah [Weary]"

לְלָבָן: to~"Lavan [White]"

לִלְבֹּשׁ: to~>~Clothe

לָלֶדֶת: to~>~Bring.forth

לְלוֹט: to~"Loth [Covering]"

לָלוּן: to~>~Stay.the.night

לַלָּחֶם: to~Bread

לָלִין: to~>~Stay.the.night

לָלֶכֶת: to~>~Walk

לִלְשֹׁנוֹ: to~Tongue~him

לִלְשֹׁנֹתָם: to~Tongue~s~them(m)

לִמְאוֹרֹת: to~Luminary~s
לְמַאֲכָל: to~Nourishment
לַמַּבּוּל: to~Flood
לְמִגְדַּל עֵדֶר: to~"Migdal-Eyder [Tower of the flock]"
לָמָּה: to~What
לָמָה: to~What
לָמוֹ: to~That.one
לַמּוֹעֵד: to~the~Appointed
לָמוּת: to~>~Die
לְמִחְיָה: to~Reviving
לְמִי: to~Who
לָמָיִם: to~Water~s2
לְמִינָהּ: to~Kind~her
לְמִינֵהוּ: to~Kind~him
לְמִינֵהֶם: to~Kind~them(m)
לְמִינוֹ: to~Kind~him
לֶמֶךְ: "Lamekh [Powerful]"
לָמֶךְ: "Lamekh [Powerful]"
לְמֶלֶךְ: to~King
לְמֶמְשֶׁלֶת: to~Regulation
לִמְנוֹת: to~>~Reckon
לְמַס: to~Task.work
לְמַסָּעָיו: to~Breaking.camp~s~him
לְמַעַן: to~That
לִמְצֹא: to~>~Find
לְמִצְרַיִם: to~"Mitsrayim [Troubles]"
לְמִצְרָיִם: to~"Mitsrayim [Troubles]"
לַמָּקוֹם: to~the~Place
לִמְקֹמָהּ: to~Place~her
לִמְקֹמוֹ: to~Place~him
לִמְקֹמֹתָם: to~Place~s~them(m)
לְמִקְנָה: to~Livestock
לְמַרְאֶה: to~Appearance
לְמֹשְׁבֹתָם: to~Settling~s~them(m)
לְמִשְׁפְּחֹתֵיהֶם: to~Family~them(m)
לְמִשְׁפְּחֹתָם: to~Family~s~them(m)
לָן: he~did~Stay.the.night
לְנֶגְדֶּךָ: to~Be.face.to.face~you(ms)
לִנְגֹּעַ: to~>~Touch
לָּנוּ: to~us
לָנוּ: to~us
לָנוּס: to~>~Flee
לְנֹחַ: to~"No'ahh [Rest]"
לְנָחוֹר: to~"Nahhor [Snorting]"
לְנַחֲמוֹ: to~>~much~Comfort~him
לְנֹכַח: to~In.front
לַנַּעֲרָ: to~Young.woman
לְנֶפֶשׁ: to~Being
לְנַפְשֹׁתֵיכֶם: to~Being~s~you(mp)
לְנָשָׁיו: to~Woman~s~him
לְנָשִׁים: to~Woman~s
לְנַשֵּׁק: to~>~much~Kiss
לִסְבֹּל: to~>~Carry
לַסֹּחֵר: to~the~Trade~ing(ms)
לִסְפֹּד: to~>~Lament
לִסְפֹּר: to~>~Count
לַעֲבֹד: to~>~Serve
לְעָבְדָהּ: to~>~Serve~her
לַעֲבָדֶיךָ: to~Servant~s~you(ms)
לַעֲבָדִים: to~the~Servant~s
לְעַבְדְּךָ: to~Servant~you(ms)
לְעֵד: to~Witness
לְעֵדָה: to~Company
לַעֲזֹב: to~>~Leave

לְעֵינֵי: to~Eye~s2
לְעֵינֵיהֶם: to~Eye~s2~them(m)
לְעֵינֶיךָ: to~Eye~s2~you(ms)
לָעֵינָיִם: to~Eye~s2
לָעִיר: to~the~City
לְעֹלָה: to~Rising
לְעֹלָם: to~Distant.time
לְעָם: to~People
לְעַם: to~People
לַעֲנוֹת: to~>~Answer
לְעֶפְרֹן: to~"Ephron [Powdery]"
לָעֵצִים: to~the~Tree~s
לְעֵר: to~"Eyr [Awake]"
לֶעָרִים: to~City~s
לְעֵשָׂו: to~"Esav [Doing]"
לַעֲשׂוֹת: to~>~Do
לַעֲשֹׂתוֹ: to~>~Do~him
לְעֵת: to~Appointed.time
לְפוֹטִיפַר: to~"Potiphar [Belonging to the sun]"
לְפִי: to~Mouth
לִפְלֵיטָה: to~Escape
לִפְנוֹת: to~>~Turn
לְפָנַי: to~Face~s~me
לְפָנָי: to~Face~s~me
לִפְנֵי: to~Face~s
לִפְנֵיהֶם: to~Face~s~them(m)
לְפָנָיו: to~Face~s~him
לְפָנֶיךָ: to~Face~s~you(ms)
לִפְנֵיכֶם: to~Face~s~you(mp)
לְפִצְעִי: to~Bruise~me
לְפִקָּדוֹן: to~Deposited
לְפַרְעֹה: to~"Paroh [Great house]"
לְפֶשַׁע: to~>~Revolution
לַפֶּתַח: to~Opening
לִפְתֹּר: to~>~Interpret
לַצֹּאן: to~the~Flocks
לְצִבְעוֹן: to~"Tsiv'ghon [Colored]"
לָצוּד: to~>~Hunt
לְצַוֹּת: to~>~much~Direct
לְצַחֶק: to~>~much~Laugh
לִקְבֹּר: to~>~Bury
לִקְהַל: to~Assembled.flock
לְקוֹל: to~Voice
לָקוּם: to~>~Rise
לֹקֵחַ: Take~ing(ms)
לֻקַּח: he~did~be~Take
לָקַח: he~did~Take
לָקָח: he~did~Take
לֻקְחָה: she~did~much.be~Take
לָקְחָה: she~had~Take
לָקְחוּ: they~will~Take
לָקְחוּ: they~did~Take
לֹקְחֵי: Take~ing(mp)
לְקָחַנִי: he~did~Take~me
לֻקָּחְתָּ: you(ms)~did~be~Take
לָקַחְתָּ: you(ms)~did~Take
לָקַחַת: to~>~Take
לָקַחְתִּי: I~did~Take
לִקְטוּ: !(mp)~Pick.up
לְקַיִן: to~"Qayin [Acquired]"
לְקַלֵּל: to~>~much~Be.insubstantial
לִקְמָצִים: to~Handful~s
לִקְרֹא: to~>~Call.out
לִקְרָאת: to~>~Meet
לִקְרָאתָהּ: to~>~Meet~her
לִקְרָאתוֹ: to~>~Meet~him
לִקְרָאתֶךָ: to~>~Meet~you(ms)
לִקְרָאתָם: to~>~Meet~them(m)
לִקְרָאתֵנוּ: to~>~Meet~us
לִרְאוֹת: to~>~See

לְרֹאשׁ: to~Head
לָרִאשֹׁנָה: to~the~First
לִרְאֹת: to~>~See
לָרֹב: to~>~Increase.in.number
לְרִבְקָה: to~"Rivqah [Ensnarer]"
לְרֶגֶל: to~Foot
לְרַגְלִי: to~Foot~me
לָרֶדֶת: to~>~Go.down
לְרוּחַ: to~Wind
לְרָחֵל: to~"Rahhel [Ewe]"
לִרְחֹץ: to~>~Wash
לָרַע: to~the~Dysfunctional
לְרָעָה: to~Dysfunctional
לִרְעוֹת: to~>~Feed
לָרָקִיעַ: to~Sheet
לְרִשְׁתָּהּ: to~>~Inherit~her
לְרִשְׁתְּךָ: to~>~Inherit~you(ms)
לִשְׁאֹב: to~>~Draw.water
לָשֵׂאת: to~>~Lift.up
לְשֶׁבַע: to~Seven
לְשִׁבְעַת: to~Seven
לִשְׁבֹּר: to~Burst
לִשְׁבָּר: to~>~Exchange
לְשֶׁבֶת: to~>~Settle
לָשֶׁבֶת: to~>~Settle
לָשׂוּחַ: to~Meditate
לָשׂוּם: to~>~Set.in.place
לִשְׁחֹט: to~>~Slay
לְשַׁחֵת: to~>~much~Damage
לְשַׁחֲתָהּ: to~>~Damage~her
לִשְׁכַּב: to~>~Lay.down
לְשֵׁלָה: to~"Sheylah [Petition]"
לְשָׁלוֹם: to~Completeness
לְשַׁלְּחָם: to~>~much~Send~them(m)
לְשָׁלֹם: to~Completeness
לִשְׁמִי: to~Title~me
לִשְׁמֹר: to~>~Guard
לִשְׁנֵי: to~Two
לָשַׁע: "Lesha [Fissure]"
לְשִׁפְחָה: to~Maid
לְשַׂר: to~Noble
לְשָׂרָה: to~"Sarah [Noblewoman]"
לִשְׂרֵפָה: to~Cremating
לִשְׁתּוֹת: to~>~Gulp
לִשְׁתֹּת: to~>~Gulp
לַתֵּבָה: to~the~Vessel
לְתוֹלְדֹתָם: to~Birthing~s~them(m)
לְתָמָר: to~"Tamar [Palm tree]"
לָתֵת: to~>~Give
לָתֶת: to~>~Give

מ

מֵאֲבִיהֶן: from~Father~them(f)
מֵאָבִינוּ: from~Father~us
מֵאַבְנֵי: from~Stone~s
מֵאַבְרָהָם: from~"Avraham [Father lifted]"
מְאֹד: Many
מֵאָדָם: from~Human
מֵאֲדֹנִי: from~Lord~me
מֵאָה: Hundred
מֵאֹהֶל: from~Tent
מְאוּמָה: Nothing
מֵאוּר: from~"Ur [Light]"
מֵאוֹת: Hundred~s
מֵאָז: from~At.that.time
מֵאַחֲרָיו: from~After~him
מֵאַיִן: from~Without
מֵאִישׁ: from~Man
מַאֲכָל: Nourishment
מַאֲכָל: Nourishment

מֵאֵל: from~Mighty.one
מֵאֵלֶּה: from~These
מְאַלְּמִים: much~Bind.up~ing(mp)
מֵאָלָתִי: from~Oath~me
מֵאַנְשֵׁי: from~Man~s
מֵאֶרֶץ: from~Land
מֵאַרְצְךָ: from~Land~you(ms)
מְאֹרֹת: Luminary~s
מֵאָשֵׁר: from~"Asher [Happy]"
מְאַת: Hundred
מֵאֹת: Hundred~s
מֵאֵת: from~At
מֵאִתּוֹ: from~At~him
מֵאִתִּי: from~At~me
מָאתַיִם: Hundred~s2
מֵאִתְּכֶם: from~At~you(mp)
מֵאִתָּם: from~At~them(m)
מִבְּאֵר שָׁבַע: from~"B'er-Sheva [Well of oath]"
מַבְדִּיל: make~Separate~ing(ms)
מִבּוֹא: from~>~Come
מַבּוּל: Flood
מֵבִיא: make~Come~ing(ms)
מִבֵּין: from~Between
מִבֵּית: from~House
מִבַּיִת: from~House
מִבֵּית אֵל: from~"Beyt-El [House of El]"
מִבְּכֹרוֹת: from~Firstborn.female~s
מִבְּנוֹת: from~Daughter~s
מִבְצָר: "Mivtsar [Fortress]"
מִבָּצְרָה: from~"Batsrah [Sheepfold]"
מְבַקֵּשׁ: much~Search.out~ing(ms)
מְבָרְכֶיךָ: much~Kneel~ing(mp)~you(ms)
מִבְּשָׂרִי: from~Flesh~me
מַגְדִּיאֵל: "Magdi'eyl [Prince of El]"
מְגוּרֵי: Pilgrimage~s
מְגוּרַי: Pilgrimage~s~me
מְגוּרֵיהֶם: Pilgrimage~s~them(m)
מַגִּיד: make~Be.face.to.face~ing(ms)
מַגִּיעַ: make~Touch~ing(ms)
מִגִּלְעָד: from~"Gil'ad [Mound of witness]"
מִגְּמַלֵּי: from~Camel~s
מִגֵּן: he~did~much~Deliver.up
מִגַּן: from~Garden
מָגֵן: Shield
מְגֻרֶיךָ: Pilgrimage
מִגְּרָר: from~"Gerar [Chew]"
מְדַבֵּר: >~much~Speak~ing(ms)
מִדַּבֵּר: from~>~much~Speak
מִדּוּדָאֵי: from~Mandrakes~s
מַדּוּעַ: Why
מִדְיָן: "Midian [Strife]"
מִדְיָנִים: "Midian [Strife]"~s
מְדָן: "Medan [Quarrel]"
מֶה: What
מַה: What
מָה: What
מְהֵיטַבְאֵל: "Meheythaveyl [Favoured of El]"
מֵהַכּוֹת: from~>~make~Hit
מֵהָלְאָה: from~Distant
מַהֲלַלְאֵל: "Mahalalel [Praise of El]"
מֵהֶם: from~them(m)

מֵהָעוֹף: from~the~Flyer
מֹהַר: Bride.price
מַהֵר: !(ms)~Hurry
מַהֲרוּ: !(mp)~much~Hurry
מַהֲרִי: !(fs)~Hurry
מִהַרְתָּ: you(ms)~did~much~Hurry
מוֹאָב: "Mo'av [From father]"
מוּבָאִים: make.be~Come~ing(mp)
מוֹלַדְתּוֹ: Kindred~him
מוֹלַדְתִּי: Kindred~me
מוֹלַדְתֶּךָ: Kindred~you(ms)
מוּצֵאת: make.be~Go.out~ing(fs)
מוֹרֶה: "Moreh [Teacher]"
מוֹשָׁבֶךָ: Settling
מוֹשָׁבָם: Settling~them(m)
מוֹת: >~Die
מוֹתוֹ: Death~him
מוֹתִי: Death~me
מִזְבֵּחַ: Altar
מִזֶּה: from~This
מִזָּה: "Miz'zah [Faint]"
מַזְכִּיר: make~Remember~ing(ms)
מִזִּמְרַת: from~Choice.fruit
מִזֹּקֶן: from~Age
מַזְרִיעַ: make~Sow~ing(ms)
מִזַּרְעֲךָ: from~Seed~you(ms)
מִחוּט: from~Thread
מְחוּיָאֵל: "Mehhuya'el [Who proclaims El]"
מֵחֲוִילָה: from~"Hhawilah [Twisting]"
מִחוּץ: from~Outside
מֵחֶטְאוֹ: from~Fault~him
מֵחֵלֶב: from~Fat
מֵחֲלָצֶיךָ: from~Loins~you(ms)
מָחֲלַת: "Mahhalat [Stringed instrument]"
מַחֲנֶה: Campsite
מַחֲנוֹת: Campsite~s
מַחֲנָיִם: "Mahhanayim [Two camps]"
מָחָר: Later
מַחֲרִישׁ: make~Keep.silent~ing(ms)
מֵחָרָן: from~"Hharan [Burning]"
מַחְשְׁבֹת: Invention~s
מַחְשֹׂף: Expose
מִטּוֹב: from~Functional
מִטּוּב: from~Functional
מִטַּל: from~Dew
מַטְמוֹן: Treasure
מַטְעַמִּים: Delicacy~s
מַטְרֵד: "Mathreyd [Driven]"
מִטֶּרֶף: from~Prey
מִי: Who
מֵי: Water~s2
מֵי זָהָב: "Mey-Zahav [Water of gold]"
מִיַּד: from~Hand
מִיָּדִי: from~Hand~me
מִידֵי: from~Hand~s2
מִיָּדְךָ: from~Hand~you(ms)
מִיָּדָם: from~Hand~them(m)
מִיהוּדָה: from~"Yehudah [Praised]"
מֵיְהוָה: from~"YHWH [He exists]"
מִיַּיִן: from~Wine
מִיֵּינוֹ: from~Wine~him
מִיָּם: from~Sea
מַיִם: Water~s2
מָיִם: Water~s2
מִימִין: from~Right.hand

מֵינִיקוֹת: make~Suckle~ing(fs)

מֵינֶקֶת: make~Suckle~ing(fs)

מִכַּדֵּךְ: from~Jar~you(fs)

מָכִיר: "Makhir [Sold]"

מִכֹּל: from~All

מִכָּל: from~All

מִכֶּם: from~you(mp)

מִכְסֵה: Roof.covering

מִכְרָה: !(ms)~Sell

מָכְרוּ: they~had~Sell

מְכָרָנוּ: he~did~Sell~us

מְכֵרֹתֵיהֶם: Cave~s~them(m)

מְכַרְתֶּם: you(mp)~did~Sell

מְלֹא: Filling

מַלֵּא: !(ms)~much~Fill

מָלֵא: Full

מִלֵּאָה: from~"Le'ah [Weary]"

מָלְאָה: she~did~Fill

מָלְאוּ: they~did~Fill

מַלְאַךְ: Messenger

מַלְאָכוֹ: Messenger~him

מַלְאֲכֵי: Messenger~s

מַלְאָכִים: Messenger~s

מְלַאכְתּוֹ: Occupation~him

מִלְאֹם: from~Community

מְלֵאֹת: Full~s

מִלְּבַד: from~to~Separated.thing

מִלֶּדֶת: from~>~Bring.forth

מֶלַח: Salt

מִלְחָמָה: Battle

מְלֹךְ: >~Reign

מֶלֶךְ: King

מִלְכָּה: "Milkah [Queen]"

מָלְכוּ: they~did~Reign

מַלְכֵי: King~s

מְלָכִים: King~s

מִלֵּל: he~did~much~Talk

מִלְמַעְלָה: from~to~Upward~her

מִלְּפָנַי: from~to~Face~s~me

מִלְּפָנָי: from~to~Face~s

מִלִּפְנֵי: from~to~Face~s

מִמָּחֳרָת: from~Tomorrow

מַמְטִיר: make~Precipitate~ing(ms)

מִמֵּי: from~Water~s2

מִמְּךָ: From~you(ms)

מִמֵּךְ: From~you(fs)

מִמֶּךָּ: From~you(ms)

מַמְלַכְתּוֹ: Kingdom.place~him

מַמְלַכְתִּי: Kingdom.place~me

מִמֶּנָּה: From~her

מִמֶּנּוּ: From~him

מִמֶּנִּי: From~me

מִמֵּעֶיךָ: from~Abdomen~s~you(ms)

מִמֵּעַיִךְ: from~Abdomen~s~you(fs)

מִמַּעַל: from~Upward

מִמַּעֲשֵׂנוּ: from~Work~us

מִמִּצְרַיִם: from~"Mitsrayim [Troubles]"

מִמִּצְרָיִם: from~"Mitsrayim [Troubles]"

מַמְרֵא: "Mamre [Bitter place]"

מִמֵּשָׁא: from~"Mesha [Storm]"

מִמַּשְׂאֹת: from~Uprising

מִמִּשְׁפַּחְתִּי: from~Family~me

מִמַּשְׂרֵקָה: from~"Masreyqah [Choice vine]"

מִן: From

מִנֶּגֶב: from~South.country

מִנֶּגֶד: from~Opposite

מִנְּהַר: from~River

מָנוֹחַ: Resting.place

מְנֻחָה: Place.of.rest

מִנְחָה: Donation
מִנְחָתוֹ: Donation~him
מִנְחָתִי: Donation~me
מֹנִים: Time~s
מָנַע: he~did~Withhold
מִנְּעוּרֵינוּ: from~Young.age~s~us
מִנַּעַר: from~Young.man
מִנְּעֻרָיו: from~Young.age~s~him
מֵנִקְתָּהּ: make~Suckle~ing(fs)~her
מִנְּשֹׂא: from~>~Lift.up
מְנַשֶּׁה: "Menasheh [Causing to overlook]"
מִסְפֵּד: Lamenting
מִסְפּוֹא: Provender
מִסְפָּר: Number
מֵעֲבָדֶיךָ: from~Servant~s~you(ms)
מַעֲבַר: Crossing
מֵעֵדֶן: from~"Eden [Pleasure]"
מַעֲדַנֵּי: Tasty.food
מֵעוֹדִי: from~Yet.again~me
מֵעוֹלָם: from~Distant.time
מֵעוֹף: from~Flyer
מְעַט: Small.amount
מֵעֵינָי: from~Eye~s2~me
מַעְיְנֹת: Spring~s
מַעֲכָה: "Ma'akhah [Cursing]"
מֵעַל: from~Upon
מֵעָל: from~Upon
מֵעָלַי: from~Upon~me
מֵעָלֶיהָ: from~Upon~her
מֵעֲלֵיהֶם: from~Upon~them(m)
מֵעָלָיו: from~Upon~him
מֵעָלֶיךָ: from~Upon~you(ms)
מֵעִם: from~With
מֵעִמּוֹ: from~With~him
מֵעִמִּי: from~With~me
מֵעַמֶּיהָ: from~People~s~her
מֵעִמָּנוּ: from~With~us
מֵעֵמֶק: from~Valley
מֵעֵץ: from~Tree
מֵעֲצָמַי: from~Bone~s~me
מְעָרַת: Cave
מַעֲשֵׂה: Work
מֵעֲשׂוֹת: from~>~Do
מַעֲשֵׂיכֶם: Work~s~you(mp)
מַעֲשִׂים: Work~s
מַעֲשֵׂר: Tenth.part
מֵעֲשֹׂת: from~>~Do
מִפַּדַּן: from~"Padan [Field]"
מִפַּדַּן אֲרָם: from~"Padan-Aram [Field palace]"
מֻפִּים: "Mupim [Serpents]"
מִפְּנֵי: from~Face~s
מִפָּנֶיהָ: from~Face~s~her
מִפְּנֵיהֶם: from~Face~s~them(m)
מִפָּנָיו: from~Face~s~him
מִפָּנֶיךָ: from~Face~s~you(ms)
מִפְּרִי: from~Produce
מִפִּרְיוֹ: from~Produce~him
מַפְרְךָ: make~Reproduce~ing(ms)~you(ms)
מִפֶּתַח: from~Opening
מָצָא: he~did~Find
מְצָאָהּ: he~did~Find~her
מָצְאָה: she~did~Find
מֹצְאוֹ: Find~ing(ms)~him
מֹצְאִי: Find~ing(ms)~me
מָצָאנוּ: we~did~Find
מָצָאתָ: you(ms)~did~Find
מְצָאתָהּ: you(ms)~did~Find~her
מָצָאתִי: I~did~Find

מְצָאתִיהָ: I~did~Find~her
מֻצָּב: make.be~Stand.erect~ing(ms)
מַצֵּבָה: Monument
מַצֶּבֶת: Monument
מְצַוֶּה: much~Direct~ing(fs)
מִצּוֹעַר: from~"Tso'ar [Tiny]"
מִצְוֹתַי: Directive~s~me
מְצַחֵק: much~Laugh~ing(ms)
מִצֵּיד: from~Game
מִצֵּידוֹ: from~Game~him
מִצֵּידִי: from~Game~me
מִצִּידֹן: from~"Tsidon [Hunting]"
מַצְלִיחַ: make~Prosper~ing(ms)
מִצַּלְעֹתָיו: from~Rib~s~him
מִצְעָר: Few
מִצְרִי: "Mitsrayim [Troubles]"~of
מִצְרַיִם: "Mitsrayim [Troubles]"
מִצְרָיִם: "Mitsrayim [Troubles]"
מִצְרַיְמָה: "Mitsrayim [Troubles]"~unto
מִצְרָיְמָה: "Mitsrayim [Troubles]"~unto
מִצְרִית: "Mitsrayim [Troubles]"~s
מִקְּבֹר: from~>~Bury
מִקֶּדֶם: from~East
מְקוֹם: Place
מָקוֹם: Place
מְקוֹמִי: Place~me
מִקָּטֹן: from~Small
מֵקִים: make~Rise~ing(ms)
מַקַּל: Rod
מְקֹמָהּ: Place~her
מִקְנֵה: Livestock
מִקְנֶה: Livestock
מִקְנֵהוּ: Livestock~him
מִקְנֵהֶם: Livestock~them(m)
מִקְנֵיהֶם: Livestock~them(m)
מִקְנֵיכֶם: Livestock~you(mp)
מִקְנְךָ: Livestock~you(ms)
מִקְנַת: Acquired
מִקֵּץ: from~Conclusion
מִקָּצֶה: from~Far.end
מִקְצֵה: from~Far.end
מַרְאֶה: Appearance
מְרַאֲשֹׁתָיו: Headrest~s~him
מֵרְאֹת: from~>~See
מֵרֹב: from~Abundance
מְרַגְּלִים: much~Tread.about~ing(mp)
מֵרְדָה: from~>~Go.down
מָרְדוּ: they~did~Rebel
מֵרְחֹבוֹת: from~"Rehhovot [Wide streets]"
מְרַחֶפֶת: much~Flutter~ing(fs)
מֵרָחֹק: from~Distance
מְרִיבָה: Contention
מְרִיקִים: make~Empty~ing(mp)
מֶרְכַּבְתּוֹ: Chariot~him
מִרְעֶה: Pasture
מֵרֵעֵהוּ: Partner~him
מֹרַת: Grief
מַשְׂאֹת: Uprising~s
מַשְׂאַת: Uprising
מִשְּׁבֻעָתִי: from~Swearing~me
מִשֶּׁבֶת: from~>~Settle
מִשְׁגֶּה: Oversight
מָשׁוֹל: >~Regulate
מַשְׁחִית: make~Damage~ing(ms)
מַשְׁחִיתָם: make~Damage~ing(ms)
מָשַׁחְתָּ: you(ms)~did~Smear

מַשְׁחִתִים: make~Damage~ing(mp)
מֵשִׁיב: make~Turn.back~ing(ms)
מִשְׁכְּבֵי: Laying.place~s
מַשְׂכֻּרְתִּי: Payment~me
מַשְׂכֻּרְתֶּךָ: Payment~you(ms)
מֹשֵׁל: Regulate~ing(ms)
מְשַׁלֵּחַ: much~Send~ing(ms)
מְשֻׁלָּשׁ: much~Be.threefold~ing(ms)
מְשֻׁלֶּשֶׁת: much~Be.threefold~ing(fs)
מִשָּׁם: from~There
מִשְּׂמֹאל: from~Left.hand
מִשְּׁמַנֵּי: from~Oil~s
מִשְׁמָר: Custody
מִשְׁמַרְכֶם: Custody~you(mp)
מִשְׁמַרְתִּי: Charge~me
מִשְׁנֶה: Double
מִשְּׁנָתוֹ: from~Snooze~him
מִשְׁפְּחוֹת: Family~s
מִשְׁפְּחֹת: Family~s
מִשְׁפַּחְתִּי: Family~me
מִשְׁפָּט: Judgement
מֶשֶׁק: Acquisition
מַשְׁקֵה: make~Drink~ing(ms)
מַשְׁקֶה: Drinking
מַשְׁקֵהוּ: make~Drink~ing(ms)~him
מִשְׁקָלוֹ: Weight~him
מִשְׁקָלָם: Weight~them(m)
מִשַּׁשְׁתָּ: you(ms)~did~much~Grope
מִשְׁתָּאֵה: self~Crash~ing(ms)
מִשְׁתֶּה: Feast
מִשְׁתַּחֲוִים: self~Bend.down~ing(mp)
מֵת: Die~ing(ms)
מֵתָה: Die~ing(fs)
מִתְהַלֵּךְ: self~Walk~ing(ms)
מֵתוֹ: Die~ing(ms)~him
מֵתוּ: they~did~Die
מִתּוֹךְ: from~Midst
מְתוּשָׁאֵל: "Metusha'el [His death asks]"
מְתוּשֶׁלַח: "Metushelahh [His death sends]"
מְתוּשָׁלַח: "Metushelahh [His death sends]"
מִתַּחַת: from~Under
מְתֵי: Mortal.man~s
מֵתִי: Die~ing(ms)~me
מָתַי: How.long
מֵתְךָ: Die~ing(ms)~you(ms)
מֵתֶךָ: Die~ing(ms)~you(ms)
מִתְנַחֵם: self~Comfort~ing(ms)
מַתָּנֹת: Contribution~s
מִתִּתִּי: from~>~Give~me

נ

נָּא: Please
נָא: Please
נֵאוֹת: we~will~be~Agree
נֵאוֹתָה: we~will~be~Agree
נֶאֱחַז: he~did~be~Hold
נֹאכֵל: we~will~Eat
נְאֻם: Utterance
נֹאמַר: we~will~Say
נֶאֱסָף: be~Gather~ing(ms)
נִבְהֲלוּ: they~did~be~Stir
נָבוֹא: we~will~Come
נָבוֹן: be~Understand~ing(ms)
נָבִיא: Prophet
נְבָיוֹת: "Nevayot [Flourishings]"

נְבָיֹת: "Nevayot [Flourishings]"
נְבָלָה: Folly
נִבְנֶה: we~will~Build
נִבְקְעוּ: they~did~be~Cleave
נֶגֶד: Opposite
נֶגְדֶּךָ: Opposite~you(ms)
נִגְלוּ: they~did~be~Remove.the.cover
נִגְנֹב: we~will~Steal
נָגַע: he~did~Touch
נְגָעִים: Plague~s
נְגַעֲנוּךָ: we~did~Touch
נִגַּשׁ: he~did~be~Draw.near
נְדַבֵּר: we~will~much~Speak
נֵדַע: we~will~Know
נֶדֶר: Vow
נִדְרָשׁ: be~Seek~ing(ms)
נָדַרְתָּ: you(ms)~did~Make.a.vow
נִהְיֶה: we~will~Exist
נְהַר: River
נַהֲרֹג: we~will~Kill
נוֹד: "Nod [Wander]"
נוֹדַע: he~did~be~Know
נוּכַל: we~will~Be.able
נוֹרָא: be~Fear~ing(ms)
נָזִיד: Stew
נְזִיר: Dedicated
נֶזֶם: Ring
נֹחַ: "No'ahh [Rest]"
נַחְבֵּאתָ: you(ms)~did~be~Withdraw
נָחוֹר: "Nahhor [Snorting]"
נֶחְמָד: be~Crave~ing(ms)
נִחַמְתִּי: I~did~be~Comfort
נָחְנוּ: We
נָחַנִי: he~did~Guide~me
נַחֵשׁ: >~much~Divine
נָחָשׁ: Serpent
נֶחְשַׁבְנוּ: we~did~be~Think
נְחֹשֶׁת: Bronze
נִחַשְׁתִּי: I~did~much~Divine
נַחַת: "Nahhat [Rest]"
נָטָה: he~did~Stretch
נְטַשְׁתַּנִי: you(ms)~did~Let.alone~me
נִינְוֵה: "Ninweh [Agreeable]"
נְכֹאת: Spice
נִכְבָּד: be~Be.heavy~ing(ms)
נָכוֹן: be~Fixed~ing(ms)
נְכַחֵד: we~will~much~Keep.secret
נִכְמְרוּ: they~will~be~Burn.black
נַכֶּנּוּ: we~will~make~Hit~him
נִכְסֹף: >~be~Craving
נִכְסַפְתָּה: you(ms)~did~be~Craving
נֵכָר: Foreign
נָכְרִיּוֹת: Foreigner~s
נִכְרְתָה: we~will~Cut~^
נִלְבְּנָה: we~will~Make.bricks
נָלִין: we~will~Stay.the.night
נֵלְכָה: we~will~Walk
נִמּוֹל: he~did~be~Circumcise
נָמוּת: we~will~Die
נִמֹּלוּ: they~did~be~Circumcise
נִמֹּלִים: be~Circumcise~ing(mp)
נִמְצָא: he~did~be~Find
נִמְרֹד: "Nimrod [Rebellion]"
נָסַבּוּ: they~did~be~Go.around
נִסָּה: he~did~much~Test
נָסוּ: they~did~Flee
נֶסֶךְ: Pouring
נָסַע: he~had~Journey

נִסְעָה: we~will~Journey
נָסְעוּ: they~did~Journey
נִסָּתֵר: we~will~be~Hide
נָע: Stagger~ing(ms)
נַעַל: Sandal
נַעֲמָה: "Na'amah [Sweet]"
נָעֲמָה: she~did~Be.sweet
נַעַר: Young.man
נְעָרָיו: Young.man~s~him
נַעֲשֶׂה: we~will~Do
נָפוּץ: we~will~Scatter.abroad
נָפִישׁ: "Naphish [Refreshed]"
נָפַל: he~did~Fall
נִפְלְגָה: she~did~be~Split
נָפְלָה: she~had~Fall
נָפְלוּ: they~did~Fall
נֹפֶלֶת: Fall~ing(fs)
נָפְצָה: she~did~Scatter
נָפֹצוּ: they~did~be~Scatter.abroad
נִפְרְדוּ: they~did~be~Divide.apart
נֶפֶשׁ: Being
נָפֶשׁ: Being
נַפְשָׁהּ: Being~her
נַפְשׁוֹ: Being~him
נַפְשׁוֹת: Being~s
נַפְשִׁי: Being~me
נַפְשֶׁךָ: Being~you(ms)
נַפְשֹׁתֵכֶם: Being~you(ms)
נַפְתּוּלֵי: Wrestle~s
נִפְתָּחוּ: they~had~be~Open
נַפְתֻּחִים: "Naphtuhh [Opening]"~s
נַפְתָּלִי: "Naphtali [Wrestling]"
נִפְתַּלְתִּי: I~did~be~Entwine
נִצָּב: be~Stand.erect~ing(ms)
נִצָּבָה: she~did~be~Stand.erect
נִצָּבִים: be~Stand.erect~ing(mp)
נִצָּהּ: Blossom~her
נִצְטַדָּק: we~will~self~Be.correct
נְצִיב: Post
נָקְבָה: !(ms)~Pierce.through~^
נָקֹד: Speckled
נְקֻדִּים: Speckled~s
נִקַּח: we~will~Take
נָקִי: Acquit
נְקִיִּם: Innocent~s
נִקְרָא: we~will~Call.out
נִרְאָה: he~did~be~See
נִרְאוּ: they~did~be~See
נֵרֵד: we~will~Go.down
נֵרְדָה: we~will~Go.down~^
נָרַע: we~will~make~Be.dysfunctional
נָשָׂא: he~did~Lift.up
נֹשְׂאִים: Lift.up~ing(mp)
נִשְׁאַר: we~did~be~Remain
נִשְׁאָר: be~Remain~ing(ms)
נֹשְׂאֹת: Lift.up~ing(fp)
נָשָׂאתִי: I~did~Lift.up
נִשְׁבָּה: he~did~be~Capture
נִשְׁבַּע: he~did~be~Swear
נִשְׁבְּעוּ: they~did~be~Swear
נִשְׁבַּעְתִּי: I~did~be~Swear
נִשְׁחָתָה: she~did~be~Damage
נְשֵׁי: Woman~s
נָשַׁי: Woman~s~me
נְשִׂיא: Captain
נְשִׂיאִם: Captain~s
נְשֵׁיהֶם: Woman~s~them(m)
נָשָׁיו: Woman~s~him
נָשִׁים: Woman~s
נִשְׁמַע: he~will~be~Hear
נִשְׁמַת: Breath

נַשַּׁנִי: he~did~much~Overlook
נַשְׁקֶה: we~will~make~Drink
נַשְׁקֶנּוּ: we~will~make~Drink~him
נֹתֵן: Give~ing(ms)
נְתָן: >~Give
נִתֵּן: we~will~Give
נָתַן: he~did~Give
נִתְּנָה: she~did~be~Give
נָתְנָה: she~did~Give
נְתָנוֹ: he~did~Give~him
נִתָּנוּ: they~had~be~Give
נָתַתָּה: you(ms)~did~Give
נָתַתִּי: I~did~Give
נְתַתִּיהָ: I~did~Give~her
נְתַתִּיךָ: I~did~Give~you(ms)

ס

סְאִים: Se'ah~s
סְבָא: "Seva [Drunkard]"
סָבִיב: Around
סְבִיבוֹתֵיהֶם: Around~s~them(m)
סְבִיבֹתֶיהָ: Around~her
סָגַר: he~did~Shut
סָגְרוּ: they~did~Shut
סְדֹם: "Sedom [Secret]"
סְדֹמָה: "Sedom [Secret]"~unto
סוּס: Horse
סוּרוּ: !(mp)~Turn.aside
סוּתֹה: Coat~him
סֹחֲרִים: Trade~ing(mp)
סֻכּוֹת: "Sukot [Booths]"
סֻכֹּת: Booth~s
סֻכֹּתָה: "Sukot [Booths]"~unto
סַלֵּי: Basket~s
סֻלָּם: Ladder
סֹלֶת: Flour
סְמַכְתִּיו: I~did~Support~him
סֵפֶר: Scroll
סְפָרָה: "Sephar [Numbering]"~unto
סַפְּרוּ: !(mp)~>~much~Count
סֶרֶד: "Sered [Remnant]"
סְרִיס: Eunuch
סְרִיסֵי: Eunuch~s
סָרִיסָיו: Eunuch~s~him
סִתְּמוּם: they~did~much~Shut.up~them(m)

ע

עֹבֵד: Serve~ing(ms)
עֶבֶד: Servant
עָבֶד: Servant
עַבְדּוֹ: Servant~him
עָבְדוּ: they~did~Serve
עַבְדִּי: Servant~me
עַבְדֵי: Servant~s
עֲבָדָיו: Servant~s~him
עֲבָדֶיךָ: Servant~s~you(ms)
עֲבָדִים: Servant~s
עַבְדְּךָ: Servant~you(ms)
עַבְדֶּךָ: Servant~you(ms)
עַבְדְּכֶם: Servant~you(mp)
עֲבֹדָתִי: Service~me
עָבַדְתִּי: I~did~Serve
עֲבַדְתִּיךָ: I~did~Serve~you(ms)
עֹבֵר: Cross.over~ing(ms)
עֵבֶר: "Ever [Cross over]"
עָבַר: he~did~Cross.over
עִבְרוּ: !(mp)~Cross.over
עִבְרִי: "Ever [Cross over]"~of
עָבַרְתִּי: I~did~Cross.over

עֲבַרְתֶּם: you(mp)~did~Cross.over
עֻגוֹת: Bread.cake~s
עֶגְלָה: Heifer
עֲגָלוֹת: Cart~s
עֹד: Yet.again
עֵד: Witness
עַד: Until
עָדָה: "Adah [Ornament]"
עֲדֻלָּמִי: "Adulam [Witness of the people]"~of
עֵדֶן: "Eden [Pleasure]"
עֶדְנָה: Pleasure
עֵדֶר: Drove
עֶדְרֵי: Drove~s
עֲדָרִים: Drove~s
עֲדָשִׁים: Lentil~s
עוֹבָל: "Uval [Round]"
עוֹד: Yet.again
עוֹדְךָ: Yet.again~you(ms)
עוֹדֶנּוּ: Yet.again~him
עֲוִית: "Awit [Crooked]"
עוֹלָם: Distant.time
עָוֹן: Iniquity
עֲוֹנִי: Iniquity~me
עוֹף: Flyer
עוּץ: "Uts [Counsel]"
עוֹר: Skin
עָז: Strong
עָזַב: he~did~Leave
עָזְבוּ: they~did~Leave
עַזָּה: "Ghaza [Strong]"
עִזִּים: She-goat~s
עֵזֶר: Helper
עֵילָם: "Elam [Ancient]"
עֵין: Eye
עָיִן: Eye
עֵין מִשְׁפָּט: "Eyn-Mishpat [Eye of judgement]"
עֵינִי: Eye~me
עֵינֵי: Eye~s2
עֵינַי: Eye~s2~me
עֵינֶיהָ: Eye~s2~her
עֵינֵיהֶם: Eye~s2~them(m)
עֵינָיו: Eye~s2~him
עֵינֶיךָ: Eye~s2~you(ms)
עֵינֵיכֶם: Eye~s2~you(mp)
עֵינַיִם: Eye~s2
עָיֵף: Tired
עֵיפָה: "Eyphah [Darkness]"
עִיר: City
עִירָד: "Irad [Wild donkey]"
עִירֹה: Colt~him
עִירוֹ: City~him
עִירָם: City~them(m)
עֵירֹם: Naked
עֵירֻמִּם: Naked~s
עַכְבּוֹר: "Akhbor [Mouse]"
עֲכַרְתֶּם: you(mp)~did~Disturb
עַל: Upon
עֹלֶה: Go.up~ing(ms)
עֹלָה: Rising
עָלֵה: Leaf
עֲלֹה: >~Go.up
עָלָה: he~had~Go.up
עֲלֵהֶם: Upon~them(m)
עֻלּוֹ: Yoke~him
עֲלוּ: !(mp)~Go.up
עַלְוָה: "Alwah [Wicked]"
עַלְוָן: "Alwan [Tall]"
עֹלוֹת: Go.up~ing(fp)
עֲלוֹת: >~Go.up
עָלוֹת: Give.milk~ing(fp)
עֲלֵי: Upon
עָלַי: Upon~me
עָלָי: Upon~me
עָלֶיהָ: Upon~her
עֲלֵיהֶם: Upon~them(m)

עָלָיו: Upon~him
עֶלְיוֹן: Upper
עָלֶיךָ: Upon~you(ms)
עֹלִים: Go.up~ing(mp)
עָלִינוּ: we~did~Go.up
עָלֵינוּ: Upon~us
עָלִיתָ: you(ms)~did~Go.up
עֹלֹת: Rising~s
עָלְתָה: she~did~Go.up
עִם: With
עַם: People
עֹמֵד: Stand~ing(ms)
עָמַד: he~did~Stand
עָמְדָה: she~did~Stand
עִמָּדִי: By~me
עִמָּהּ: With~her
עִמּוֹ: With~him
עַמּוֹ: People~him
עַמּוֹן: "Amon [Tribe]"
עִמִּי: With~me
עַמִּי: People~me
עַמָּיו: People~s~him
עַמִּים: People~s
עִמְּךָ: With~you(ms)
עִמָּךְ: With~you(fs)
עִמָּכֶם: With~you(mp)
עֲמָלִי: Labor~me
עֲמָלֵק: "Amaleq [People gathered]"
עִמָּם: With~them(m)
עִמָּנוּ: With~us
עֵמֶק: Valley
עֲמֹרָה: "Ghamorah [Rebellion]"
עֲנָבִים: Grape~s
עֲנָה: "Anah [Answer]"
עָנְיִי: Affliction~me
עָנְיֵךְ: Affliction~you(fs)
עֲנָמִים: "Anam [Affliction of water]"
עָנֹן: >~much~Watch
עָנֵר: "Aner [Answer]"
עֲפַר: Powder
עָפָר: Powder
עֶפְרוֹן: "Ephron [Powdery]"
עֶפְרֹן: "Ephron [Powdery]"
עֵץ: Tree
עִצְּבוֹנֵךְ: Hardship~you(fs)
עֲצֵי: Tree~s
עֶצֶם: Bone
עַצְמִי: Bone~me
עָצַמְתָּ: you(ms)~did~Be.abundant
עַצְמֹתַי: Bone~s~me
עָצֹר: >~Stop
עָצַר: he~did~Stop
עֲצָרַנִי: he~did~Stop~me
עֵקֶב: Since
עָקֵב: Heel
עִקְּבֵי: Heel~s
עָקֹד: Striped
עֲקֻדִּים: Striped~s
עֲקָרָה: Sterile
עִקְּרוּ: they~did~Pluck.up
עֵר: "Eyr [Awake]"
עֶרֶב: Evening
עָרֶב: Evening
עָרַב: he~had~Barter
עֵרָבוֹן: Token
עָרוּם: Subtle
עֲרוּמִּים: Nude~s
עֶרְוַת: Nakedness
עֵרִי: "Eyriy [My city]"
עָרֵי: City~s
עֲרִירִי: Barren
עָרְלָה: Foreskin
עָרְלָתוֹ: Foreskin~him

עָרְלַתְכֶם: Foreskin~you(mp)
עָרְלָתָם: Foreskin~them(m)
עֹרֹת: Skin~s
עֵשֶׂב: Herb
עֹשֶׂה: Do~ing(ms)
עֲשֹׂה: >~Do
עֲשֵׂה: !(ms)~Do
עָשָׂה: he~did~Do
עֲשׂוֹ: >~Do~him
עֲשׂוּ: !(mp)~Do
עֵשָׂו: "Esav [Doing]"
עָשׂוּ: they~did~Do
עָשׂוֹר: Tenth.one
עֲשׂוֹת: >~Do
עֲשִׂי: !(ms)~Do
עֹשִׂים: Do~ing(mp)
עָשִׂינוּ: we~did~Do
עָשִׂית: you(fs)~did~Do
עָשִׂיתָ: you(mp)~did~Do
עָשִׂיתִי: I~did~Do
עֲשִׂיתִם: I~did~Do~them(m)
עֲשִׂיתֶם: you(mp)~did~Do
עָשָׁן: Smoke
עֵשֶׂק: "Eseq [Quarrel]"
עֶשֶׂר: Ten
עַשֵּׂר: >~much~Give.a.tenth
עָשָׂר: Ten
עֲשָׂרָה: Ten
עֶשְׂרֵה: Ten
עֶשְׂרִים: Ten~s
עֲשֶׂרֶת: Ten
עָשָׂתָה: she~did~Do
עֵת: Appointed.time
עַתָּה: Now
עָתָּה: Now

פ

פָּארָן: "Paran [Decoration]"
פָּגַשְׁתִּי: I~did~Encounter
פַּדֶּנָה אֲרָם: "Padan-Aram [Field palace]"~unto
פֹּה: Here
פֹּה: Here
פּוֹטִי פֶרַע: "Pothee-Phera [He whom the Ra gave]"
פּוֹטִיפַר: "Potiphar [Belonging to the sun]"
פּוֹתֵר: Interpret~ing(ms)
פַּחַז: Reckless
פִּי: Mouth
פִּי: Mouth~me
פִּיהָ: Mouth~her
פִּיךָ: Mouth~you(ms)
פִּילֶגֶשׁ: Concubine
פִּילֶגֶשׁ: Concubine
פִּינֹן: "Pinon [Darkness]"
פִּישׁוֹן: "Pishon [Scatter]"
פֶּלֶג: "Peleg [Half]"
פָּלֶג: "Peleg [Half]"
פֶּלֶג: "Peleg [Half]"
פִּלְדָּשׁ: "Pildash [Bean thresher]"
פִּלַּלְתִּי: and~I~did~much~Plead
פְּלִשְׁתִּים: "Peleshet [Immigrant]"~s
פֶּן: Otherwise
פְּנוּאֵל: "Peni'el [Face of El]"
פְּנֵי: Face~s
פָּנַי: Face~s~me
פָּנָי: Face~s~me
פָּנַי: Face~s~me
פָּנָי: Face~s~me
פְּנִיאֵל: "Peni'el [Face of El]"
פָּנֶיהָ: Face~s~her
פָּנָיו: Face~s~him
פָּנָיו: Face~s~him

פָּנֶיךָ: Face~s~you(ms)
פָּנֶיךָ: Face~s~you(ms)
פְּנֵיכֶם: Face~s~you(ms)
פָּנִים: Face~s
פִּנִּיתִי: I~did~Turn
פַּסִּים: Wrist~s
פָּעוּ: "Pa'u [Screaming]"
פְּעָמִים: Stroke.of.time~s
פַּעֲמַיִם: Stroke.of.time~s2
פַּעֲמַיִם: Stroke.of.time~s2
פַּעֲמָיִם: Stroke.of.time~s2
פִּצֵּל: he~did~much~Peel
פְּצָלוֹת: Strip
פָּצְתָה: she~did~Part
פָּקֹד: >~Visit
פָּקַד: he~had~Visit
פֶּרֶא: Wild.ass
פְּרֵה: !(ms)~Reproduce
פְּרוּ: !(mp)~Reproduce
פָּרוֹת: Cow~s
פְּרִי: Produce
פְּרִי: Produce
פַּרְעֹה: "Paroh [Great house]"
פַּרְעֹה: "Paroh [Great house]"
פָּרֶץ: Breach
פֶּרֶץ: "Perets [Breach]"
פָּרַצְתָּ: you(ms)~did~Break.out
פָּרָשִׁים: Horseman~s
פֹּרָת: Be.fruitful~ing(fs)
פְּרָת: "Perat [Break]"
פָּרֹת: Cow~s
פְּרָת: "Perat [Break]"
פֶּשַׁע: Revolution
פִּשְׁעִי: Revolution~me
פַּת: Fragment
פֶּתַח: Opening
פָּתַר: he~did~Interpret
פָּתָר: he~did~Interpret
פִּתְרֹנוֹ: Interpretation~him
פִּתְרֹנִים: Interpretation~s
פַּתְרֻסִים: "Patros [Mouthful of dough]"~s

צ

צֵא: !(ms)~Go.out
צְאוּ: !(mp)~Go.out
צֹאן: Flocks
צֹאנוֹ: Flocks~him
צֹאנִי: Flocks~me
צֹאנְךָ: Flocks~you(ms)
צֹאנָם: Flocks~them(m)
צֵאת: >~Go.out
צְבָאוֹ: Army~him
צְבָאָם: Army~them(m)
צְבֹיִים: "Tseviim [Gazzells]"
צִבְעוֹן: "Tsiv'ghon [Colored]"
צֵדָה: Provisions
צַדִּיק: Correct
צַדִּיקִם: Correct~s
צֶדֶק: King
צְדָקָה: Correctness
צָדְקָה: she~did~Be.correct
צִדְקָתִי: Correctness~me
צֹהַר: Shining
צַוָּארָו: Back.of.the.neck~him
צַוָּארוֹ: Back.of.the.neck~him
צַוְּארֵי: Back.of.the.neck~s
צַוָּארָיו: Back.of.the.neck~s~him
צַוָּארֶךָ: Back.of.the.neck~you(ms)
צִוָּה: he~did~much~Direct
צִוָּהוּ: he~did~much~Direct~him
צֻוֵּיתָה: you(ms)~did~much.be~Direct~^

צִוִּיתִיךָ: I~did~much~Direct~you(ms)
צִוָּם: he~did~much~Direct~them(m)
צוֹעַר: "Tso'ar [Tiny]"
צְחֹק: Laughter
צָחֲקָה: she~did~Laugh
צָחָקְתְּ: you(fs)~did~Laugh
צָחַקְתִּי: I~did~Laugh
צֹחַר: "Tsohhar [White]"
צַיִד: Hunter
צַיִד: Provisions
צֵידָה: Provisions
צִידֹן: "Tsidon [Hunting]"
צִלָּה: "Tsilah [Shadow]"
צֹלֵעַ: Limp~ing(ms)
צֹמְחוֹת: Spring.up~ing(fp)
צְמִידִים: Bracelet~s
צְנֻמוֹת: Wither~ed(fp)
צָעֲדָה: she~had~March
צְעִיפָהּ: Veil
צָעִיר: Little.one
צְעָקָה: Cry
צֹעֲקִים: Cry.out~ing(mp)
צַעֲקָתָם: Cry~them(m)
צֹעַר: "Tso'ar [Tiny]"
צֹעֲרָה: "Tso'ar [Tiny]"~unto
צְפוֹ: "Tsepho [Watcher]"
צִפּוֹר: Bird
צִפְיוֹן: "Tsiphyon [Lookout]"
צָפֹנָה: North~unto
צָפְנַת פַּעְנֵחַ: "Tsaphnat-Paneyahh [Treasury of the rest]"
צְרוֹר: Bundle
צֳרִי: Balm
צָרֶיךָ: Narrow~s~you(ms)
צְרֹרוֹת: Bundle~s
צָרַת: Trouble
צָרָתִי: Trouble~me

ק

קִבֵּר: he~did~much.be~Bury
קְבֹר: !(ms)~Bury
קֶבֶר: Grave
קָבֶר: Grave
קָבַר: he~did~Bury
קִבְרוֹ: Grave~him
קִבְרוּ: !(mp)~Bury
קָבְרוֹ: >~Bury~him
קָבְרוּ: they~did~Bury
קְבָרֵינוּ: Grave~s~us
קְבֻרַת: Burial.place
קְבֻרָתָהּ: Burial.place~her
קָבַרְתִּי: I~did~Bury
קָדִים: East.wind
קֶדֶם: East
קֵדְמָה: East~unto
קִדְמַת: Eastward
קָדֵשׁ: "Kadesh [Set apart]"
קְדֵשָׁה: Prostitute
קְהָת: "Qehat [Assembly]"
קִוִּיתִי: I~did~much~Bound.up
קוֹל: Voice
קוֹלִי: Voice~me
קוּם: !(ms)~Rise
קוּמוּ: !(mp)~Rise
קוּמִי: !(ms)~Rise
קוֹמָתָהּ: Height~her
קַח: !(ms)~Take
קְחָה: !(ms)~Take
קְחוּ: !(mp)~Take
קָחוּ: !(mp)~Take
קָחֶם: !(ms)~Take~them(m)
קַחְתֵּךְ: >~Take~you(fs)
קְטוּרָה: "Qethurah [Incense]"

קָטָן: Small
קָטֹנְתִּי: I~did~Be.small
קִיטֹר: Smoldering
קַיִן: "Qayin [Acquired]"
קָיִן: "Qayin [Acquired]"
קֵינָן: "Qeynan [Possession]"
קֹלָהּ: Voice~her
קֹלוֹ: Voice~him
קַלּוּ: they~did~Be.insubstantial
קֹלְךָ: Voice~you(ms)
קְלָלָה: Annoyance
קִלְלָתְךָ: Annoyance~you(ms)
קָמָה: she~did~Rise
קְמוּאֵל: "Qemu'el [Raised of El]"
קֶמַח: Grain.flour
קֹנֵה: Purchase~ing(ms)
קְנֵה: !(ms)~Purchase
קָנָה: he~did~Purchase
קְנַז: "Qeniz [Hunter]"
קִנִּים: Nest~s
קִנְיָנוֹ: Possession~him
קָנִיתִי: I~did~Purchase
קֵץ: Conclusion
קָצֵהוּ: Far.end~him
קְצִיר: Harvest
קָצַף: he~had~Snap
קַצְתִּי: I~will~Loathe
קָרָא: he~did~Call.out
קָרְאָה: she~did~Call.out
קָרֵב: he~had~Come.near
קְרֹבָה: Near
קִרְבֶּנָה: Within~them(f)
קָרוֹב: Near
קֹרַח: "Qorahh [Bald]"
קִרְיַת הָאַרְבַּע: "Qiryat-Arba [City of four]"
קֹרָתִי: Rafter~me
קְשׁוּרָה: Tie~ed(fs)
קָשׁוֹת: Hard~s
קְשִׂיטָה: Qeshiytah
קֶשֶׁת: Bow
קַשָּׁת: Bow
קָשְׁתָה: she~did~Be.hard
קַשְׁתּוֹ: Bow~him
קַשְׁתִּי: Bow~me

ר

רֹאֶה: See~ing(ms)
רְאֹה: >~See
רְאֵה: !(ms)~See
רָאָה: he~did~See
רְאוּ: !(mp)~See
רָאוֹ: >~See
רָאוּ: they~did~See
רְאוּבֵן: "Re'uven [See a son]"
רְאוּמָה: "Re'umah [Lifted up]"
רֹאוֹת: See~ing(fp)
רְאוֹתִי: >~See~me
רֹאִי: See~ing(ms)~me
רָאִינוּ: we~did~See
רָאִיתָ: you(ms)~did~See
רָאִיתִי: I~did~See
רְאִיתִיו: and~I~did~See~him
רְאִיתֶם: you(mp)~did~See
רָאָם: he~did~See~them(m)
רֹאשׁ: Head
רֹאשָׁהּ: Head~her
רֹאשׁוֹ: Head~him
רֹאשִׁי: Head~me
רָאשֵׁי: Head~s
רָאשִׁים: Head~s
רֵאשִׁית: Summit
רֹאשְׁךָ: Head~you(ms)
רֹאשֶׁךָ: Head~you(ms)
רִאשֹׁנָה: First

רָאֲתָה: she~did~See
רַב: Abundant
רָב: Abundant
רְבָבָה: Myriad
רְבִד: Chain
רֹבֶה: Increase~ing(ms)
רַבָּה: Abundant
רָבָה: she~had~Increase.in.number
רָבוּ: they~did~Dispute
רַבּוֹת: Abundant~s
רַבִּים: Abundant~s
רְבִיעִי: Fourth
רֹבֵץ: Stretch.out~ing(ms)
רָבַץ: he~did~Stretch.out
רֹבְצִים: Stretch.out~ing(mp)
רֹבֶצֶת: Stretch.out~ing(fs)
רִבְקָה: "Rivqah [Ensnarer]"
רַגְלָהּ: Foot~her
רַגְלוֹ: Foot~him
רַגְלֵיהֶם: Foot~s~them(m)
רַגְלָיו: Foot~s~him
רַגְלֵיכֶם: Foot~s~you(mp)
רְדָה: !(ms)~Go.down~^
רְדוּ: !(mp)~Go.down
רְדֹף: !(ms)~Pursue
רָדְפוּ: they~did~Pursue
רוּחַ: Wind
רוּחוֹ: Wind~him
רוּחִי: Wind~me
רוֹמֵשׂ: Tread~ing(ms)
רָחְבָּהּ: Width~her
רְחֹבוֹת: "Rehhovot [Wide streets]"
רַחֲבַת: Wide
רְחֹבֹת עִיר: "Rehhovot-Ghir [Wide streets of the city]"
רָחֵל: "Rahhel [Ewe]"
רְחֵלֶיךָ: Ewe~s~you(ms)
רְחֵלִים: Ewe~s
רֶחֶם: Bowels
רַחְמָהּ: Bowels~her
רַחֲמָיו: Bowels~s~him
רַחֲמִים: Bowels~s
רִיב: Strife
רֵיחַ: Aroma
רֵיקָם: Emptiness
רַךְ: Tender
רֶכֶב: Rider
רֹכְבוֹ: Ride~ing(ms)~him
רְכוּשָׁם: Goods~them(m)
רַכּוֹת: Tender~s
רַכִּים: Tender
רְכֻשׁ: Goods
רָכַשׁ: he~did~Accumulate
רָכָשׁ: he~did~Accumulate
רְכֻשׁוֹ: Goods~him
רָכְשׁוּ: they~did~Accumulate
רָכָשׁוּ: they~did~Accumulate
רִמִּיתָנִי: you(ms)~did~much~Betray~me
רֹמֵשׂ: Tread~ing(ms)
רֶמֶשׂ: Treader
רֶסֶן: "Resen [Halter]"
רַע: Dysfunctional
רָע: Dysfunctional
רָעָב: Hunger
רַעֲבוֹן: Famine
רֹעֶה: Feed~ing(ms)
רֹעֵה: Feed~ing(ms)
רֹעָה: Feed~ing(fs)
רָעָה: Dysfunctional
רֵעֵהוּ: Companion~him
רְעוּ: "Re'u [Companion]"
רְעוּאֵל: "Re'u'el [Companion of El]"
רָעוֹת: Dysfunctional~s
רֹעֵי: Feed~ing(mp)

רֹעַי: Feed~ing(mp)~me
רֹעֶיךָ: Feed~ing(mp)~you(ms)
רֹעִים: Feed~ing(mp)
רָעִים: Dysfunctional~s
רַעְמָה: “Ramah [Mane of a horse]”
רַעְמְסֵס: “Ra'meses [Child of the sun]”
רָעַת: Dysfunctional
רְפָאִים: “Rapha [Heal]”~s
רָץ: he~did~Run
רֵק: Empty
רַק: Only
רְקִיעַ: Sheet
רָקִיעַ: Sheet
רָשָׁע: Lost

שׁ

שָׁאוֹל: >~Inquire
שָׁאוּל: “Sha'ul [Unknown]”
שְׁאוֹלָה: Underworld~unto
שָׁאַל: he~did~Inquire
שְׁאֹלָה: Underworld~unto
שְׁאֵרִית: Remnant
שֵׁב: !(ms)~Settle
שָׁב: he~did~Turn.back
שְׁבָא: “Sheva [Seven]”
שְׁבָה: !(ms)~Settle~^
שֻׁבוּ: !(mp)~Turn.back
שְׁבוּ: !(mp)~Settle
שָׁבוּ: they~did~Capture
שֵׁבֶט: Staff
שִׁבְטֵי: Staff~s
שְׁבִי: !(fs)~Settle
שִׁבֳּלִים: Head.of.grain~s
שַׁבְנוּ: we~did~Turn.back
שְׁבֻעַ: Week
שְׁבַע: Seven
שֶׁבַע: Seven
שִׁבְעָה: Seven
שִׁבְעִים: Seven~s
שִׁבְעַת: Seven
שִׁבְעָתַיִם: Seventh.time~s2
שֶׁבֶר: Barley
שִׁבְרוֹ: Barley~him
שִׁבְרוּ: !(mp)~Exchange
שֹׁבְרִים: Exchange~ing(mp)
שִׁבְרָם: Barley~them(m)
שָׁבַת: he~did~Cease
שַׁדַּי: “Shaddai [My breasts]”
שָׁדַיִם: Breast~s2
שְׁדֻפוֹת: Blast~ed(fp)
שׁוֹב: >~Turn.back
שׁוּב: >~Turn.back
שׁוּבוֹ: >~Turn.back~him
שׁוּבוּ: and~Turn.back
שׁוּבִי: !(fs)~Turn.back
שׁוּבְךָ: >~Turn.back~you(ms)
שׁוֹבָל: “Shoval [Leg]”
שָׁוֵה: “Shaweh [Plain]”
שׁוּחַ: “Shu'ahh [Sinking]”
שׁוּנִי: “Shuni [Sleep]”
שׁוּעַ: “Shu'a [Wealthy]”
שׁוֹר: Ox
שׁוּר: “Shur [Caravan]”
שַׁחֵת: >~much~Damage
שֵׂיבַת: Gray.headed
שִׁילֹה: Tranquility
שֹׁכֵב: Lay.down~ing(ms)
שָׁכַב: he~did~Lay.down
שִׁכְבָה: !(ms)~Lay.down~^
שִׁכְבִי: !(fs)~Lay.down
שָׁכַבְתִּי: I~did~Lay.down
שִׁכֵּלוּ: they~had~much~Be.childless
שָׁכֹלְתִּי: I~did~Be.childless
שָׁכָלְתִּי: I~did~Be.childless

שְׁכַּלְתֶּם: you(mp)~will~much~Be.childless
שְׁכֶם: Shoulder
שְׁכֶמָה: “Shekhem [Shoulder]”~unto
שִׁכְמָהּ: Shoulder~her
שִׁכְמוֹ: Shoulder~him
שֹׁכֵן: Dwell~ing(ms)
שְׁכֹן: !(ms)~Dwell
שֵׁלָה: “Sheylah [Petition]”
שְׁלוּחָה: Send~ing(fs)
שְׁלוֹם: Completeness
שָׁלוֹם: Completeness
שֶׁלַח: “Shelahh [Sent]”
שַׁלַּח: >~much~Send
שָׁלַח: “Shelahh [Sent]”
שְׁלֻחָה: Send~ed(fs)
שִׁלְחָה: !(ms)~Send~^
שָׁלְחָה: she~did~Send
שֻׁלְּחוּ: they~did~much.be~Send
שִׁלְחוּ: !(mp)~Send
שַׁלְּחוּנִי: !(mp)~Send~me
שָׁלְחֶךָ: >~Send~you(ms)
שְׁלָחַנִי: he~did~Send~me
שַׁלְּחֻנִי: !(mp)~Send~me
שַׁלְּחֵנִי: !(ms)~much~Send~me
שָׁלַחְתִּי: I~did~Send
שְׁלַחְתֶּם: you(mp)~did~Send
שִׁלַּחְתָּנִי: you(ms)~did~much~Send~me
שְׁלִישִׁי: Third
שָׁלָל: Spoil
שָׁלֵם: he~did~make~Go.out
שְׁלָמִים: Complete~s
שִׁלַּמְתֶּם: you(mp)~did~much~Make.restitution
שָׁלֶף: “Sheleph [Pull]”
שְׁלֹשׁ: Three
שָׁלֹשׁ: Three
שְׁלֹשָׁה: Three
שִׁלְשׁוֹם: Three.days.ago
שְׁלֹשִׁים: Three~s
שִׁלֵּשִׁים: Third.generation~s
שִׁלְשֹׁם: Three.days.ago
שְׁלֹשֶׁת: Three
שָׁם: There
שֵׁם: Title
שֶׁם: Title
שָׁם: There
שְׁמָהּ: Title~her
שַׁמָּה: “Sham'mah [Desolate]”
שָׁמָּה: There~unto
שְׁמוֹ: Title~him
שְׁמוֹת: Title~s
שֵׁמוֹת: Title~s
שְׁמִי: Title~me
שָׁמַיִם: Sky~s2
שָׁמָיִם: Sky~s2
שְׁמֶךָ: Title~you(ms)
שְׁמֶךָ: Title~you(ms)
שִׁמְךָ: Title~you(ms)
שְׁמָם: Title~them(m)
שֶׁמֶן: Oil
שָׁמֶן: Oil
שְׁמֹנֶה: Eight
שְׁמֹנָה: Eight
שְׁמֵנָה: Oil
שְׁמֹנִים: Eight~s
שְׁמֹנַת: Eight
שֹׁמֵעַ: Hear~ing(ms)
שְׁמַע: !(ms)~Hear
שֵׁמַע: Report
שָׁמַע: he~will~Hear
שִׁמְעוּ: !(mp)~Hear
שָׁמְעוּ: they~did~Hear
שִׁמְעוֹן: “Shimon [Heard]”
שְׁמָעוּנִי: !(mp)~Hear~me

שְׁמַעַן: !(fp)~Hear
שְׁמָעֵנוּ: !(ms)~Hear~us
שָׁמַעְנוּ: we~did~Hear
שְׁמָעֵנִי: !(ms)~Hear~me
שֹׁמַעַת: Hear~ing(fs)
שָׁמַעְתָּ: you(ms)~did~Hear
שָׁמַעְתִּי: I~did~Hear
שְׁמַעְתִּיךָ: I~did~Hear~you(ms)
שְׁמַעְתֶּם: you(mp)~did~Hear
שָׁמַר: he~had~Guard
שְׁמֹתָם: Title~s~them(m)
שִׁנְאָב: "Shinav [Teeth of father]"
שָׁנָה: Year
שְׁנֵי: Two
שֵׁנִי: Second
שָׁנִי: Scarlet
שְׁנֵיהֶם: Two~them(m)
שְׁנֵיכֶם: Two~you(mp)
שְׁנִיִּם: Second~s
שְׁנֵים: Two
שְׁנַיִם: Two
שְׁנָיִם: Two
שִׁנַּיִם: Tooth~s
שָׁנִים: Year~s
שְׁנֵינוּ: Two~us
שֵׁנִית: Second
שִׁנְעָר: "Shinar [Country of two rivers]"
שְׁנַת: Year
שְׁנָתִי: Snooze~me
שְׁנָתַיִם: Year~s2
שָׁעָה: he~did~Look.with.respect
שַׁעַר: Gate
שְׁעָרִים: Sha'ar~s
שְׁפוֹ: "Shepho [Bare place]"
שָׁפוֹט: >~Judge
שִׁפְחָה: Maid
שִׁפְחַת: Maid
שִׁפְחָתָהּ: Maid~her
שִׁפְחָתוֹ: Maid~him
שִׁפְחָתִי: Maid~me
שִׁפְחֹתָיו: Maid~s~him
שִׁפְחָתֵךְ: Maid~you(fs)
שְׁפִיפֹן: Adder
שֹׁפֵךְ: Pour.out~ing(ms)
שֶׁפֶר: Bright
שֶׁקֶל: Sheqel
שֶׁרֶץ: Swarmer
שִׁרְצוּ: !(mp)~Swarm
שָׁרְצוּ: they(m)~did~Swarm
שֵׁשׁ: Six
שִׁשָּׁה: Six
שִׁשִּׁי: Sixth
שִׁשִּׁים: Six~s
שֵׁת: "Shet [Buttocks]"
שָׁת: he~did~Set.down
שְׁתֵה: !(ms)~Gulp~^
שְׁתֵּי: Two
שְׁתֵּים: Two
שְׁתַּיִם: Two
שָׁתָם: he~did~Set.down~them(m)

שׂ

שָׂא: !(ms)~Lift.up
שְׂאִי: !(ms)~Lift.up
שְׂאֵת: >~Lift.up
שָׂבָע: Plenty
שָׂדֶה: Field
שָׂדֵהוּ: Field~him
שֶׂה: One.of.the.flock
שִׂטְנָה: "Sithnah [Accusation]"
שֵׂיבָתִי: Gray.headed~me
שִׂיחַ: Shrub

שִׂים: !(ms)~Set.in.place
שִׂימוּ: !(mp)~Set.in.place
שִׂכֵּל: he~did~much~Calculate
שָׂכֹר: >~Hire
שְׂכָרִי: Wage~me
שְׂכָרְךָ: Wage~you(ms)
שְׂכָרֶךָ: Wage~you(ms)
שְׂכַרְתִּיךָ: I~did~Hire~you(ms)
שָׂם: Set.in.place~ing(ms)
שְׂמֹאל: Left.hand
שְׂמֹאלוֹ: Left.hand~him
שָׂמוּ: they~did~Set.in.place
שַׂמְלָה: "Samlah [Garment]"
שְׂמָלֹת: Apparel~s
שִׂמְלֹתָיו: Apparel~s~him
שִׂמְלֹתֵיכֶם: Apparel~s~you(mp)
שִׂמְלֹתָם: Apparel~them(m)
שָׂמַנִי: he~did~Set.in.place~me
שַׂמְתִּי: I~did~Set.in.place
שַׂמְתִּיו: I~did~Set.in.place~him
שְׂנֹא: >~Hate
שֹׂנְאָיו: Hate~ing(mp)~him
שְׂנֵאתֶם: you(mp)~did~Hate
שְׂנוּאָה: Hate~ed(fs)
שְׂעִיר: Goat
שֵׂעִיר: "Se'iyr [Hairy]"
שֵׂעִירָה: "Se'iyr [Hairy]"~unto
שֵׂעָר: Hair
שָׂעָר: Hair
שְׂעֹרֹת: Hair~s
שָׂפָה: Lip
שְׂפַת: Lip
שְׂפָתָם: Lip~them(m)
שַׂק: Sack
שַׂקּוֹ: Sack~him
שַׂקֵּיהֶם: Sack~s~them(m)
שַׂר: Noble

שָׂרָה: "Sarah [Noblewoman]"
שְׂרוּג: "Serug [Branch]"
שְׂרוֹךְ: Lace
שָׂרֵי: Noble~s
שָׂרַי: "Sarai [Princess]"
שָׂרָי: "Sarai [Princess]"
שָׂרִיגִם: Branch~s
שָׂרִיתָ: you(ms)~did~Turn.away

ת

תֹּאבֶה: she~will~Consent
תַּאֲוָה: Yearning
תְאוֹמִים: Twin~s
תַּאֲוַת: Yearning
תְּאַחֲרוּ: you(mp)~will~Delay
תֹאכַל: you(ms)~will~Eat
תֹּאכֵל: you(ms)~will~Eat
תֹּאכַל: you(ms)~will~Eat
תֹאכְלוּ: you(mp)~will~Eat
תֹאכֵלוּ: you(mp)~will~Eat
תֹּאכְלֶנָּה: you(ms)~will~Eat~her
תֹאמַר: you(ms)~will~Say
תֹאמַר: she~will~Say
תֹאמְרוּ: you(mp)~will~Say
תֹּאמְרוּ: you(mp)~will~Say
תֹאמְרוּן: you(ms)~will~Say
תְאֵנָה: Fig
תֹאַר: Shape
תֹּאַר: Shape
תָּבֹא: you(ms)~will~Come
תָּבֹאןָ: they(f)~will~Come
תָבוֹא: you(ms)~will~Come
תָבוֹא: you(ms)~will~Come
תִּבָּחֲנוּ: you(mp)~will~be~Examine

תָּבִיא: you(ms)~will~make~Come
תָּבִיאוּ: you(mp)~will~make~Come
תַּבִּיט: you(ms)~will~make~Stare
תֶּבֶן: Straw
תְּבַקֵּשׁ: you(ms)~will~much~Search.out
תְּבַקְשֶׁנָּה: you(ms)~will~Search.out~her
תְּבַקְשֶׁנּוּ: you(ms)~will~much~Search.out~him
תְּבָרֶכְךָ: she~will~much~Kneel~you(ms)
תְּבָרְכַנִּי: she~will~much~Kneel~me
תֵּבַת: Vessel
תִּגְזֹל: you(ms)~will~Pluck.away
תִּגְּעוּ: you(mp)~will~Touch
תִּדְבָּקַנִי: she~will~Adhere~me
תְּדַבֵּר: you(ms)~will~much~Speak
תְּדַבְּרוּן: you(ms)~will~Speak
תֵּדַע: you(ms)~will~Know
תַּדְשֵׁא: she~will~make~Sprout
תֹהוּ: Confusion
תְּהוֹם: Deep.sea
תְהוֹם: Deep.sea
תְּהִי: she~will~Exist
תְהִי: she~will~Exist
תִּהְיֶה: you(ms)~will~Exist
תִּהְיוּ: you(mp)~will~Exist
תִּהְיֶיןָ: they(f)~will~Exist
תַּהֲרֹג: you(ms)~will~Kill
תּוּבַל קַיִן: "Tuval-Qayin [Flow of acquiring]"
תּוּכַל: you(ms)~will~Be.able
תּוֹלְדוֹת: Birthing~s
תּוֹלְדֹת: Birthing~s
תּוֹלָע: "Tola [Worm]"
תוֹמִם: Twin~s
תּוֹעֵבָה: Disgusting
תּוֹעֲבַת: Disgusting
תּוֹצֵא: she~will~make~Go.out
תִּוָּרֵשׁ: you(ms)~will~be~Inherit
תּוֹתַר: you(ms)~will~make~Reserve
תֵּחַד: she~will~Unite
תֶּחֶטְאוּ: you(mp)~will~Err
תִחְיֶה: you(ms)~will~Live
תָּחֹס: you(ms)~will~Spare
תַּחַשׁ: "Tahhash [Badger]"
תַּחַת: Under
תָּחַת: Under
תַּחְתָּיו: Under~him
תַּחְתִּיִּם: Under~s
תַּחְתֶּנָּה: Under~her
תֵּיטִיב: you(ms)~will~make~Do.well
תֵיטִיב: you(ms)~will~make~Do.well
תֵּימָן: "Teyman [South]"
תִּירָא: you(ms)~will~Fear
תִּירְאוּ: you(mp)~will~Fear
תִּירְאִי: you(fs)~will~Fear
תְּכַלֶּנָּה: you(ms)~will~much~Finish~her
תִּכָּרֵת: she~will~be~Cut
תֵּלֵד: she~will~Bring.forth
תֹּלְדוֹת: Birthing
תֵּלְדִי: you(fs)~will~Bring.forth
תֹּלְדֹת: Birthing~s
תָּלָה: he~did~Hang
תָּלָה: he~did~Hang

תֶּלְיְךָ: Quiver~you(ms)
תֵּלֵךְ: you(ms)~will~Walk
תֵלֵךְ: you(ms)~will~Walk
תֵּלְכוּ: you(mp)~will~Walk
תֵלֵכִי: you(fs)~will~Walk
תַּם: he~did~Be.whole
תָּם: Mature
תָּמוּת: you(ms)~will~Die
תָמוּתוּ: you(mp)~will~Die
תָּמִים: Mature
תָמִים: Whole
תָּמִית: you(ms)~will~make~Die
תִּמְלֹךְ: you(ms)~will~Reign
תִּמְנָע: "Timna [Withhold]"
תִּמְנָתָה: "Timnat [Portion]"~unto
תִמְנָתָה: "Timnat [Portion]"~unto
תִּמְצָא: you(ms)~will~Find
תָּמָר: "Tamar [Palm tree]"
תִּמְשֹׁל: you(ms)~will~Regulate
תִּמְשָׁל: you(ms)~will~Regulate
תְּמֻתוּן: you(mp)~will~Die
תֵּן: !(ms)~Give
תְּנָה: !(ms)~Give~^
תְּנוּ: !(mp)~Give
תַנּוּר: Oven
תְּנִי: !(fs)~Give
תִּנָּקֶה: you(ms)~will~be~Innocent
תְּסֻבֶּינָה: they(f)~did~Go.around
תִּסְחָרוּ: you(mp)~will~Trade
תֹסֵף: she~will~make~Add
תִּסָּפֶה: you(ms)~will~be~Consume
תִּסְפֶּה: you(ms)~will~Consume

תֹּסִפוּן: you(mp)~will~make~Add
תַּעֲבֹד: you(ms)~will~Serve
תַעֲבֹד: you(ms)~will~Serve
תַעֲבֹר: you(ms)~will~Cross.over
תַּעַבְרוּ: you(mp)~will~Cross.over
תֹעֶה: Wander~ing(ms)
תַּעֲמֹד: you(ms)~will~Stand
תַעֲמֹד: you(ms)~will~Stand
תְּעַנֶּה: you(ms)~will~Afflict
תֵּעָצְבוּ: you(mp)~will~be~Distress
תַּעַשׂ: you(ms)~will~Do
תַּעֲשֵׂה: you(ms)~will~Do
תַּעֲשֶׂה: you(ms)~will~Do
תַּעֲשֶׂהָ: you(ms)~will~Do~her
תַּעֲשׂוּ: you(mp)~will~Do
תַּעֲשִׂי: you(fs)~will~Do
תֹּפֵשׂ: Seize.hold~ing(ms)
תֵּצְאוּ: you(mp)~will~Go.out
תַּצְמִיחַ: she~will~make~Spring.up
תִּקָּבֵר: you(ms)~will~be~Bury
תִּקְבְּרֵנִי: you(ms)~will~Bury~me
תִקְבְּרֵנִי: you(ms)~will~Bury~me
תִּקַּח: you(ms)~will~Take
תִקַּח: you(ms)~will~Take
תִּקָּחוּ: you(mp)~will~Take
תִּקְחוּ: you(mp)~will~Take
תָּקַע: he~had~Thrust
תִקְרָא: you(ms)~will~Call.out
תִרְאוּ: you(mp)~will~See
תִּרְגְּזוּ: you(mp)~will~Shake
תֵּרֵד: you(ms)~will~Go.down
תַּרְדֵּמָה: Trance

תֶּרַח: "Terahh [Station]"
תָּרַח: "Terahh [Station]"
תֶּרַח: "Terahh [Station]"
תָּרִיד: you(ms)~will~make~Roam
תִּרְמֹשׂ: she~will~Tread
תָּרֵעוּ: you(mp)~will~make~Be.dysfunctional
תִּשָּׂא: you(ms)~will~Lift.up
תִּשְׁאַל: you(ms)~will~Inquire
תֵּשֵׁב: she~will~Settle
תָּשֵׁב: you(ms)~will~Turn.back
תֵּשְׁבוּ: you(mp)~will~Settle
תֵּשֵׁבוּ: you(mp)~will~Turn.back
תָּשׁוּב: you(ms)~will~Turn.back
תְּשׁוּפֶנּוּ: you(ms)~will~Fall.upon~him
תְּשׁוּקָתוֹ: Following~him
תְּשׁוּקָתֵךְ: Following~you(fs)
תָּשִׁיב: you(ms)~will~Turn.back
תָּשִׁיבוּ: you(mp)~will~make~Turn.back
תָּשִׂים: you(ms)~will~Set.in.place
תָּשִׂימוּ: you(mp)~will~Set.in.place
תִּשְׁלַח: you(ms)~will~Send
תִּשְׁלְחוּ: you(mp)~will~Send
תֵּשָׁם: she~will~Desolate
תִּשְׁמַע: you(ms)~will~Hear
תִּשְׁמְעוּ: you(mp)~will~Hear
תִּשְׁמֹר: you(ms)~will~Guard
תִּשְׁמְרוּ: you(mp)~will~Guard
תְּשַׁע: Nine
תֵּשַׁע: Nine
תִּשְׁעִים: Nine~s
תִּשְׁפְּכוּ: you(mp)~will~Pour.out
תִּשְׁקֹר: you(ms)~will~Lie
תֵּת: >~Give
תִּתִּי: >~Give~me
תִּתֵּן: you(ms)~will~Give
תִּתֶּן: you(ms)~will~Give
תִּתֶּן: you(ms)~will~Give
תִּתְּנוּ: you(mp)~will~Give
תִּתְרָאוּ: you(mp)~will~self~See

Index of Hebrew Words

A

Abdomen: The gut, the internal organs of the lower torso, the seat of the unconscious mind. Also, the seat of emotion. [masc] [AHLB: 1292-H (N)] [Strong's: 4577, 4578]

Abundance: An ample quantity of number (many) or plentiful supply of strength (great). [masc] [AHLB: 1439-J (N)] [Strong's: 7230]

Abundant: Great plenty or supply of numbers (many) or strength (great). From the idea of greatness in authority. e.g. One who is abundant in authority such as a master or teacher. Also, an archer as one abundant with arrows. [masc] [AHLB: 1439-A (N)] [Strong's: 7227, 7228, 7229]

Accept: To receive from the messenger what is given as a message. [AHLB: 1455-H (V)] [Strong's: 7521]

Account.of: A telling of what occurred previously. Thus used in Hebrew as a rolling back around. [AHLB: 1058-B (N)] [Strong's: 1558]

Accumulate: To gather or pile up, especially little by little. [AHLB: 2772 (V)] [Strong's: 7408]

Acquired: What is accumulated in the sense of gathering to build a nest. What is obtained as one's own. Often used in the context of purchasing. [fem] [AHLB: 1428-H (h¹)] [Strong's: 4736]

Acquisition: Something gained by purchase or exchange. [masc] [AHLB: 2360 (N)] [Strong's: 4943]

Acquit: To declare one innocent of a crime or oath. [AHLB: 1318-H (V)] [Strong's: 5343, 5352]

Add: An augmenting of something by increasing it in amount or supply. [AHLB: 1339-L (V)] [Strong's: 3254, 3255]

Adder: A species of viper, possibly an adder. [masc] [AHLB: 1477-B (bj)] [Strong's: 8207]

Adhere: To join or stick to someone or something. [AHLB: 2092 (V)] [Strong's: 1692, 1693]

Advance: To bring or move forward to raise to a higher rank to make progress. [AHLB: 2589 (V)] [Strong's: 6275]

Affection: A moderate feeling or emotion. A tender attachment or fondness. [fem] [AHLB: 1094-C (N¹)] [Strong's: 160]

Afflict: To oppress severely so as to cause persistent suffering or anguish in the sense of making dark. [AHLB: 1359-H (V)] [Strong's: 6031, 6033]

Affliction: The cause of persistent suffering, pain or distress. [masc] [AHLB: 1359-A (f)] [Strong's: 6040, 6041]

After: A time to come beyond another event. [masc] [AHLB: 1181-C (N)] [Strong's: 310, 311]

Age: The part of existence extending from the beginning to any given time a period of time marked by a central figure or prominent feature. [masc] [AHLB: 2132 (g)] [Strong's: 2207]

Agree: Two parties to be in concert or concurrence. [AHLB: 1022-J (V)] [Strong's: 225]

All: The whole of a group in the sense of being full of food. [masc] [AHLB: 1242-J (N)] [Strong's: 3605, 3606]

Almond: The nut or the tree. From the nut's shape like an open eye. [masc] [AHLB: 2872 (N)] [Strong's: 8247]

Also: In addition to. The idea of a gathering of objects or ideas. [AHLB: 1059-A (N)] [Strong's: 1571]

Altar: The place of sacrifice. [masc] [AHLB: 2117 (h)] [Strong's: 4196]

Amber: A fossil gum resin. [masc] [AHLB: **3003**] [Strong's: 916]

Amplify: To expand, multiply or increase. [AHLB: 1072-H (V)] [Strong's: 1711]

Annoyance: The act of disturbing or irritating. Something that is light in stature considered worthless as compared with something of much greater value or importance. [fem] [AHLB: 1426-B (N¹)] [Strong's: 7045]

Answer: Something written or spoken in reply to a question. [AHLB: 1520-H (V)] [Strong's: 6030, 6032]

Apart.from: At a little distance away from in space or time holding different opinions. [masc] [AHLB: **3004**] [Strong's: 1107]

Apparel: Something that clothes or adorns. As forming to the image of the body. [fem] [AHLB: 2489

(e¹)] [Strong's: 8071]

Appearance: What is seen or is in sight. [masc] [AHLB: 1438-H (a)] [Strong's: 4758]

Appointed: A fixed or officially set time such as a repetitive event or the seasons. A company or assembly of officially named persons. [masc] [AHLB: 1349-L (a)] [Strong's: 4150, 4151]

Appointed.time: A fixed or officially set event, occasion or date. [fem] [AHLB: 1367-A (N)] [Strong's: 6256]

Apportion: To divide and mete out according to a plan among the appropriate recipients. [AHLB: 2167 (V)] [Strong's: 2505]

Arm: The human upper limb as representing power. [fem] [AHLB: 2139 (c)] [Strong's: 2220]

Army: A large organized group mustered together and armed for war or service. [masc] [AHLB: 1393-E (N)] [Strong's: 6635]

Aroma: A distinctive pervasive and usually pleasant or savory smell or odor. [fem] [AHLB: 1445-M (N)] [Strong's: 7381, 7382]

Around: On all sides enclose so as to surround in rotation or succession. [masc] [AHLB: 1324-B (b)] [Strong's: 5439]

Arrange: To set something in order or into a correct or suitable configuration, sequence or adjustment . [AHLB: 2576 (V)] [Strong's: 6186]

Arrow: A missile weapon shot from a bow having a pointed head, slender shaft and feathers as a butt. Used in Hebrew as dividing flesh. [masc] [AHLB: 1179-A (N)] [Strong's: 2671]

Ash: The solid residue left when material is thoroughly burned.

[masc] [AHLB: 1388-C (N)] [Strong's: 665, 666]

Ashamed: Feeling shame, guilt or disgrace. i.e. To be dried up with shame. [AHLB: 1044-J (V)] [Strong's: 954]

Assembled.flock: A large group, as a gathering of the flock of sheep to the shepherd. [masc] [AHLB: 1426-G (N)] [Strong's: 6951]

At: A function word to indicate presence or occurrence, a goal of an implied or indicated action, etc.. Commonly used as a grammatical tool to identify the direct object of a verb. [AHLB: 1022-A (N)] [Strong's: 853, 854, 3487]

At.that.time: A specified moment or time. [masc] [AHLB: 1007-A (N)] [Strong's: 227]

At.this.point: To indicate a specific moment or place in time. [masc] [AHLB: 1104-K (p)] [Strong's: 1988]

Attach: To bring one's self into an association with another e.g.. have an attachment to another. [AHLB: 2219 (V)] [Strong's: 2836]

Avenge: To take vengeance for or on behalf of another to gain satisfaction for a wrong by punishing the wrongdoer e.g. to pursue and kill one who has murdered. [AHLB: 2433 (V)] [Strong's: 5358]

Awake: To bring sleep to an end to not be in a state of sleeping. [AHLB: 1432-L (V)] [Strong's: 3364]

Awe: As shaking when in the presence of an awesome sight. Used once for the thigh (Job 40:17) as shaking in awe. [masc] [AHLB: 2598 (N)] [Strong's: 6343, 6344]

B

Back: The part of the body that is behind. To be in the rear of or behind something. [masc] [AHLB: 1181-C (c)] [Strong's: 268]

Back.of.the.neck: The nape. Derived from the soreness of the neck when carrying a load or stress. [masc] [AHLB: 1411-D (g)] [Strong's: 6676, 6677]

Backward: With the back foremost in a reverse or contrary way i.e. To walk backward in the sense of being after oneself. [fem] [AHLB: 1181-C (cm⁴)] [Strong's: 322]

Bag: A usually flexible container that may be closed for holding, storing, or carrying something e.g. The mouth is spread apart to put something in or take something out. [fem] [AHLB: 2362 (n²)] [Strong's: 572]

Bake: To cook using dry heat, especially in an oven. The baking of something in an oven. [AHLB: 1017-H (V)] [Strong's: 644]

Balm: An aromatic preparation for a healing ointment. A salve rubbed and pressed into the skin. [masc] [AHLB: 1411-A (f)] [Strong's: 6875]

Band: A gathering of men for attacking or raiding. [com] [AHLB: 1050-B (d)] [Strong's: 1416]

Barley: A cereal grass used for food. As traded or sold. [masc] [AHLB: 2811 (N)] [Strong's: 7668]

Barren: Incapable of bearing children. Childless in the sense of being naked of children. [masc] [AHLB: 1365-B (bf)] [Strong's:

6185]

Barter: To exchange an item or service for another. [AHLB: 2573 (V)] [Strong's: 6148, 6149, 6151]

Base: The bottom or foundation which provides support. A person's home or family as being a base. A species of gnat. [masc] [AHLB: 1244-A (N)] [Strong's: 3653]

Basket: A receptacle made of interwoven materials such as reeds. [masc] [AHLB: 1334-A (N)] [Strong's: 5536]

Battle: A struggle between two armies. [fem] [AHLB: 2305 (h¹)] [Strong's: 4421]

Be: To exist or have breath. That which exists has breath. In Hebrew thought the breath is the character of someone or something. Just as a man has character, so do objects. [AHLB: 1097-J (V)] [Strong's: 1933, 1934]

Be.a.whore: A woman who practices promiscuous sexual behavior, especially for hire. As paid with food. [AHLB: 1152-H (V)] [Strong's: 2181]

Be.able: To successfully prevail, overcome or endure. [AHLB: 1242-L (V)] [Strong's: 3201, 3202]

Be.abundant: To be strong in might or numbers. From the abundant number of bones in the body. [AHLB: 2569 (V)] [Strong's: 6105]

Be.bitter: One of the four basic taste sensations [AHLB: 1296-B (V)] [Strong's: 4843]

Be.childless: To be without children through miscarriage, barrenness or loss of children. [AHLB: 2836 (V)] [Strong's: 7921]

Be.clean: Free from dirt or pollution

unadulterated, pure. [AHLB: 1204-G (V)] [Strong's: 2891]

Be.correct: To walk on the right path without losing the way. [AHLB: 2658 (V)] [Strong's: 6663]

Be.crafty: The doing of a thing slyly or cunningly. [AHLB: 2404 (V)] [Strong's: 5230]

Be.drunk: To be filled with intoxicating drink. [AHLB: 2839 (V)] [Strong's: 7937]

Be.dysfunctional: Impaired or abnormal filling of purpose. To act wrongly by injuring or doing an evil action. [AHLB: 1460-B (V)] [Strong's: 4827, 7489]

Be.face.to.face: To face another. Usually in the causative (hiphil or hophal) form meaning to tell, to give an account to another. [AHLB: 2372 (V)] [Strong's: 5046, 5047]

Be.far: To be distant, a long way off. [AHLB: 2765 (V)] [Strong's: 7368]

Be.fruitful: Abundantly productive. [AHLB: 1388-E (V)] [Strong's: 6500]

Be.hard: Not easily penetrated not easily yielding to pressure. [AHLB: 1435-H (V)] [Strong's: 7185]

Be.heavy: To be great in weight, wealth or importance. [AHLB: 2246 (V)] [Strong's: 3513]

Be.hungry: To have an urgent craving for food famished. [AHLB: 2777 (V)] [Strong's: 7456]

Be.in.misery: A state of suffering and want due to poverty or affliction. [AHLB: 1232-D (V)] [Strong's: 3510]

Be.insubstantial: Lacking in material nature lacking firmness or solidity. To be light in weight. To curse or despise in the sense of

162

making light. [AHLB: 1426-B (V)] [Strong's: 7043]

Be.numb: Devoid of sensation or emotion. [AHLB: 1371-J (V)] [Strong's: 6313]

Be.old: To be of an advanced age. [AHLB: 2132 (V)] [Strong's: 2204]

Be.rich: To be wealthy. [AHLB: 2585 (V)] [Strong's: 6238]

Be.sad: To be in a state of depression. [AHLB: 2130 (V)] [Strong's: 2196]

Be.small: To have little size or slight dimensions insignificant. [AHLB: 2703 (V)] [Strong's: 6994]

Be.strong: Having or marked by great physical, moral or intellectual power. To be mentally astute, firm, obstinate or courageous. [AHLB: 1294-C (V)] [Strong's: 553]

Be.sweet: One of the four basic taste sensations [AHLB: 2416 (V)] [Strong's: 5276]

Be.threefold: Being three times as great or as many. [AHLB: 2847 (V)] [Strong's: 8027]

Be.unclean: Morally or spiritually impure dirty, filthy. [AHLB: 1197-E (V)] [Strong's: 2930]

Be.whole: Free of wound or injury, defect or impairment, disease or deformity mentally and emotionally sound. [AHLB: 1496-B (V)] [Strong's: 8552]

Be.zealous: Filled with eagerness and ardent interest in pursuit of something. [AHLB: 1428-E (V)] [Strong's: 7065]

Be.sick: To be twisted through pain but may also mean to beseech through the idea of twisting. [AHLB: 1173-H (V)] [Strong's: 2470]

Beard: The hair that grows on a man's face. A long beard as a sign of old age and wisdom. An elder as a bearded one. [masc] [AHLB: 2132 (N)] [Strong's: 2205, 2206]

Beast: An animal as distinguished from man or a plant. A tall or large creature. [fem] [AHLB: 1036-G (N¹)] [Strong's: 929, 930]

Beat: To strike repeatedly to drive or force by blows. [AHLB: 2623 (V)] [Strong's: 6470]

Beautiful: Generally pleasing. Possessing the qualities of loveliness. [masc] [AHLB: 1224-H (N)] [Strong's: 3303, 3304]

Beauty: The qualities in a person or thing that give pleasure to the senses or exalt the mind or spirit. As the beauty of the camp To give or show beauty, grace or mercy to another. [masc] [AHLB: 1175-A (N)] [Strong's: 2580]

Bed: A place for sleeping. Spread out sheet for sleeping. [fem] [AHLB: 1308-A (h¹)] [Strong's: 4296]

Before: What precedes another event. [masc] [AHLB: 2244 (N)] [Strong's: 2962]

Behind: In, to or toward the back .To be in back of, at the rear or following after something. [masc] [AHLB: 1181-C (j)] [Strong's: 314]

Being: The whole of a person, god or creature including the body, mind, emotion, character and inner parts. [fem] [AHLB: 2424 (N)] [Strong's: 5315]

Belly: The undersurface of an animal the stomach and other digestive organs. [masc] [AHLB: 1054-A (j)] [Strong's: 1512]

Bend.down: To turn from straight or even to curved to make submissive, pay homage to another one by bowing low or getting on the knees with the face to the ground. [AHLB: 1468-H (V)] [Strong's: 7812]

Bend.the.knee: A kneeling down as a sign of respect to another. [masc] [AHLB: 2039 (n)] [Strong's: 86]

Beqa: A weight standard of measure equal to one-half shekel weight. [masc] [AHLB: 2034 (N)] [Strong's: 1235]

Beside: Being next to something in the sense of being in its shade. [masc] [AHLB: 1403-C (N)] [Strong's: 681]

Best: Excelling all others most, largest most productive or good, utility or satisfaction.. [masc] [AHLB: 1186-L (k)] [Strong's: 4315]

Betray: To lead astray to deliver to an enemy by treachery to reveal unintentionally. In the Aramaic this word means to "cast down." [AHLB: 1450-H (V)] [Strong's: 7411, 7412]

Between: In the time, space or interval that separates. As the wall is between the two sides of the tent. [masc] [AHLB: 1037-M (N)] [Strong's: 996, 997, 1143]

Bind: To make secure by tying to confine, restrain or restrict as if with bonds. bind with a cord. [AHLB: 2572 (V)] [Strong's: 6123]

Bind.up: To tie something. The tying of the tongue, silence. [AHLB: 1266-C (V)] [Strong's: 481]

Bird: A creature distinguished by a body covering of feathers and forelimbs modified as wings. [fem] [AHLB: 2685 (c)] [Strong's: 6833]

Bird.of.prey: A carnivorous bird that feeds on carrion or meat taken by hunting. [masc] [AHLB: 1354-

M (N)] [Strong's: 5861]

Birthing: The act or process of bringing forth offspring from the womb. Total of the children born within an era. [fem] [AHLB: 1257-L (i³)] [Strong's: 8435]

Birthright: Rights, privileges or possessions to which a person is entitled by birth. The rights of the firstborn son (see Deut. 21:17). Also meaning the firstborn. [fem] [AHLB: 2016 (c¹)] [Strong's: 1062]

Bite: To seize especially with teeth or jaws to sting, wound or pierce as with a fang. To give usury in the sense of a biting. [AHLB: 2441 (V)] [Strong's: 5391]

Bitter: A difficult taste or experience. In Isaiah 40:15 only, this word means "drop." [masc] [AHLB: 1296-A (N)] [Strong's: 4751, 4752]

Blast: To blow heavily. [AHLB: 2817 (V)] [Strong's: 7710]

Blazing: To burn brightly to be conspicuously brilliant or resplendent. [masc] [AHLB: 1262-G (N)] [Strong's: 3858]

Blindness: Sightless unquestioning, as having no regard to rational discrimination, guidance or restriction. As a shutting of the eyes. [masc] [AHLB: 3035 (N)] [Strong's: 5575]

Blood: The fluid that circulates through the heart and blood vessels with oxygen and nutrients to and carrying waste from the cells of the body. [masc] [AHLB: 1082-A (N)] [Strong's: 1818]

Blossom: The flower of a seed plant. From its bright color and shape as like a spark. Also, an unknown bird of prey. [masc] [AHLB: 1317-A (N)] [Strong's: 5322]

Body: By extension, the physical form, either alive or dead a corpse. [fem] [AHLB: 1052-A (f¹)] [Strong's: 1472]

Boil: To generate bubbles of vapor when heated. To cook a meat in water. Also meaning to ripen in the sense of being cooked. [AHLB: 2043 (V)] [Strong's: 1310]

Bondwoman: A female slave. One who is bound to another. [fem] [AHLB: 1013-A (N¹)] [Strong's: 519]

Bone: The hard tissue of which the skeleton is chiefly composed. As a numerous amount. [masc] [AHLB: 2569 (N)] [Strong's: 6106]

Booth: A temporary shelter a small enclosure dwelling place. [fem] [AHLB: 1333-J (N¹)] [Strong's: 5521]

Border: The outer edge of a region. [masc] [AHLB: 2049 (d)] [Strong's: 1366]

Born: Brought forth, as if by birth. [masc] [AHLB: 1257-L (b)] [Strong's: 3211]

Bosom: The human chest, especially the front side. [masc] [AHLB: 1163-M (N)] [Strong's: 2436]

Bound.up: To be confined or hedged in together. To wait or to be held back in the sense of being bound up. [AHLB: 1419-J (V)] [Strong's: 6960]

Bow: A weapon made from a stiff branch to shoots arrows. A bow-shaped object such as a rainbow. [fem] [AHLB: 1435-A (N²)] [Strong's: 7198, 7199]

Bow.the.head: To lower the head as a sign of respect. [AHLB: 1418-B (V)] [Strong's: 6915]

Bowels: The large intestines as encompassed about by the torso.

Compassion as coming from the bowels. Also, an unknown species of bird. [masc] [AHLB: 2762 (N)] [Strong's: 7356, 7358, 7359]

Bowl: A concave vessel especially for holding liquids. As with high sides. [masc] [AHLB: 2051 (b)] [Strong's: 1375]

Box: A rigid rectangular receptacle often with a cover. Any box-shaped object. [masc] [AHLB: 1020-H (j)] [Strong's: 727]

Boy: A male child from birth to puberty. [masc] [AHLB: 1257-L (N)] [Strong's: 3206]

Bracelet: An ornamental band or chain worn around the wrist. As the ends joined together. [masc] [AHLB: 2665 (b)] [Strong's: 6781]

Bramble: A rough, prickly vine or shrub. Thorn. [masc] [AHLB: 1432-J (N)] [Strong's: 6975]

Branch: A secondary shoot or stem arising from a main trunk or axis.. [masc] [AHLB: 2505 (b)] [Strong's: 8299]

Breach: A broken, ruptured or torn condition or area a gap as in a wall made by battering. [masc] [AHLB: 2642 (N)] [Strong's: 6556]

Bread: Baked and leavened food primarily made of flour or meal. The kneading, or fighting, with bread dough. [masc] [AHLB: 2305 (N)] [Strong's: 3899, 3900, 3901]

Bread.cake: Cakes baked on hot stones. [fem] [AHLB: 1348-A (N¹)] [Strong's: 5692]

Break: To throw something on the ground and break it by trampling. [AHLB: 1388-B (V)] [Strong's: 6565]

Break.out: To be spread out wide or

widespread. [AHLB: 2642 (V)] [Strong's: 6555]

Breaking.camp: The packing up of camp for the purpose of beginning a journey. [masc] [AHLB: 2413 (a)] [Strong's: 4550, 4551]

Breast: Milk-producing glandular organs situated on the front part of the chest in the female the fore part of the body between the neck and the abdomen. Also a goat-idol from the teats of the goat. [masc] [AHLB: 1464-A (N)] [Strong's: 7699, 7700]

Breath: Air inhaled or exhaled. The breath of man or god. The essence of life. [fem] [AHLB: 2443 (N¹)] [Strong's: 5396, 5397]

Brick: A building material typically rectangular and of moist clay hardened by heat. [fem] [AHLB: 2303 (N¹)] [Strong's: 3843]

Bride.price: A payment given by or in behalf of a prospective husband to the bride's family. [masc] [AHLB: 1296-G (g)] [Strong's: 4119]

Bright: A radiating or reflective light. As cheerful. [masc] [AHLB: 2869 (N)] [Strong's: 8233]

Brimstone: A rock of sulfur that burns. [fem] [AHLB: 2079 (N⁴)] [Strong's: 1614]

Bring.forth: To issue out. To bring forth children, either by the woman who bears them or the man who fathered them. [AHLB: 1257-L (V)] [Strong's: 3205]

Bronze: An alloy of copper and tin. From its shine. [fem] [AHLB: 2395 (c²)] [Strong's: 5178]

Brother: A male who has the same parents as another or shares one parent with another. One who stands between the enemy and the family, a protector. The

hearth of a fire used as a dividing wall that protects the family. [fem] [AHLB: 1008-A (N)] [Strong's: 251, 252, 254, 1889]

Bruise: An injury involving rupture of small blood vessels and discoloration without a skin break. The dark coloring of the skin caused by being hit or smashed. [masc] [AHLB: 2628 (N)] [Strong's: 6482]

Build: To construct a building, home or family. [AHLB: 1037-H (V)] [Strong's: 1124, 1129]

Bull: A male un-castrated bovine. [masc] [AHLB: 1388-A (N)] [Strong's: 6499]

Bundle: A group of things fastened together for convenient handling. Something that is bound up tightly. [masc] [AHLB: 1411-B (c)] [Strong's: 6872]

Burial.place: The place of interment or deposit of a deceased body. [fem] [AHLB: 2696 (d¹)] [Strong's: 6900]

Burn.black: To char wood in a fire. A passion that burns for another. [AHLB: 2266 (V)] [Strong's: 3648]

Burst: To break open, apart or into pieces out or through. [AHLB: 2811 (V)] [Strong's: 7665, 8406]

Burst.out: To be larger, fuller, or more crowded. Break out or break forth as a blooming flower or the wings of a bird. [AHLB: 2636 (V)] [Strong's: 6524]

Bury: To dispose of by depositing in or as if in the earth. [AHLB: 2696 (V)] [Strong's: 6912]

But: On the contrary. An outcome desired in the sense of joining. [com] [AHLB: 1254-J (p)] [Strong's: 199]

Butcher: One who slaughters animals or dresses their flesh.

[AHLB: 2227 (V)] [Strong's: 2873]

By: In proximity to. The sense of standing with another. [masc] [AHLB: 2550 (e)] [Strong's: 5978]

C

Calculate: To determine by mathematical deduction or practical judgement. To comprehend and carefully consider a path or course of action. [AHLB: 2477 (V)] [Strong's: 7919, 7920]

Call.out: To raise one's voice or speak to someone loudly and with urgency. To call out, give, a name. Also, to "meet" in the sense of being called to a meeting and, through extension, an encounter by chance. In addition, to "read" in the sense of calling out the words written. [AHLB: 1434-E (V)] [Strong's: 7121, 7123]

Camel: Either of two ruminant mammals used as draft animals in the desert. The produce of the fields were tied in large bundles and transported on camels. [com] [AHLB: 2070 (N)] [Strong's: 1581]

Camp: Ground on which temporary shelters (as tents) are erected a group of shelters erected on such ground. To stop for the night and pitch the tents. [AHLB: 1175-H (V)] [Strong's: 2583]

Campsite: A place suitable for or used as the location of a camp. The inhabitants of a camp. [masc] [AHLB: 1175-H (a)] [Strong's: 4264]

Captain: A military leader the

commander of a unit or a body of troops. The leader of a family, tribe or people as one who carries the burdens of the people. [masc] [AHLB: 1314-E (b)] [Strong's: 5387]

Capture: The act of catching, winning, or gaining control by force, stratagem, or guile. To take one away from his homeland as an involuntary prisoner. [AHLB: 1462-H (V)] [Strong's: 7617]

Caravan: A traveling company that follows a prescribed path. The Aramaic word means a road or path one travels. [fem] [AHLB: 1445-C (g¹ & N¹)] [Strong's: 735, 736]

Carcass: A dead body. [masc] [AHLB: 2593 (N)] [Strong's: 6297]

Carry: To transfer from one place to another to transport as by vehicle. [AHLB: 2460 (V)] [Strong's: 5445, 5446]

Cart: A heavy, two-wheeled vehicle, animal-drawn, used for transporting freight or for farming. From its round wheels. [fem] [AHLB: 2524 (N¹)] [Strong's: 5699]

Cartilage: Translucent elastic tissue that lines the joints of the bony skeleton. [masc] [AHLB: 2084 (N)] [Strong's: 1634, 1635]

Cast.out: To drive out, expel, thrust away. [AHLB: 2089 (V)] [Strong's: 1644]

Cattle: Domesticated bovine animals on a farm or ranch. Strong beasts used to break the soil with plows. [masc] [AHLB: 2035 (N)] [Strong's: 1165, 1241]

Cave: A natural underground chamber or series of chambers that open to the surface. A hole in the rock. [fem] [AHLB: 1250-A (k¹)] [Strong's: 4380, 4631]

Cease: To come to an end to die out. Case from an activity for the purpose of rest or celebration. [AHLB: 2812 (V)] [Strong's: 7673]

Cereal: Relating to grain or plants that produce it. A plentiful crop. [masc] [AHLB: 1072-A (m)] [Strong's: 1715]

Chain: A series of links worn as an ornament or insignia in the sense of being spread over the neck. [masc] [AHLB: 2742 (b)] [Strong's: 7242]

Chamber: A bedroom a natural or artificial enclosed space or cavity. Place surrounded by walls. An inner place as hidden or secret. [masc] [AHLB: 2150 (N)] [Strong's: 2315]

Change: To make different in some particular to make radically different exchange one thing for another. To repeat in the sense of a second time. [AHLB: 1474-H (V)] [Strong's: 8132, 8133, 8138]

Charge: A person or thing committed to the care of another. What is given to be watched over and protected. [fem] [AHLB: 2853 (h²)] [Strong's: 4931]

Chariot: A two-wheeled horse-drawn battle car of ancient times used also in processions and races. [fem] [AHLB: 2769 (k¹)] [Strong's: 4818]

Cheese: A food consisting of the coagulated, compressed and usually ripened curd of milk separated from the whey. [fem] [AHLB: 1174-E (N¹)] [Strong's: 2529]

Chestnut: Probably the chestnut tree but uncertain. [masc] [AHLB: 2908 (j)] [Strong's: 6196]

Chief: Accorded highest rank or office of greatest importance, significance, or influence. One who is yoked to another to lead and teach. [masc] [AHLB: 2001 (d)] [Strong's: 441]

Child: A young person, especially between infancy and youth. [masc] [AHLB: 1257-I (N)] [Strong's: 2056]

Children: More than one child. [masc] [AHLB: 1201-A (N)] [Strong's: 2945]

Chimney: A vertical structure in a building and enclosing a flue or flues that carry off smoke. A hole in the roof where smoke escapes. [fem] [AHLB: 1439-C (d¹)] [Strong's: 699]

Choice.fruit: Having qualities that appeal to a cultivated taste. As plucked from the tree or vine. [fem] [AHLB: 2124 (N¹)] [Strong's: 2173]

Choice.vine: The best of the vine, the best grapes. [com] [AHLB: 2513 (g)] [Strong's: 8321]

Choose: To select freely and after consideration. [AHLB: 2012 (V)] [Strong's: 977]

Chosen: One who is the object of choice or of divine favor. [masc] [AHLB: 2012 (h)] [Strong's: 4005]

Circumcise: To cut off the foreskin of a male. A cutting of the front part of the male member. [AHLB: 1288-J (V)] [Strong's: 4135]

Cistern: An artificial reservoir for storing liquids and especially water. A hole, well or cistern that is dug out. A standard of measure. [masc] [AHLB: 1250-J (N)] [Strong's: 953, 2352, 2356,

3564, 3734]

City: An inhabited place of greater size, population, or importance than a town or village. [masc] [AHLB: 1526-M (N)] [Strong's: 5892]

Cleave: To divide by or as if by a cutting blow to separate into distinct parts. break, cut or divide something in half. [AHLB: 2034 (V)] [Strong's: 1234]

Clothe: To cover with or as if with cloth or clothing to provide with clothing put on clothing. [AHLB: 2304 (V)] [Strong's: 3847, 3848]

Clothing: Garments in general. [masc] [AHLB: 2304 (d)] [Strong's: 3830, 3831]

Cloud: A visible mass of particles of water or ice in the form of fog, mist, or haze suspended usually at a considerable height in the air. [masc] [AHLB: 1359-B (N)] [Strong's: 6050, 6051]

Cluster: A number of similar things growing together or of things or persons collected or grouped closely together. A cluster of grapes from the vine or flowers from the plant. [masc] [AHLB: 2836 (nc)] [Strong's: 811]

Coat: An outer garment varying in length and style the external growth on an animal. [masc] [AHLB: 1344-J (N)] [Strong's: 5497]

Cold: A condition of low temperature. [masc] [AHLB: 1434-A (N)] [Strong's: 7119, 7120]

Collection: An accumulation of objects or material. A collection of water (a pool, pond or sea) or horses (herd). [masc] [AHLB: 1419-J (h)] [Strong's: 4723]

Colt: A young male horse a young untried person. As dark in color.

[com] [AHLB: 1526-M (N)] [Strong's: 5895]

Come: To move toward something approach to reach a condition fill a void by entering it. This can be understood as to come or to go. [AHLB: 1024-J (V)] [Strong's: 935]

Come.near: To come close by or near to. [AHLB: 2729 (V)] [Strong's: 7126, 7127]

Come.to.an.end: To cease. Conclude. [AHLB: 1383-C (V)] [Strong's: 656]

Come.up: To rise up, as the sun does at the horizon. [AHLB: 2135 (V)] [Strong's: 2224]

Comfort: Consolation in time of trouble or worry. To give solace in time of difficulty or sorrow. [AHLB: 2392 (V)] [Strong's: 5162]

Community: A unified body of individuals a group of people bound together. [masc] [AHLB: 1266-D (c)] [Strong's: 3816]

Companion: One that accompanies another. As a close companion. [masc] [AHLB: 1453-A (N)] [Strong's: 7453]

Company: A group of persons or things for carrying on a project or undertaking company, as a group with a common testimony. May also mean a witness or testimony. [fem] [AHLB: 1349-A (N¹)] [Strong's: 5712, 5713]

Compassionate: Having or showing sympathetic consciousness of others' distress with a desire to alleviate it. [fem] [AHLB: 2171 (N¹)] [Strong's: 2551]

Compel: To drive or urge forcefully or irresistibly. A pressing into an action or narrow place. [AHLB: 1018-J (V)] [Strong's: 213]

Complete: Having all necessary

parts, elements or steps. A state of being whole or full. Left unaltered and whole in its original functional state without removing or adding to it. An offering or payment to make restitution. To finish. Used in Aramaic as a greeting expressing a desire for completeness to another. [masc] [AHLB: 2845 (N)] [Strong's: 8001, 8002, 8003]

Completeness: Something that has been finished or made whole. A state of being complete. Used in Aramaic as a greeting expressing a desire for completeness to another. [masc] [AHLB: 2845 (c)] [Strong's: 7965]

Completion: The act or process of completing. This can be in a positive sense or negative, such as in a failure. [fem] [AHLB: 1242-A (N¹)] [Strong's: 3617]

Conceal: To prevent disclosure or recognition of to place out of sight. To completely cover over or hide. [AHLB: 1245-H (V)] [Strong's: 3680, 3780]

Conceive: To become pregnant with young. [AHLB: 1112-H (V)] [Strong's: 2029]

Concerning: Regarding. Marked interest or regard usually arising through a personal tie or relationship. A turning over and bringing together of a thought. [fem] [AHLB: 1004-J (N³)] [Strong's: 182]

Conclusion: To come to an end. The end of a time period or place or the end of something. The border of a country as its edges. [masc] [AHLB: 1432-A (N)] [Strong's: 7093]

Concubine: Cohabitation of persons not legally married a woman living in a socially recognized state of being a mistress. [fem] [AHLB: **3048**] [Strong's: 6370]

Confusion: To bring to ruin to make indistinct to fail to differentiate from an often similar or related other. A barren place. Vanity as a state of waste. [masc] [AHLB: 1488-J (r)] [Strong's: 8414]

Consent: To give approval to be in concord in opinion or sentiment agreement as to action or opinion. A filling of a void in space or action. To be willing to go somewhere or do something. [AHLB: 1028-C (V)] [Strong's: 14]

Consistency: Agreement or harmony of parts or features showing steady conformity to character, profession, belief, or custom. [masc] [AHLB: 1497-C (e)] [Strong's: 386]

Consume: To eat or drink with the lips. [AHLB: 1339-H (V)] [Strong's: 5595]

Contention: An act or instance of striving or struggling against great difficulty or opposition. [fem] [AHLB: 1439-M (k¹)] [Strong's: 4808]

Contribution: What is given or supplied in common with others. [fem] [AHLB: 2451 (a¹)] [Strong's: 4978, 4979]

Convict: To find or prove to be guilty. [AHLB: 1238-L (V)] [Strong's: 3198]

Cord: A long slender flexible material made of several strands woven or twisted together. Made of twisted fibers. [masc] [AHLB: 2650 (b)] [Strong's: 6616]

Correct: To make or set right. Conforming to fact, standard or truth. [masc] [AHLB: 2658 (b)] [Strong's: 6662]

Correctness: Conformity to fact,

standard or truth. [fem] [AHLB: 2658 (N¹)] [Strong's: 6666]

Couch: An article of furniture for sitting or reclining. [masc] [AHLB: 1407-L (d)] [Strong's: 3326]

Counsel: Advice given especially as a result of consultation. A lawyer appointed to advise and represent in legal matters an individual client or public body. An assembly of persons who counsel another or a people. [masc] [AHLB: 1326-J (N)] [Strong's: 5475]

Count: To find the total number of units involved by naming the numbers in order up to and including. [AHLB: 2500 (V)] [Strong's: 5608]

Couple: To bind by joining or coupling together. [AHLB: 2143 (V)] [Strong's: 2266]

Courageous: Having or characterized by mental or moral strength to venture, persevere, and withstand danger, fear or difficulty. [masc] [AHLB: 2052 (ec)] [Strong's: 1368]

Covenant: A solemn and binding agreement between two or more parties especially for the performance of some action. Covenant is instituted through the sacrifice of a choice, fattened, animal that is cut in two pieces, and between which the parties of the covenant pass. If one party fails to meet the agreements of the covenant, then the other may do the same to them. (see Genesis 15:10,17 and Jeremiah 34:18-20) [fem] [AHLB: 1043-H (N⁴)] [Strong's: 1285]

Cover: To afford protection or security to hide from sight or knowledge. Cover over as with a lid. [AHLB: 2283 (V)] [Strong's: 3722]

Covering: Something that covers or conceals. A covering such as pitch or a monetary covering such as a bribe or ransom. A "village" as a covering. [masc] [AHLB: 2283 (g)] [Strong's: 3723, 3724]

Cow: The mature female of cattle. [fem] [AHLB: 1388-A (N¹)] [Strong's: 6510]

Crash: To break violently and noisily. [AHLB: 1461-H (V)] [Strong's: 7582, 7583]

Crave: To have a strong or inward desire for something. [AHLB: 2169 (V)] [Strong's: 2530]

Craving: A great desire or longing. [AHLB: 2277 (V)] [Strong's: 3700]

Cremate: To reduce a dead body to ashes by burning. [AHLB: 2512 (V)] [Strong's: 5635, 8313]

Cremating: The act of burning a dead body to ashes. [fem] [AHLB: 2512 (N¹)] [Strong's: 8316]

Cross.over: To pass from one side to the other. To go across a river or through a land. [AHLB: 2520 (V)] [Strong's: 5674, 5675]

Crossing: A place or structure as on a street or over a river where pedestrians or vehicles pass from one side to the other. In the river for crossing. [masc] [AHLB: 2520 (a)] [Strong's: 4569]

Crush: To reduce to particles by pounding or grinding. Crush something to pieces. An oppression or struggle as crushing. [AHLB: 1455-B (V)] [Strong's: 7465, 7533, 7567]

Cry: To utter loudly to shout to shed tears, often noisily. A loud crying or calling out. [fem] [AHLB:

2679 (N¹)] [Strong's: 6818]

Cry.out: To cry or call out loudly. [AHLB: 2679 (V)] [Strong's: 6817]

Cup: A drinking vessel . Also an unknown species of bird. [fem] [AHLB: 1245-J (N)] [Strong's: 3563]

Custody: Immediate charge and control exercised by a person or authority. A careful watching over as an office, guard or prison. [masc] [AHLB: 2853 (h)] [Strong's: 4929]

Custom: A usage or practice common to many or to a particular place or class or habitual with an individual. [masc] [AHLB: 1180-J (N)] [Strong's: 2706]

Cut: To penetrate with a sharp edged instrument. [AHLB: 2291 (V)] [Strong's: 3772]

Cut.in.two: To sever into two pieces or parts. [AHLB: 2047 (V)] [Strong's: 1334]

Cut.off: To discontinue or terminate. To sever the tip or end. [AHLB: 2407 (V)] [Strong's: 5243]

Cut.piece: A sacrificial animal that has been cut into pieces. [masc] [AHLB: 2047 (N)] [Strong's: 1335]

D

Damage: To bring to ruin by destruction. To destroy through disfigurement or corruption. [AHLB: 2830 (V)] [Strong's: 7843, 7844]

Dark: Devoid or partially devoid of light not receiving, reflecting, transmitting, producing or radiating light. As the darkness of a moonless night. [fem]

[AHLB: 2215 (N¹)] [Strong's: 2824, 2825]

Darkness: The state of being dark. As the darkness of a moonless night. [masc] [AHLB: 2215 (g)] [Strong's: 2822]

Daughter: A female having the relation of a child to parent. A village that resides outside of the city walls as "the daughter of the city." [fem] [AHLB: 1037-A (N²)] [Strong's: 1323]

Daughter-in-law: The wife of one's son. Bride of the son, as brought into the camp, in the sense of making the man complete. [fem] [AHLB: 1242-B (N¹)] [Strong's: 3618]

Dawn: To begin to grow light as the sun rises in the east. The place of the rising sun. [masc] [AHLB: 2829 (N)] [Strong's: 7837]

Day: The time of light between one night and the next one. Usually in the context of daylight hours but may also refer to the entire day [masc] [AHLB: 1220-J (N)] [Strong's: 3117, 3118]

Deal.deceitfully: To give as one's portion by a false impression. [AHLB: 1495-F (V)] [Strong's: 2048]

Death: A permanent cessation of all vital functions the end of life. [masc] [AHLB: 1298-J (N)] [Strong's: 4192, 4193, 4194]

Deceit: The act or practice of not being honest. [fem] [AHLB: 1450-A (h¹)] [Strong's: 4820]

Deceive: To cause to accept as true or valid what is false or invalid. Can also mean usury in the sense of a deception. In the participle form can mean creditor in the sense of imposition. [AHLB: 1320-E (V)] [Strong's: 5377, 5378, 5383]

Dedicated: Devoted to the worship of God. [masc] [AHLB: 2390 (N)] [Strong's: 5139]

Deep.sea: Extending far from some surface or area in difficulty or distress. Deep and tumultuous water. A subterranean body of water. [fem] [AHLB: 1105-J (i)] [Strong's: 8415]

Delay: To stop, detain or hinder for a time. [AHLB: 1181-C (V)] [Strong's: 309]

Delicacy: The quality or state of being luxurious. Flavorful meat. [masc] [AHLB: 2236 (a)] [Strong's: 4303]

Delight: A high degree of gratification. To desire something out of pleasure or necessity. [AHLB: 2191 (V)] [Strong's: 2654]

Deliver: To set free to take and hand over to or leave for another. [AHLB: 2428 (V)] [Strong's: 5337, 5338]

Deliver.up: To hand over to another. [AHLB: 2331 (V)] [Strong's: 4042]

Deny: To disclaim connection with or responsibility for. Withhold something from another or self as in a lie or submission. [AHLB: 2257 (V)] [Strong's: 3584]

Depart.early: To go away or leave early immediate obedience. Rise or go early in the sense of placing the load on the shoulders to depart. [AHLB: 2837 (V)] [Strong's: 7925]

Deposit: To place, especially for safekeeping or as a pledge. Something laid down. Sit down to rest or remain in place. [AHLB: 1307-L (V)] [Strong's: 3240]

Deposited: Valuables placed for safekeeping. Produce or other stores that are watched over. [masc] [AHLB: 2630 (j)] [Strong's: 6487]

Desolate: Devoid of inhabitants and visitors. [AHLB: 1473-B (V)] [Strong's: 8074, 8075]

Despise: To look down on with contempt or aversion. [AHLB: 1030-J (V)] [Strong's: 936]

Destroy: To ruin the structure, organic existence, or condition of something. [AHLB: 2848 (V)] [Strong's: 8045, 8046]

Dew: Moisture condensed on the surfaces of cool bodies or objects, especially at night. [masc] [AHLB: 1196-A (N)] [Strong's: 2919, 2920]

Die: To pass from physical life to pass out of existence. Come to an end through death. [AHLB: 1298-J (V)] [Strong's: 4191]

Dig: To break or loosen earth with an instrument or tool. To bargain in the sense of digging. [AHLB: 1250-H (V)] [Strong's: 3735, 3738, 3739]

Dig.out: To dig something out of the ground. To dig into something as if searching. To confuse in the sense of being dug out. [AHLB: 2192 (V)] [Strong's: 2658, 2659]

Dim: Emitting a limited or insufficient amount of light seen indistinctly or without clear outlines or details. . To be dark in the eyes or knowledge. [AHLB: 1235-B (V)] [Strong's: 3543]

Diminish: To make less or cause to appear less to lessen the authority, dignity, or reputation of. Be lacking or to decrease. [AHLB: 2187 (V)] [Strong's: 2637]

Dip: To plunge or immerse momentarily or partially, as

under the surface of a liquid, to moisten, cool, or coat. [AHLB: 2228 (V)] [Strong's: 2881]

Direct: To cause to turn, move, or point undeviatingly or to follow a straight course. Give instructions or orders for a path to be taken. [AHLB: 1397-H (V)] [Strong's: 6680]

Directive: Serving or intended to guide, govern, or influence serving to point direction. [fem] [AHLB: 1397-H (h¹)] [Strong's: 4687]

Discernment: The quality of being able to grasp and comprehend what is obscure. An intimacy with a person, idea or concept. [fem] [AHLB: 1085-A (N²)] [Strong's: 1847]

Disdain: A feeling of contempt for what is beneath one to look with scorn on. To treat something as spoiled or no longer of value. [AHLB: 1030-H (V)] [Strong's: 959]

Disgrace: A scorn, taunting or reproach as a piercing. [fem] [AHLB: 2208 (N¹)] [Strong's: 2781]

Disgusting: Something highly distasteful that arouses marked aversion in one. [fem] [AHLB: 2897 (g¹)] [Strong's: 8441]

Dislocate: To put out of place to displace, as to dislocate a joint. Beheading by severing the neck.. [AHLB: 1430-L (V)] [Strong's: 3363]

Dispute: To engage in argument. Dispute or chide another in harassment or trial. [AHLB: 1439-M (V)] [Strong's: 7378]

Distance: Separation in space or time. A distant place or time. [masc] [AHLB: 2765 (c)] [Strong's: 7350]

Distant: Separated in space situated at a great distance. Something far off in the distance. [fem] [AHLB: 1104-E (N¹)] [Strong's: 1973]

Distant.time: A time in the far past or future, as a time hidden from the present. [masc] [AHLB: 2544 (g)] [Strong's: 5769]

Distress: The state of being in great trouble, great physical or mental strain and stress. To be in pain from grief or heavy toil. [AHLB: 2566 (V)] [Strong's: 6087, 6088]

Distressing.pain: Resulting from grief or heavy toil. This word can also mean an idol or image. [masc] [AHLB: 2566 (N)] [Strong's: 6089, 6091, 6092]

Disturb: To interfere with to destroy tranquility to throw into disorder. Agitate or trouble, as when stirring water. [AHLB: 2541 (V)] [Strong's: 5916]

Divide: To separate into two or more parts, areas or groups. To divide in half. [AHLB: 1179-H (V)] [Strong's: 2673]

Divide.apart: To divide and separate. [AHLB: 2634 (V)] [Strong's: 6504]

Divided.part: A part of a whole that was divided and separated. [masc] [AHLB: 2061 (N)] [Strong's: 1506]

Divine: Of relating to or proceeding directly from God. To know or experience something that shines out. [AHLB: 2395 (V)] [Strong's: 5172]

Do: To bring to pass to bring about. To act or make something. [AHLB: 1360-H (V)] [Strong's: 6213]

Do.the.marriage.duty: To perform the duty of the brother-in-law. When a brother dies, it is his brother's responsibility to marry

174

his sister-in-law to provide his brother a child. [AHLB: 1036-L (V)] [Strong's: 2992]

Do.well: To do something necessary to be done. be good, such as in being "functional." [AHLB: 1186-L (V)] [Strong's: 3190, 3191]

Doe: The adult female fallow deer. Feminine form of a strong one. [fem] [AHLB: 1012-M (N¹)] [Strong's: 355]

Donation: The act of making a gift a free contribution. What is brought to another as a gift. [fem] [AHLB: 1307-A (h¹)] [Strong's: 4503, 4504]

Donkey: A male ass. [masc] [AHLB: 2175 (c)] [Strong's: 2543]

Door: A means of access usually a swinging or sliding barrier by which an entry is closed and opened. [fem] [AHLB: 1081-A (N²)] [Strong's: 1817]

Double: To make twice as great or as many. As a second or multiply by two. [masc] [AHLB: 1474-H (h)] [Strong's: 4932]

Dove: Any of numerous pigeons, especially a small wild one. [fem] [AHLB: 1221-J (N¹)] [Strong's: 3123]

Dowry: The money, goods, or estate that a woman brings to her husband in marriage. [masc] [AHLB: 2116 (N)] [Strong's: 2065]

Draw: To pull up or out of a receptacle or place. To draw or pull something out. To prolong in the sense of drawing out time. To draw out a sound from a horn. [AHLB: 2358 (V)] [Strong's: 4900]

Draw.near: To come close. [AHLB: 2379 (V)] [Strong's: 5066]

Draw.water: To bringing up water from a well, usually using a rope and a bucket. [AHLB: 1477-D (V)] [Strong's: 7579]

Dread: Great fear, especially in the face of impending evil. [fem] [AHLB: 1183-A (N¹)] [Strong's: 2847]

Dream: A series of thoughts, images or emotions occurring during sleep. [masc] [AHLB: 2164 (c)] [Strong's: 2472]

Drink: To swallow liquid, whether of man or of the land. [AHLB: 1479-H (V)] [Strong's: 8248]

Drinking: The act of swallowing water or other liquid. The drinking of the land in the sense of its being watered or irrigated. [masc] [AHLB: 1479-H (a)] [Strong's: 4945]

Drive: To set or keep in motion to press or force into an activity, course, or direction. [AHLB: 1302-G (V)] [Strong's: 5090]

Drove: A group of animals driven or moving in a body. Moved in the sense of being ordered or driven. [masc] [AHLB: 2530 (N)] [Strong's: 5739]

Dry.ground: Land that has become dried, parched or void of water. [fem] [AHLB: 1044-L (N¹)] [Strong's: 3004]

Dry.out: To be dried up as well as withered, ashamed or confused. [AHLB: 1044-L (V)] [Strong's: 3001]

Dry.up: A dry wasteland. Also, a place that has been laid waste and made desolate. [AHLB: 2199 (V)] [Strong's: 2717, 2718]

Dull.red: The color of blood and wine. [masc] [AHLB: 2158 (lbf)] [Strong's: 2447]

Dwell: To remain for a time to live as a resident. Stay or sit in one location. [AHLB: 2838 (V)]

[Strong's: 7931, 7932]

Dysfunctional: Impaired or abnormal action other than that for which a person or thing is intended. Something that does not function within its intended purpose. [c] [AHLB: 1460-A (N)] [Strong's: 7451, 7455]

E

Ear: The organ of hearing so named from its broad shape. [fem] [AHLB: 1152-C (g)] [Strong's: 241]

East: The general direction of sunrise. As in front when facing the rising sun. Also, the ancient past as a distant time. [masc] [AHLB: 2698 (N)] [Strong's: 6924]

East.wind: The wind that comes from the east. Toward the east as the origin of the east wind. [masc] [AHLB: 2698 (b)] [Strong's: 6921]

Eastward: Toward the east. Before another space or time as the east is in front when facing the rising sun. [fem] [AHLB: 2698 (e¹)] [Strong's: 6926]

Eat: To take in food. A devouring of a fire or a destruction. [AHLB: 1242-C (V)] [Strong's: 398, 399]

Eight: The number eight representing fullness from the sense of being fat or rich. [com] [AHLB: 2850 (c)] [Strong's: 8083, 8084]

Elevation: The height to which something is raised. [fem] [AHLB: 1323-A (N²)] [Strong's: 7613]

Emaciated: Wasted away physically. [masc] [AHLB: 1088-A (N)] [Strong's: 1851]

Embrace: To clasp in the arms to cherish or love to take in or include in a larger group or whole. [AHLB: 2142 (V)] [Strong's: 2263]

Emptiness: Lack of contents which should be present. Void of contents or purpose. [masc] [AHLB: 1456-M (p)] [Strong's: 7387]

Empty: The lack of intelligence or significance in an action. An action or thought with no positive results. [masc] [AHLB: 1456-M (N)] [Strong's: 7385, 7386]

Encounter: A meeting between two hostile factions to engage in conflict with. [AHLB: 2594 (V)] [Strong's: 6298]

End: A final point that marks the extent of something. The latter time as coming after everything else. [fem] [AHLB: 1181-C (N⁴)] [Strong's: 319, 320]

Endow: To furnish with a dower or payment for a bride. Pay the price for a bride. Give a natural gift. [AHLB: 2116 (V)] [Strong's: 2064]

Entwine: To twist together or around to become twisted. [AHLB: 2650 (V)] [Strong's: 6617]

Err: To miss the target, whether a literal target or a goal that is aimed for. See Judges 20:16. [AHLB: 1170-E (V)] [Strong's: 2398]

Error: An act or condition of ignorant or imprudent deviation from a code of behavior. A missing of the target in the sense of making a mistake. The sin offering which by transference becomes the sin. [fem] [AHLB: 1170-E (N¹)] [Strong's: 2401,

2402, 2403]

Escape: To get away, especially from confinement. [fem] [AHLB: 2609 (b¹)] [Strong's: 6413]

Escaped.one: A person or animal that has gotten away. [masc] [AHLB: 2609 (b)] [Strong's: 6412]

Eunuch: A castrated man. As eunuchs were used as officers, may also mean an officer. [masc] [AHLB: 2510 (b)] [Strong's: 5631]

Evening: The latter part and close of the day and the early part of the night. Dark of the evening or dark-skinned people. Also the willow from its dark color. [masc] [AHLB: 2907 (N)] [Strong's: 6153, 6155]

Ewe: A female sheep. [fem] [AHLB: 2761 (N)] [Strong's: 7353]

Ewe.lamb: A female lamb. [fem] [AHLB: 2273 (N¹)] [Strong's: 3535]

Examine: To inspect closely. Test, try or scrutinize. [AHLB: 2011 (V)] [Strong's: 974]

Except: With the exclusion of from the whole. The whole with the exception of one or more. [AHLB: 2021 (ef)] [Strong's: 1115]

Exchange: The act of giving or taking one thing in return for another. To buy or sell produce, usually grain. Bartering. [AHLB: 2811 (V)] [Strong's: 7666]

Excuse.me: To exact neither punishment nor redress for one's self and interrupting. Used as an introduction for an entreaty or request. [masc] [AHLB: 1033-A (N)] [Strong's: 994]

Exhale: To give out a breath. To blow on a fire or the boiling water in a pot as an exhale.

[AHLB: 2419 (V)] [Strong's: 5301]

Exist: To have real being whether material or spiritual. To have breath that which exists has breath. In Hebrew thought the breath is the character of someone or something. Just as a man has character, so do objects. [AHLB: 1097-M (V)] [Strong's: 1961]

Experienced: Direct observation of or participation in events as a basis of knowledge. Something that is personally encountered, undergone or lived through in its use. [masc] [AHLB: 2178 (b)] [Strong's: 2593]

Expire: To breathe one's last breath the last breath of death. [AHLB: 1062-J (V)] [Strong's: 1478]

Expose: To cause to be visible or open to public view. In the sense of uncovering. [masc] [AHLB: 2186 (ac)] [Strong's: 4286]

Extreme.old.age: A full and long life. [masc] [AHLB: 2132 (d)] [Strong's: 2208]

Eye: The organ of sight or vision that tears when a person weeps. A spring, just as an eye that weeps water out of the ground. [fem] [AHLB: 1359-M (N)] [Strong's: 5869, 5870]

F

Face: The front part of the human head outward appearance. The face from its ability to turn or change shape. The presence of one through the sense of being in the face of. Always written in the idiomatic plural form. [masc] [AHLB: 1382-H (N)] [Strong's: 3942, 6440]

Faint: Lacking courage and spirit weak, dizzy and likely to pass out. Lacking distinctness. [AHLB: 1258-H (V)] [Strong's: 3856]

Fall: To leave an erect position suddenly and involuntarily to descend freely by the force of gravity. [AHLB: 2421 (V)] [Strong's: 5307, 5308]

Fall.upon: To victimize another to discover and claim an object. [AHLB: 1477-J (V)] [Strong's: 7779]

Family: A group of persons of common ancestry. A group of people joined together by certain convictions or common affiliation. [fem] [AHLB: 2863 (h¹)] [Strong's: 4940]

Family.idol: A household idol of a god, possibly believed to have a healing power. [masc] [AHLB: 1454-A (i)] [Strong's: 8655]

Famine: An extreme scarcity of food. [masc] [AHLB: 2777 (j)] [Strong's: 7459]

Far.be.it: Something least likely to happen. [fem] [AHLB: 1173-B (b¹)] [Strong's: 2486]

Far.end: The most distant extremity of something the end or edge. [masc] [AHLB: 1432-H (N)] [Strong's: 7097]

Fat: Animal tissue consisting of cells distended with greasy or oily matter adipose tissue. The fat of an animal as the choicest part. Milk from its fat content. [masc] [AHLB: 2160 (N)] [Strong's: 2459, 2461]

Father: A man who has begotten a child. The father of the family provided the strength, support and structure to the household. The father fulfilled many functions for the family. He was the commander of the family army, provider of offspring to continue the family line, the priest and teacher. A father could have been of the immediate family or a lineage such as Jacob, who is the father of the Israelites. A father could have also been the patron of a profession or art. This word can also be fresh fruit (pronounced eyv), the father of the next generation of trees attached to the tree (pole). [masc] [AHLB: 1002-A (N)] [Strong's: 1, 2, 3, 4]

Father-in-law: The father of one's wife or husband. [masc] [AHLB: 1174-A (N)] [Strong's: 2524]

Fatten: To make more substantial, fleshy or plump. fatten or fill up. The filling of the earth in Genesis 1 with sun, moon, plants, animals, etc. And the filling of man with life and the image of God. [AHLB: 1043-E (V)] [Strong's: 1254]

Fault: A lack, weakness or failing a mistake the responsibility for wrongdoing. Missing of the target. A faulty one is one who has missed the target. [masc] [AHLB: 1170-E (N)] [Strong's: 2399, 2400]

Fear: To be afraid of a strong emotion caused by anticipation or awareness of danger. To dread what is terrible or revere what is respected. [AHLB: 1227-E (V)] [Strong's: 3372]

Fearful: Full of fear or dread. [masc] [AHLB: 1227-E (N)] [Strong's: 3373]

Fearfulness: Inclined to be afraid. [fem] [AHLB: 1227-E (N¹)] [Strong's: 3374]

Fearing: To be afraid or apprehensive. [masc] [AHLB:

1227-E (k)] [Strong's: 4172]

Feast: An elaborate meal often accompanied by a ceremony a banquet. [masc] [AHLB: 1482-H (h)] [Strong's: 4960, 4961]

Fed.fat: A member of the livestock that has been fed grains to fatten it for the slaughter. [masc] [AHLB: 1043-E (b)] [Strong's: 1277]

Feed: To give food to. Food for livestock. Provide feed or pasture to the flock. Commonly used in the participle form meaning a feeder or shepherd. [AHLB: 1453-H (V)] [Strong's: 7462]

Feel: To handle or touch in order to examine, test or explore some quality. Reach out with the hand to touch. [AHLB: 1297-J (V)] [Strong's: 3237]

Female: An individual that bears children. Designed with a hollow or groove into which a corresponding male part fits, as with a hole. [fem] [AHLB: 2430 (N¹)] [Strong's: 5347]

Female.owner: A female master overseeing slaves or servants. [fem] [AHLB: 2052 (N²)] [Strong's: 1404]

Fence.in: A barrier intended to protect, prevent escape or intrusion, or to mark a boundary. To gather together and confine for protection. [AHLB: 2033 (V)] [Strong's: 1219]

Few: Small in number. [masc] [AHLB: 2680 (h)] [Strong's: 4213, 4705]

Field: An open land area free of trees and buildings. A level plot of ground. [masc] [AHLB: 1326-H (N)] [Strong's: 7704]

Fifth: The place of the numeral 'five' in order. Number 'five' in order. [masc] [AHLB: 2176 (bf)]

[Strong's: 2549]

Fifth.part: One portion from a division of five equal amounts. [masc] [AHLB: 2176 (g)] [Strong's: 2569, 2570]

Fig: An oblong or pear-shaped fruit from a tree of the fichus genus. A desirable and prolific fruit that must be searched for, as the fruit is green, thus blending in with the leaves and making it difficult to see. [fem] [AHLB: 1014-A (i)] [Strong's: 8384]

Fill: To put into as much as can be held or conveniently contained. To occupy the whole of with fruit, fat or other produce. [AHLB: 1288-E (V)] [Strong's: 4390, 4391, 4754]

Filling: An act or instance of filling something used to fill a cavity, container, or depression. [masc] [AHLB: 1288-E (c)] [Strong's: 4393]

Find: To come upon, often accidentally to meet with. Discover and secure through searching. [AHLB: 1294-E (V)] [Strong's: 4291, 4672]

Finish: To bring to an end terminate. Complete an action, event. [AHLB: 1242-H (V)] [Strong's: 3615]

Fire: The phenomenon of combustion manifested by heat, light and flame. [fem] [AHLB: 1021-A (N)] [Strong's: 784, 785]

Firm: Securely or solidly fixed in place. Not subject to change or revision. To stand firm, as a support. [AHLB: 1290-C (V)] [Strong's: 539, 540]

First: The head of a time or position. [masc] [AHLB: 1458-D (ej)] [Strong's: 7223]

First.time: From the idea of beginning the drilling process which is the most difficult and crucial part of drilling. [fem] [AHLB: 1173-A (i¹)] [Strong's: 8462]

Firstborn: The firstborn offspring, usually a son, of a man or animal. The prominent one. [masc] [AHLB: 2016 (c)] [Strong's: 1060]

Firstborn.female: The firstborn daughter. The prominent one. [fem] [AHLB: 2016 (b¹)] [Strong's: 1067]

Fish: An aquatic animal. The act of trying to catch a fish. [masc] [AHLB: 1072-A (N)] [Strong's: 1709]

Five: Five in number from the number of fingers on a hand. [com] [AHLB: 2176 (N)] [Strong's: 2568, 2572]

Fixed: To set something firmly in place, either physically or with words. [AHLB: 1244-J (V)] [Strong's: 3559]

Flare.up: To become suddenly excited or angry to break out suddenly. Burn with a fierce anger. [AHLB: 1181-H (V)] [Strong's: 2734]

Flee: To run away often from danger or evil. To hurry toward a place of safety, to the standard for safety. Fleeing to any safe place such as a city or mountain. [AHLB: 1314-J (V)] [Strong's: 5127]

Flee.away: To run away from. [AHLB: 2038 (V)] [Strong's: 1272]

Flesh: The soft parts of a human or animal, composed primarily of skeletal muscle. Skin and muscle or the whole of the person. Meat as food. [fem] [AHLB: 2025 (N)] [Strong's: 1154, 1320, 1321]

Flocks: Groups of birds or animals

assembled or herded together. [fem] [AHLB: 1405-J (N)] [Strong's: 6629]

Flood: To cover with an overwhelming quantity or volume of water. [masc] [AHLB: 1035-J (a)] [Strong's: 3999]

Floor: The level base of a room, barn or threshing floor. [masc] [AHLB: 2085 (g)] [Strong's: 1637]

Flour: Finely ground meal of grain largely freed from bran. [fem] [AHLB: 1334-J (N²)] [Strong's: 5560]

Flutter: To flap the wings rapidly. To move with quick wavering or flapping motions. Shake as a bird in the nest. [AHLB: 2763 (V)] [Strong's: 7363]

Fly: To move in or pass through the air with wings. Soar in the air. [AHLB: 1362-J (V)] [Strong's: 5774]

Flyer: A flying creature such as a bird or insect. [masc] [AHLB: 1362-J (N)] [Strong's: 5775, 5776]

Following: To go, proceed or come after. Being next in order or time. Subsequent to. As the river follows the path of its banks. [fem] [AHLB: 1479-J (i¹)] [Strong's: 8669]

Folly: Lack of good sense or prudence and foresight. In the sense of fading away. [fem] [AHLB: 2369 (N¹)] [Strong's: 5039]

Food: Something that nourishes, sustains, or supplies. For giving sustenance and making one whole. [fem] [AHLB: 1242-C (N¹)] [Strong's: 402]

Foodstuff: A substance with food value the raw material of food before or after processing. For giving sustenance and making one whole. [masc] [AHLB: 1242-C (g)] [Strong's: 400]

Foolish: To be arrogantly confident. [AHLB: 2275 (V)] [Strong's: 3688, 5528]

Foot: The terminal part of the leg upon which the human or animal stands. [fem] [AHLB: 2749 (N)] [Strong's: 7271, 7272]

Force: The pressure exerted to make a piercing. [masc] [AHLB: 1173-M (N)] [Strong's: 2428, 2429]

Forearm: The part of the arm between the elbow and the wrist. A linear standard of measure equal to the length of the forearm. [fem] [AHLB: 1013-A (N¹)] [Strong's: 520]

Foreign: Situated outside one's own country. Alien in character. A strange person, place or thing as being unrecognized. [masc] [AHLB: 2406 (N)] [Strong's: 5235, 5236]

Foreigner: A person belonging to or owing allegiance to a foreign country. One who is not known. [masc] [AHLB: 2406 (f)] [Strong's: 5237]

Foreskin: A fold of skin that covers the end of the penis. [fem] [AHLB: 2577 (N¹)] [Strong's: 6190]

Forget: To lose remembrance of to cease remembering or noticing. In Aramaic, to "find." [AHLB: 2835 (V)] [Strong's: 7911, 7912]

Fortune: A store of material possessions. Also, the coriander seed. [masc] [AHLB: 1050-A (N)] [Strong's: 1407, 1409]

Four: Four in number from the four sides of a square. [com] [AHLB: 2744 (n)] [Strong's: 702, 703, 705]

Fourth: Fourth in numeric order. [masc] [AHLB: 2744 (bf)]

[Strong's: 7243, 7244]

Fragment: A part broken off, detached, or incomplete. The removal of a piece resulting in a hole. [fem] [AHLB: 1390-A (N)] [Strong's: 6595]

Freely: Having no restrictions. To work or do an action without wages or without cause. [masc] [AHLB: 1175-A (p)] [Strong's: 2600]

Fresh.Wine: Newly pressed wine. [masc] [AHLB: 1458-L (ic)] [Strong's: 8492]

From: A function word indicating a starting point or origin. In the sense of the plant coming out of the seed. [com] [AHLB: 1290-A (h)] [Strong's: 4480, 4481]

Full: Containing as much or as many as is possible or normal. [masc] [AHLB: 1288-E (N)] [Strong's: 4392]

Functional: Fulfilling the action for which a person or thing is specially fitted or used, or for which a thing exists. Something that functions within its intended purpose. [com] [AHLB: 1186-J (N)] [Strong's: 2896, 2898]

Furnace: An enclosed structure in which heat is produced. [masc] [AHLB: 2251 (em)] [Strong's: 3536]

Fury: Intense, disordered, and often destructive rage. An intense heat from anger. [fem] [AHLB: 1174-A (N¹)] [Strong's: 2528, 2534]

G

Game: Animals being pursued or taken in hunting. The produce of the hunt. [masc] [AHLB: 1395-M (N)] [Strong's: 6718]

Garden: A plot of ground where

crops are grown. A place for growing crops, and often surrounded by a rock wall or hedge to protect it from grazing animals. [com] [AHLB: 1060-A (N)] [Strong's: 1588]

Garment: An article of clothing. Garments for covering. [masc] [AHLB: 2004 (N)] [Strong's: 899]

Gate: The opening in a wall or fence through which livestock or people pass. Can be the gatekeeper. Also sha'ar, a unit of measurement. [masc] [AHLB: 2862 (N)] [Strong's: 8179, 8651, 8652]

Gather: To bring together to accumulate and place in readiness.. [AHLB: 1339-C (V)] [Strong's: 622]

Gather.together: To come or bring into a group, mass or unit. [AHLB: 2695 (V)] [Strong's: 6908]

Generation: A body of living beings constituting a single step in the line of descent from an ancestor. Generation as a circle of time. [masc] [AHLB: 1089-J (N)] [Strong's: 1755]

Gentle: Free from harshness, sternness, or violence. To act softly. A charmer. [masc] [AHLB: 1009-A (N)] [Strong's: 328]

Gift: To endow with some power, quality, or attribute the act, power or right of giving. What is given. [masc] [AHLB: 2451 (a)] [Strong's: 4976]

Girl: A young, unmarried woman. [fem] [AHLB: 1257-L (N¹)] [Strong's: 3207]

Give: To make a present to grant or bestow by formal action. Present as a gift. [AHLB: 2451 (V)] [Strong's: 5414]

Give.a.tenth: To tithe a tenth part of something given voluntarily for the support of a religious establishment. [AHLB: 2563 (V)] [Strong's: 6237]

Give.milk: To provide nourishment to the young by the female. [AHLB: 1058-J (V)] [Strong's: 5763]

Given.that: Prone or disposed to according to what preceded. A reference to the previous or following context. In the sense of a burning knowledge. [AHLB: 1240-A (N)] [Strong's: 3588]

Glow: To shine with an intense light. Be or give off light to be bright. [AHLB: 1020-J (V)] [Strong's: 215]

Go.around: To be completely around something. [AHLB: 1324-B (V)] [Strong's: 5437]

Go.down: To go or come lower from a higher place. [AHLB: 1441-L (V)] [Strong's: 3381]

Go.left: To choose the left hand or path. [AHLB: **3036**] [Strong's: 8041]

Go.out: To go, come or issue forth. [AHLB: 1392-L (V)] [Strong's: 3318, 3319]

Go.Right: To choose, turn or go to the right hand. [AHLB: 1290-L (V)] [Strong's: 541, 3231]

Go.up: To go, come or bring higher. [AHLB: 1357-H (V)] [Strong's: 5924, 5927]

Goat: Related to the sheep but of lighter build and with backwardly arching horns, a short tail, and usually straight hair. From its thick hair used to make tents. [masc] [AHLB: 2494 (b)] [Strong's: 8163]

Gold: A malleable yellow metallic element that is used especially in coins, jewelry, and dentures. A precious metal. [masc] [AHLB: 1140-G (N)] [Strong's: 1722, 2091]

Goods: Something that has economic utility or satisfies an economic want personal property having intrinsic value but usually excluding money, securities and negotiable instruments. As collected substances. [masc] [AHLB: 2772 (d)] [Strong's: 7399]

Gopher: Wood from an unknown tree. [masc] [AHLB: 2079 (N)] [Strong's: 1613]

Governor: An official elected or appointed to act as ruler, chief executive, or nominal head of a political unit. One who has dominion over another also a rule or law as a master. [masc] [AHLB: 2843 (b)] [Strong's: 7989, 7990]

Grain: A seed or fruit of a cereal grass. The grain and the field as a place for growing grain. In Aramaic this word means a "field" as the place of grain. [masc] [AHLB: 1043-A (N)] [Strong's: 1250, 1251]

Grain.flour: Usually finely ground seeds of wheat. [masc] [AHLB: 2711 (N)] [Strong's: 7058]

Grape: A smooth-skinned juicy greenish white to deep red or purple berry grown on a vine and eaten dried or fresh as a fruit or fermented to produce wine. [masc] [AHLB: 2555 (N)] [Strong's: 6025]

Grapevine: A woody vine that usually climbs by tendrils and produces fruits that are grapes. [masc] [AHLB: 2078 (N)] [Strong's: 1612]

Grapple: A hand-to-hand struggle. Rolling around in the dust when

wrestling. [AHLB: 1042-C (V)] [Strong's: 79]

Grass: Herbage suitable or used for grazing animals. Young green sprouts. [masc] [AHLB: 1090-E (N)] [Strong's: 1877, 1883]

Grave: An excavation for the burial of a body. Meriting serious consideration. [masc] [AHLB: 2696 (N)] [Strong's: 6913]

Gray.headed: One who has gray hair from old age an old man. [fem] [AHLB: 1324-M (N^1)] [Strong's: 7872]

Great.tree: The strongest of the woods. [masc] [AHLB: 1012-A (j)] [Strong's: 436, 437]

Green: A color somewhat less yellow than that of fresh growing grass and of that part of the spectrum between blue and yellow. The color of grasses and herbs as thin. [masc] [AHLB: 1456-L (N)] [Strong's: 3418, 3419]

Grief: Deep and poignant distress caused by or as if by bereavement. As an exchange. [fem] [AHLB: 1296-J (N^1)] [Strong's: 4786]

Grope: To feel about blindly or uncertainly in search of something. A groping around in the darkness to find something. [AHLB: 1297-B (V)] [Strong's: 4959]

Ground: The surface of the earth. From its red color. [fem] [AHLB: 1082-C (N^1)] [Strong's: 127]

Guard: The act or duty of protecting or defending. To watch over or guard in the sense of preserving or protecting. [AHLB: 2853 (V)] [Strong's: 8104]

Guide: One who leads or directs another in his way. [AHLB: 1307-H (V)] [Strong's: 5148]

Guilt: The fact of having committed

a breach of conduct especially violating law and involving a penalty the state of one who has committed an offense, especially consciously. [masc] [AHLB: 1473-C (N)] [Strong's: 817, 818]

Gulp: To swallow hurriedly or greedily or in one swallow. [AHLB: 1482-H (V)] [Strong's: 8354, 8355]

Gust: A sudden brief rush of wind. The strong blowing of a wind. The wind of a bird's wing when taking flight. [AHLB: 2440 (V)] [Strong's: 5380]

Guzzle: To drink greedily, continually, or habitually. A drinking of water as from a pond. [AHLB: 1059-E (V)] [Strong's: 1572]

H

Hair: The covering of filaments on a human head or the body of an animal. [masc] [AHLB: 2494 (N)] [Strong's: 8177, 8181]

Hand: The terminal, functional part of the forelimb when modified in humans as a grasping organ. Hand with the ability to work, throw and give thanks. [fem] [AHLB: 1211-A (N)] [Strong's: 3027, 3028, 3197]

Handful: As much of or as many as the hand can grasp. [masc] [AHLB: 2714 (g)] [Strong's: 7062]

Hang: To suspend with no support from below. [AHLB: 1495-H (V)] [Strong's: 8518]

Happiness: A state of well-being and contentment. One who is happy is one whose life is lived straightly. [masc] [AHLB: 1480-C (g)] [Strong's: 837]

Happy: Enjoying well-being and contentment. One who is happy is one whose life is lived straightly. [AHLB: 1480-C (V)] [Strong's: 833]

Hard: Not easily penetrated resistant to stress firm lacking in responsiveness. [masc] [AHLB: 1435-H (N)] [Strong's: 7186]

Hardship: Privation suffering something that causes or entails suffering or privation. [masc] [AHLB: 2566 (j)] [Strong's: 6093]

Harm: Physical or mental damage injury. The pain from the thorn. [masc] [AHLB: 1336-C (c)] [Strong's: 611]

Harp: A plucked stringed musical instrument [masc] [AHLB: 2270 (ec)] [Strong's: 3658]

Harvest: The season for gathering agricultural crops reap. Time when the plants are severed from their roots to be used for seed or food. [masc] [AHLB: 2727 (b)] [Strong's: 7105]

Hate: Intense hostility and aversion usually deriving from fear, anger, or sense of injury extreme dislike or antipathy [AHLB: 1336-E (V)] [Strong's: 8130, 8131]

Hazel: A light brown to strong yellowish brown color small trees or shrubs bearing nuts enclosed in a leafy involucres. [masc] [AHLB: 1260-J (N)] [Strong's: 3869]

He: The male who is neither speaker nor hearer. As one looked toward. [masc] [AHLB: 1093-J (N)] [Strong's: 1931, 1932]

Head: The top of the body. A person in authority or role of leader. The top, beginning or first of something. [masc] [AHLB: 1458-D (N)] [Strong's: 7217, 7218, 7389]

Head.of.grain: The cluster of seeds of grain plants. Also, meaning a flood that gives water to the soil for growing crops. [masc] [AHLB: 2806 (ec)] [Strong's: 7641]

Headrest: A support for the head. Place where the head is laid. [fem] [AHLB: 1458-D (k¹)] [Strong's: 4763]

Heal: To restore to health or wholeness. [AHLB: 1454-E (V)] [Strong's: 7495]

Hear: To perceive or apprehend by the ear to listen to with attention. To listen or to pay attention with ensuing obedience. [AHLB: 2851 (V)] [Strong's: 8085, 8086]

Heart: Literally, the vital organ which pumps blood, but, also seen as the seat of thought and emotion the mind. [masc] [AHLB: 1255-A (N)] [Strong's: 1079, 3820, 3821]

Heat: Natural body warmth, as well as the time of estrous when animals mate. Conception from an animal's mating or through the heat of passion. [AHLB: 1174-L (V)] [Strong's: 3179]

Heavy: Having great weight. Something that is weighty. May also be grief or sadness in the sense of heaviness. This word is also used for the liver as the heaviest of the organs. [fem] [AHLB: 2246 (N)] [Strong's: 3515, 3516]

Heel: What is restrained when taking a step forward. [masc] [AHLB: 2571 (N)] [Strong's: 6119, 6120]

He-goat: A male goat. [masc] [AHLB: 1504-M (N)] [Strong's: 8495]

Heifer: A young cow, especially one that has not had a calf. [fem] [AHLB: 2524 (N¹)] [Strong's: 5697]

Height: The highest part or most advanced point the condition of being tall or high. In the sense of being raised up. [fem] [AHLB: 1427-J (N¹)] [Strong's: 6967]

Heir: One who inherits or is entitled to inherit property. [masc] [AHLB: 1313-M (N)] [Strong's: 5209]

Help: To give assistance or support to. [AHLB: 2535 (V)] [Strong's: 5826]

Helper: One that helps. Who comes to assist with a trouble or burden. [masc] [AHLB: 2535 (N)] [Strong's: 5828]

Herb: The grasses and plants of the field used for their medicinal, savory, or aromatic qualities. [fem] [AHLB: 2561 (N)] [Strong's: 6211, 6212]

Here: In or at this place. [masc] [AHLB: 1374-A (N)] [Strong's: 6311]

Hhomer: A dry standard of measurement equal to 65 Imperial gallons. [masc] [AHLB: 2175 (g)] [Strong's: 2563]

Hide: To put out of sight to conceal from view to keep secret. Hide or conceal. [AHLB: 2516 (V)] [Strong's: 5641, 5642, 8368]

High: Advanced toward the acme or culmination. [masc] [AHLB: 1048-H (c)] [Strong's: 1364]

Hill: A rounded natural elevation of land lower than a mountain. [masc] [AHLB: 1112-A (N)] [Strong's: 2022]

Hip: Each side of the trunk formed by the lateral parts of the pelvis and upper part of the femur (thigh bone) together with the fleshy parts covering them. [masc] [AHLB: 1320-H (N)] [Strong's: 5384]

Hire: Payment for labor or personal

services to engage the personal service of another. [AHLB: 2479 (V)] [Strong's: 7936]

Hit: To deliver a blow by action. To strike with the hand. To clap, kill or harm. [AHLB: 1310-H (V)] [Strong's: 5221]

Hold: To have possession or ownership of to keep in restraint to have or maintain in one's grasp. Grab something and keep hold of it. Also, one's holdings. [AHLB: 1168-C (V)] [Strong's: 270]

Hold.a.grudge: Be unwilling to give in or admit to. [AHLB: 2474 (V)] [Strong's: 7852]

Hold.back: To hinder the progress or achievement of restrain, as the banks of a river hold back the water. [AHLB: 1387-C (V)] [Strong's: 662]

Hold.up: To continue in the same condition without failing or losing effectiveness or force. Be a support or aid for strength or rest. [AHLB: 2492 (V)] [Strong's: 5582, 5583]

Holdings: Property owned. [fem] [AHLB: 1168-C (N¹)] [Strong's: 272]

Hollow: What is of a concave shape such as a saddle or pasture in a valley. Also, may mean the sheep of the pasture. [masc] [AHLB: 1250-A (N)] [Strong's: 3733]

Hollow: The hollow of the loins between the legs. [fem] [AHLB: 1448-L (N¹)] [Strong's: 3410, 3411]

Honey: A sweet material elaborated out of the nectar of flowers in the honey sac of various bees. Also, dates as a thick, sticky and sweet food. [masc] [AHLB: 2094 (N)] [Strong's: 1706]

Honor: A showing of merited respect. To regard or treat with respect. To consider something as heavy in the sense of respect. [masc] [AHLB: 2246 (c)] [Strong's: 3519]

Horn: One of a pair of bony processes that arise from the head of many animals and used as a wind instrument. The horns of an animal or a musical instrument in the shape of a horn. [fem] [AHLB: 2732 (N)] [Strong's: 7161, 7162]

Horse: A domesticated animal used as a beast of burden, a draft animal or for riding. From its turning around in play. [masc] [AHLB: 1337-J (N)] [Strong's: 5483]

Horseman: One that rides a horse. From the spreading of the legs to ride. Also the dung of the cattle as spread out flat. [masc] [AHLB: 2644 (N)] [Strong's: 6569, 6571]

Hostile: Marked by especially overt antagonism. To be hostile to another as an enemy. [AHLB: 1002-M (V)] [Strong's: 340, 341]

Hostility: Conflict, opposition, or resistance overt acts of warfare. [fem] [AHLB: 1002-M (N¹)] [Strong's: 342]

Hot: Having a relatively high temperature eager fresh peppery. Also, meaning a father-in-law in the sense of being hot. [masc] [AHLB: 1174-A (N)] [Strong's: 2525, 2527]

Hot.spring: A spring with water above body temperature. [masc] [AHLB: 1220-B (N)] [Strong's: 3222]

House: The structure or the family, as a household that resides within the house. May also mean within. [masc] [AHLB: 1045-M (N)] [Strong's: 1004, 1005]

How.long: An unknown duration of time. [masc] [AHLB: 1298-A (f)] [Strong's: 4970]

Human: Of, relating to, or characteristic of man. The first man. From the reddish skin as coming from the reddish ground. Also, used for all of mankind as the descendants of the first man. [masc] [AHLB: 1082-C (N)] [Strong's: 120]

Hundred: A specific number but also a large amount without any reference to a specific number. [fem] [AHLB: 1277-A (N¹)] [Strong's: 3967, 3969]

Hunger: A craving or urgent need for food. [masc] [AHLB: 2777 (N)] [Strong's: 7457, 7458]

Hunt: To attempt to find something with the intent to capture. Hunt in the sense of laying in ambush. [AHLB: 1395-J (V)] [Strong's: 6679]

Hunter: One who searches for something. Lays in ambush. [masc] [AHLB: 1395-M (N)] [Strong's: 6719]

Hurl: To throw down with violence. The area which a bow can be shot from a central point. [AHLB: 1192-H (V)] [Strong's: 2909]

Hurry: To carry or cause to go with haste. [AHLB: 1296-G (V)] [Strong's: 4116, 4117]

I

I: A person aware of possessing a personal identity in self-reference. [com] [Strong's: 576, 589, 595]

Ice: Frozen water. Cold ice, frost or crystals. [masc] [AHLB: 2730 (N)] [Strong's: 7140]

If: Allowing that on condition that. A desire to bind two ideas together. [AHLB: 1013-M (N)] [Strong's: 518]

Image: A reproduction or imitation of the form of a person or thing. The form of something as a shadow of the original. [masc] [AHLB: 2663 (N)] [Strong's: 6754, 6755]

Imitate: To follow as a model, pattern or example. [AHLB: 1499-B (V)] [Strong's: 8591]

In.front: Before or opposite to something. [masc] [AHLB: 2403 (g)] [Strong's: 5227]

In.this.way: To do something in a certain manner a reference to the previous or following context. [AHLB: 1235-A (N)] [Strong's: 3541, 3542, 3602]

Increase: To become progressively greater to multiply by the production of young. An abundance of number, strength or authority. [AHLB: 1439-H (V)] [Strong's: 7235, 7236]

Increase.in.number: To become progressively greater to multiply by the production of young. Multiply. Also, meaning "to shoot" from the abundant arrows of the archer. [AHLB: 1439-B (V)] [Strong's: 7231, 7232]

Indeed: Without any question. [masc] [AHLB: 1290-C (op)] [Strong's: 552]

Inflame: To excite to excessive or uncontrollable action or feeling. [AHLB: 2104 (V)] [Strong's: 1814, 1815]

Inherit: To come into possession of or receive especially as a right or divine portion. To receive from an ancestor at his death. To take possession, either by seizing or through inheritance. [AHLB: 1458-L (V)] [Strong's: 3423]

Inheritance: The acquisition of a possession from past generations. [fem] [AHLB: 2391 (N[1])] [Strong's: 5159]

Iniquity: Gross injustice wickedness. The result of twisted actions. [masc] [AHLB: 1512-A (m)] [Strong's: 5771]

In-law: One related by marriage. [masc] [AHLB: 2224 (N)] [Strong's: 2860]

Innocence: Freedom from guilt or sin through being unacquainted with evil. A state of innocence as an infant. [masc] [AHLB: 1318-A (fj)] [Strong's: 5356]

Innocent: Free from guilt or sin. A state of innocence as an infant. [masc] [AHLB: 1318-A (f)] [Strong's: 5355]

Inquire: To ask about. To search into. Seek to understand what is not known. [AHLB: 1472-D (V)] [Strong's: 7592, 7593]

Inscribe: To write, engrave or print as a lasting record. A decree or custom. [AHLB: 1180-B (V)] [Strong's: 2710]

Instrument: A utensil or implement. A means whereby something is achieved, performed, or furthered. For carrying or storing various materials. [masc] [AHLB: 1242-A (f)] [Strong's: 3627]

Intercede: To intervene between parties to reconcile differences. Supplicate on the behalf of another. [AHLB: 2910 (V)] [Strong's: 6279]

Interpret: To explain or tell the meaning of. [AHLB: 2653 (V)] [Strong's: 6590, 6622]

Interpretation: The act or result of interpreting. [masc] [AHLB: 2653 (ej)] [Strong's: 6623]

Invade: To enter for conquest or plunder. The slicing through of a band of men. [AHLB: 1050-J (V)] [Strong's: 1464]

Invention: A product of the imagination. Designing or planning of inventions or plans. [fem] [AHLB: 2213 (a[1])] [Strong's: 4284]

Iron: A heavy element that readily rusts, is the most used of metals and is vital to bodily processes. [masc] [AHLB: **3005]** [Strong's: 1270, 6523]

Island: A tract of land surrounded by water. As the destination of a ship. [masc] [AHLB: 1014-A (f)] [Strong's: 336, 339]

J

Jar: A sudden and unexpected shake a wide-mouthed container. [masc] [AHLB: 1234-A (N)] [Strong's: 3537]

Join: To put or bring together to form a unit. A joining together of people. Also, the joining together through debt as the lender or borrower. [AHLB: 1259-J (V)] [Strong's: 3867]

Journey: Travel or passage from one place to another. To break camp and begin a journey. [AHLB: 2413 (V)] [Strong's: 5265]

Joy: A state of felicity or happiness. [fem] [AHLB: 2487 (N[1])] [Strong's: 8057]

Judge: A public official authorized to decide questions brought before a court. To rule over cases of dispute or wrongdoing. [AHLB: 2864 (V)] [Strong's: 8199, 8200]

Judgement: A pronounced opinion. [masc] [AHLB: 2864 (h)] [Strong's: 4941]

K

Keep.back: To hold something back or restrain. [AHLB: 2182 (V)] [Strong's: 2820]

Keep.secret: To refrain from disclosing information. [AHLB: 2255 (V)] [Strong's: 3582]

Keep.silent: To hold in peace or be silent. [AHLB: 2211 (V)] [Strong's: 2790]

Keep.watch: To be on the look-out for danger or opportunity. [AHLB: 1408-H (V)] [Strong's: 6822]

Kill: To deprive of life to slaughter. [AHLB: 1440-F (V)] [Strong's: 2026]

Kind: A category of creature that comes from its own kind as a firm rule. [masc] [AHLB: 1290-M (N)] [Strong's: 4327]

Kindness: Of a sympathetic nature quality or state of being sympathetic. In the sense of bowing the neck to another as a sign of kindness. [masc] [AHLB: 2181 (N)] [Strong's: 2617]

Kindred: A group of related individuals. [fem] [AHLB: 1257-L (a²)] [Strong's: 4138]

King: The male ruler of a nation or city state. In Aramaic this word can mean "council." [masc] [AHLB: 2340 (N)] [Strong's: 4428, 4430, 4431]

Kingdom.place: The area under the control of a king. [fem] [AHLB: 2340 (a¹)] [Strong's: 4467]

Kiss: To touch together as when kissing with the lips or in battle with weapons. [AHLB: 2445 (V)] [Strong's: 5401]

Knead: To work and press dough. Knead dough for bread. [AHLB: 1274-J (V)] [Strong's: 3888]

Knee: The joint between the femur and tibia of the leg. [AHLB: 2039 (N)] [Strong's: 1290, 1291]

Kneel: To bend the knee, to kneel in homage or to drink water. Frequently meaning to kneel in homage before another presenting a gift (often translated as bless). [AHLB: 2039 (V)] [Strong's: 1288, 1289]

Knife: A cutting instrument consisting of a sharp blade and handle. What is used for preparing and eating food. [fem] [AHLB: 1242-C (a²)] [Strong's: 3979]

Knock: To strike something with a sharp blow. [AHLB: 2109 (V)] [Strong's: 1849]

Knoll: A small round hill. [fem] [AHLB: 2051 (N¹)] [Strong's: 1389]

Know: To have an intimate relationship with another person. An idea or an experience. [AHLB: 1085-L (V)] [Strong's: 3045, 3046]

L

Labor: To exert one's power of body or mind, especially with painful or strenuous effort. A labor that causes grief, pain or weariness. A laborer as one who toils. [com] [AHLB: 2551 (N)] [Strong's: 5999, 6001]

Lace: A cord or string used to draw the edges of shoes or a garment together, as twisted around the foot for attaching sandals. [masc] [AHLB: 2509 (c)] [Strong's: 8288]

Ladder: Used to raise up. A structure for climbing up or down. [masc] [AHLB: 1334-J (p)] [Strong's: 5551]

Lament: To mourn aloud wail. [AHLB: 2495 (V)] [Strong's: 5594]

Lamenting: The act of mourning. [masc] [AHLB: 2495 (h)] [Strong's: 4553]

Land: The solid part of the earth's surface. Whole of the earth or a region. [fem] [AHLB: 1455-C (N)] [Strong's: 772, 776, 778]

Last.night: The previous night or a time past. [masc] [AHLB: 1297-C (N)] [Strong's: 570]

Later: At a time following. [fem] [AHLB: 1181-A (a)] [Strong's: 4279]

Laugh: To show mirth, joy, or scorn with a smile and chuckle or explosive sound. [AHLB: 2660 (V)] [Strong's: 6711]

Laughter: The sound of or as of laughing. [masc] [AHLB: 2660 (c)] [Strong's: 6712]

Lay.down: To give up to lie down for copulation, rest or sleep. [AHLB: 2834 (V)] [Strong's: 7901]

Laying.place: The location one lays for rest or sleep. [masc] [AHLB: 2834 (h)] [Strong's: 4903, 4904]

Lead: To guide on a way, especially by going in advance. The flock directed to the pasture at the end of the journey. [AHLB: 1311-G (V)] [Strong's: 5095]

Leaf: Foliage of a tree or plant. As high in the tree. [masc] [AHLB: 1357-H (N)] [Strong's: 5929]

Lean: To cast one's weight to one side for support. Lean on something for rest or support. [AHLB: 2861 (V)] [Strong's: 8172]

Leave: To go away from or to neglect. [AHLB: 2532 (V)] [Strong's: 5800]

Left.hand: The left hand, side or direction. [masc] [AHLB: **3036**] [Strong's: 8040]

Length: A measured distance or dimension. [masc] [AHLB: 1448-C (g)] [Strong's: 753]

Lentil: A leguminous plant with flattened edible seeds. [fem] [AHLB: 2531 (N)] [Strong's: 5742]

Let.alone: To be left behind by those who leave. [AHLB: 2401 (V)] [Strong's: 5203]

Level.valley: A depression in the earth's surface between ranges of mountains. Wide level valley as a division between mountains ranges. [fem] [AHLB: 2034 (e¹)] [Strong's: 1236, 1237]

Lie: To stay at rest in a horizontal position. [AHLB: 2879 (V)] [Strong's: 8266]

Life: The quality that distinguishes a vital and functional being from a dead body. Literally the stomach, the organ that holds food (see Job 38:39) in the sense of being full of life when the stomach is filled. Also, used idiomatically of living creatures, especially in conjunction with land, ground or field. [fem] [AHLB: 1171-A (N)] [Strong's: 2416, 2417]

Lift.up: To lift up a burden or load and carry it. To lift up camp and begin a journey. [AHLB: 1314-E (V)] [Strong's: 4984, 5375, 5376]

Light: The illumination from the sun, moon, stars, fire, candle or other source. [com] [AHLB: 1020-J (N)] [Strong's: 216, 217]

Likeness: Copy resemblance. The quality or state of being like something or someone else. As a son from the blood of his father resembles his father. [fem] [AHLB: 1082-H (N³)] [Strong's: 1823]

Limp: To walk lamely, especially favoring one leg to go unsteadily to proceed with difficulty or slowly. From damage to the ridge of the hip. [AHLB: 2664 (V)] [Strong's: 6760]

Linen: Fabric made of flax and noted for its strength, coolness and luster. A white cloth. Marble from its whiteness. [masc] [AHLB: 1481-A (N)] [Strong's: 7893, 8336]

Linger: To be slow in parting or in quitting something. [masc] [AHLB: 1281-B (N)] [Strong's: 4102]

Lion: A large carnivorous chiefly nocturnal cat. A feared animal. [masc] [AHLB: 1442-H (b)] [Strong's: 738, 744]

Lioness: A female lion. [fem] [AHLB: 1255-E (b)] [Strong's: 3833]

Lip: The rim or edge of something. Language as spoken from the lips. [fem] [AHLB: 1339-A (N¹)] [Strong's: 8193]

Listen: To pay attention to sound to hear with thoughtful attention and obedience. [AHLB: 1152-C (V)] [Strong's: 238, 239]

Little.one: Small in size or extent. Something or someone that is smaller, younger or less significant. [masc] [AHLB: 2680 (b)] [Strong's: 2191, 2192, 6810]

Live: To be alive and continue alive. Have life within. The revival of life gained from food or other necessity. [AHLB: 1171-H (V)] [Strong's: 2418, 2421, 2425]

Livestock: Animals kept or raised for use or pleasure. What is purchased or possessed. [masc] [AHLB: 1428-H (h)] [Strong's: 4735]

Lo: To draw attention to something important. [masc] [AHLB: 1093-A (N)] [Strong's: 1887, 1888]

Load: That which is put on a person or pack animal to be carried. [AHLB: 2552 (V)] [Strong's: 6006]

Loathe: To dislike greatly and often with disgust. Consider something cut off. [AHLB: 1432-J (V)] [Strong's: 6973]

Loin.covering: A sash or belt that encircles the waist. [fem] [AHLB: 2147 (c¹)] [Strong's: 2290]

Loins: The pubic region the generative organs. In the sense of the next generation being drawn out of the loins. [fem] [AHLB: 2166 (N)] [Strong's: 2504, 2783]

Look: To ascertain by the use of one's eyes. [masc] [AHLB: 1106-H (e)] [Strong's: 2009]

Look.down: To look out and down as through a window. [AHLB: 2877 (V)] [Strong's: 8259]

Look.with.respect: To look upon with high regard. [AHLB: 1476-H (V)] [Strong's: 8159]

Lord: The ruler as the foundation to the community. [masc] [AHLB: 1083-C (c)] [Strong's: 113]

Lost: One who has departed from the correct path or way. [masc] [AHLB: 2799 (N)] [Strong's: 7562, 7563]

Love: Strong affection for another arising from personal ties. To provide and protect that which is given as a privilege. An intimacy of action and emotion. [AHLB: 1094-C (V)] [Strong's: 157]

Luminary: That which gives off light. [masc] [AHLB: 1020-J (a)] [Strong's: 3974]

M

Magician: One who performs tricks of illusion and sleight of hand. Writes magical circles and lines. [masc] [AHLB: 2203 (qp)] [Strong's: 2748, 2749]

Magnificent: Something with increased size, power or authority. [masc] [AHLB: 2054 (c)] [Strong's: 1419]

Magnified: An increased significance or size. [masc] [AHLB: 2054 (N)] [Strong's: 1432]

Magnify: To increase in size or one's position of honor. [AHLB: 2054 (V)] [Strong's: 1431]

Maid: An unmarried young woman . As joined to a mistress. [fem] [AHLB: 2863 (e¹)] [Strong's: 8198]

Make.a.vow: To promise solemnly. Make an agreement where one promises an action if the other reciprocates with another action. [AHLB: 2385 (V)] [Strong's: 5087]

Make.bricks: To shape moist clay or earth into blocks for construction purposes. Can also mean to be "white." [AHLB: 2303 (V)] [Strong's: 3835]

Make.restitution: To restore or make right through action, payment or restoration to a rightful owner. [AHLB: 2845 (V)] [Strong's: 7999, 8000]

Male: Being the gender who begets offspring. One who acts and speaks for the family. In Aramaic this word means "ram." [masc] [AHLB: 2121 (N)] [Strong's: 1798, 2145]

Male.goat: [masc] [AHLB: 2587 (d)] [Strong's: 6259, 6260]

Male.kid: A young goat. [masc] [AHLB: 1510-A (f)] [Strong's: 1423]

Man: An adult male human. As mortal. Also, used to mean "each" in the sense of an individual. [masc] [AHLB: 2003 (b)] [Strong's: 376, 377]

Mandrakes: A plant boiled as an aphrodisiac. [masc] [AHLB: 1073-N (o)] [Strong's: 1736]

Many: A large but indefinite number. An abundance of things (many, much, great), actions (complete, wholly, strong, quick) or character (very). [masc] [AHLB: 1004-J (k)] [Strong's: 3966]

March: To move along steadily, usually with a rhythmic stride and in step with others. [AHLB: 2676 (V)] [Strong's: 6805]

Marry: To join as husband and wife. [AHLB: 2027 (V)] [Strong's: 1166]

Marsh.Grass: The tall grasses that line a marsh as a wall. [masc] [AHLB: 1008-A (r)] [Strong's: 260]

Marvel: Something that causes wonder or astonishment. To see or perceive a full sight, such as a wonder or miracle. [AHLB: 1496-H (V)] [Strong's: 8539]

Master: Having chief authority a workman qualified to teach apprentices. [masc] [AHLB: 2027 (N)] [Strong's: 1167, 1169]

Mature: Having completed natural growth and development. An upright and correct nature. [masc] [AHLB: 1496-A (N)] [Strong's: 8535]

Meat: Solid food as distinguished from drink flesh a meal. [masc] [AHLB: 1152-J (a)] [Strong's: 4202, 4203]

Meditate: To engage in contemplation. A sweeping away in thought. [AHLB: 1330-J (V)]

[Strong's: 7742]

Meet: To come into the presence of. Go to meet another or a chance encounter. [AHLB: 1434-H (V)] [Strong's: 7122, 7125, 7136]

Messenger: One who bears a message or runs an errand. Walks for another. [masc] [AHLB: 1264-D (a)] [Strong's: 4397, 4398]

Midsection: The lower abdomen and back. [fem] [AHLB: 1448-L (N)] [Strong's: 3409]

Midst: The center or middle of the whole. [masc] [AHLB: 1494-J (N)] [Strong's: 8432]

Mighty.one: One who holds authority over others, such as a judge, chief or god. In the sense of being yoked to one another. [masc] [AHLB: 1012-A (N)] [Strong's: 410]

Mimic: To imitate another person's speech as an interpretation or in scorn. [AHLB: 1271-J (V)] [Strong's: 3887]

Mind: Literally, the heart which pumps blood, but also seen as the seat of thought and emotion. [masc] [AHLB: 1255-B (N)] [Strong's: 3824, 3825]

Minister: To give aid or service. Be in service to another. [AHLB: 2884 (V)] [Strong's: 8334]

Mist: A vapor or fine spray. [masc] [AHLB: 1004-A (N)] [Strong's: 108]

Mix: To combine in one mass. Mix up. [AHLB: 1035-B (V)] [Strong's: 1101]

Moderate: To rule over quarrels or other conflicts. [AHLB: 1083-M (V)] [Strong's: 1777, 1778]

Moist: Slightly or moderately wet. [masc] [AHLB: 1261-A (N)] [Strong's: 3892, 3893]

Mold: To give shape to. Press or squeeze, as when pressing clay into a shape to form a vessel. [AHLB: 1411-L (V)] [Strong's: 3334, 3335]

Monument: A lasting evidence, reminder, or example of someone or something. As standing tall and firm. [fem] [AHLB: 2426 (a¹)] [Strong's: 4676]

Moon: The earth's only known satellite that reflects the sun's light. Also, a month as a counting of time by the cycles of the moon. [masc] [AHLB: 1445-L (N)] [Strong's: 3391, 3393, 3394]

Moreover: In addition to what has been said. [AHLB: 1017-A (N)] [Strong's: 637, 638]

Morning: The time from sunrise to noon. Breaking of daylight. [masc] [AHLB: 2035 (g)] [Strong's: 1242]

Mortal.man: Subject to death. As mortal. [masc] [AHLB: 1298-A (N)] [Strong's: 4962]

Mortar: A thick and slimy soil used to join bricks or for making bricks. A dry standard of measurement equal to 65 Imperial gallons. [masc] [AHLB: 2175 (g)] [Strong's: 2563]

Mother: A female parent. Maternal tenderness or affection. One whose arms hold the family together through her work and love. One who fulfills the role of a mother. [fem] [AHLB: 1013-A (N)] [Strong's: 517]

Mound: An artificial hill or bank of earth or stones. Something such as rocks or a spring out of the ground. [masc] [AHLB: 1058-A (N)] [Strong's: 1530, 1531]

Mount: To increase in amount or extent to get up on something above the level of the ground. [masc] [AHLB: 1112-B (N)] [Strong's: 2042]

Mourn: To feel or express grief or sorrow. [AHLB: 1035-C (V)] [Strong's: 56]

Mourning: A flowing of tears. Also, a meadow as a weeping ground. [com] [AHLB: 1035-C (N)] [Strong's: 57, 58, 60]

Mouth: The opening through which food enters the body. [masc] [AHLB: 1373-A (N)] [Strong's: 6310]

Multiple: Involving more than one. [masc] [AHLB: 2569 (d)] [Strong's: 6099]

Multitude: A great number of people. Loud group. [masc] [AHLB: 1105-A (j)] [Strong's: 1995]

Myriad: A great abundance in numbers. [fem] [AHLB: 1439-B (N¹)] [Strong's: 7233]

Myrrh: An aromatic gum resin obtained from a tree and having a bitter slightly pungent taste. [masc] [AHLB: 1262-J (N)] [Strong's: 3910]

N

Naked: Without clothes in the sense of bare skin. [masc] [AHLB: 1365-A (ecp)] [Strong's: 5903]

Nakedness: The shame of one being naked. Idiomatic for sexual relations. In the Aramaic this word means dishonor in the sense of being naked. [fem] [AHLB: 1365-K (N¹)] [Strong's: 6172, 6173]

Narrow: Of slender width. A narrow, tight place or situation. An enemy or adversary as one who closes in with pressure. [masc]

[AHLB: 1411-A (N)] [Strong's: 6862]

Nation: A community of people of one or more nationalities and having a more or less defined territory and government. The people of a nation as the back, or body. [masc] [AHLB: 1052-A (f)] [Strong's: 1471]

Near: Close to at or within a short distance from. Also, a kin, as a near relative. [masc] [AHLB: 2729 (c)] [Strong's: 7138]

Neck: The part of a person that connects the head with the body. [masc] [AHLB: 2580 (N)] [Strong's: 6203]

Nest: A bed or receptacle prepared by a bird for its eggs and young. The stall of an animal as a nest. [masc] [AHLB: 1428-A (N)] [Strong's: 7064]

Net: An open-meshed fabric twisted, knotted, or woven at regular intervals. Also, a thicket as an interwoven network of thorns. [masc] [AHLB: 2459 (N)] [Strong's: 5442, 7638]

Nevertheless: In spite of that. A flowing of certainty. [AHLB: 1035-C (N)] [Strong's: 61]

New.moon: The moon phase when its dark side is toward the earth the thin crescent moon. first crescent of the moon as the renewal of the moon, the first day of the month. Also, a month as the interval between crescents. [masc] [AHLB: 2151 (g)] [Strong's: 2320]

Night: The time from dusk to dawn night time hours associated with darkness and sleep. [com] [AHLB: 1265-M (N)] [Strong's: 3915]

Nine: Nine in number. The total number of hours in an ancient day or night. [com] [AHLB: 1476-A (i)] [Strong's: 8672, 8673]

No: The negative of an alternative choice. To be without to not be. [masc] [AHLB: 1254-A (N)] [Strong's: 408, 409, 3809]

Noble: Possessing outstanding qualities or properties. Of high birth or exalted rank. One who has authority. May also mean "heavy" from the weight of responsibility on one in authority. [masc] [AHLB: 1342-A (N)] [Strong's: 5620, 8269]

Nod: A quick downward motion of the head. To shake or wag out of pity, sorrow or wandering. [AHLB: 1303-J (V)] [Strong's: 5110, 5111]

North: From the North Star which is watched for direction. [fem] [AHLB: 1408-A (j)] [Strong's: 6828]

Nose: The organ bearing the nostrils on the anterior of the face. Literally, the nostril but also meaning the nose, especially when in the plural. This word can also mean anger because of the flaring of the nostrils when angry. [masc] [AHLB: 1017-A (N)] [Strong's: 639]

Not: A function word to stand for the negative. As being without. [AHLB: 1254-J (N)] [Strong's: 3808]

Nothing: Not any thing. [fem] [AHLB: 1289-D (d¹)] [Strong's: 3972]

Nourishment: Food nutriment. For giving sustenance and making one whole. [masc] [AHLB: 1242-C (a)] [Strong's: 3978]

Now: At the present time or moment. [masc] [AHLB: 1367-H (N)] [Strong's: 6258]

Nude: Without clothes in the sense

of bare skin. [masc] [AHLB: 1365-A (cp)] [Strong's: 6174]

Number: A sum of units. Counting as a recording. [masc] [AHLB: 2500 (h)] [Strong's: 4557]

O

Oak: The tough durable wood of the oak tree. Strongest of the woods. [fem] [AHLB: 1012-A (N¹)] [Strong's: 424, 427]

Oath: Something corroborated by a vow. A binding agreement, including the curse for violating the oath. [fem] [AHLB: 1012-A (N¹)] [Strong's: 423]

Obedience: Submission to the will of another. In the sense of being restrained. [fem] [AHLB: 1419-L (N¹)] [Strong's: 3349]

Occupation: The principal business of one's life. [fem] [AHLB: 1264-D (k¹)] [Strong's: 4399]

Oil: An unctuous combustible substance that is liquid, is not water-soluble, and leaves a greasy stain. Usually olive oil and used as a medicinal ointment. Also, meaning fat or rich. [masc] [AHLB: 2850 (N)] [Strong's: 8081, 8082]

Old.age: One up in years. [fem] [AHLB: 2132 (e¹)] [Strong's: 2209]

Olive: The fruit or the tree. Fruit used for food and a source of oil. [masc] [AHLB: 1160-M (N)] [Strong's: 2132]

On.account.of: As a crossing over from one idea to another. [masc] [AHLB: 2520 (d)] [Strong's: 5668, 5669]

One.of.the.flock: A member of a flock of sheep or goats. [masc] [AHLB: 1327-A (N)] [Strong's:

2089, 7716]

Only: A single instance or thing and nothing more or different. [AHLB: 1456-A (N)] [Strong's: 7535]

Open: Having no confining barrier. To open up as opening a gate or door. [AHLB: 2649 (V)] [Strong's: 6605, 6606]

Open.up: To make available or accessible. Open the eyes or ears. [AHLB: 2631 (V)] [Strong's: 6491]

Opening: Something that is open, as an entrance or opening of a tent, house or city. [masc] [AHLB: 2649 (N)] [Strong's: 6607, 6608]

Opposite: Something in front of and pronounced. Also a story as being told face to face. [masc] [AHLB: 2372 (N)] [Strong's: 5048, 5049]

Or: An alternative or optional desire. [AHLB: 1006-A (N)] [Strong's: 176]

Ornament: Something that lends grace and beauty. Precious ornaments probably with gems. [fem] [AHLB: 2329 (m¹)] [Strong's: 4030]

Other: One that remains of two or more. A time, person or thing that follows after. [masc] [AHLB: 1181-C (N)] [Strong's: 312, 317]

Other.side: As being across from this side. [masc] [AHLB: 2520 (N)] [Strong's: 5676]

Otherwise: In a different manner or way.. As a turning toward another direction. [AHLB: 1382-A (N)] [Strong's: 6435]

Outcry: A vehement protest a loud cry. [fem] [AHLB: 2131 (N)] [Strong's: 2201]

Outside: A place or region beyond an enclosure or barrier. [masc] [AHLB: 1179-J (N)] [Strong's:

2351]

Oven: A chamber used for baking, heating or drying. As a lamp for cooking. [masc] [AHLB: 1319-J (i)] [Strong's: 8574]

Overcome: To get the better of. Be successful in strength or authority. [AHLB: 2052 (V)] [Strong's: 1396]

Overlook: To unintentionaly look past, forget. [AHLB: 1320-H (V)] [Strong's: 5382]

Overseer: One who carefully watches over a superintendent. [masc] [AHLB: 2630 (b)] [Strong's: 6496]

Oversight: Watchful and responsible care. [fem] [AHLB: 1463-A (h¹)] [Strong's: 4870]

Overtake: To catch up with. Also, to remove in the sense of taking over. [AHLB: 2410 (V)] [Strong's: 5253, 5381]

Overturn: To turn something over or upside down, as if pouring out its contents. [AHLB: 1379-F (V)] [Strong's: 2015]

Overturning: The act of turning something over. [fem] [AHLB: 1379-F (N¹)] [Strong's: 2018]

Owner: Possessor of an article or property. [masc] [AHLB: 2052 (b)] [Strong's: 1376]

Ox: A domestic bovine animal used for pulling heavy loads. [masc] [AHLB: 1480-J (N)] [Strong's: 7794, 8450]

P

Pack: A bundle arranged for carrying. [AHLB: 2237 (V)] [Strong's: 2943]

Palm: A tropical tree with fan-shaped leaves. Part of the hand between the base of the fingers and the wrist. Also, the sole of the foot another palm-shaped object such as a spoon. [fem] [AHLB: 1247-A (N)] [Strong's: 3709, 3710]

Parcel: A section or portion of land that has been purchased or aquired. [fem] [AHLB: 2167 (N¹)] [Strong's: 2513]

Parching.heat: To shrivel or toast with intense heat. [masc] [AHLB: 2199 (g)] [Strong's: 2721]

Part: To separate. Part the lips to open the mouth. [AHLB: 1386-H (V)] [Strong's: 6475]

Partner: One that shares. A close companion. [masc] [AHLB: 1453-A (k)] [Strong's: 4828]

Pass.over: To pass through, by or over something. Also, to change in the sense of going to another one, side or thought. [AHLB: 2165 (V)] [Strong's: 2498, 2499]

Pasture: A place of feeding or grazing. [masc] [AHLB: 1453-H (h)] [Strong's: 4829]

Path: The road or route one travels. [masc] [AHLB: 1445-C (g)] [Strong's: 734]

Payment: Something that is paid. [fem] [AHLB: 2479 (ac²)] [Strong's: 4909]

Peel: The skin or rind of a fruit to strip off an outer layer. [AHLB: 2626 (V)] [Strong's: 6478]

Peel.off: To strip off an outer layer. spread apart. To invade in the sense of spreading out for an attack. Also, to strip off clothing in the sense of spreading the garment for removal. [AHLB: 2646 (V)] [Strong's: 6584]

People: Human beings. [masc] [AHLB: 1358-A (N)] [Strong's: 5971, 5972]

Perform: To do a great action out of a judgement. [AHLB: 1380-E (V)] [Strong's: 6381]

Pick.up: To take hold of and lift up. To gather together. [AHLB: 2320 (V)] [Strong's: 3950]

Pierce: To run into or through as with a pointed weapon or tool. Pierce a hole through. Also, meaning common in the sense of taking something set apart for a special function and using for common purposes. [AHLB: 1173-B (V)] [Strong's: 2490]

Pierce.through: To make a hole by puncturing or penetrating. To curse in the sense of piercing through. [AHLB: 2430 (V)] [Strong's: 5344]

Pierced: Having holes. [masc] [AHLB: 1173-B (N)] [Strong's: 2491]

Pile.up: To heap something up in a mound. [AHLB: 2656 (V)] [Strong's: 6651]

Pilgrimage: A journey of a pilgrim the course of life on earth. One who travels in a strange land. The pilgrimage or the dwelling place of a stranger. [masc] [AHLB: 1066-J (d)] [Strong's: 4033]

Pistachio: A greenish-yellow nut from a small tree of the same name. From its belly shape. [masc] [AHLB: 2015 (g)] [Strong's: 992]

Pitch.tent: To set up camp. By extension, can also mean a distant shining, such as the moon. [AHLB: 1104-C (V)] [Strong's: 166, 167]

Place: An indefinite region or expanse a particular part of a surface or body. A place one rises up to. [masc] [AHLB: 1427-J (a)] [Strong's: 4725]

Place.of.lodging: An establishment for lodging and entertaining travelers. A place for spending the night. [masc] [AHLB: 1267-J (a)] [Strong's: 4411]

Place.of.rest: A location where there is freedom from activity or labor a place for resting or lodging. [fem] [AHLB: 1307-J (k¹)] [Strong's: 4496]

Plague: An epidemic disease causing high mortality. An epidemic or other sore or illness as a touch from God. [masc] [AHLB: 2376 (N)] [Strong's: 5061]

Plant: To put or set into the ground for growth. Establish plants in the sense of setting into place in the soil. [AHLB: 2398 (V)] [Strong's: 5193]

Plead: To entreat or appeal earnestly. Fall to the ground to plead a cause to one in authority. An action to prevent a judgement. [AHLB: 1380-B (V)] [Strong's: 6419]

Pleasant: Having qualities that tend to give pleasure. An object of desire. [fem] [AHLB: 2169 (N¹)] [Strong's: 2532]

Please: A pleading or request for something. To make another happy or gratified. [AHLB: 1300-A (N)] [Strong's: 577, 4994]

Pleasure: A state of gratification. [com] [AHLB: 2528 (N)] [Strong's: 5730]

Plenty: A full or more than adequate supply. What is full, satisfied or abundant . [masc] [AHLB: 2461 (N)] [Strong's: 7647, 7649]

Plot: To devise a plan of action, usually with evil intent. [AHLB: 1151-B (V)] [Strong's: 2161]

Pluck.away: To take off something or someone by force through picking off, robbing or plundering. [AHLB: 2059 (V)] [Strong's: 1497]

Pluck.up: To pull or dig out the roots. [AHLB: 2905 (V)] [Strong's: 6131, 6132]

Plunder: To commit robbery or looting. [AHLB: 1030-B (V)] [Strong's: 962]

Poplar: A tree with white bark. [fem] [AHLB: 2303 (e¹)] [Strong's: 3839]

Portion: An individual's part or share of something. The portions dispersed out. [masc] [AHLB: 2167 (N)] [Strong's: 2506]

Possession: Something owned, occupied or controlled. The goods and wealth acquired as the acquiring of materials for building a nest. [masc] [AHLB: 1428-B (b)] [Strong's: 7075]

Possibly: Being within the limits of ability, capacity, or realization. A possible outcome. To desire what you are without in the sense of joining. [com] [AHLB: 1254-J (f)] [Strong's: 194]

Post: The place at which a soldier is stationed. As standing tall and firm. A garrison. [masc] [AHLB: 2426 (b)] [Strong's: 5333]

Posterity: The offspring of a progenitor to the furthest generation. Continuation through the next generation. [masc] [AHLB: 2402 (N)] [Strong's: 5220]

Pour: To cause to flow in a stream. To give full expression to. [AHLB: 2412 (V)] [Strong's: 5258, 5259, 5260]

Pour.down: To pour molten metal. [AHLB: 1410-L (V)] [Strong's: 3251, 3332]

Pour.out: To let flow a liquid including the blood of an animal in sacrifice or a man. [AHLB: 2865 (V)] [Strong's: 8210]

Pouring: A liquid poured out as an offering or the pouring of a molten metal to form images. [masc] [AHLB: 2412 (N)] [Strong's: 5261, 5262]

Powder: Matter in a fine particulate state. An abundant amount of powdery substance as dust or ash. [masc] [AHLB: 2565 (N)] [Strong's: 6083]

Power: Possession of control, authority, or influence over others physical might. The power or might of one who rules or teaches. One who yokes with another. Often applies to rulers or a god. [masc] [AHLB: 1012-H (c)] [Strong's: 430, 433]

Precipitate: To rain. [AHLB: 2336 (V)] [Strong's: 4305]

Pregnancy: The quality of containing unborn young within the body. From the mound of the belly. [masc] [AHLB: 1112-H (j)] [Strong's: 2032]

Pregnant: Containing unborn young within the body. [fem] [AHLB: 1112-H (N¹)] [Strong's: 2030]

Prepare: To make ready beforehand. Be ready. [AHLB: 2587 (V)] [Strong's: 6257]

Present: A gift given to another on bended knee and in respect. Also a pool of water as a place where one kneels down to drink from. [fem] [AHLB: 2039 (N¹)] [Strong's: 1293, 1295]

Press: Pressure or pushing action. [AHLB: 2470 (V)] [Strong's: 7818]

Press.hard: To push or urge another into an action. [AHLB: 2629 (V)] [Strong's: 6484]

Prey: An animal taken as food by a predator. The meat that is torn by the predator. [masc] [AHLB: 2245 (N)] [Strong's: 2964, 2965]

Priest: One authorized to perform the sacred rites as a mediatory agent between man and God. The base which supports the people. [masc] [AHLB: 1244-G (g)] [Strong's: 3548]

Prison: A place of confinement. [masc] [AHLB: 1342-G (N)] [Strong's: 5470]

Prisoner: One who is bound or confined. [masc] [AHLB: 1342-C (b)] [Strong's: 615, 616]

Produce: Agricultural products, especially fresh fruits and vegetables. The harvested product of a crop. [masc] [AHLB: 1388-H (f)] [Strong's: 6529]

Production: Total output of a commodity or an industry. An increase of produce, usually of fruit in the sense of filling. [fem] [AHLB: 1024-J (i¹)] [Strong's: 8393]

Profit: A valuable return to derive benefit. The taking of money or something of value through force in the sense of cutting. [masc] [AHLB: 2031 (N)] [Strong's: 1215]

Prolong: To lengthen or delay. [AHLB: 1448-C (V)] [Strong's: 748, 749]

Prophet: One gifted with more than ordinary spiritual and moral insight. who brings forth the inner fruit. [masc] [AHLB: 1301-E (b)] [Strong's: 5029, 5030]

Prosper: To succeed. Move forward in distance, position or in thriving. [AHLB: 2662 (V)] [Strong's: 6743, 6744]

Prostitute: Devoted to corrupt purposes. A female prostitute set aside for a special purpose. [fem] [AHLB: 2700 (N¹)] [Strong's: 6948]

Prostitution: As paid with food. [masc] [AHLB: 1152-B (d)]

[Strong's: 2183]

Provender: Dry food for domestic animals. A gathering of food. [masc] [AHLB: 1339-E (hc)] [Strong's: 4554]

Provide: To give what is due. Also to grant or allow permission. [AHLB: 1094-L (V)] [Strong's: 3051, 3052]

Provide.food: Supply nourishment. [AHLB: 2315 (V)] [Strong's: 3938]

Provisions: A stock of needed materials. The produce of the hunt. Also, used for "food" in general. [fem] [AHLB: 1395-M (N¹)] [Strong's: 6720]

Purchase: Something owned, occupied or controlled. The goods and wealth acquired as the acquiring of materials for building a nest. [AHLB: 1428-H (V)] [Strong's: 7066, 7069]

Pure: Unmixed with any other matter. Someone or something that is free of impurities. This can be a metal such as gold or animals. [masc] [AHLB: 1204-G (c)] [Strong's: 2889, 2890]

Pursue: To follow in order to overtake, capture, kill, or defeat. Pursue in chase or persecution. [AHLB: 2755 (V)] [Strong's: 7291]

Put: To set or fix anything in place. To establish or appoint. [AHLB: 1335-L (V)] [Strong's: 3455]

Q

Qeshiytah: A unit of value, money. [fem] [AHLB: 2739 (b¹)] [Strong's: 7192]

Quarrel: A ground of dispute or complaint. A clash between sides. [AHLB: 2562 (V)]

[Strong's: 6229]

Quiver: A case for holding or carrying arrows. As hung over the shoulder. [masc] [AHLB: 1495-A (f)] [Strong's: 8522]

R

Rafter: The beams which the roof of the house sits on. [fem] [AHLB: 1434-J (N¹)] [Strong's: 6982]

Raiment: Clothing garments. [fem] [AHLB: 1245-A (N³)] [Strong's: 3682]

Rain.shower: The rain of the skies. In Aramaic this word means the "body." [masc] [AHLB: 2090 (N)] [Strong's: 1653, 1655]

Raise: To lift something up. [AHLB: 1450-J (V)] [Strong's: 7311, 7313]

Raven: A glossy black bird. As black in color. [masc] [AHLB: 2907 (g)] [Strong's: 6158]

Reach: To touch or grasp to get up to or as far as. Come together in meeting by chance. To give or place as a meeting. [AHLB: 2592 (V)] [Strong's: 6293]

Rebel: To oppose or disobey one in authority or control. [AHLB: 2352 (V)] [Strong's: 4775]

Rebuke: To criticize sharply. [AHLB: 2076 (V)] [Strong's: 1605]

Reckless: Marked by lack of proper caution. [masc] [AHLB: 2599 (N)] [Strong's: 6349]

Reckon: To appoint, assign, count or number a set of things or people. [AHLB: 1290-H (V)] [Strong's: 4483, 4487]

Recognize: To acknowledge or take notice of in some definite way. [AHLB: 2406 (V)] [Strong's: 5234]

Red: Of the color red. Ruddy florid. [masc] [AHLB: 1082-C (c)]

[Strong's: 122]

Redeem: To buy back. Restore one to his original position or avenge his death. In the participle form this verb means "avenger," as it is the role of the nearest relative to buy back one in slavery or avenge his murder. [AHLB: 1058-D (V)] [Strong's: 1350]

Reed-pipe: A wind instrument made of reeds. Related to lust through the heavy breathing of passion. [masc] [AHLB: 2523 (o)] [Strong's: 5748]

Refine: To reduce to a pure state. [AHLB: 1375-B (V)] [Strong's: 6338, 6339]

Reflection: The return of light or sound waves from a surface production of an image as by a mirror. [fem] [AHLB: 1438-A (a¹)] [Strong's: 4759]

Refuse: To express one's self as being unwilling to accept. [AHLB: 1290-D (V)] [Strong's: 3985]

Regulate: To govern or correct according to rule. Rule over a dominion. To bring order, method, or uniformity to. To compare one thing to another in the sense of a rule of measurement, often as a proverb or parable. [AHLB: 2359 (V)] [Strong's: 4910, 4911]

Regulation: An authoritative rule dealing with details or procedure. The power and authority of one to regulate and control over another. [fem] [AHLB: 2359 (k¹)] [Strong's: 4475]

Reign: To rule over a kingdom as king or queen. [AHLB: 2340 (V)] [Strong's: 4427]

Relate: To have a relationship with another through marriage. [AHLB: 2224 (V)] [Strong's:

2859]

Remain: To continue unchanged to stay behind. [AHLB: 1480-D (V)] [Strong's: 7604]

Remainder: A remaining group, part or trace. [masc] [AHLB: 1480-L (N)] [Strong's: 3499]

Remember: To bring to mind or think of again. Remember in thought as a memorial or mention through speech. To act or speak on behalf of another. [AHLB: 2121 (V)] [Strong's: 2142]

Remnant: A usually small part, member, or trace remaining. [fem] [AHLB: 1480-D (N⁴)] [Strong's: 7611]

Remove.the.cover: Usually to be exposed from the removal of clothing. To reveal something by exposing it. [AHLB: 1357-H (V)] [Strong's: 1540, 1541]

Replacement: That which takes the place of , especially as a substitute or successor. In the sense of passing through one thing to another. [fem] [AHLB: 2165 (b¹)] [Strong's: 2487]

Report: An account or statement of an event or happening. What is heard. [masc] [AHLB: 2851 (N)] [Strong's: 8088]

Reproduce: To produce new individuals of the same kind. Be abundant in fruit. [AHLB: 1388-H (V)] [Strong's: 6509]

Rescue: To free from confinement, danger, or evil. A deliverance or freedom from a trouble. [fem] [AHLB: 1476-L (d¹)] [Strong's: 3444]

Reserve: To set aside to retain or hold over to a future time or place. Leave behind a remainder. [AHLB: 1480-L (V)] [Strong's: 3498]

Reside: To dwell permanently or continuously. [AHLB: 2118 (V)] [Strong's: 2082]

Rest: Freedom from activity or labor. To rest from trouble or labor. [AHLB: 1307-J (V)] [Strong's: 5117]

Resting.place: Location where a person or object is free from activity or labor. [masc] [AHLB: 1307-J (a)] [Strong's: 4494]

Restrain: To prevent from doing. Hold back, in the sense of grabbing the heel. [AHLB: 2571 (V)] [Strong's: 6117]

Restrict: To confine within bounds. Hold back or prevent someone or something. [AHLB: 1242-E (V)] [Strong's: 3607]

Reviving: Restoring to consciousness or life. [fem] [AHLB: 1171-H (h¹)] [Strong's: 4241]

Revolution: A sudden, radical or complete change. [masc] [AHLB: 2647 (N)] [Strong's: 6588]

Rib: Any of the paired bony or cartilaginous bones that stiffen the walls of the thorax and protect the organs beneath. As roasted over the fire. A ridge of a hill from its similar shape to the ribs. [fem] [AHLB: 2664 (N)] [Strong's: 5967, 6763]

Riches: Wealth. The possessions that make one wealthy. [masc] [AHLB: 2585 (N)] [Strong's: 6239]

Ride: To sit and travel in any conveyance. To sit astride an animal, wagon or chariot.. [AHLB: 2769 (V)] [Strong's: 7392]

Rider: The one traveling in a conveyance chariot or its rider or a rider of a horse or wagon. The top millstone as supported on top of the bottom millstone.

[masc] [AHLB: 2769 (N)] [Strong's: 7393, 7395]

Right.hand: The right hand or the direction of the right hand. [fem] [AHLB: 1290-L (b)] [Strong's: 3225]

Ring: A circular band worn as an ornament. [masc] [AHLB: 2388 (N)] [Strong's: 5141]

Ripen: To bring to completeness or perfection. Give off the fragrance of the fruit as it ripens. To add spices to a body for embalming. [AHLB: 2177 (V)] [Strong's: 2590]

Rise: To assume an upright position. Raise or rise up. Also, in the sense of continuing or establishing something. [AHLB: 1427-J (V)] [Strong's: 6965, 6966]

Rising: A rising of smoke from a burnt offering. Captivity in the sense of placing a yoke on the captives. [fem] [AHLB: 1357-J (N¹)] [Strong's: 1473, 5930]

River: A natural stream of water of considerable volume. The life-giving water that washes over the soil. [masc] [AHLB: 1319-G (N)] [Strong's: 5103, 5104]

Road: A route or path for travel. Road that is walked, as well as the path or manner of life. [masc] [AHLB: 2112 (N)] [Strong's: 1870]

Roam: To wander around restlessly. [AHLB: 1441-J (V)] [Strong's: 7300]

Robe: A long flowing outer garment. Wide garment. [fem] [AHLB: 1089-C (N²)] [Strong's: 155]

Rod: A slender bar of wood or metal. [masc] [AHLB: 1426-A (a)] [Strong's: 4731]

Roll: A written document that may be wrapped round on itself. [AHLB: 1058-B (V)] [Strong's:

1556, 5953]

Roof.covering: Material used for a top or covering of a building. What covers something. [masc] [AHLB: 1245-H (h)] [Strong's: 4372]

Round.about: A circuitous way or route. [AHLB: 1349-A (N)] [Strong's: 1157]

Roundness: Cylindrical something as a circle, globe or ring that is round. A round thing or place. A coin as a round piece of gold or silver. A round loaf of bread. The plain, as a round piece of land. [fem] [AHLB: 2258 (e)] [Strong's: 3603]

Ruddy: Having a healthy reddish color. [masc] [AHLB: 1082-C (jf)] [Strong's: 132]

Rule: To exert control, direction, or influence over, especially by curbing or restraining. by walking among the subjects. [AHLB: 1441-H (V)] [Strong's: 7287]

Run: To go faster than a walk. [AHLB: 1455-J (V)] [Strong's: 7323]

S

Sack: The plundering of a captured town. A usually rectangular bag of paper, canvas. [masc] [AHLB: 1341-A (N)] [Strong's: 8242]

Sacrifice: An act of offering to deity something precious. To kill an animal for an offering. [AHLB: 2117 (V)] [Strong's: 1684, 2076]

Saddle: A shaped mounted support on which an object can travel. To bind up with a saddle. [AHLB: 2144 (V)] [Strong's: 2280]

Saddlebag: One of a pair of covered pouches laid behind the saddle.

For carrying items. [masc] [AHLB: 2870 (h)] [Strong's: 4942]

Safely: A state or place of safety. [masc] [AHLB: 2013 (N)] [Strong's: 983]

Salt: An ingredient that gives savor, piquancy, or zest to food. Also, mariners from their sailing on the seas (pronounced ma-lahh). Also, old rags or clothes, probably from their saltiness from the body (pronounced ma-lahh). [masc] [AHLB: 2338 (N)] [Strong's: 4416, 4417, 4418, 4419]

Sand: Loose granular material from the disintegration of rocks and consisting of particles not as fine as silt and used in mortar. Sand is used as an abrasive ingredient for drilling by placing it in the hole being drilled. [masc] [AHLB: 1173-J (N)] [Strong's: 2344]

Sandal: A shoe consisting of a sole strapped to the foot. [fem] [AHLB: 2415 (N)] [Strong's: 5275]

Say: To speak chains of words that form sentences. [AHLB: 1288-C (V)] [Strong's: 559, 560]

Scarlet: Any of various bright reds. The color of the gums. [masc] [AHLB: 1474-A (f)] [Strong's: 8144]

Scatter: To fling away heedlessly. To separate and go in various directions. [AHLB: 2422 (V)] [Strong's: 5310]

Scatter.abroad: To sow, cast or fling widely. [AHLB: 1386-J (V)] [Strong's: 6327]

Scratch: Also, to plow in the sense of scratching a line in the soil. This word can also mean "to hold in peace" or be silent. [AHLB: 2211 (V)] [Strong's: 2790]

Scroll: A roll as of papyrus, leather or parchment for writing a document. Document or record written on a sheet of skin or papyrus and rolled up. This word can also mean a "census" in the sense of recording numbers (pronounced se-phar). In Aramaic this word can also mean a scribe, as one who writes a scroll (pronounced sa-phar). [masc] [AHLB: 2500 (N)] [Strong's: 5609, 5610, 5612, 5613]

Sea: A large body of water. Also, the direction of the great sea (Mediterranean), the west. [masc] [AHLB: 1220-A (N)] [Strong's: 3220, 3221]

Se'ah: A dry standard of measure equal to 1/3 ephah. [fem] [AHLB: 1323-A (N¹)] [Strong's: 5429]

Search: To look thoroughly in an effort to find or discover something. [AHLB: 2189 (V)] [Strong's: 2664]

Search.out: To search until the object of the search is found. [AHLB: 2036 (V)] [Strong's: 1245]

Seat: A special chair of one in eminence. Usually a throne or seat of authority. [masc] [AHLB: 1245-E (e)] [Strong's: 3678, 3764]

Second: As second in numeric order. [com] [AHLB: 1474-H (f)] [Strong's: 8145]

See: To take notice or perceive something or someone. To see visions. [AHLB: 1438-H (V)] [Strong's: 7200, 7202, 7207, 7212]

Seed: The grains or ripened ovules of plants used for sowing. As scattered in the field to produce a crop. The singular word can be used for one or more. Also, the descendants of an individual, either male or female. [masc] [AHLB: 2137 (N)] [Strong's: 2233, 2234]

Seeing.as: In the degree that. Sense of paying attention. [AHLB: 1359-L (N)] [Strong's: 3282]

Seek: To look for or search for something or for answers. [AHLB: 2114 (V)] [Strong's: 1875]

Seethe: To boil a soup or boil with pride. [AHLB: 1142-J (V)] [Strong's: 2102, 2103]

Seize: To possess or take by force. Grab hold tightly. To refrain or support by grabbing hold. [AHLB: 2152 (V)] [Strong's: 2388]

Seize.hold: To take hold of something by force. [AHLB: 2899 (V)] [Strong's: 8610]

Sell: To give up property to another for money or another valuable compensation. [AHLB: 2337 (V)] [Strong's: 4376]

Send: To cause to go to direct, order, or request to go. [AHLB: 2842 (V)] [Strong's: 7971, 7972]

Separate: To set or keep apart. Divide or separate something. [AHLB: 2005 (V)] [Strong's: 914]

Separated.thing: Someone or something separated from the whole, often meaning "alone." This may also be a branch as separated from the tree (as well as a staff made from a branch). Linen cloth fibers which are divided. A lie or liar, as what causes a separation through careless words, lying, or bragging. [masc] [AHLB: 1027-A (N)] [Strong's: 905, 906, 907]

Serpent: A noxious reptile that hisses, creeps and bites, often venomously devil snake. [masc] [AHLB: 2395 (N)] [Strong's: 5175]

Servant: One who provides a service to another, as a slave or hired hand. [masc] [AHLB: 2518 (N)] [Strong's: 5649, 5650, 5652]

Serve: To provide a service to another, as a servant or slave or to work at a profession. [AHLB: 2518 (V)] [Strong's: 5647, 5648]

Service: Labor provided by a servant or slave. [fem] [AHLB: 2518 (c¹)] [Strong's: 5656]

Set: To put something in a place. [AHLB: 1394-L (V)] [Strong's: 3322]

Set.apart: To put someone or something apart for a special purpose. [AHLB: 2700 (V)] [Strong's: 6942]

Set.down: To cause to sit down. Set or lay down. [AHLB: 1482-M (V)] [Strong's: 7896]

Set.in.place: To set anything in a place. [AHLB: 1335-J (V)] [Strong's: 7760, 7761]

Set-aside: To reserve or put aside something in the sense of keeping in the shadow. [AHLB: 1403-C (V)] [Strong's: 680]

Settle: To stay in a dwelling place for the night or for long periods of time. Also to sit down. [AHLB: 1462-L (V)] [Strong's: 3427, 3488]

Settling: The place of settling as a temporary dwelling. [masc] [AHLB: 1462-L (a)] [Strong's: 4186]

Seven: Seven in number. [com] [AHLB: 2808 (N)] [Strong's: 7651, 7657]

Seventh: The seventh in numeric order. [masc] [AHLB: 2808 (bf)] [Strong's: 7637]

Seventh.time: A sequence of events ending with the seventh. [fem] [AHLB: 2808 (e²)] [Strong's: 7659]

Sew.together: To join two pieces of cloth with stitches of thread. [AHLB: 2900 (V)] [Strong's: 8609]

Sha'ar: A standard of measure. [masc] [AHLB: 2862 (N)] [Strong's: 8180]

Shadow: The dark figure cast on a surface by a body intercepting the rays from a light source. [masc] [AHLB: 1403-A (N)] [Strong's: 6738]

Shake: To tremble in fear or anger. [AHLB: 2748 (V)] [Strong's: 7264, 7265]

Shape: The outline of an individual. [masc] [AHLB: 1503-D (g)] [Strong's: 8389]

Sharpen: To hone in the sense of narrowing the blade edge by using a whetstone or hammer. To narrow the eyes in the sense of looking sharply, as in squinting. [AHLB: 2309 (V)] [Strong's: 3913]

Shave: To cut off the hair from the face or another part of the body. [AHLB: 2065 (V)] [Strong's: 1548]

She: The female who is neither the speaker nor the one addressed. As one looked toward. [fem] [AHLB: 1093-J (N)] [Strong's: 1931, 1932]

Sheaf: Stalks and ears of a cereal grass bound together. A sheaf of grain that is bound. [masc] [AHLB: 1266-C (d)] [Strong's: 485]

Shear: To cut or clip wool or hair from something. [AHLB: 1053-B (V)] [Strong's: 1494]

She-donkey: A female donkey. As used as a gift. [fem] [AHLB:

1497-C (c)] [Strong's: 860]

Sheep: A mammal related to the goat domesticated for its flesh and wool. [masc] [AHLB: 2273 (N)] [Strong's: 3532, 3775]

Sheet: A broad piece of cloth or metal. As hammered out flat. [masc] [AHLB: 2797 (b)] [Strong's: 7549]

She-goat: A female goat. [fem] [AHLB: 1513-A (N)] [Strong's: 5795, 5796]

Sheqel: A chief Hebrew weight standard of measurement. [masc] [AHLB: 2874 (N)] [Strong's: 8255, 8625]

Shield: A broad piece of defensive armor carried on the arm. A protective structure. Wall of protection. [masc] [AHLB: 1060-A (a)] [Strong's: 4043]

Shine: To emit rays of light. Shine brightly. To shine or cause another to shine through one's actions or words. [AHLB: 1104-B (V)] [Strong's: 1984]

Shining: Emitting or reflecting light. From the glistening of olive oil. Something that shines brightly. Also, noon as the brightest part of the day. [fem] [AHLB: 1411-G (g)] [Strong's: 2096, 6672]

Ship: A large sea-going vessel. As searching through the sea for a distant shore. [masc] [AHLB: 1014-A (f¹)] [Strong's: 591]

Shoham: An unknown, precious stone. [masc] [AHLB: 1473-G (g)] [Strong's: 7718]

Shore: The land bordering a body of water. A place covered. [masc] [AHLB: 1178-J (N)] [Strong's: 2348]

Short: Having little length. A brief distance. [fem] [AHLB: 2250 (e¹)] [Strong's: 3530]

Shoulder: Capacity for bearing a task or blame. The shoulders as the place where loads are placed. [masc] [AHLB: 2837 (N)] [Strong's: 7926]

Show.beauty: As the beauty of the camp itself. To give or show beauty, grace or mercy to another. [AHLB: 1175-B (V)] [Strong's: 2589, 2603, 2604]

Shrub: A low-growing, usually severally stemmed bush or woody plant, as used for making booths. [masc] [AHLB: 1330-M (N)] [Strong's: 7880]

Shut: To close an opening. To block or close an opening. [AHLB: 2467 (V)] [Strong's: 5462, 5463, 5534]

Shut.up: To stop by halting or closing. [AHLB: 2515 (V)] [Strong's: 5640]

Side: An area next to something. [masc] [AHLB: 1395-A (N)] [Strong's: 6654, 6655]

Sign: The motion, gesture, or mark representing an agreement between two parties. A wondrous or miraculous sign. [fem] [AHLB: 1022-J (N)] [Strong's: 226, 852]

Signet: A seal used officially to give personal authority to a document. A signature ring or cylinder with the owner's seal that is pressed into clay to show ownership. [masc] [AHLB: 2223 (g)] [Strong's: 2368]

Signet.ring: The finger ring with the mark of the owner that is sunk into a lump of clay as a seal. [fem] [AHLB: 2229 (N²)] [Strong's: 2885]

Silver: A soft metal capable of a high degree of polish used for coinage, implements and ornaments. Desired, valuable metal. [masc] [AHLB: 2277 (N)]

[Strong's: 3701, 3702]

Since: From a time in the past until now, in the sense of being on the heel of something else. [AHLB: 2571 (N)] [Strong's: 6118]

Sinew: A tendon. [masc] [AHLB: 1050-M (N)] [Strong's: 1517]

Sister: A female person having the same parents as another person. [fem] [AHLB: 1008-A (N³)] [Strong's: 269]

Six: Six in number. [com] [AHLB: 1481-A (N)] [Strong's: 8337, 8346, 8353, 8361]

Sixth: The sixth in numeric order. [com] [AHLB: 1481-A (ef)] [Strong's: 8345]

Skin: The integument covering men or animals, as well as leather made from animal skins. The husk of a seed. [masc] [AHLB: 1365-J (N)] [Strong's: 5784, 5785]

Skin.bag: Used for holding cheese, water or any other liquid. [fem] [AHLB: 1174-A (N²)] [Strong's: 2573]

Sky: The upper atmosphere that constitutes an apparent great vault or arch over the earth. Place of the winds. [masc] [AHLB: 1473-A (N)] [Strong's: 8064, 8065]

Slander: Speaking evil of another (usually done quietly). [fem] [AHLB: 1071-A (N¹)] [Strong's: 1681]

Slaughtering: The act of slaughtering, the meat of the slaughter or one who slaughters. Also an executioner as one who slaughters. [masc] [AHLB: 2227 (N)] [Strong's: 2874, 2876, 2877]

Slay: To strike, beat or kill. [AHLB: 2823 (V)] [Strong's: 7819, 7820]

Sleep: To rest in a state of suspended consciousness. [AHLB: 1474-L

(V)] [Strong's: 3462]

Slick: The portions dispersed out. [masc] [AHLB: 2167 (N)] [Strong's: 2509]

Slip.away: To get away through deliverance or escape. [AHLB: 2339 (V)] [Strong's: 4422]

Small: Someone or something that is not very large in size, importance, age or significance. [masc] [AHLB: 2703 (N)] [Strong's: 6996]

Small.amount: Something that is few or small in size or amount. [masc] [AHLB: 2347 (N)] [Strong's: 4592]

Smear: To overspread with oil as a treatment or a sign of authority. [AHLB: 2357 (V)] [Strong's: 4886]

Smell: The odor or scent of a thing. As carried on the wind. To be "refreshed", as when taking in a deep breath. [AHLB: 1445-J (V)] [Strong's: 7304, 7306]

Smoke: The gaseous products of combustion. [masc] [AHLB: 2583 (N)] [Strong's: 6226, 6227]

Smoldering: To burn sluggishly without flame. The smoke of the burning incense or fat. [masc] [AHLB: 2705 (ec)] [Strong's: 7008]

Smooth: Having an even, continuous surface. This word can also mean "flattery" in the sense of being slippery [fem] [AHLB: 2167 (N¹)] [Strong's: 2513, 2514]

Snap: To make a sudden closing break suddenly with a sharp sound. Snap and splinter a piece of wood. Also, to lash out in anger as a splintering. [AHLB: 2726 (V)] [Strong's: 7107, 7108]

Snooze: To take a nap. [fem] [AHLB: 1474-A (N¹)] [Strong's: 8139, 8142]

So: In a manner or way indicated or suggested. What comes before or after another event. In the sense of being a base or a firm standing. [AHLB: 1244-A (N)] [Strong's: 3651, 3652]

Sojourn: To stay as a temporary resident. Travel in a strange land. Also, the extended meaning of "to be afraid" of a stranger. [AHLB: 1066-J (V)] [Strong's: 1481]

Sojourner: One who stays temporarily. Travels from place to place. [masc] [AHLB: 1462-L (i)] [Strong's: 8453]

Solitary: Separated from the whole of the unit (see Psalm 68:7 [6]). [masc] [AHLB: 1165-L (b)] [Strong's: 3173]

Son: A male offspring. One who continues the family line. This can be the son of the father or a later male descendant. [masc] [AHLB: 1037-A (N)] [Strong's: 1121, 1123, 1247, 1248]

Song: The act or art of singing. [fem] [AHLB: 1480-M (N)] [Strong's: 7892]

Sorrow: Deep distress and regret. [masc] [AHLB: 1210-A (j)] [Strong's: 3015]

South.country: An region of land to the south of another area. [masc] [AHLB: 2371 (N)] [Strong's: 5045]

Sow: To spread seeds on the ground. [AHLB: 2137 (V)] [Strong's: 2232]

Spare: To forbear to destroy, punish, or harm give asylum. Give refuge to another. [AHLB: 1176-J (V)] [Strong's: 2347]

Speak: A careful arrangement of words or commands said orally. [AHLB: 2093 (V)] [Strong's: 1696]

Speckled: The spots marking sheep and goats. [masc] [AHLB: 2431 (c)] [Strong's: 5348]

Speech: The chain of words when speaking. [fem] [AHLB: 1288-C (N¹)] [Strong's: 565]

Spice: Various aromatic vegetable products used to season or flavor foods. [fem] [AHLB: 1310-E (c²)] [Strong's: 5219]

Spit.upon: To eject saliva on another. [AHLB: 1457-C (V)] [Strong's: 779]

Split: To divide lengthwise. [AHLB: 2606 (V)] [Strong's: 6385, 6386]

Spoil: Plunder taken from an enemy in war or robbery. To impair the quality or effect of. [masc] [AHLB: 1472-B (N)] [Strong's: 7998]

Spot: A small area visibly different from the surrounding area. To be covered with spots. [AHLB: 1196-E (V)] [Strong's: 2921]

Spotted: An animal with white spots which appear as hailstones. [masc] [AHLB: 2037 (c)] [Strong's: 1261]

Spread.wide: When in the piel form meaning to urge one to take action or entice. [AHLB: 1390-H (V)] [Strong's: 6601]

Spring: A source of water issuing from the ground. As the eye of the ground. [masc] [AHLB: 1359-M (a)] [Strong's: 4599]

Spring.up: To grow up as a plant. [AHLB: 2666 (V)] [Strong's: 6779]

Sprout: To send up or out new growth, as of a plant. Sprout green sprouts. [AHLB: 1090-E (V)] [Strong's: 1876]

Staff: A walking stick made from the branch of a tree. Also, a tribe as a branch of the family. [masc] [AHLB: 2805 (N)] [Strong's:

7625, 7626]

Stagger: To reel from side to side. Wag or shake back and forth or up and down. Also, a wandering as staggering about. [AHLB: 1322-J (V)] [Strong's: 5128]

Stalk: The main stem and support of a plant. [masc] [AHLB: 1428-H (N)] [Strong's: 3657, 3661, 7070]

Stand: To rise, raise or set in a place. [AHLB: 2550 (V)] [Strong's: 5975, 5976]

Stand.erect: Vertical in position. Standing upright. To stand erect. To set in place. [AHLB: 2426 (V)] [Strong's: 5324]

Star: A natural luminous body visible in the night sky. [masc] [AHLB: 1232-B (g)] [Strong's: 3556]

Stare: A careful looking, a close inspection. [AHLB: 2367 (V)] [Strong's: 5027]

Statement: A single declaration or remark. [masc] [AHLB: 1288-C (N)] [Strong's: 561]

Stave: A branch used as a staff. Also, a tribe as a branch of the family. [masc] [AHLB: 1285-H (N)] [Strong's: 4294]

Stay.the.night: To remain or stay all night. [AHLB: 1267-J (V)] [Strong's: 3885]

Steal: To wrongfully take the property of another rob. [AHLB: 2073 (V)] [Strong's: 1589]

Sterile: Failing to produce or incapable of producing offspring, fruit or spores. Being without children in the sense of being plucked of fruit. [masc] [AHLB: 2905 (N)] [Strong's: 6135]

Stew: Fish or meat cooked with vegetables. To become agitated or worried. [masc] [AHLB: 2386 (b)] [Strong's: 5138]

Stink: To emit a bad odor or be loathsome. [AHLB: 1044-D (V)]

[Strong's: 887, 888]

Stir: To disturb the quiet of agitate. [AHLB: 1035-G (V)] [Strong's: 926, 927]

Stone: A piece of rock, often in the context of building material. [fem] [AHLB: 1037-C (N)] [Strong's: 68, 69]

Stoop: To bend the body forward and downward while bending the knees. Stoop or crouch down by bending or getting on the knees. [AHLB: 2290 (V)] [Strong's: 3766]

Stop: To cause to cease. Stop from occurring in the sense of halting, shutting or restraining. [AHLB: 2570 (V)] [Strong's: 6113]

Stranger: A foreigner a person or thing unknown or with whom one is unacquainted. [masc] [AHLB: 1066-A (N)] [Strong's: 1616]

Straw: Stalks of grain after threshing dry, stalky plant residue. When more permanent structures were built, they were constructed of stones and bricks made of clay and straw replacing the tent panels as the main component of construction for dwellings. [masc] [AHLB: 1037-A (i)] [Strong's: 8401]

Stream: A body of running water any body of flowing water. [masc] [AHLB: 1227-D (N)] [Strong's: 2975]

Street: A thoroughfare, especially in a city, town or village wider than an alley. As wide. [fem] [AHLB: 2759 (c)] [Strong's: 7339]

Strength: The quality or state of being strong. [masc] [AHLB: 1238-J (N)] [Strong's: 3581]

Stretch: To extend in length. Stretch out something. [AHLB: 1308-H (V)] [Strong's: 5186]

Stretch.out: To lie, stretch out as to rest. [AHLB: 2745 (V)] [Strong's: 7257]

Strife: Bitter, sometimes violent conflict or dissension. [masc] [AHLB: 1439-M (N)] [Strong's: 7379]

Strip: To remove clothing, covering, or surface matter from. As peeled. [fem] [AHLB: 2626 (N¹)] [Strong's: 6479]

Striped: Having stripes or streaks. As appearing to be whipped with a cord. [masc] [AHLB: 2572 (c)] [Strong's: 6124]

Striped.bruise: Marks made by ropes binding the wrist or lashes with a rope. [fem] [AHLB: 2143 (d¹)] [Strong's: 2250]

Stroke.of.time: A continual beating of time, one moment after the other. Also, a moment in time. [fem] [AHLB: 2623 (N)] [Strong's: 6471]

Strong: Having or marked by great physical strength. [masc] [AHLB: 1352-A (N)] [Strong's: 5794]

Strong.One: Anyone or thing that functions with strength like an ox. This can be a ram or stag (as strong leaders), chief, pillar (as the strong support of a building), or oak tree (one of the strongest of the woods) [masc] [AHLB: 1012-M (N)] [Strong's: 352, 353, 354]

Subdue: To conquer and bring into subjection bring under control. Place the foot on the land in the sense of subduing it. Also, to place one's foot into another nation in the sense of subduing it. [AHLB: 2251 (V)] [Strong's: 3533]

Submerge: To hide by burying or to cover. [AHLB: 2234 (V)] [Strong's: 2934]

Subside: Become quiet or less. To calm down or set down. [AHLB: 1471-B (V)] [Strong's: 7918]

Substance: A fundamental or characteristic part or quality. Any standing thing or person. [masc] [AHLB: 1427-L (d)] [Strong's: 3351]

Subtle: Difficult to understand or distinguish. In craftiness or prudence. [masc] [AHLB: 2908 (d)] [Strong's: 6175]

Suckle: To give milk to from the breast or udder. [AHLB: 1318-L (V)] [Strong's: 3243]

Summer: The season between spring and autumn. [masc] [AHLB: 1432-M (N)] [Strong's: 7007, 7019]

Summit: The head, top or beginning.of a place, such as a river or mountain, or a time, such as an event. The point at which something starts origin, principal, foremost, source. [fem] [AHLB: 1458-D (N⁴)] [Strong's: 7225]

Sun: The luminous body around which the earth revolves and from which it receives heat and light. [fem] [AHLB: 2854 (N)] [Strong's: 8121, 8122]

Support: To uphold or defend to hold up or serve as a foundation or prop for. [AHLB: 2488 (V)] [Strong's: 5564]

Sure: Safe from danger or harm marked by or given to feelings of confident certainty. What is firm. [fem] [AHLB: 1290-C (N¹)] [Strong's: 545, 546, 548]

Surely: In a sure manner. To be firm in something. [masc] [AHLB: 1244-C (N)] [Strong's: 389, 403]

Sustain: To provide what is needed to make someone or something whole or complete. [AHLB:

1242-J (V)] [Strong's: 3557]

Swallow: To pass through the mouth and move into the esophagus to the stomach. [AHLB: 2020 (V)] [Strong's: 1104]

Swarm: To move, as a large mass of creatures. [AHLB: 2881 (V)] [Strong's: 8317]

Swarmer: The creature(s) of a large swarm. [masc] [AHLB: 2881 (N)] [Strong's: 8318]

Swear: To make or take an oath. [AHLB: 2808 (V)] [Strong's: 7650]

Swearing: The act of taking an oath. [fem] [AHLB: 2808 (d¹)] [Strong's: 7621]

Sweat: To excrete moisture in visible quantities through the pores of the skin. [fem] [AHLB: 1154-A (N¹)] [Strong's: 2188]

Sweet: Pleasing to the taste. Not sour, bitter or salty. Something that smells pleasing. [masc] [AHLB: 1310-B (bc)] [Strong's: 5207, 5208]

Swimmer: The fish of the waters. [fem] [AHLB: 1072-A (N¹)] [Strong's: 1710]

Sword: A weapon with a long blade for cutting or thrusting. [fem] [AHLB: 2199 (N)] [Strong's: 2719]

T

Take: To receive what is given or to gain possession by seizing. [AHLB: 2319 (V)] [Strong's: 3947]

Take.a.fifth: To separate out one equal portion out of five. [AHLB: 2176 (V)] [Strong's: 2567]

Take.upon: The placing of a yoke on the shoulders to perform work or undertake a task. [AHLB: 1012-L (V)] [Strong's: 2974]

Talk: To deliver or express in spoken words. [AHLB: 1288-B (V)] [Strong's: 4448, 4449]

Tamarisk: The tree or a grove of desert shrubs and trees with masses of minute flowers. . [masc] [AHLB: 1472-C (N)] [Strong's: 815]

Tambourine: A shallow, one-headed drum with looses disks at the sides played by shaking, striking with the hand, or rubbing with the thumb. [masc] [AHLB: 1500-J (N)] [Strong's: 8596]

Taniyn: A large unknown sea animal. [masc] [AHLB: 1497-A (s)] [Strong's: 8577]

Tar: A dark and thick liquid that floats to the surface of water and is used as a waterproof covering for boats. In Aramaic this word means "wine," probably from the dark and thick wine that floats to the surface of the wine vat. [masc] [AHLB: 2175 (N)] [Strong's: 2561, 2562, 2564]

Task.work: A forced labor or service. [masc] [AHLB: 1291-A (N)] [Strong's: 4522, 4523]

Tasty.food: Having a marked and pleasing flavor. As a pleasurable thing. [masc] [AHLB: 2528 (a)] [Strong's: 4574]

Teaching: Acquired knowledge or skills that mark the direction one is to take in life. A straight direction. Knowledge passed from one person to another. [fem] [AHLB: 1227-H (i¹)] [Strong's: 8451]

Tear: To rip into pieces. [AHLB: 2734 (V)] [Strong's: 7167]

Tear.away: To remove reluctantly. [AHLB: 2643 (V)] [Strong's: 6561, 6562]

Tear.into.pieces: To tear into pieces as a predator does to its prey. To rip a cloth into pieces. [AHLB: 2245 (V)] [Strong's: 2963]

Ten: Ten in number. [com] [AHLB: 2563 (N)] [Strong's: 6235, 6236, 6240, 6242, 6243]

Tender: Having a soft or yielding texture easily broken, cut, or damaged. From the tenderness of the loins. [masc] [AHLB: 1448-A (N)] [Strong's: 7390]

Tent: The black, goat hair dwelling of the nomad. The shining light of the campfire next to the tent in the distance is a guide for those returning home late, just as a star is used as a guide. [masc] [AHLB: 1104-C (g)] [Strong's: 168]

Tenth: The tenth in order. [masc] [AHLB: 2563 (bf)] [Strong's: 6224]

Tenth.one: That which occupies the tenth position in a sequence. [masc] [AHLB: 2563 (c)] [Strong's: 6218]

Tenth.part: One portion of a whole divided into ten equal portions. [masc] [AHLB: 2563 (a)] [Strong's: 4643]

Terminate: To stop or refrain from continuing an action. [AHLB: 2148 (V)] [Strong's: 2308]

Terror: A state of intense fear. [fem] [AHLB: 1220-C (N¹)] [Strong's: 367]

Test: A critical examination, observation, or evaluation trial. [AHLB: 1314-H (V)] [Strong's: 5254]

That: The person, thing, or idea indicated, mentioned, or understood from the situation. A close watching. [masc] [AHLB: 1359-A (a)] [Strong's: 4616]

That.one: Being the person, thing, or idea specified, mentioned, or understood. [AHLB: 1282-A (N)] [Strong's: 1119, 3644, 3926]

Then: An inquiry of a time or place. [AHLB: 1374-C (N)] [Strong's: 645]

There: Used to identify another place. [AHLB: 1473-A (N)] [Strong's: 8033, 8536]

There.is: Something that exists. [masc] [AHLB: 1228-A (N)] [Strong's: 786, 3426]

These: The persons, things, or ideas present or near in place, time, or thought or just mentioned. A grammatical tool used to identify something specific in the sense of looking toward a sight. [AHLB: 1104-A (N)] [Strong's: 411, 412, 428, 429, 459, 479]

They(f): Those ones. As ones looked toward. [fem] [AHLB: 1093-J (N)] [Strong's: 2007, 3860]

They(m): As ones looked toward. [masc] [AHLB: 1093-J (N)] [Strong's: 1992, 1994]

Thin: Not dense in distribution not well-fleshed. [masc] [AHLB: 1456-A (N)] [Strong's: 7534]

Thing.of.sacrifice: An animal killed for an offering. [masc] [AHLB: 2117 (N)] [Strong's: 1685, 2077]

Think: To plan or design a course of action, item or invention. [AHLB: 2213 (V)] [Strong's: 2803, 2804]

Third: The third within the order. [masc] [AHLB: 2847 (bf)] [Strong's: 7992, 8523]

Third.generation: The third increment within the sequence. [masc] [AHLB: 2847 (e)] [Strong's: 8029]

This: A person, thing, or idea present or near in place, time, or thought or just mentioned. As prominent or pointed out. [AHLB: 1143-A

(N)] [Strong's: 1454, 1668, 1768, 1791, 1797, 1836, 2063, 2088, 2090, 2097, 2098]

This.one: The one nearer or more immediately under observation or discussion. [fem] [AHLB: 1260-F (N¹)] [Strong's: 1976]

Thistle: A prickly plant used by the shepherd to build a corral around the flock at night. [masc] [AHLB: 1089-A (l)] [Strong's: 1863]

Though: However nevertheless. In spite of the fact of. A possible or desired location. To bring attention to an event. [masc] [AHLB: 1106-A (N)] [Strong's: 581, 2004, 2005, 2006, 3861]

Thought: The forming of ideas in the mind. [masc] [AHLB: 1411-L (N)] [Strong's: 3336]

Thousand: Ten times one hundred in amount or number. [masc] [AHLB: 2001 (N)] [Strong's: 505, 506]

Thread: A filament of fibers twisted together by spinning and used for sewing or tying items together. [masc] [AHLB: 1170-J (N)] [Strong's: 2339]

Three: A total of three in number or amount. [com] [AHLB: 2847 (c)] [Strong's: 7969, 7970]

Three.days.ago: An idiom for the past. [masc] [AHLB: 2847 (eqp)] [Strong's: 8032]

Throw: To propel through the air by a forward motion. throw straight. To drizzle as a throwing down of water. Also, to teach in the sense of throwing or pointing a finger in a straight line as the direction one is to walk. [AHLB: 1227-H (V)] [Strong's: 3384]

Throw.out: To remove from a place, usually in a sudden or unexpected manner. Cast out, down or away. [AHLB: 2844 (V)]

[Strong's: 7993]

Throw.the.hand: To stretch out the hand to grab, as well as to show praise or confession. [AHLB: 1211-H (V)] [Strong's: 1911, 3029, 3034]

Thrust: To push or drive with force a pole into the ground, such as when setting up the tent. To blow the trumpet in the sense of throwing out the sound. [AHLB: 2902 (V)] [Strong's: 8628]

Thus.far: The point beyond which something has not yet proceeded. [masc] [AHLB: 1106-H (N)] [Strong's: 2008]

Tie: To fasten, attach, or close by means of a line, ribbon, or cord. Tie around. To "conspire" in the sense of tying up. [AHLB: 2740 (V)] [Strong's: 7194]

Tie.up: To wrap or fasten. [AHLB: 1342-C (V)] [Strong's: 631]

Time: The measured or measurable period during which an action, process or condition exists or continues. A counting or reckoning of time. [masc] [AHLB: 1290-H (g)] [Strong's: 4489]

Time.of.weeping: A period of sadness or mourning. [fem] [AHLB: 1034-A (N⁴)] [Strong's: 1068]

Tired: Drained of strength and energy fatigued. [masc] [AHLB: 1362-M (N)] [Strong's: 5889]

Title: The name of an individual is more than an identifier but descriptive of his character (which is the breath in Hebrew thought). The character of an individual or place. [masc] [AHLB: 1473-A (N)] [Strong's: 8034, 8036]

To: Used as a function word to indicate movement or an action or condition suggestive of progress toward a place, person, or thing reached. A moving to or toward something to be with it, as the ox moves toward a destination. [AHLB: 1104-A (N)] [Strong's: 413]

Together: In or into one place, mass, collection, or group. [masc] [AHLB: 1165-L (N)] [Strong's: 3162]

Toil: To work hard and long. [masc] [AHLB: 1062-L (b)] [Strong's: 3018, 3019]

Token: Something given as a promise as an exchange. [masc] [AHLB: 2573 (j)] [Strong's: 6162]

Tomorrow: On or for the day after today. [fem] [AHLB: 1181-A (a²)] [Strong's: 4283]

Tongue: A fleshy moveable process on the floor of the mouth used in speaking and eating. The tongue for speaking. Also, language as a tongue. [masc] [AHLB: 2325 (c)] [Strong's: 3956]

Tooth: Hard bony appendages on the jaws used for chewing and mastication of food and forming of sounds when talking. [com] [AHLB: 1474-A (N)] [Strong's: 8127, 8128]

Top.of.the.head: The crown of the head. [masc] [AHLB: 1418-A (lc)] [Strong's: 6936]

Torch: A burning stick of resinous wood. Also, lightning as a torch in the night sky. [masc] [AHLB: 2317 (b)] [Strong's: 3940]

Torn: Pulled apart. Flesh that is torn. [fem] [AHLB: 2245 (N¹)] [Strong's: 2966]

Toss: To heave or fling about to throw with a quick, light, or careless motion. Be thrown about or wander around as nodding the head. [AHLB: 1303-B (V)] [Strong's: 5074, 5075]

Touch: To lay hands upon to touch or strike. To be touched by a plague. [AHLB: 2376 (V)] [Strong's: 5060]

Tower: A structure higher than its diameter and high relative to its surroundings. Place of great size. [masc] [AHLB: 2054 (h)] [Strong's: 4026]

Trade: The business of buying and selling or bartering commodities. To go about as a merchant trading goods. In Psalm 38:11 this word is used for the beating of the heart in the sense of going about to and fro. [AHLB: 2473 (V)] [Strong's: 5503]

Trance: A state of partly suspended animation or inability to function. A deep sleep or unconsciousness. [fem] [AHLB: 2754 (i¹)] [Strong's: 8639]

Tranquility: A state of rest. [masc] [AHLB: 1472-H (V)] [Strong's: 7886]

Tread: To trample under foot. [AHLB: 2775 (V)] [Strong's: 7429, 7430]

Tread.about: Usually in the sense of spying. To be on foot walking through a foreign land. Also, to trample another with the tongue. [AHLB: 2749 (V)] [Strong's: 7270, 8637]

Tread.upon: To step or walk on. [AHLB: 2249 (V)] [Strong's: 3526]

Treader: A creature that crawls or creeps on something. [masc] [AHLB: 2775 (N)] [Strong's: 7431]

Treasure: Wealth hoarded up or stored. What is hidden. [masc] [AHLB: 2234 (ac)] [Strong's: 4301]

Tree: A woody perennial plant with a supporting stem or trunk and multiple branches. tree or the wood from the tree. The singular word is used for one or more. [masc] [AHLB: 1363-A (N)] [Strong's: 636, 6086]

Tremble: To shake involuntarily shiver. [AHLB: 2201 (V)] [Strong's: 2729]

Trembling: Shaking involuntarily, shivering. [fem] [AHLB: 2201 (N¹)] [Strong's: 2731]

Trembling.in.fear: Also, to be in fear, as if broken. [masc] [AHLB: 1183-A (N)] [Strong's: 2844]

Tribe: A social group consisting of numerous families, clans or generations together. A family lineage as bound together. [fem] [AHLB: 1013-J (N¹)] [Strong's: 523, 524]

Trouble: To agitate mentally or spiritually worry disturb. [fem] [AHLB: 1411-A (N¹)] [Strong's: 6869]

Trough: A long, shallow often V-shaped receptacle for the drinking water or food of domestic animals. [masc] [AHLB: 1446-G (N)] [Strong's: 7298]

Truth: The state of being the case. Fact. What is firm. Accurately so. [fem] [AHLB: 1290-C (N²)] [Strong's: 571]

Tunic: A simple slip-on garment with or without sleeves. [fem] [AHLB: 2298 (c²)] [Strong's: 3801]

Turn: To rotate or revolve. To face another direction. turn the face or to turn directions. To turn something back or away. [AHLB: 1382-H (V)] [Strong's: 6437]

Turn.aside: To change the location, position, station, or residence of.

To remove. [AHLB: 1342-J (V)] [Strong's: 5493, 7787]

Turn.away: To deviate from the correct path toward another direction. [AHLB: 1342-H (V)] [Strong's: 8280]

Turn.back: To return to a previous place or state. [AHLB: 1462-J (V)] [Strong's: 7725, 8421]

Turn.over: To turn aside in fainting or hiding. [AHLB: 2537 (V)] [Strong's: 5848]

Turtledove: A small wild pigeon. [fem] [AHLB: 1503-J (N)] [Strong's: 8449]

Twilight: The light from the sky between full night and sunrise or between sunset and full night. [fem] [AHLB: 2543 (N¹)] [Strong's: 5939]

Twin: Born with one other or as a pair at birth. [masc] [AHLB: 1496-D (c)] [Strong's: 8380]

Twist: A winding or wrapping together entwined in pain or joy. [AHLB: 1173-J (V)] [Strong's: 2342]

Two: From the two major changes of the seasons. A doubling of one. [com] [AHLB: 1474-H (N)] [Strong's: 8147, 8578, 8648]

U

Unaware: Without design, attention, preparation, or premeditation. [masc] [AHLB: 1035-A (f)] [Strong's: 1097]

Uncircumcised: A male with a foreskin. [masc] [AHLB: 2577 (N)] [Strong's: 6189]

Uncover: To remove the covering. [AHLB: 1365-H (V)] [Strong's: 6168]

Under: Beneath. Below or underneath. Also, to be

underneath in the sense of being in place of something else. [masc] [AHLB: 2892 (N)] [Strong's: 8478, 8479]

Understand: To grasp the meaning of. [AHLB: 1037-M (V)] [Strong's: 995]

Underworld: The place of the dead as an unknown place. [com] [AHLB: 1472-D (c)] [Strong's: 7585]

Unfilled: Empty. As an empty box that needs to be filled. [masc] [AHLB: 1028-J (r)] [Strong's: 922]

Unit: A single quantity regarded as a whole. Unit within the whole, a unified group. [masc] [AHLB: 1165-C (N)] [Strong's: 259]

Unite: To put together to form a single unit. [AHLB: 1165-L (V)] [Strong's: 3161]

Unleavened.bread: A hard and flat bread or cake made without yeast. As a food that can be sucked on. [fem] [AHLB: 1294-B (N¹)] [Strong's: 4682]

Unless: Except on the condition that. [masc] [AHLB: 1254-B (o)] [Strong's: 3884]

Until: A repetition of time either definite or indefinite. The conclusion of a determinate period of time. Another time once more. [AHLB: 1349-A (N)] [Strong's: 5703, 5704, 5705]

Uphold: To give support or to steady. [AHLB: 2895 (V)] [Strong's: 8551]

Upon: To be on or over in the sense of the yoke that is placed on the neck of the ox. [AHLB: 1357-A (N)] [Strong's: 5921, 5922]

Upper: Higher than the others. [masc] [AHLB: 1357-A (fj)] [Strong's: 5945, 5946]

Uprising: Violence in defiance of

something. Something that is lifted up such as a burden, gift or flame. [fem] [AHLB: 1314-E (a²)] [Strong's: 4864]

Upward: In a direction from lower to higher. [masc] [AHLB: 1357-A (a)] [Strong's: 4605]

Utterance: An oral or written statement. [masc] [AHLB: 1312-D (N)] [Strong's: 5002]

V

Valiant: Possessing or acting with bravery or boldness. The mighty power of a bird in flight. Anything or anyone of great mental or physical strength. [masc] [AHLB: 1043-C (b)] [Strong's: 46, 47]

Valley: An elongated depression between ranges of hills or mountains. As deep. Obscure, in the sense of dark. [masc] [AHLB: 2553 (N)] [Strong's: 6010, 6012]

Veil: To cover, provide, obscure, or conceal with or as if with a cloth. [masc] [AHLB: 2678 (b)] [Strong's: 6809]

Vessel: A container for holding an variety of items. [fem] [AHLB: 1028-A (i)] [Strong's: 8392]

Vigor: Active bodily or mental strength or force. The power within the belly or loins for reproduction or creative work. [masc] [AHLB: 1014-J (N)] [Strong's: 202]

Village: A settlement usually larger than a hamlet and smaller than a town. [fem] [AHLB: 1204-M (N¹)] [Strong's: 2918]

Vineyard: A planting of grapevines. [masc] [AHLB: 2288 (N)] [Strong's: 3754]

Violence: Exertion of physical force

so as to injure or abuse. A violent shaking. [masc] [AHLB: 2172 (N)] [Strong's: 2555]

Virgin: An unmarried young woman who is absolutely chaste. [fem] [AHLB: 2045 (d¹)] [Strong's: 1330]

Vision: Something seen in a dream, trance, or ecstasy. [fem] [AHLB: 1168-H (a¹)] [Strong's: 4236]

Visit: To meet with another for the purpose of assisting, inspecting or oversee. [AHLB: 2630 (V)] [Strong's: 6485]

Visualize: To see or form a mental image of. Dream dreams. [AHLB: 2164 (V)] [Strong's: 2492]

Voice: The faculty of utterance. Sound of the shepherd, musical instrument, the wind, thunder, etc. [masc] [AHLB: 1426-J (N)] [Strong's: 6963]

Vow: To promise solemnly. [masc] [AHLB: 2385 (N)] [Strong's: 5088]

W

Wadi: The bed or valley of a stream in the Middle East. A choice piece of land desired in an inheritance because of its fertility. [masc] [AHLB: 2391 (N)] [Strong's: 5158]

Wage: The reward or price paid for one's labor. [masc] [AHLB: 2479 (N)] [Strong's: 7938, 7939]

Waist: The slender part of the body above the hips. Also, an unknown animal, probably from its slender size. [masc] [AHLB: 2363 (N)] [Strong's: 4975]

Walk: To move along on foot. Walk a journey. Also, customs as a lifestyle that is walked or lived.

[AHLB: 1264-F (V)] [Strong's: 1946, 1980, 1981]

Wall: A high thick masonry structure forming an enclosure for defense or protection. What is bored through by the enemy to enter a city. An army, militia or wealth as a wall of protection. [masc] [AHLB: 1173-M (N)] [Strong's: 2426]

Wander: To go astray due to deception or influence. [AHLB: 1499-H (V)] [Strong's: 8582]

Wash: To cleanse by the application of liquid as water. In Aramaic this word means "trust." [AHLB: 2764 (V)] [Strong's: 7364, 7365]

Wasteland: Barren or uncultivated land. [fem] [AHLB: 2199 (N¹)] [Strong's: 2723, 2724]

Watch: To keep vigil. To keep someone or something under close observation. To expect. [AHLB: 1359-B (V)] [Strong's: 6049]

Water: Liquid that descends from the sky as rain, forms streams, lakes and seas, and is a major constituent of all living matter. From the water of the sea, as an unknown place but, used for all water. [masc] [AHLB: 1281-A (N)] [Strong's: 4325, 7890]

Watering.trough: A trench for bringing water into the village. A place for domestic animals to quench thirst. [fem] [AHLB: 1479-J (N²)] [Strong's: 8268]

We: I and the rest of a group. [com] [Strong's: 580, 586, 587, 5168]

Weak: One who dangles the head in poverty or hunger. [masc] [AHLB: 1081-A (N)] [Strong's: 1800]

Wear.Out: To make useless, especially by long or hard usage. [AHLB: 1035-H (V)] [Strong's:

1086, 1089]

Weary: Exhausted in strength, endurance, vigor or freshness. [AHLB: 1258-D (V)] [Strong's: 3811]

Week: A period of time consisting of seven days or seven years. [masc] [AHLB: 2808 (d)] [Strong's: 7620]

Weep: To express deep sorrow, especially by shedding tears. [AHLB: 1034-H (V)] [Strong's: 1058]

Weeping: The act of expressing sorrow by shedding tears. [masc] [AHLB: 1034-A (f)] [Strong's: 1065]

Weigh: To ascertain the heaviness of by a balance or scale. Weigh out, usually of silver for payment. [AHLB: 2874 (V)] [Strong's: 8254]

Weight: The amount a thing weighs. Relative heaviness. [masc] [AHLB: 2874 (h)] [Strong's: 4948]

Well: A dug-out hole, usually a well or cistern. [fem] [AHLB: 1250-D (N)] [Strong's: 875]

What: Interrogative expressing inquiry about the identity, nature, or value of an object. Something that is unknown can also be why, when or how. [AHLB: 1281-A (N)] [Strong's: 3964, 4100, 4101]

Wheat: A cereal grain that yields a fine white flour, the chief ingredient of bread. In the sense of ripening on the stalk. [fem] [AHLB: 2177 (e¹)] [Strong's: 2406, 2591]

Whelp: Usually a young lion. [masc] [AHLB: 1066-J (N)] [Strong's: 1482, 1484]

Where: At, in, or to what place. Also, an unknown species of animal. [AHLB: 1010-A (N)] [Strong's: 335, 346, 349, 351, 375]

Wherever: Anywhere at all. A search for a person, place or time. [masc] [AHLB: 1014-A (N)] [Strong's: 575]

Which: Or who, what or that. As a rope attaches two objects together, this word links the action of the sentence to the one doing the action. [AHLB: 1480-C (N)] [Strong's: 834]

White: Free from color. [com] [AHLB: 2303 (N)] [Strong's: 3836]

White.bread: Made with bleached flour. [masc] [AHLB: 1181-J (f)] [Strong's: 2355, 2751]

Who: What or which person or persons. Someone that is unknown. [masc] [AHLB: 1286-A (N)] [Strong's: 4310]

Whole: Free of wound or injury free of defect or impairment having all its proper parts or components. [masc] [AHLB: 1496-B (b)] [Strong's: 8549]

Why: For what cause, purpose or reason for which. [masc] [AHLB: 1085-J (a)] [Strong's: 4069]

Wide: Having great extent or breadth. [masc] [AHLB: 2759 (N)] [Strong's: 7338, 7342]

Widen: To make wide, large or roomy. [AHLB: 2759 (V)] [Strong's: 7337]

Widow: A woman who has lost her husband by death. As bound in grief. [fem] [AHLB: 1266-C (m¹)] [Strong's: 490]

Widowhood: The quality of being a widow. As bound in grief. [fem] [AHLB: 1266-C (m³)] [Strong's: 491]

Width: Largeness of extent or scope. From the width of a road. [masc] [AHLB: 2759 (g)] [Strong's: 7341]

Wild.ass: A wild animal as prolific. [masc] [AHLB: 1388-E (N)] [Strong's: 6501]

Wilderness: A tract or region uncultivated and uninhabited by human beings. Place of order, a sanctuary. [masc] [AHLB: 2093 (h)] [Strong's: 4057]

Will: Used to express determination, insistence, persistence, or willfulness. One's desire. From instructions that are written on potsherds. [masc] [AHLB: 1455-H (j)] [Strong's: 7522]

Wind: A natural movement of air breath. The wind of man or god. The breath. A space between in the sense of a wind between. [fem] [AHLB: 1445-J (N)] [Strong's: 7305, 7307]

Window: A hole in the wall that admits light and a view of the other side.. [com] [AHLB: 1173-A (j)] [Strong's: 2474]

Wine: Fermented juice of fresh grapes. From the mire in the wine. [masc] [AHLB: 1221-M (N)] [Strong's: 3196]

Wing: An appendage that allows an animal, bird or insect to fly. Also, the wings of a garment. [fem] [AHLB: 2269 (N)] [Strong's: 3671]

Winter: The season between summer and spring. Time of the piercing cold and relative bleakness. [masc] [AHLB: 2208 (g)] [Strong's: 2779]

Wipe.away: To remove by drying or sweeping away through rubbing. To polish in the sense of a vigorous rubbing erase. [AHLB: 1284-H (V)] [Strong's: 4229]

Wise: Characterized by deep understanding. Also, a wise man. [masc] [AHLB: 2159 (N)] [Strong's: 2450]

With: Through the idea of being together in a group. [masc] [AHLB: 1358-M (N)] [Strong's: 5868, 5973, 5974]

Withdraw: To take back or away to turn away or move back. [AHLB: 1163-E (V)] [Strong's: 2244]

Wither: To become dry and sapless to shrivel. [AHLB: 2671 (V)] [Strong's: 6798]

Withhold: To hold back from action. [AHLB: 2343 (V)] [Strong's: 4513]

Within: In the sense of being close or in the interior of. An approaching. [AHLB: 2729 (N)] [Strong's: 7130, 7131]

Without: A lacking of something or the inability to do or have something. The search for a place of unknown origin. [masc] [AHLB: 1014-M (N)] [Strong's: 369, 370, 371]

Witness: Attestation of a fact or event one who gives evidence. [fem] [AHLB: 1349-A (N)] [Strong's: 5707]

Wolf: A yellowish colored animal. [masc] [AHLB: 1140-D (N)] [Strong's: 2061]

Woman: An adult female person. As mortal. [fem] [AHLB: 2003 (b¹)] [Strong's: 802]

Womb: An organ where something is generated or grows before birth. [fem] [AHLB: 2015 (N)] [Strong's: 990]

Word: An arrangement of words, ideas or concepts to form sentences. A plague as a thing. [masc] [AHLB: 2093 (N)] [Strong's: 1697, 1698]

Work: Activity where one exerts strength or faculties to do or perform something. A work or action. [masc] [AHLB: 1360-H (a)] [Strong's: 4639]

Would.that: In the sense of joining. A yearning for certain direction or action. [AHLB: 1254-J (N)] [Strong's: 3863]

Wrap: To envelop and secure for transport or storage. Also, meaning to faint. [AHLB: 2547 (V)] [Strong's: 5968]

Wrap.around: [AHLB: 1349-J (V)] [Strong's: 5749]

Wrath: Strong vengeful anger. As crossing over from peace. [fem] [AHLB: 2520 (N¹)] [Strong's: 5678, 5679]

Wrestle: To contend by grappling with to throw one's opponent off balance. [masc] [AHLB: 3034] [Strong's: 5319]

Wrist: The joint between the hand and arm. Also, a garment with sleeves that reaches to the wrist. [masc] [AHLB: 1383-A (N)] [Strong's: 6446, 6447]

Y

Yard: The grounds of a building or group of buildings. villages outside of the larger cities, as "the yard of the city." A courtyard as outside the house. [masc] [AHLB: 2197 (N)] [Strong's: 2691]

Year: The period of around 365 solar days. In the sense of repeating. [fem] [AHLB: 1474-A (N¹)] [Strong's: 8140, 8141]

Yearning: To long persistently, wistfully, or sadly. What is desired, whether good or bad. [fem] [AHLB: 1005-J (i¹)] [Strong's: 8378]

Yesterday: On the day last past. A time that is before. [masc] [AHLB: 1288-J (i)] [Strong's: 8543]

Yet.again: A repeating of something. [masc] [AHLB: 1349-J (N)] [Strong's: 5750, 5751]

Yield: To produce or be productive. [AHLB: 2070 (V)] [Strong's: 1580]

Yoke: A wooden bar or frame by which two draft animals are joined at the heads or necks for working together. [masc] [AHLB: 1357-J (N)] [Strong's: 5923]

You(fs): Pronoun, second person, feminine singular [fem] [Strong's: 859]

You(mp): Pronoun, second person, masculine plural [masc] [Strong's: ?]

You(ms): Pronoun, second person, masculine singular [masc] [Strong's: 607, 608]

Young.age: A young person. [fem] [AHLB: 2418 (d)] [Strong's: 5271]

Young.maiden: A young female of marriageable age or newly married as at the prime age for work. [fem] [AHLB: 1357-A (p¹)] [Strong's: 5959]

Young.man: A male that has moved from youth to young adulthood. [masc] [AHLB: 2418 (N)] [Strong's: 5288, 5289]

Young.pigeon: A young featherless bird as plucked. [masc] [AHLB: 2059 (g)] [Strong's: 1469]

Young.woman: A female that has moved from youth to young adulthood [fem] [AHLB: 2418 (N¹)] [Strong's: 5291]

Youthfulness: Young acting no matter the age. [fem] [AHLB: 2680 (b¹)] [Strong's: 6812]

Prefixes, Suffixes and Conjugations

!(fp)~: Feminine plural imperative verb.

!(fs)~: Feminine singular imperative verb.

!(mp)~: Masculine plural imperative verb.

!(ms)~: Masculine singular imperative verb.

?~: The interrogative hey converting the sentence into a question.

~&: Paragogic Nun added to the ordinary forms of words, to express additional emphasis, or some change in the sense.

~^: Paragogic Hey added to the ordinary forms of words, to express additional emphasis, or some change in the sense.

~ed(fp): Feminine plural verb passive participle denoting an action (such as baked).

~ed(fs): Feminine singular verb passive participle denoting an action (such as baked).

~ed(mp): Masculine plural verb passive participle denoting an action (such as baked).

~ed(ms): Masculine singular verb passive participle denoting an action (such as baked).

~her: Third person feminine singular pronoun (her) also used as a possessive pronoun (of him or his).

~him: Third person masculine singular pronoun (him) also used as a possessive pronoun (of him or his).

~ing(fp): Feminine plural verb participle denoting an action (such as baking) or one of action (such as a bakers).

~ing(fs): Feminine singular verb participle denoting an action (such as baking) or one of action (such as a baker).

~ing(mp): Masculine plural verb participle denoting an action (such as baking) or one of action (such as a bakers).

~ing(ms): Masculine singular verb participle denoting an action (such as baking) or one of action (such as a baker).

~me: First person common singular pronoun (me), also used as a possessive pronoun (of me or my).

~of: Identifies the noun as possessive.

~s: Identifies the noun as a quantitative or qualitative plural.

~s2: Identifies the noun as a dual plural.

~them(f): Third person feminine plural pronoun (them) also used as a possessive pronoun (of them or their).

~them(m): Third person masculine plural pronoun (them) also used as a possessive pronoun (of them or their).

~**unto:** Directional Hey implies movement toward the location identified in the word this suffix is attached to.

~**us:** First person common plural pronoun (we), also used as a possessive pronoun (of us or our).

~**you(fp):** Second person feminine plural pronoun (you), also used as a possessive pronoun (of you or your).

~**you(fs):** Second person feminine singular pronoun (you), alsoused as a possessive pronoun (of you or your).

~**you(mp):** Second person masculine plural pronoun (you), also used as a possessive pronoun (of you or your).

~**you(ms):** Second person masculine singular pronoun (you), also used as a possessive pronoun (of you or your).

>~: Identifies the verb as infinitive.

and~: The conjunction meaning and. Often used as the vav consecutive meaning that when prefixed to a verb it will usually reverse the tense of the verb.

be~: Identifies the verb as a Niphal (passive).

did~: Identifies the verb as perfect tense.

from~: A preposition meaning from.

had~: Identifies the verb as past perfect.

he~: Identifies the subject of the verb as third person masculine singular.

i~: Identifies the subject of the verb as first person common singular.

in~: A preposition meaning in or with.

like~: A preposition meaning like.

make be~: Identifies the verb as a Hophal (passive causative).

make~: Identifies the verb as a Hiphil (active causative).

much be~: Identifies the verb as a Pual (passive intensive).

much~: Identifies the verb as a Piel (active intensive).

self~: Identifies the verb as Hitpael (reflexive).

she~: Identifies the subject of the verb as third person feminine singular.

the~: The definite article meaning "the".

they(f)~: Identifies the subject of the verb as third person feminine singular.

they(m)~: Identifies the subject of the verb as third person masculine plural.

they~: Identifies the subject of the verb as third person common plural.

to~: A preposition meaning to or for.

we~: Identifies the subject of the verb as first person common plural.

which~: A preposition meaning which or who.

will~: Identifies the verb as imperfect tense.

you(fp)~: Identifies the subject of the verb as third person masculine plural.

you(fs)~: Identifies the subject of the verb as second person feminine singular.

you(mp)~: Identifies the subject of the verb as second person masculine plural.

you(ms)~: Identifies the subject of the verb as second person masculine singula

Printed in the USA
CPSIA information can be obtained
at www.ICGtesting.com
CBHW021746160924
14561CB00007B/98

9 781602 640580